西岭雪 著

魏晋芳华

西晋卷 竹林里的风

时代文艺出版社
SHIDAI WENYI CHUBANSHE

图书在版编目（CIP）数据

魏晋芳华 : 全二册 / 西岭雪著. -- 长春 : 时代文艺出版社, 2024.2
ISBN 978-7-5387-7241-8

Ⅰ. ①魏… Ⅱ. ①西… Ⅲ. ①士－群体－研究－中国－魏晋南北朝时代 Ⅳ. ①D691.71

中国国家版本馆CIP数据核字(2023)第197045号

魏晋芳华（全二册）
WEI JIN FANGHUA（QUAN ER CE）
西岭雪　著

出 品 人：吴　刚
责任编辑：徐　薇
装帧设计：陈　阳
排版制作：隋淑凤

出版发行：时代文艺出版社
地　　址：长春市福祉大路5788号　龙腾国际大厦A座15层　（130118）
电　　话：0431-81629751（总编办）　0431-81629758（发行部）
官方微博：weibo.com/tlapress
开　　本：880mm × 1230mm　1/32
字　　数：430千字
印　　张：21.75
印　　刷：吉林省恒盛印刷有限公司
版　　次：2024年2月第1版
印　　次：2024年2月第1次印刷
定　　价：88.00元

目录

东晋卷·田园间的诗

引子　穿越魏晋，从空城计说起

一

2022 年春天，我想穿越了。

都说身体和灵魂，总有一个在路上。既然身体拘于斗室，那就只能放飞灵魂了。

我想了想，决定去魏晋。

网络小说的穿越方式，多半都是闹一场车祸或空难什么的，我当然不想。所以我决定选一个更风雅的方式，要合乎魏晋的气质：弹琴。

我决定即日起只学习与魏晋相关的琴曲，然后乘着音符飞越，泠泠七弦上，御风穿竹行，扶摇于林泉，吟啸于山野。

打开窗户，让竹林的风吹进来，追寻魏晋的气息。第一支曲子，简单点儿，就《卧龙吟》吧。

城墙之上，汉旗猎猎，刀枪凛凛，一缕琴音如有似无，清泠而下。

司马懿执戈披甲，骑在马上，久久地凝视着端坐墙头的琴人。

只见他身披鹤氅，头戴纶巾，凭栏而坐，焚香操缦，手挥目送，姿态闲适，仿佛城下没有千军万马，仿佛面朝大海，春暖花开。

他们的距离其实很远，彼此看不清面目，也听不清琴音，但是司马懿却觉得，他们之间已经四目交投，眼神交织，在空中撞出噼里啪啦的火花。

他们，是最熟悉的陌生人，彼此有着最深刻的相知和最冰冷的猜忌。

他们做对手，已经整整二十多年了。

副将催促着："司马将军，探子已经发来消息，城里的军队都撤退了，连百姓都撤了。诸葛亮是在故弄玄虚，我们进攻吧！"

司马懿却不置可否，仍是久久地凝视，久久地沉默。

终于，一曲琴罢，他猛一挥手："撤！"

副将一呆："将军……"

"不要说了。"司马懿下定决心，不容置疑地打断，"诸葛孔明为人狡诈多诡，智多近妖，他越是空城以待，越是居心叵测，我等现在进去，必定落其彀中，不可不防！撤！"

这个“空城计”的故事，早被各种影视戏剧翻拍得熟滥了。故事是假的，只是罗贯中的杜撰；曲子当然也不是诸葛亮编写的，甚至都不是古曲，而是作曲家谷建芬老师为电视剧《三国演义》编的插曲。

顺便说一句，她还是我妈妈的同学。我少年时曾见她们老同学相会，谷老师弹着吉他唱她的成名作：“你从哪里来，我的朋友；好像一只蝴蝶，飞进我的窗口。”

我一直相信那只蝴蝶是庄周，也是穿越来的。

话说我穿越魏晋，为什么要从“空城计”开始呢？

因为这故事太符合魏晋的腔调了：有优雅，有智巧，有战争，有悬念，简直脑洞大开，风起云涌。

同时，这正是三国尾声、晋国初建之际，也就是“魏晋风流”的源头。

整个魏晋的历史，某种程度上可说是司马家族的兴衰史。古语有云：郭嘉不死，卧龙不出。我想续貂一句：孔明不死，司马不兴。

而诸葛孔明与司马懿最激烈的交锋，就是这出虚构的“空城计”。

公元220年，曹丕撕下了“挟天子以令诸侯”的温情面具，逼汉献帝禅位，自己登基称帝，改国号魏，定都洛阳。

司马懿在辅佐魏文帝曹丕称帝的黄金路上立下了汗马功劳，成为魏文帝临终托孤的四辅臣之一。

这孤儿的年龄有点儿大，魏明帝曹叡（204—239）登基时早过了弱冠之年，对四位指手画脚的老保姆自是不满，只因为国基未稳，外患不断，方暂且忍耐。

从他登基的226年到234年间，东吴孙权屡犯江夏、襄阳、合肥等地，鲜卑与蜀汉联手进犯，诸葛亮更是五次北伐，曹叡不得不重用曹真、司马懿、满宠、田豫等名将与蜀汉、孙吴、鲜卑势力抗衡。

而司马家也就在这个过程中日益坐大，功高盖主，风头太盛，备受猜忌。魏明帝一边重用他一边压制他，因为还要倚仗他的谨慎周密来对付诸葛亮的智谋百出。

多年来，司马家族正是凭借着与诸葛亮的对垒才越来越强大，已经到了树大招风的程度。而自从马谡失了街亭之后，魏蜀之间的胜败大局已定。如今诸葛亮落于下风，倘若司马懿乘胜追击，一举射灭孔明这盏灯，那么离自己熄火的日子也就不远了。

兔死狗烹，鸟尽弓藏，老谋深算的司马懿走一步看三步，怎么会坐等那危险的局面到来？如果不想让自己早早没了用武之地，就只有先留着诸葛亮慢慢拖住魏明帝了。

这是司马懿在跟曹氏王朝玩心眼。君臣关系出现了很大的危机，而且这危机愈演愈烈，终于到了你死我活的地步。

所以，无论“空城计”是历史真相还是虚构故事，都是有其合理性的，也最能说明曹魏时代的微妙政局。

二

如果曹操也能穿越回去，一定会从源头上就掐死司马懿。

论起来，他与司马家的渊源颇深，当年他得任洛阳北部尉，就是得于司马防的举荐。也就是说，曹操与司马防的关系，等于门生与举主，故吏与府主，曹操见到司马防是应该喊一声老师的。

然而这学生飞得太快，青出于蓝而胜于蓝，不久竟从小小县尉成了魏王，称孤道寡起来。

一日曹操召司马防饮宴，席中问：“孤今日还能做个县尉吗？”

司马防谨慎地回答：“臣当日举荐时，大王刚刚适合做县尉。”曹操大笑。

司马防有八个儿子，嫡次子司马懿多智近妖。曹操听说了，便想征为己用。然而司马懿还在观望形势，不愿站边，便托病拒绝了。

这是个相当高难度的病——风痹，就是半身不遂，而且一装七年。这份毅力和隐忍，也是没谁了。

长达七年间，司马懿每天瘫着半边身子，吃喝拉撒一概由人照料，宅居不出。

但这期间也不是从无差错。有一次，司马懿坐在椅子上被人抬到院里晒太阳，看到阳光充足，就命人将家里的简书也拿出来晒一晒。正祈祷岁月静好现世安稳呢，忽然风云陡变，下起一阵急雨来。司马懿乃爱书之人，情急之下不及思索，站起来就去抢救那些书简。

正好有婢女经过，看到"瘫痪"了许久的老爷竟然站起来了，不禁惊叫一声。这叫声惊醒了司马懿，他顿时一身冷汗，呆若木鸡，一时不知该如何才好——是该把婢女绑起来恐吓警告呢还是要重金贿赂？

他还未待想清楚，更震撼的一幕发生了：只见他的夫人张春华拿着剑冲出来，一言不发直冲婢女，干净利落地一剑就把人灭口了。

保守秘密，当然还是死人最牢靠。

张春华的果决、狠辣，对丈夫全心全意的维护，由此可见一斑，难怪会教导出司马师、司马昭这样的儿子来。

后来，曹操打赢了官渡之战，再次传话司马懿："若复盘桓，便收之。"要不做官，要不坐监，你自己选吧。

司马懿能说什么呢？只得从了曹操，乖乖出任丞相府的文学掾一职，也就是中央秘书。

既来之，则安之。司马懿在任上勤勤恳恳，兢兢业业，不再掩饰自己的才华，连升三级，从黄门侍郎、丞相东曹属、主簿，直至成为曹丕的左右手。曹丕最终能战胜曹植继承魏王，司马懿功不可没。

有一天，曹操做了个梦，梦见三匹马在同一个槽里抢食，把马槽啃得精光，顿觉心脏逼挤，一阵悸动醒来，久久不安。

此时，司马懿同父亲司马防、兄长司马朗都在曹操手下当差，这可不正是“三马同曹”吗？然而曹操当众将梦说出，让众心腹为自己解梦时，司马懿却东拉西扯歪了楼，祸水东引，将“三马”扯到了同僚身上，自己就此逃脱了。

但是曹操的心里到底结了疙瘩，自此便处处看司马懿不顺眼。这时候，他对当初执意征辟司马懿或许是悔不当初的吧。他对司马懿一直留而不杀，一则是觉得司马懿着实有才，杀了可惜；二则也是自信压得住他，笃定孙猴子翻不出如来佛的手掌心；三则便是因为曹丕力保。

但是他却留下遗言给曹丕：“司马懿非人臣也，必预汝家事。”

曹操死后，曹丕对汉献帝再不留情，毫无心理压力地取了帝位，以魏代汉。他和司马懿是死党，虽然记着父王的遗言，却不忍心对心腹下手，也不相信这位并肩战斗的老伙伴会对自己下手，便这样将信将疑地拖延着。后又将司马懿留给了儿子曹叡，逼其立下重誓。

曹叡是个短命皇帝，不到四十而卒，只得再次托孤与司马懿，令其与大将军曹爽共同辅佐幼帝曹芳。

后半段的魏朝历史，完全就是曹氏亲贵与司马家族斗智斗勇的较量史。结果不言而喻，曹家败了。

司马懿能最终打败诸葛亮，靠的是诸葛命短；而能在曹马之争中大获全胜，则凭的是自己命长。

三

应该说，在辅佐曹操、曹丕、曹叡这三代君王的半生里，司马懿尽忠尽责，更在力抗诸葛亮六次北伐的战争中立下汗马功劳。如果他也如孔明般“出师未捷身先死”，未尝不是一位文武全才功绩彪炳的忠臣良将，名垂魏史。

然而当他再次被曹叡托孤，成为曹家第四代幼主曹芳的辅政大臣时，因为对手发生了变化，他的心理也终于发生了变化。因为他现在要小心的，已经不再是曹魏帝王，而是与自己同殿辅政的宗亲曹爽。尤其新主曹芳并非曹叡亲生，这就使得君臣关系更为微妙，也让曹爽的气焰更为嚣张。

在曹爽心目中，曹芳的身份和自己差不多，不过都是宗室子弟而已，论辈分资历还不如自己，仗着年纪小偶然坐上了皇位，成为傀儡皇帝，哪里有什么天命神授？所以他根本不把幼主放在眼里，更不允许司马懿同自己平起平坐。

于是，在曹芳登基不久，以曹爽为代表的曹室宗亲就为了打压司马懿而撺掇皇上将他明升暗降，给了个太傅的闲职，也就是皇上的老师，说起来好听，却无实权。至于手握兵权的大将军曹爽本人，则除了没穿上龙袍之外，完全就和皇帝差不多了。

司马懿很清楚，曹马之争已经到了你死我活的地步。第一步是削权，第二步就是吞噬了。纵然他愿意老老实实地再来个七年之病，躺在床上等死，可是自己身后，满堂儿孙该何去何从？自己的时间不多了，难道就这样等着悬在司马家头上的那柄皇权之剑随时劈下来吗？

若不想死于剑下，最好的办法，就是自己成为那个握剑的人。

这次，又是夫人张春华“帮”了他。只不过，春华夫人没有替他杀死任何人，而是自己死了。司马懿则因为伤心过度，顺理成章地“病”倒了。

这次的病更加高难度，不但瘫痪卧床，还口歪眼斜，神志不清。曹爽不相信对手这样轻易就不战而败了，几次派出使者甚至刺客试探。

但是“老戏骨”司马懿和朝廷皇权及政敌演了一辈子对手戏，演技已是炉火纯青，哪会让人看出破绽？醒着的时候又是喝水流口水，又是耳背听不清，又是大小便失禁，怎么恶心怎么来，硬是将探子骗得团团转。至于睡着后，更是宛如死人，刺客已经剑抵面门了，司马懿竟然眼皮都不眨一下，这定力真不是一般人。

于是，曹爽得到的司马公病情汇报就是十二个字："尸居余气，形神已离，不足虑矣。"

既然不足虑，曹爽也就暂时放过了司马懿。

他做梦也没有想到，躺在病床上的司马懿一直在暗暗部署，悄悄窥探，只等着一个合适的机会反扑。

正始十年（249）正月，机会终于来了。就在曹爽陪同小皇帝曹芳去郊外拜谒魏明帝高平陵、宗亲王室尽皆出城的空当儿，司马懿这位七旬老人从病榻上一跃而起，带着两个儿子司马师、司马昭，率领军队以迅雷不及掩耳之势抢占了城门和仓库，兵围宗亲，将满朝文武堵在了城外，逼曹爽缴械。

随后，司马懿以铁血手段清洗了曹氏权团，将以曹爽为首的宗室及同党一网打尽，夷三族，株连五千余人。

很显然，他是要在自己死前为司马家子孙扫清道路。

从此，曹芳成了傀儡皇帝，魏室江山实质上已改姓司马了。

直到尘埃落定，那些飘荡在空中的宗室亡魂还想不明白，自己究竟走错了哪一步，就这样失去了项上头颅？

但从某种立场上来看，可以说司马懿的装病和造反，都是被曹爽逼的。

司马懿死后，他的两个儿子司马师与司马昭相继掌权，完全架空了魏帝曹芳。这还不算，他们后来干脆废了曹芳，另立年幼的高贵乡公曹髦（241—260）为帝。

但曹髦也是会长大的，他对司马昭的专权越来越不满，遂于260年亲自率兵讨伐司马昭，兵败被杀，年仅二十岁。

司马昭连皇帝都敢杀，按说已经毫无顾忌了，可是作为奉儒教为正统的世家大族，弑君夺位的名声太难听，因此他仍然不敢擅自登基，便又另立了曹操的孙子曹奂（246—302）为帝。

曹芳、曹髦、曹奂俱为傀儡皇帝，根本没掌过什么实权，史称“三少帝”。

公元265年，司马昭病逝，其子司马炎再无顾忌，遂逼曹奂禅位，自己嗣位晋王，降曹奂为陈留王。

魏国灭亡。

自此，司马家族完美复制了曹操父子挟天子以令诸侯直至以魏代汉的全过程，完成了以晋代魏的终极胜利，统共用了四十五年。

司马懿的一生几乎就是对曹操的一生的忠实拓印。他亦步亦趋地南征北战、位极人臣，渐渐挟天子以令诸侯，顶着权臣的头衔如履薄冰地辅佐了曹家三代君王，直到自己死后，才由子孙顺利接手政权，以晋代魏。

曹操“三马同槽”的噩梦终于成了现实。

正始名士

何晏不可承受之轻

一

魏晋南北朝时期，诞生了中国古代四大美男子：何晏、潘安、卫玠、兰陵王高长恭。

何晏之美有两大特点：一是白，二是轻。

何晏有多白？

据说连魏明帝曹叡每每见了他都忍不住盯着他莹洁如玉的脸看，怀疑他是涂了粉，而且是厚厚的一层粉。

曹叡越想越觉得自己的怀疑是正确的，还同左右打了赌，特地在一个炎热的日子召何晏进宫，赐他热汤面，让他吃得满头大汗，不停用袖子擦汗。

曹叡盯着何晏看得十分认真，认为他脸上的粉定会糊成一团，谁知道经过汗水滋润，何晏的皮肤更加白里透红了，由这可知何晏是真正的天生丽质。

从此，“傅粉何郎”就成了一个典故，来形容人洁白无比。

何晏虽然没有傅粉，但也确实喜欢化妆。他时常敛镜自照，就连走路都要对着自己的影子搔首弄姿，踮着脚好似做飘逸凌波一般，恨不得能飞起来。

当然，这不只是因为他身轻，更是因为他服丹。

鲁迅在《魏晋风度及文章与药及酒之关系》一文中说："五石散的基本，大概是五样药：石钟乳，石硫黄，白石英，紫石英，赤石脂；另外怕还配点别样的药。……何晏有钱，他吃起来了；大家也跟着吃。"

也就是说，是何晏带动了时人服食五石散的风潮。因为服用五石散不只可以精神清爽，还能治病。只是五石散药气刚猛，服食后需要快走"散发"，故名为"行散"；走了之后，因为全身发烧，所以要少衣、冷食，甚至以冷水浇身，故又名"寒食散"。

鲁迅还说，吃药的人因为时常皮肉发烧，为防止皮肤擦伤，不能穿紧身衣，所以要宽袍大袖。这就是晋人轻裘缓带、宽袍飘飘的真实原因，"在当时是人们高逸的表现，其实不知他们是吃药的缘故。一班名人都吃药，穿的衣都宽大，于是不吃药的也跟着名人，把衣服宽大起来了！"

当然，让名士飘飘欲仙的不仅是服饰，还因为服药使人身轻。据说何晏走路脚不沾地，如蜻蜓点水，顾影自怜，翩然若飞。东晋王羲之也曾在信中说："服足下五色石膏散，身轻，行动如飞也。"

另外，服药的人因为皮肤易破，所以要穿旧衣裳，且衣服不能常常浆洗。但衣服若不洗，就会生虱子，所以在当时就有了“扪虱而谈”的名士奇风。不过把肤白如雪的何郎与虱子联系起来，那画面实在难以想象。

想来也不是所有服丹人都不洗澡的，何郎那般爱美，应该不会喜欢养虱子。

何晏能成为大魏第一美男子，不只是“美姿仪，面至白”，还因为有学问，有口才，擅清谈，是位不折不扣的名士。

他小字平叔，原为南阳郡宛县人（今河南省南阳），是大将军何进的孙子。他幼年丧父，母亲尹氏嫁与曹操为妾，七岁的何晏，做了拖油瓶。

这原本该是一个可怜的“小白菜呀地里黄”的故事，然而何晏却只有白，没有黄，而且因为天资聪颖伶俐善言，何晏颇得曹操宠爱。

曹操曾经想给何晏改姓，认其为子，但是何晏不愿意，还在住处画了个方框，然后自己坐在其中。别人问他是什么意思，他说:“这是我何家。”

这当真是反向操作的“画地为牢”。

曹操听说了，觉得这小孩有志气，很欣赏他维护自己独立主权的“行为艺术”，还特地让人将他送回了何府。

当然，这样做只是走个形式，这么小的孩子完全不可能独自过活，过后还是要接回曹府教养的。但是走这一遭，也就等于告诉世人，这孩子仍是何家的少爷，只是长大前暂时借住在曹家。

不过何晏虽然住在曹家，却完全没有寄人篱下的自觉。他喜欢鲜衣丽裳，穿戴的服饰与世子一般，令曹丕暗暗恼怒，给他取了个绰号“假子”。

何晏长大后，曹操仍未放弃收他为义子的想法，还将自己的女儿金乡公主嫁给了他。于是，何晏又成了曹操的女婿，假子加半子，简直比亲儿子还亲，曹丕自然更不喜欢他了。这也是何晏在魏文帝与魏明帝两朝都未得到重用的缘故。直到曹叡早逝，大将军曹爽秉执朝政，何晏才因工于谄媚被曹爽青睐，赐爵列侯。

曹叡不到四十而卒，临终前托孤司马懿，令其与大将军曹爽共同辅佐太子。

司马懿这是二次接受先帝托孤了，这次的孤儿是真小，曹芳（232—274）继立为帝时才八岁，所以政权完全掌握在辅政大臣手中。

于是，司马懿与曹爽的矛盾也就被放到了台面上。

从前曹马之间是君臣关系，可是现在司马家的对立面不是幼帝曹芳而是同僚曹爽，那就成了势均力敌的臣党之争，再不必留一点儿面子。

如果臣子们不想在曹马之争中选边站，那就最好不言政治，只谈清风。于是，玄学清谈应运而生。

“正始”是魏齐王曹芳时期的年号。所谓“正始之音”，指的就是正始年间（240—248），以何晏、王弼、夏侯玄为代表，掀起的一股谈玄之风。玄学清谈以老庄思想糅合儒家经义，谈玄析理，放达不羁。

这是何晏一生中最得意的时期，史书称其“有位望，每每谈客盈坐”，“天下谈士多宗尚之。”一个样貌好、学识好、口才好的人举办演讲，该有多么受欢迎！天下蜂拥的情形并不难想象。

可惜好景不长，正始十年（249），司马懿趁曹爽陪幼帝离开洛阳去高平陵扫墓之际发动兵变，控制京都，史称“高平陵之变”。他随即大开杀戒，以铁腕政策清除曹爽一党。

诡异的是，司马懿特地让何晏参与了审理曹爽等宗亲的案子。何晏不知有诈，还以为这是自己的一线生机，因此急于表现，下手比谁都狠，彻底查办曹爽党羽，以此向司马献忠。

谁知道治罪名单送上来后，司马懿却笑笑说：“参与的应是八族，为何这里只有七族？”

何晏犹自不解，一一数落诸姓曹党，说：“没少啊。”

司马懿又是一笑：“还少了何姓。”

何晏大惊，一时间天旋地转，感觉自己在做梦，脑中直接闪出哲学三连问：我是谁？我在哪儿？我在做什么？

他似乎想起幼年时曹操对自己的宠爱，成年后娶金乡公主为妻，后来被曹丕和曹叡父子冷落，仗着与曹爽交好才平步青云，转眼却又同曹爽一起从云端重重跌落。如今司马懿要追杀曹爽亲党，还有一族未报，还能有谁？

他呆呆地望进司马懿的眼中，看到那双狼顾鹰视的眼瞳里映着一个小人儿，不禁讷讷问："难道是我吗？"

司马懿微微一笑："平叔果然是聪明人。"

正月初十，何晏以谋逆罪与曹爽等一同被诛，夷三族。白白吃了半辈子五石散，未能"一人得道，鸡犬升天"，反而一人获罪，株连三族，要说那些姓何的族人，才真是冤枉呢！

二

何晏虽是小人，却真当得起一句才貌双全。

他著有文集十一卷，首开魏晋玄学清谈之风，为正始名士之首。钟嵘《诗品》赞"平叔鸿鹄之篇，风规见矣"，列其诗为中品。

汉初之时，由于窦太后的极力推行，黄老学说至上，谶纬之风盛行。但是在董仲舒提出"罢黜百家，独尊儒术"之后，儒家取代道教成为主导思想，强调了春秋的"大一统"精神，确立了儒家思想的正统地位。中国古代的封建正统思想正式确立，儒家经典地位空前，凡士人官吏，必须学习儒经才能得到任用或升迁，于是经学蓬勃发展，注经热一时蜂起。

其中，用先秦古文即战国时通行于六国的文字书写的经书，叫作“古文经”，传授古文经的学说叫作“古文经学”；而官学里博士教弟子的经书，都是用汉朝通行的隶书写的，叫作“今文经学”或“汉字经学”。

古文经与今文经字体相异，字意解释也多有不同。古文经派的许慎就认为以隶书来解释古代经典十分牵强附会，他才历时二十年撰成《说文解字》，这部书是中国历史上出现最早、影响最大的字典。

两汉经学以儒学六经为主。这股风潮刮到了魏晋，依然强盛不衰，何晏注《论语》，王弼注《周易》，都是这种风潮下的产物。

同时，又因为汉魏之交战乱频仍、社会动荡，老庄学说因此再度抬头，并结合《周易》经注进一步发展为玄学。

《周易》《老子》《庄子》合称“三玄”，能谈玄学的即为“名士”，而谈论三玄则被称为“清谈”。

何晏既与郑冲等共撰《论语集解》，又曾注解《老子》，撰写《周易说》，堪称儒道兼修，广闻博识；且又精于玄谈，风采绝世，加之他任职吏部尚书，负责官员的选拔和任用，正便于广揽人才，遂成天下士林之首。

但是在私生活上，他却既没有儒德也没有道风。他好色敛财，仗势专权，而且喜欢穿女人的衣服，窄衫长裙，粉黛鹅黄，梳着高髻，踏着木屐，袅袅婷婷作女人行走，可谓是最早见诸于史书的“易装癖”。

但他只是喜欢女人及女人的服饰，却并不是把自己当作了女人，因为他做了驸马，还改不了好色的毛病，纳妾无数，盈于后庭，纵欲无度，要以丹药壮阳。苏东坡说：“世有食钟乳乌喙而纵酒色以求长年者，盖始于何晏。晏少而富贵，故服寒散以济其欲。”

显然，何郎这是把“行房”当“行散”了。嗑药、纵欲、易装，当真变态，可人却偏偏才华横溢，风度俨然，真算得上性格分裂的极端案例。

因此当时名士傅嘏（gǔ）评价他：“言远而情近，好辩而无诚，所谓利口覆邦国之人也。”

这引用的正是何晏集解的《论语 · 阳货》，当真令人叹息：

> 子曰：恶紫之夺朱也，恶郑声之乱雅乐也，恶利口之覆邦家者。

自然，这个傅嘏后来也遭了何晏的报复，被罢去官职。

担任尚书期间，何晏仗着曹爽的势力，广收贿赂，窃占官产，索取无度。趋奉他的人多，痛恨他的人也不少，甚至将他与邓飏、丁谧并称“三狗”。

后来何晏在奉命查办曹爽党羽时，将邓飏、丁谧两党亲友交代了个底儿掉，当真是一出“狗咬狗”的好戏。

要说何晏死得不冤，他既是曹操义子，又是女婿，更是曹爽的心腹，实打实的足料曹党。真不知他哪来的自信，认为可以撇清干系。

最后，我们来看两首何晏的咏志诗：

其一

鸿鹄比翼游，群飞戏太清。
常恐夭网罗，忧祸一旦并。
岂若集五湖，顺流唼浮萍。
逍遥放志意，何为怵惕惊？

其二

转蓬去其根，流飘从风移。
芒芒四海涂，悠悠焉可弥？
愿为浮萍草，托身寄清池。
且以乐今日，其后非所知。

两首诗中风格一致，使用了多个有趣的意象：惊鸿、清池、浮萍与飞蓬。

这便是何晏眼中的自己，也正符合他的姿仪——够轻！

轻盈，也轻浮。

一群轻鸿飞翔嬉戏于太清池上，却时刻担心被网罗所陷，唯恐乐极生悲；真不如归去江湖，天宽地广，哪里用得着这样动辄得咎，胆战心惊呢？

看得让人着急：你倒是走呀！当真看得开，走得脱，不就不用死了吗？

但是何晏只说不做，又在第二首诗中表示：我就像断了根的蓬草，随风飘移，不由自己。天地悠悠，何处栖身？还是做浮萍好呀，可以寄身清池，随波逐流，得过且过，及时行乐。

于是，他就过了今朝没明朝了。

悔不该王弼多情

一

东晋袁宏曾写过一本《名士传》，把魏晋名士分为三代：

正始名士，以何晏（190—249）、夏侯玄（209—254）、王弼（226—249）为代表；

竹林名士，以竹林七贤为象征；

中朝名士，包括裴楷、乐广、王衍、阮瞻、卫玠、谢鲲等。

其实，在这之前，还应该算上开启建安文学的“建安七子”。而在此之后，袁宏看不到衣冠南渡的东晋名士，也就是以王谢世家为代表的“江左名士”，以致最后为魏晋风流强力收尾的，是写下《桃花源记》的陶渊明。

汉朝士大夫以文赋见长，少有作诗者。即便写了诗歌，也都托言于乐府歌辞，混入《汉乐府》中，湮没了名姓。肯以诗之名大胆面世的，反而是几位卓越女人的作品，如卓文君的

《白头吟》，班婕妤的《团扇歌》，之后才有班固的《咏史》，它是第一首正式发布的文人五言诗。其后五言之风大兴，遂有张衡的《同声歌》、秦嘉的《赠妇诗》，以及作者不详的《古诗十九首》。

到了汉末，诗人的主动写作意识渐强，而承上启下将诗歌创作推向新高潮的榜样力量，莫过于曹氏父子。

锺嵘《诗品》序说："降及建安，曹公父子，笃好斯文；平原兄弟，郁为文栋；刘桢、王粲，为其羽翼。次有攀龙托凤，自致于属车者，盖将百计。"

曹操的诗作虽然不多，却气象万千，风格多样。史书上说他登高必赋诗，并谱曲高歌，振臂一呼："大家一起来！"号召三军齐声唱和。

上行下效，这样的热情势必影响到民风民俗，对于文化的推进很有积极作用。曹操的胸襟抱负决定了他诗风的大开大阖，任意潇洒，率先打破了汉代文章盛行的骈文体，诗歌形式极为灵活，既有四言诗"东临碣石，以观沧海""老骥伏枥，志在千里；烈士暮年，壮心不已"，也有五言诗"白骨露于野，千里无鸡鸣""天地何长久，人道居之短"，更有杂言诗"游君山，甚为真。崔嵬砟硌，尔自为神"。

曹操无疑是一位伟大的诗人，他的两个儿子曹丕和曹植也都是不可多得的文学奇才：曹丕不仅是魏朝的开国皇帝，更是一位卓越的文学家，其文作《典论》是现存最早的文学专论，诗作《燕歌行》则是现存最早最完整的文人七言诗；七步成诗的曹植更是惊才绝艳，是被奉为“天下才共一石，曹子建独得八斗”的天下第一才子。

后世将曹操、曹丕、曹植合称“三曹”，而东汉末年最精彩的建安时期（196—219），以曹家父子为代表的文学成就则被称为“建安文学”，又称“建安风骨”，是“魏晋风流”的先驱。

“建安文学”主要是指以“三曹”与“建安七子”（孔融、陈琳、王粲、徐幹、阮瑀、应玚、刘桢）为代表人物的文学作品，这些作品大多慷慨悲歌，颇有阳刚之风。诗人们继承了《诗经》及汉乐府的现实主义创作传统，在诗篇中真实描写汉末的大动乱、大分裂，体现民间疾苦，抒发报效天下建功立业的雄心壮志。

李白诗中说：“蓬莱文章建安骨，中间小谢又清发。”蓬莱，指东汉藏书阁；建安骨，就是指以“建安七子”为代表的刚健遒劲的风格；小谢，则指出身“王谢世家”的南朝诗人谢朓。

“建安七子”是中国文学史上第一个成规模的文学组织，而“魏晋风流”则处于“建安七子”与“陶谢田园”之间，风格更为狂放不羁，俊雅洒脱，也更加玄虚清逸。“魏晋风流”重在表现文人名士不同俗流的人生观、世界观，这是在“玄学清谈”的大背景下产生的。

建安七子中，最负盛名的是王粲（177—217），字仲宣，山阳高平郡（今山东金乡）人，少有才名，能文善赋，与曹植并称“曹王”。

王粲原为刘表掾属，后归于曹操，深得曹氏父子信赖，赐爵关内侯。后随曹操南征孙权，于北还途中病逝。

王粲的文采有多好呢？从由他引发的典语“王粲登楼”就知道了。

他在荆州刘表帐下时不得重用，曾著有《登楼赋》，辞藻清峻，抒发了自己怀才不遇的感慨及思念故乡的心情，影响深远。

如唐朝元稹诗：“栖栖王粲赋，愤愤屈平篇。”

杜甫：“伤时愧孔父，去国同王粲。”

陆游：“霜露初侵季子裘，山川空赋仲宣楼。”

苏东坡：“无事会腼民好饮，思归时欲赋登楼。”

李清照：“秋已尽，日犹长，仲宣怀远更凄凉。”

元好问“自古江山感游子，今人谁解赋登楼。”

唐伯虎：“不是王生悲异国，自缘风物重沾襟。”

王夫之：“迢遥星棹依元礼，萧瑟高楼忆仲宣。”

……

几乎凡登楼者必思王粲，观海者皆说曹操。

当世名儒中最大的“咖”莫过于蔡邕。他精于音律，才华横溢，经史、辞赋、书法无所不通，才名冠绝天下，门前车马填巷，连曹操也视之为师。

他首创了一种著名的隶书笔法，叫作“飞白”；他制作了一张著名的琴，叫作“焦尾”，创作了著名琴曲《蔡氏五弄》，还写下中国第一部琴书理论《琴操》；他还有一个著名的女儿，叫作蔡文姬。

这样一个牛人，在听说王粲求见时，急忙出门相迎，连鞋子穿倒了都顾不上，并赞其“有异才，吾不如也”。

由此，又诞生了一个很喜感的成语：倒屣迎之。

蔡邕晚年时，把自己的一万多卷藏书都送给了王粲，颇有视其为自己传钵人的意味。

汉末战乱之中，蔡文姬被匈奴的左贤王掳走，客居胡地十二载，还生了两个儿子。后来曹操统一北方，以重金将其赎回。

赎回后，曹操曾问文姬：“你家原来有很多藏书，都于战乱时被烧毁了，很是可惜，你还能记起来吗？”

蔡文姬说：“当初父亲留给我的书籍有四千余卷，但因战乱流离，保存下来的很少，我能记住的更少，只有四百余篇。”

四百余篇，在当时已经是非常重要的文库巨产了。于是曹操当下便要派十位博学之士帮助蔡文姬整理记录，但是蔡文姬说：“只要给我纸笔，我一个人写给你就是了。”于是将自己背诵的古籍默写下来送给曹操，没有一点儿错误。

显然，蔡文姬和她的父亲蔡邕一样，也是个不世出的才女。

蔡文姬的默忆背诵，和王粲藏书的抄录转藏，构成了曹家图书馆的主干。

王粲才冠当时，却偏偏英年早逝，令人扼腕。丧礼上，太子曹丕前来吊唁，拈香之后，转目对众人说："仲宣好驴鸣，我们不如各作一声送之。"说罢，竟然率先学起驴叫来。

满堂缟素一时俱敛哭声，也都先后扯着嗓子叫起来，一时驴叫之声不绝于耳，蔚为奇观。

一介储君尚能如此率性而传为美谈，任诞之风吹遍魏晋也就再正常不过了。

二

以王氏的家学渊源，加上蔡邕的万卷藏书，可想而知，王家儿郎自小就是在书香中长大的，所以王弼年未弱冠就名满京城。

王弼（226—249），字辅嗣，为王粲嗣孙。其父王谦，曾任大将军何进的长史；而何晏，则是何进之孙。

因此，何晏与王弼既是世交，又是忘年之交。不过，两人虽然一般醉心玄学，性情却大不相同。何晏弄权好财，贪得无厌；王弼却不好功名，只爱读书，专心致志于玄学研究。

《世说新语》中有个小故事，说何晏注《老子》始成，有一天去见王弼，看到他也写了部《注老子》，便拿起来翻阅。一看之下，惊为天人，叹道："若斯人，可与论天人之际矣!"回家就把自己辛辛苦苦写了好几年的《注老子》烧了，只撷取主要观点，合成《道论》《德论》两篇文章，不再出书了。

可见，"行步顾影"的何郎，在小友王弼面前也学会了谦虚。

何晏的《论语集解》与王弼的《周易注》，共同被列为唐代以后权威的官方经书注本，流传至今。

儒家讲究礼法规矩绳墨，这是"有"；道家则讲究坐忘虚静自由，这是"无"。以夏侯玄、何晏、王弼为代表的正始名士谈论的主要话题就是"无"和"有"的对立与统一，以论证"无中生有"为内容展开的深入争论，这叫作"辩难"。

这是继春秋战国"百家争鸣"之后的又一次大规模学术辩论，正式宣告了玄学的产生。

什么是道？老子说："道可道，非常道。"

什么是自然？老子说："自然者，自然而然也。"

说了跟没说一样。但这就为玄谈者提供了无限的辩论空间，让他们可以永无休止地争论下去。对错不重要，谁的文辞璀璨，观点乖张才重要，于是玄谈之风愈演愈烈。

而王弼，是真正完成了"以无为本"玄学理论架构的人，也是真正强调了情理兼胜的人：

> 圣人茂于人者，神明也；同于人者，五情也。神明茂，故能体冲和以通无；五情同，故不能无哀乐以应物。

正因为有了王弼的主张，才会有王廞（xīn）登茅山而悲呼："琅琊王伯舆，终当为情死！"也才会有桓子野每闻清歌，辄呼"奈何"；更有王衍声称："圣人忘情，最下不及于情，然则情之所钟，正在我辈。"

不过，老庄主张无情，就是因为多情敏感实在是件很伤身的事情。

高平陵兵变后，王弼也因受牵连丢了官。按说他原本官职不高，又向来不以仕途为意，丢了也损失不大，只是也不知是吓的还是运气不好，就在这年秋天，他竟因为一场疠疾丧了命，死时年仅二十四岁。

才高易折，情深不寿，当真可悲可叹。王弼字称辅嗣，却偏偏无子绝嗣，差不多是魏晋名士最年轻的先驱了。

因为死于何晏同年，世人便将他的死也一起记到司马懿头上了。

正始十年（249），何晏与王弼先后死去，士林中一时有

“名士减半”之说，然而玄谈之风却因此更盛，将对清玄虚无的追求推到了极致。

次年，朝廷改元嘉平，宣告了魏晋文坛从“正始名士”正式进入“竹林名士”时期，竹林七贤的主要相聚时间，就在这一历史大事件前后。

有一种风度叫作夏侯色

一

“虽无嵇生琴，庶同夏侯色。”

这是南朝史学家范晔的诗，前一句说的是“竹林七贤”之首嵇康用生命弹奏的一曲绝唱《广陵散》，后一句则说的是“正始之音”第三人夏侯玄的视死如归。

夏侯玄（209—254），字泰初，又作太初。他能够成为名士代表，自然是才华与颜值同样在线，时人谓之“朗朗如日月之入怀”。也就是说，他的美与何晏不同，更具男子气概，阳刚明朗，爽然清正。而且为人端方，不苟言笑，没有何晏的轻浮好色，也从不结党营私，蓄养美姬。

中朝名士裴楷评价他：

> 肃肃如入廊庙中，不修敬而入自敬。

如入宗庙，琅琅但见礼乐器。

形容其人端严，让人见了肃然起敬，好像进入宗庙，看见琳琅满目的礼乐之器。

这些形容，可真是让人向往。什么样的男人，才会让人见了后会觉得如日月朗朗，如廊庙肃肃，如礼乐之重器？

对帅哥的姿容特别较真的魏明帝曹叡，在打赌何晏有没有傅粉输了之后，又将目光转向了夏侯玄。他觉得自己的小舅子毛曾也是公认的帅哥，为什么名气却不如夏侯玄响亮？

于是，在一次宫宴上，曹叡便特地命两大美男坐在一起，指望众人评说几句春花秋月、一时瑜亮、相得益彰、赏心悦目之类的话，为小舅子捧个场。

谁知最帅和普通帅之间，还是留有距离的好，井水不犯河水，谁也别挨着谁，也还能各自芬芳；一旦不幸同框，便立即分出轩轾来。而且，估计两人的身高差也很明显，平时单看也还算周正的毛曾站到了气宇轩昂的夏侯玄身边，简直就成了小厮长随。群臣不禁掩口失笑：“真可谓‘蒹葭倚玉树’啊。”甚至还有人说夏侯玄是玉树临风，毛曾不过是河滩芦苇。

这真是帅哥莫分高下，比较才会尴尬。

更尴尬的是魏明帝曹叡，觉得夏侯玄太不给自己面子，不说谦逊几句给毛曾一个台阶下，反而脸上露出不悦的神色来，仿佛在说，皇上你可真无聊，你这是自取其辱，可怨不得我。

这简直是热辣辣一巴掌呼在了自己脸上，而且是左右开弓。

结果就是三个人谁也没得好：魏明帝生了一肚子气，回到后宫砸了无数金珠玉器；毛曾成了笑话，好好的帅哥不如草；夏侯玄的损失更具体，从黄门侍郎被贬为羽林监。

都是美貌惹的祸。因为长得太帅被贬职的，这怕是空前绝后第一位。

不过夏侯玄最大的优点就是淡定，根本不会把降职这种小事放在心上。

《世说新语·雅量》载，有一天夏侯玄当众作书，忽然一阵惊雷急雨，几道闪电劈下，正正击中了他身旁的廊柱，就连他的衣服也被烧焦了。

普通人纵不说哭爹喊娘，也总该抱头逃窜吧？当时满堂宾客惊惶大叫，“皆跌荡不得住”，站都站不稳。这才是正常表现对吧？

可是再回头看看人家夏侯太初同学，硬是视闪电于无睹，听惊雷而不闻，依旧站立如松，挥毫作书。

如此淡定的表现，让人什么时候提起来都要叹服。

所以，什么是夏侯色？

就是不动声色！

二

夏侯玄身世显赫，其叔祖父是配享太祖曹操庙庭的夏侯渊，父亲为征南大将军夏侯尚，母亲德阳公主是曹真的姐姐、曹爽的姑姑，妹妹夏侯徽则嫁给了司马师。

也就是说，夏侯玄既是曹爽的表弟，又是司马师的大舅哥，同时搭上了两头姻亲。这本来会让他在“曹马之争”中立场非常尴尬，但是因为妹妹芳年早逝，而且有传言说是司马师毒害，这就让夏侯玄的天平自然而然地偏向了曹家。

夏侯徽，字媛容，自幼饱读诗书，是个很有见识的女子。年方及笄，便嫁与比自己年长三岁的司马家嫡长子司马师为妻，堪称门当户对，珠联璧合。

司马师很尊重自己的妻子，大小事都会与妻子相商，而夏侯徽也总是尽心尽力地为他筹划。两夫妻琴瑟和谐，是豪门联姻的典范。

两人婚姻关系不足十年，却共同生了五个女儿，感情不可谓不好。当他们的第一个孩子出世时，当真是如珠如宝，虽是女儿，毕竟是嫡长孙女，尊贵无比。但当第二个孩子还是女儿时，司马师不由失望起来。

对于世家高门来说，长子嫡孙是未来的世子，重要性不言而喻。然而夏侯徽进门后，虽然贤惠明理，温柔可人，可是随着一个接一个的女儿被生下来，司马师的爱与耐性就渐渐被磨光了，内心深处不由对妻子生出一种不可言喻的憎恶来。

而且，随着曹马之争的日益明朗化，夫妻间的立场也越来越微妙。夏侯徽察觉到司马氏不愿为魏臣，深为忧虑；而司马师也对妻子颇为忌惮，不再什么事都与她相商。

青龙二年（234），瘟疫横行，举国大病，夏侯徽便在这年底香消玉殒，年仅二十四岁。她的死虽然完全可以推给疫症，但是坊间却有传言说她是被司马师毒杀的。

传闻不能作为证据，夏侯玄也无法为自己的妹妹上门讨说法。但是妹妹的死，显然割断了夏侯司马两家的交情，虽不至立刻反目，但实际亲家却已成了冤家。

司马师丧妻时只有二十七岁，自然不可能从此做鳏夫，不久续娶了吴氏为妻。这吴氏的门第、才貌、性情与夏侯徽完全无法相比，而且连女儿都没生过一个，因此没过几年，司马师便将其休了。

他的第三任妻子是官宦世家泰山羊氏之女，名字里也有一个徽字，叫作羊徽瑜。其母乃是东汉名儒蔡邕的女儿蔡贞姬，也就是说，她管蔡文姬叫姨妈。

然而出身高贵又如何，羊徽瑜纵然聪慧贤德，却也同样过门几年都不生养。

无子，对于世家来说简直是天大的悲剧。但是总不能再休了第三任妻子吧，司马师不禁绝望了，不得不相信自己命中无子，这大约就是报应吧。

为了安慰哥哥，司马昭将自己的嫡次子司马攸过继给了长房继嗣。但这为司马政权后来的纷争埋下了祸根，此是后话。

三

249年的高平陵兵变，让高龄七十九岁的司马懿在与曹爽的对抗中取得了决定性胜利，一举清除了以曹爽为首的曹氏宗室及朝中势力五千余人，完全掌握了政权。朝廷上下，人人自危。

“正始名士”的三驾马车相继出事：何晏被杀，王弼病逝，硕果仅存的夏侯玄也从此“不交人事，不畜笔研”，活得极为低调小心。

251年，司马懿过世，司马师接任大将军。这个时候，坐在龙椅上的虽然还是曹芳，但是真正的皇权，其实已经掌握在了司马师手中。

侍中许允对夏侯玄说：“太傅死了，我们总算可以松一口气，再没有什么可忧虑的了。”夏侯玄却摇头说：“你错了，太傅在时，尚会看在世交情面上善待我几分，子元（司马师字）、子上（司马昭字）却是不会讲什么情分的。”

他的判断相当准确。

司马懿终究是老牌君子，虽然城府深沉，擅弄权术，面子上却是温和恭谨的，在朝堂上也极重礼数，手段再酷烈也还有几分留情；但是到了司马师执政时期，就没有那么在乎君臣尊卑了，完全将曹芳当成了傀儡。

曹魏变天，已经只差最后一层纱。司马师的底线，就是没底线。

254 年，魏帝曹芳与中书令李丰、光禄大夫张缉等密谋策划，想暗杀司马师，改立夏侯玄为大将军。

这显然就是个姻亲团：张缉乃是皇后的父亲，曹芳的岳丈；李丰则是曹芳的亲家，娶了公主做儿媳；夏侯玄呢，则是长公主的儿子，也就是曹芳的表舅——这关系虽然远了点儿，但是夏侯玄素有盛名，当朝能接替大将军者，非他莫属。

可惜的是，李丰和张缉说得多做得少，野心有余但谨慎不足，接连几次秘密进宫，早已引起了司马师的注意。于是司马师先下手为强，不需要任何证据就直接将人逮捕入狱，并在狱中击杀了李丰、张缉，夷三族，又逼迫夏侯玄认罪。

负责廷尉主审的是大书法家锺繇的儿子锺毓。他对夏侯玄十分敬重，不愿以刑问相加，只苦口婆心劝他认罪。

按说暗杀行动既然未得施行，并没有任何证据能证明夏侯玄知情；至于想让夏侯玄在事成后接替司马师，不过是曹芳和李丰在臆想中的一厢情愿，甚至可能是胡乱攀咬。但是显然司马师就是要借这个机会除了这位前大舅哥，根本不在乎他是不是真的有罪。

夏侯玄也早已看穿了这一点，因此整个审讯中根本不加辩解，亦拒写供词，只淡然对锺毓道："我有何罪？你难道不明白吗？你想要供词，那就代我写吧。"

锺毓知道他高洁不可屈，但是上命不可违，便当真代写了认罪书，流着泪请他签名。夏侯玄看了，不置一词。

在这件事中有个比较搞笑的细节：锺毓的弟弟锺会，久仰夏侯玄大名，平时没什么资格亲近，如今见他落了势，觉得自己的机会来了，就趁机跑到狱中扮亲热，做出副施恩重贤的嘴脸来，还说要与夏侯玄切磋一下学问。

不料夏侯玄傲岸一生，临死亦然，冷冷地说："虽复刑余之人，未敢闻命。"弄得锺会满脸羞怒，窘在当场。

这是《世说新语》的记载，用词很奇怪，说锺会"因便狎之"，才招来夏侯这句话；而在《异同杂语》中，描述就更加特别：

> 玄在囹圄，会因欲狎而友玄，玄正色曰："锺君何相逼如此也！"

“狎而友”，这三个字大有内涵。锺会入狱访夏侯玄，自然是为了交朋友，但是“狎”字该作何解？

就字面解释，狎的意思是亲昵而不庄重。也就是说，锺会明明同夏侯玄不熟，却巴巴地跑来探监，做出副亲热的样子，而且是态度轻浮，举止轻佻，甚至极不得体地动手动脚，勾肩搭背，这才谈得上“欲狎而友”，也才会令得夏侯玄大怒，凛然拒绝，说：“锺君为什么要这样逼我？”

这简直让人不敢想象，到底锺会逼迫夏侯玄什么了，要他声称“相逼如此”“未敢闻命”？所谓“龙游浅滩遭虾戏，虎落平阳被犬欺”，锺会虽然没有对狱中的夏侯玄落井下石，然而这番“因便狎之”的操作，却也是小人一般的嘴脸，想一下都令人作呕。

我提醒诸位看官一定要记住锺会这个名字，因为在“夏侯色”的故事里，他只是一个跑龙套的小丑，但是在后面“嵇康琴”的大戏中，他会再次出现，而且戏码更重，是个绝对的反角。

四

诚如苏东坡所言：“晋文帝以卧龙而杀嵇康，晋景帝亦以名重而杀夏侯玄。”仰慕夏侯玄的不只是锺家兄弟，就连司马昭也不忍见一代名士落此下场，私下恳请司马师放过他。但是司马师淡淡地说："你忘了在赵司空葬礼上的事吗？"

原来，此前司空赵俨过世，名门贵族自然都要来参加葬礼。司马师来到时，场中已有数百宾客，却只有少数人向他点头致意；而当夏侯玄进场时，却是几乎全体宾客都情不自禁地站起身来，越席而迎。

还是那句话：人与人别比较，谁尴尬谁知道。毛曾被夏侯玄比出了个"蒹葭倚玉树"的效果，让魏明帝曹叡都感觉没面子，找理由贬了夏侯玄的职；如今司马师被夏侯玄比得黯淡无光，又怎么可能心平气和？

其实人们将夏侯玄与司马师相提并论不止一次。《魏氏春秋》载：

> 初，夏侯玄、何晏等名盛于时，司马景王亦预焉。

何晏则说过：

> 唯深也，故能通天下之志，夏侯泰初是也；唯几也，故能成天下之务，司马子元是也；惟神也，不疾而速，不行而至，吾闻其语，未见其人。

虽然这番话将三人都夸了一番，但是夏侯玄列在第一位却是不争的事实。当夏侯玄因玄学而名重于世时，司马师不过是个参与者，忝附骥尾而已。

这也罢了，毕竟夏侯玄弱冠出仕，黄门侍郎也好，羽林监也好，都是禁宫近卫。而司马师却因故一直蹉跎到而立之年才得入仕，从散骑常侍做起，在世人眼中自不能与士林宗主夏侯玄相比。

但是如今情形不同了呀。现在可是司马家天下，就算是国朝仍然姓魏，真正手握重权的第一人却是他司马师，凭什么世人仍然不将他放在眼中?

而且，司马师最让人称道且引以自豪的德行，同样是沉稳镇定，临危不乱。此前司马懿与曹爽明争暗斗，一直秘密策划兵变之事，令司马师蓄养私兵三千，却将司马昭瞒得一丝风儿都不露；直到高平陵之变前夜，司马懿才将计划和盘托出，司马昭惊得彻夜“不能安席”，而司马师则“寝如常”，高枕安卧。

这样的司马师，在世人眼中却仍然逊夏侯玄一筹。这不能不让司马师耿耿于怀又暗暗心惊：一个有着如此气度心胸又有着这般强大影响力的人，是非死不可的。

这个理由，司马昭接受了；后来，他杀嵇康，也是缘于同样的心理。

254 年 3 月，在漫天扬花飞舞中，夏侯玄被推上东市问斩，时年四十六岁。

赴刑之时，只见他“颜色不变，举动自若”，平静从容一如对座清谈。这份视死如归的高贵震撼了所有人，从此就有了一个特别的词语叫作“夏侯色”。

夏侯玄死后，司马师再次对魏国朝野展开大清洗，诛杀张皇后，又废曹芳为齐王，另立十四岁的曹髦为帝，改元正元。

这一番擅自废立，已经是完全视曹魏皇权为囊中物，自是更加激起忠于曹魏之臣的不满。

当年底，镇东将军毌丘俭及扬州刺史文钦举兵起义，并于次年元月渡过淮河向西进发。司马师亲自率军平叛，虽然得胜，但是他本有眼疾，大约是眼压不稳的缘故，在平叛中因受惊过度，眼睛竟然震出眼眶来。

要说司马师也确实是条铁血汉子，因怕自己的病况影响军心，硬是没有声张，自己蒙被遮面，一声不吭，只在疼得要紧时让弟弟司马昭暂代兵权。

255 年 2 月，司马师活活痛死于许昌，终年四十八岁，只比夏侯玄多活了不到一年。

至此，“正始之音”一时俱喑，然而“夏侯色”却成了天地间永远不会黯淡的一抹殷红。

竹林七贤

嵇康，广陵散于今绝矣

最纯洁的“一夜情”，最高调的绝交信

一

先看一下竹林七贤的年龄排行：

山涛，字巨源，205—283；

阮籍，字嗣宗，210—263；

嵇康，字叔夜，223—262；

向秀，字子期，生卒年不详，有说227—272；

刘伶，字伯伦，生卒年不详，有说221—300；

阮咸，字仲容，生卒年不详；

王戎，字浚冲，234—305。

谁是竹林七贤的老大？是年龄最长、德高望重的山涛，著述最多、影响深远的阮籍，还是名震江湖、经历传奇的嵇康？

如果有人以这个问题进行投票，我绝对要投嵇康一票。首先是七人之中，嵇康死得最早，而他的生存与死亡，最能反映时代背景，也最具悲剧性。

其次是因为嵇康长得最帅。魏晋风骨，又称魏晋风流，魏晋风度。要风度，卖风流，当然颜值要高，不然再潇洒健谈，才高八斗，观赏性也没那么强。

嵇康颜值爆表，能看又能打，绝对是那种明明可以靠脸吃饭，偏偏还有才华而且是才华横溢的完美偶像。

最关键的是，如果七贤自己投票，选山涛，阮籍不一定赞同；但是投嵇康，山涛却一定附和。因为，山涛怕老婆，而山夫人迷嵇康。

对，就是这么帅！

嵇康帅到什么程度呢？

《晋书》上说，嵇康“长七尺八寸，伟容色，土木形骸，不加饰厉。龙章凤姿，天质自然。正尔在群形之中，便自知非常之器”。

也就是说，嵇康的帅不只是因为个子高，长得好，关键是气度好，从不刻意打扮，哪怕蓬头粗衣走在人群中，远远一望，便觉卓尔不凡，鹤立鸡群。

事实上，“鹤立鸡群”正与嵇康有关，出于《世说新语 · 容止》。说的是许多年后，有人在集市上看到嵇绍，欣喜地到处宣扬说，我今天看到嵇绍了，那风姿可真是潇洒啊，“卓卓如野鹤之在鸡群”！

然而“竹林七贤”中年纪最小的王戎听见了，却淡淡地说：“那是你没见过他爹嵇康。”

女人爱慕他，男人欣赏他，所有见到他的人都舍不得转开眼睛，被迷得神魂颠倒，讷讷赞叹：“萧萧肃肃，爽朗清举。”就连乡野樵夫见到了入山采药的他，也惊为天人，翻身跪地，大喊：“神仙啊！”

山涛的妻子韩氏听说老公和嵇康是朋友，不由满心的花儿都开了，想着这个传说中的大帅哥盛名久扬，却无缘相见，如今近水楼台，可不能浪费机会。于是央求老公说：“你把嵇康请来咱家做客吧，让我看看到底有多帅。”

山涛说：“男女大防，就算我把他请到咱家来，你也不能面见啊。”

韩夫人抿嘴一笑：“这有何难，你把他带到西厢招待，我在墙上打个洞，隔着墙看看就好。”

山涛一听，这是隔墙赏杏，又非红杏出墙，再说了，自己比嵇康大了近二十岁，几乎两辈人了，夫人就算偷窥一下也不碍着什么；况且竹林名士本来就不太把名教礼仪放在眼中，因此便痛快地答应了。

就这样，韩夫人将自家好好的墙打了个洞，说要凿壁偷光实则是欲盖弥彰，一番折腾总算把障眼法布置好了。

这天，山涛果然邀了嵇康来家饮宴，还拉了阮籍作陪。当世三大名流把酒谈玄，抚琴唱曲，痛饮了一整夜，而韩夫人也隔墙偷窥了个饱。

真是帅啊，帅到逆天，帅到让人眼珠子都不舍得错开一下。他轻轻一举手，宛如天边摘取一朵云；微微一垂袖，仿佛风吹皱一池春水。“肃肃如松下风，高而徐饮。”时而高谈阔论，时而微笑不语，时而举杯豪饮，时而蹙眉深思。

她隔墙静静地坐着，随着他的一举一动而喜悦地微笑。后来索性也搬了酒肉到墙边，嵇康喝一杯，韩夫人便也隔墙举杯陪一口，感觉就像同他对坐畅饮一般，就这样，举杯到天明。

于是，山涛陪嵇康喝了一夜酒，韩夫人也隔墙整整陪了一夜酒。

嵇康醉了，倒在榻上便睡。韩夫人犹自隔墙望着他的醉态不忍离去，一边在心里埋怨粗心的老公山涛也不知道为嵇康披件衣裳。

这故事莫名地很让我感动，觉得是一个女人对一个男人的姿容能致以的最高礼敬。

故事中的三个人都是这样鲜明有趣而特立独行：嵇康固然帅得惊心动魄令人神往，但阮夫人对嵇康的爱慕，更是令人心折的旷世暗恋，衷心艳羡而不及于乱，比柳下惠坐怀不乱更具美感；而山涛对朋友的欣赏和对夫人的宠溺，也特别有烟火味。

《世说新语》载，山涛评论嵇康："嵇叔夜之为人也，岩岩若孤松之独立；其醉也，傀俄若玉山之将崩。"

然而，这句话与其说是山涛所云，我倒宁可更相信是韩夫人彻夜偷窥时对着嵇康醉态的喃喃自语。

他或她将嵇康比作孤松，比作玉树，喻其高洁俊逸，不仅是对其相貌的赞美，也是对其气度的揄扬。

爱他的容颜，更爱他的内涵。

这真是世间最纯洁的"一夜情"。

一夜千年。

二

嵇康与山涛这样亲近，后来却偏偏闹崩了，友谊的小船说翻就翻，而且还是高调翻船。嵇康写了篇《与山巨源绝交书》晒上"朋友圈"，直冲热搜榜首，点击无数，让山涛被骂了将近两千年。

直到今天，提起山涛时，还有嵇康的死忠粉咬牙切齿地说："那肯定是个小人，不然嵇帅哥怎会与他绝交?"

但是事实上，大骂山涛卑鄙的人，未必真清楚山涛是谁，更未必清楚嵇康为什么要同他绝交。

偶像是对的，偶像的朋友是朋友，偶像的敌人是敌人，被偶像绝交了的朋友，自然也要划清界限，打入十八层地狱，永世不得翻身。

然而这真真是冤枉了山涛。因为他并没做错什么，不过是好心推举嵇康做官，而嵇康不愿意，还埋怨山涛不了解自己，不是自己的真朋友。

有一种冒犯叫作“我是为你好”，老好人山涛就犯了这么个错误，直接把疾恶如仇的嵇康惹毛了，于是稽康洋洋洒洒下笔千言，写下千古美文《与山巨源绝交书》，将好友送上了风口浪尖，千刀万剐，世世磔刑。

两千年啊！两千啊！

信中大意是，从前您对我的拒仕隐居称赞不绝，我以为咱们是知己，但是现在您自己做官不算，还想拉我下水，看来是真不了解我啊。我之蜜糖，汝之砒霜。你自己出尔反尔，装清高而真俗气，便以为我也是这样的人吗？

当然嵇康没有说得这么刻薄直白，人家名士骂人是要引经据典的，绕着弯儿说话，明明是斥责，但是看上去却像夸人，委婉得不得了：

吾昔读书，得并介之人，或谓无之，今乃信其真有耳。性有所不堪，真不可强。

他称山涛为“并介之人”，就是既有傲世脾气，又能兼济天下的大能之人；并且还比出柳下惠、东方朔、令尹子文等一系列古之贤人，表示自己理解山涛的选择。但是老兄您做得到进可攻退可守，弟弟我做不到啊。我是一根肠子的人，不能八面玲珑，说一套做一套，也不能屈己俯就，您就不要勉强我了。

禹不逼伯成子高，全其节也；仲尼不假盖于子夏，护其短也；近诸葛孔明不逼元直以入蜀，华子鱼不强幼安以卿相，此可谓能相终始，真相知者也。

真正的知己，是了解对方的心性而迁就成全，不能以己度人，老兄您又怎么好意思委屈我呢？

除了众多名人案例之外，信中还明里暗里引用了数个庄子故事：

恐足下羞庖人之独割，引尸祝以自助，手荐鸾刀，漫之膻腥，故具为足下陈其可否。

这是起首第一段开宗明义，转引《庄子·逍遥游》许由拒位时所云：“庖人虽不治庖，尸祝不越樽俎而代之。”意思是厨师不想做菜了，也不能找祭师来替工啊。山大哥你不好意思自己一个人当厨子，就要拉我这个祭司一起手举鸾刀割腥啖膻吗？对不起，小弟不好这口！

> 不可自见好章甫，强越人以文冕也；己嗜臭腐，养鸳雏以死鼠也。

这前一句同样出自《逍遥游》：“宋人资章甫而适诸越，越人断发文身，无所用之。”宋国人喜欢在高髻之上再戴顶高帽子，就把礼帽卖去了越国，不料越国之人剃短发，根本用不上；后一句则出自《庄子·秋水》：“南方有鸟，其名为鸳雏……非梧桐不止，非练实不食，非醴泉不饮。于是鸱得腐鼠，鸳雏过之，仰而视之，曰：赫！”

这说的是猫头鹰喜欢吃死老鼠，好容易捉了一只就抓得死死的，仰头看见鸳雏从天空飞过，害怕鸳雏要来抢食，大声恫吓，岂知鸳雏只会停在梧桐树上，吃竹子的果实，喝醴泉之水，看到死耗子恶心都来不及呢，怎么会去抢？

> 此犹禽鹿，少见驯育，则服从教制；长而见羁，则狂顾顿缨，赴蹈汤火；虽饰以金镳，飨以嘉肴，愈思长林而志在丰草也。

这句不是明引《庄子》，却是直接由《内篇·养生主》中的“泽稚畜于樊”与《杂篇・至乐》中的鲁御侯养鸟故事改写来的。把野鸡关在笼中，将海鸟迎入太庙，美酒佳肴，歌舞相娱，这是“以己养养鸟也，非以鸟养养鸟也”。鸟雀应当“栖之深林，游之坛陆，浮之江湖”，正如同嵇康渴望的生活乃是“游山泽，观鱼鸟，心甚乐之”。

这封信夹叙夹议，酣畅淋漓，文辞之丽，典故之多，中文功底差的还真读不下来。

三

按说嵇康拒官便拒官，为什么要这么高调呢？私下随便找个理由委婉推辞就好，何必公开发“朋友圈”，弄得老友山涛下不来台。知道的是山涛推举你做官，不知道的还以为山涛管你借钱呢，简直就是“好心没好报”的完美演绎。

其实，这不仅是冤煞了山涛，也着实冤煞了嵇康。因为嵇康的本意可不是为了下老友面子，恰恰相反，是为了保住老友的面子。

信中开篇写道，听说山涛要推荐自己，“事虽不行，知足下故不知”。也就是说，这封举荐信并未过了明路，事情也未能成功，那嵇康又何必穷追猛打地上赶着骂人呢？他还说“吾直性狭中，多所不堪，偶与足下相知耳”，就差没明着喊“我俩不熟”了！

以嵇康之名气才情，自然谁都希望能招揽麾下的。曹魏当家时，甚至还让不算名门的他做女婿，娶了曹操的曾孙女长乐亭主为妻，可见看重。

所以，在年轻时，嵇康也当过中散大夫，因此世人又称他为“嵇中散”。但是司马家势力日渐坐大后，嵇康就大隐隐于市，在洛阳城外开了家打铁铺，引渠水环绕庭院。他常在大柳树下挥锤锻铁，说是生意，然而打造的农具堆放树下，邻人谁看中了尽可取走，当真是闲云野鹤，红尘神仙。

大将军司马昭——就是那个“司马昭之心人尽皆知”的司马昭，几次想辟嵇康入幕，都被他拒绝了。

但也正因为此，嵇康明白自己得罪了司马昭，只怕难以转圜。如今山涛举荐自己，是真的想帮自己吗？只怕是出自司马昭的压力而不好推拒吧。既然此事未成，或许就是因为山涛已经替自己挡在前面了，但这不是让山涛也得罪了司马昭吗？

不行，不能让老哥替自己挡刀。怎么办？只有自己跳出来明着喊我在这儿，放开人质，让子弹朝我这儿飞！

因此，嵇康的公开绝交，实则是为了将山涛洗干净，将来自己有什么错处，大将军也不会再怀疑或是为难山涛。

谍战电视剧里，经常看到有内应放走被追捕的主角时，大义凛然地叮嘱一声：“砍我一刀，不在要害就行。”谁又知道嵇康写这封绝交信时，不是因为预感到了自己大祸临头，所以故意对着老友的虚晃一枪呢？

他在信中嬉笑怒骂，自述不愿出仕的“七不堪二不可”，如不喜作书、不喜吊丧、不喜与俗人共事等，语气极为揶揄；更是意气风发地提出了“非汤武而薄周孔”的口号，这哪里是绝交书，这分明是与名教统治决裂的公开宣言。

然而最后一段笔锋一转，忽然说起家事来：

> 吾新失母兄之欢，意常凄切。女年十三，男年八岁，未及成人，况复多病。顾此悢悢，如何可言！今但愿守陋巷，教养子孙，时与亲旧叙离阔，陈说平生，浊酒一杯，弹琴一曲，志愿毕矣。

自称“失母兄之欢”，不但将山涛洗白，连同兄长嵇喜也摘出来了。而在说起十三岁的女儿和八岁的儿子，表达自己希望可以琴酒相随将小儿女养大的心愿时，语气忽然哀婉难言，充满不祥之感，竟然隐隐有托孤之意。

事实上，两年后，嵇康果然遭逢大难，被司马昭下令斩于街市。而他临终托孤的，既不是亲哥哥嵇喜，也不是与自己最要好的阮籍或向秀，而恰恰是公开绝交的山涛老哥，还对儿子说：“山公尚在，汝不孤矣。”

有你山伯伯在，你不会成为孤儿的。这是何等的信任！

这句令人落泪的朴素遗言，充分证明在嵇康心中他从未真正想与山涛绝交，而是一直将其视为最可信任的兄长、推心置腹的知己！

因此，《与山巨源绝交书》非但不是记录友谊小船倾覆的“车祸现场”，相反，恰恰是仗义英豪肝胆相交的友谊明证，竹林七贤风骨俨然的热血传奇！

嵇康为什么讨厌做官

一

嵇康为什么那么讨厌做官？让我们来看一组历史大事时间表：

220 年，曹丕代汉，为魏文帝。魏朝开始。

226 年，曹丕卒，其子曹叡继位，始称魏明帝。

239 年，魏明帝卒，曹芳继位，司马懿、曹爽辅政，改元正始。

240 年，为正始元年。

249 年，高平陵兵变；

251 年，司马懿卒，司马师执政；

254 年，司马师废曹芳，立曹髦；

255 年，司马师卒，司马昭执政；

260 年，曹髦起兵被杀，司马昭立曹奂；

262 年，嵇康逝（一说死于 263 年）；

263 年，蜀汉亡，阮籍逝；

264 年，司马昭为晋王；

265 年，司马昭卒，司马炎继位；10 月，魏帝禅让，司马炎称帝，以晋代魏，始称晋武帝。曹魏亡，晋朝始。

也就是说，在曹魏创始的两年后，嵇康出生（223）；而在嵇康惨死（262）的两年后，曹魏灭亡。

七贤之中，山涛和阮籍都接上了三国的尾巴，而其余几位则都活到了晋朝。只有嵇康，是个不折不扣的魏人，也是七贤中唯一一个与司马家自始至终采取不合作态度的竹林隐士。

嵇康祖先本来姓奚，为避仇迁至谯国铚县（今安徽濉溪），成了曹操的老乡，稽康才有机会娶曹操的曾孙女长乐亭主为妻。

汉魏规矩，公主按封邑大小分级，皇女封郡主、县主，王女封乡主、亭主。长乐亭主虽然封邑不大，但至少是位皇室嫡女，许配给嵇康绝对是下嫁了。因此嵇家在政治上天然属于曹党。

但是嵇康抗拒做官，真是出于对曹魏的一派忠诚吗？

未必。他幼习经义，熟读老庄，早有绝世之心，又一向反对名教，自然也不会以儒家忠义为准则。但是他却不能不面对血腥的现实，不能不反感肮脏的政治。

“高平陵兵变”使得洛阳的空气一片血腥，尤其何晏、王弼等人的先后身亡令士人无不自惊，纷纷归隐山林，弃官保身。“竹林七贤”的啸聚相欢，便是在这一时期。

司马懿死后，他的两个儿子司马师与司马昭相继掌权，完全架空了魏帝曹芳。后来又因李丰、张缉那场不成功的暗杀计划，司马师干脆废了曹芳，另立十四岁的曹髦为帝。

曹髦（241—260），为曹操曾孙，曹丕的孙子，东海定王曹霖之子。他虽然年少，却心智早熟，清楚地明白自己身为傀儡的现实，对司马专权越积越多的不满，便如同隐忍的活火山，总有一天会爆发。

只是，要说这位少年皇帝，勇气和志气都是有的，但实在太冲动，缺少谋略，只凭一腔之勇、一时之愤便想举事，把一场政变搞得如同一次快闪游戏。

甘露五年（260）五月初六夜里，曹髦秘密召见心腹近臣，说道:“司马昭之心，路人皆知。吾不能坐受废辱，今日当与卿等自出讨之。”遂拔剑登辇，亲自率领宫中宿卫和奴仆呼啸出宫。

实在无法想象，这小皇帝是久有谋划还是临时受了什么刺激，这场突袭搞得比李丰的暗杀行动还要儿戏。

在东止车门外，这支临时起义的乌合之众与司马昭的弟弟司马伷狭路相逢。也不知司马伷是忠厚还是胆怯，见曹髦亲自攻来，便一言不发领着兵士躲开了，同时躲开的还有千古骂名。

这情形让曹髦更加轻敌了，自觉旗开得胜，信心倍足，于是挥剑高呼，继续向宫外前进；之后又与中护军贾充交战于南面宫阙之下。

曹髦亲自用剑拼杀，大声喝："谁敢拦我？"他毕竟是皇帝，惊得一众官兵连连后退，不敢直面其锋。

太子舍人成济问贾充："事急矣，若之何？"事情紧急了，怎么办？

贾充咬牙道："司马公养你们这些人，正是为了今日。还不出击！"

成济脑子一热，抽出长戈便冲上前去，一枪将曹髦刺了个透心凉——前胸进去，后背出来，顿时血溅宫墙。

曹髦死时，尚不满二十岁。这场"逼朕造反"的突袭，悲壮而轻率，惨烈而滑稽，简直就像一出网络短视频。

所有人都惊呆了，司马昭闻讯也慌了。他庆幸曹髦死得干脆，可是弑君的罪名太大了，打着仁义旗号的司马家族如何向世人交代？司马家的后台是各世家大族，而世族最重视名声，名教传统能够允许一个弑君之臣继续掌权吗？

太傅司马孚、侍中陈泰都抚尸恸哭，司马昭便也赶来哭了一场。而后他又急召百官进宫，临时召开公关会议，征求大臣意见：“现在该怎么办？”

陈泰明确地说：“必须斩了贾充，才能平下人议论。”

司马昭哪里舍得，贾充这可是干了一件自己想干而不敢干的大事，是真正的心腹、谋臣，抬举还来不及，哪里肯杀。遂问：“换个人，行吗？”

陈泰答：“但见其上，不见其下。”意思是皇帝驾崩这么大的事，处治起来当然只能往上寻找源头，怎么可以往下找个小喽啰替罪呢？

但是贾充再往上，可就是司马昭了。司马昭难道会治自己的罪吗？于是他想来想去，决定推出直接动手弑君的成济做替罪羊，并宣布诛其三族，以告天下。

成济怎么也没想到，自己一心为司马昭效忠，竟然换来这么个结果，急得跳上房顶大喊：“我只是奉命行事，罪不在我。”结果被乱箭射死。

之后，司马昭逼太后下诏，历数曹髦罪状，将其贬为高贵乡公，并再次立了一位十四岁的幼主曹奂为帝。

曹芳、曹髦、曹奂，史上并称“三少帝”。

也就是说，司马昭为了扯儒教大旗做遮羞布，接连出了三大招：逼太后下诏废帝；以成济为替罪羊，夷三族，顶了“弑君”的锅；另立幼帝曹奂。

这样，就不算自己夺位了，因为坐在皇座上的，还是曹家皇裔。

曹奂（246—302）其实是曹操的孙子，燕王曹宇之子，比曹芳、曹髦还大了一辈。也就是哥哥传位给堂弟，然后侄儿再传回给叔叔。曹家的江山从这一刻起，已经注定灭亡。

陈泰面对这样的结果，敢怒不敢言，连日伤心呕血，最后悲恸而死。

而嵇康的《与山巨源绝交书》，就是在这样的大背景下写就的。

二

此前，对于是否出仕，嵇康是有过犹疑的，哪个经纶满腹的人真能忍得住才华虚掷呢？嵇康也曾纠结挣扎，还作了篇《卜疑》表达心中疑惑。

这是师法屈原《卜居》而写的一篇文赋。

屈原曾在苦闷中求助于太卜郑詹尹，求其占卜决疑，是应该“正言不讳以危身”呢，还是要“从俗富贵以偷生”？

屈原最终的选择我们都知道了，他在听闻郢都陷落的消息后，怀石沉江，以身殉国，向世人诠释了诗人的风骨，从此奠定了文人清高超逸的精神根基。

曾经有人说，做名士不难，只需要三条：一是有闲时，二是能喝酒，三是熟读《离骚》。

嵇康显然是标准的名士，不但熟读，而且能拟作。他与屈原同样彷徨，遂在《卜疑》赋中写：

> 宁隐鳞藏彩，若渊中之龙乎？将舒翼扬声，若云间之鸿乎？

> 宁如老聃之清净微妙，守玄抱一乎？将如庄周之齐物变化，洞达而放逸乎？

是像深水之龙韬光养晦，还是如高空之鸿振翅扬声？是学老子以无为治世，还是学庄子追求自由？

这也是史上第一次有人既将老子与庄子并列，又将二人严格分割。

汉魏以前，庄子之学并不显扬，道家学说素被称作“黄老之说”，世人提起庄子其人其文，多以为只是老子学说的附庸而已。

但是嵇康却认为，老子的清静无为坚守大道，其根本是为了治理天下；而庄子的齐同万物、物我两行，才是真正的放逸自然。他向往庄子笔下那鲲鹏转化、徙于南冥的潇洒自由，决定放弃人间卑俗琐屑的争竞追逐，弃世超然，纵意尘埃。“内不愧心，外不负俗；交不为利，仕不谋禄。”

《卜疑》的写作时间不详，但是大约在司马昭第一次征辟前后，算是拒仕归隐的公开信。

决心既定，嵇康遂避居河东，以打铁为生，还在屋后亲手种下一片竹林；常与诗朋酒友相约，煮酒抚琴，谈玄论道，这便是“竹林七贤”的来历了。

但是司马昭并不愿放过他，暗示山涛再度招募，而这正触在了嵇康的雷点上。

虽然从249年“高平陵之变”开始，曹魏皇权已经名存实亡，朝政完全掌握于司马家族手中，但在名义上，坐龙椅的毕竟还是曹氏儿郎；254年，司马师废曹芳而立曹髦，已经是代行君权；如今司马昭更是杀曹髦而立曹奂，已是将最后一层遮羞布都撕掉了。弑君之罪足可逆天，可是他竟然还要广召贤良为自己彰名，令嵇康如何能忍？

嚼金啐玉的《与山巨源绝交书》，哪里是绝交山涛，根本是一封拒绝与司马当权同流合污的公开信！

此举大大触怒了司马昭。他三番五次地兜揽嵇康而不得，稽康反而这样堂而皇之地公开打他的脸，还要大张旗鼓地明告天下“非汤武而薄周孔”，这不是摆明看不上他，不屑为司马家所用吗？

嵇康之前在《释私论》一文中提出“矜尚不存于心，越名教而任自然”已经很让司马当权生气了，如今他干脆谤言圣贤，连汤武周孔都不放在眼里，这几乎就是向儒教正统发起明明白白的宣战了。而这也为他后来殒命埋下了引线。

三

“越名教而任自然，非汤武而薄周孔。”从此就成了魏晋名士的行动口号。

那么，什么是自然？又什么是名教？

“自然”，就是老庄强调的天性、天真，“自然者，自然而然也。”代表道家。

名教，则是儒家，典出于《论语》：

《论语·子路》

子路曰：“卫君待子而为政，子将奚先？”

子曰：“必也正名乎！”

子路曰：“有是哉，子之迂也！奚其正？”

子曰：“野哉，由也！君子于其所不知，盖阙如也。名不正，则言不顺；言不顺，则事不成；事不成，则礼乐不兴；礼乐不兴，则刑罚不中；刑罚不中，则民无所错手足。故君子名之必可言也，言之必可行也。君子于其言，无所苟而已矣。”

孔子适卫，子路问孔子："如果卫君把管理权交给您，先生第一件事做什么？"

问这话的时候，估计子路满心以为师父会有大举措，所谓新官上任三把火，怎么也得有番改革律政或整治军纪之类的大动作。谁知道孔子答："正名。"

子路大惊过望，脱口而出："老师太迂了吧？名不名的，有这么重要吗？"

气得孔子直接开骂："仲由啊你个野人！不明白的事就不要乱说！"接着就是一长段关于名分与礼法的重要性论述。

因此，魏晋时又将串了味儿的儒教称为"名教"或"礼教"。尧舜禹汤，文武周公，正是儒家最为推崇的圣人明君。

司马家与曹魏的战争，从某种意义上来说，就是世家名教与寒族文化的斗争。

再度解词，什么是"世家"？

这个词从司马迁《史记》而来，《史记》一书包括十二本纪、十表八书、三十世家、七十列传。

这是中国历史上第一部纪传体通史，记载了从上古传说中的黄帝时代到汉武帝太初四年间三千多年的历史。本纪，就是依照历史顺序记述历代帝王的政绩，是这部纪传体史书的本纲，故称本纪。

从尧舜禹到夏商周时期，都是天下共主的，这个主人就叫

“天子”；天子把天下分给自己的兄弟子侄或是心腹肱股、开国功臣，这叫作“封”，封地的主人叫作诸侯；诸侯们在自己的封地上建立国家，叫作“建”。这就是“封建”一词的来历。

各国诸侯再把“国”分封给各位“大夫”，这就是“家”，家之主，被称为“家君”。这就是“国有国法，家有家规”，这与我们平时理解的小家庭不同。

有国主，便有国臣；有家君，亦有家臣。随着家君的地位越来越高，甚至比诸侯更为强势，家臣的地位也跟着水涨船高。

天子为君，诸侯与大夫都是君之子，这就是“君子”，君子的后代当然还是君子，所以早期的君子也就是贵族和他们的封地一样，都是世袭的。

但是每个家族不只生一个儿子，常常嫡庶长幼几十个，不能每人都成为家君，只能是嫡长子继承君位，所以古人对于血统特别在意。

那么次子或庶子怎么办呢？他们不能人人都是诸侯、大夫，但他们仍然是贵族，所以他们会在大家族里担当职务，属于“士”的阶层；但是一代又一代，偏房的子孙后来又分成很多房，越分越偏，血缘也越来越远，渐渐便沦为了没有地位的平民，也就是“小人”。

嫡系正统的称为“君子”，而越分越偏的小支偏脉则为“小人”，小人便是没有职位的平民。

换言之，封建社会的阶级划分是天子、诸侯、大夫、士、平民。不过，春秋时周天子的地位已经如同虚设，诸侯势力强弱不均，“春秋五霸”“三家分晋”“战国七雄”等大事件次第发生，《史记》中的“世家”，指的就是诸侯国这些世袭勋贵的兴亡，贵族中特别重要的人物的事迹。

知道了什么是“世家”，也就知道什么是世家子弟了。

说到底，这就是一种血统论，一种门阀制度。

春秋时并没有“贵族”这个词，只有“士大夫”或“卿大夫”，大夫是高级贵族，士为低级贵族，统称为君子。

儒学的根本，就是怎样成为一个合格的君子，也就是“君子之道”。

贵族君子们为了区分自己和平民的区别，特别喜欢在建筑上做文章，没有了封地，那就玩门第，也就是“门面功夫”。其方式就是在门口竖两根柱子，左边的叫“阀”，右边的叫“阅”。其出处同样见于《史记》：“古者人臣功有五品，以德立宗庙定社稷曰勋，以言曰劳，用力曰功，明其等曰伐，积日曰阅。”

也就是说，阀指建有功劳，阅指经历久远，这就是“门第”的来历。

有了门第，就有了“高门”与“蓬门”的区分，“豪族”与“寒族”的对立。

三国之战，归根结底就是豪门与寒门的战争。

刘备虽然自称宗室，实际上作为庶了又庶的旁枝，早已沦落成一个卖草鞋的，他就是前面说过的血脉边缘化的“小人”。不过这时候已经没有了“小人”的说法，只能算“寒族”。

倒是诸葛亮，虽然自称“臣本布衣，躬耕于南阳”(《出师表》)，其实谦逊太过，他的出身是实实在在的“世家”，就算真的耕地，那也是超级大地主。

所以刘备三顾茅庐请卧龙出山，除了诸葛亮有才名之外，很大一部分原因，就是要借助他来联络世族势力，不然人家怎么如此给面子。

所以，刘备才是借东风的高手，他借的不只是诸葛亮的才华，更是他背后的家族与人脉。

曹操也是一样。

他的身世更惨，非但跟宗室豪门沾不上边，根本是个连姓氏都暧昧不清的太监的义孙——也就是说，他爹为了依附权势，认了个姓曹的宦官做义父，连姓都跟着改了，至于曹操本来姓什么，早已没人理会。

这样的出身，自是为名门士族所不耻；而且名士圈子讲究仪容潇洒，风神俊朗，曹操却身材矮小，皮肤粗黑，就更加难登大雅之堂。

而司马家，却是来历非凡的世家名门。

河内司马氏的血脉，可以上溯到火神祝融。上古时期分设天、地、春、夏、秋、冬六官。夏官以大司马为长官，自远古至商朝世代袭承，并在周朝时，夏官改称司马。

楚汉之间，司马印为赵将，与诸侯伐秦，受封殷王，建都河内。汉以其地为郡，世代居住。司马印即为司马懿的十二世祖，其高祖则为司马钧，汉安帝时征西将军。自司马钧之后，河内司马氏世代为将军、守、尹，直到司马懿之父司马防时，亦是荫袭得官洛阳令，后擢升京兆尹，再入朝任治书侍御史、尚书右丞。

他举荐曹操做洛阳北部尉，便是在任职尚书右丞之时。

东汉时期，士人主要通过察举、征辟出仕。有资格推举的贵族为举主、府主，被其推举辟用的则为门生、故吏，而门阀选士首先看重的，还是门阀大族的子弟。然后举主与门生之间、举主的家族与门生的家族之间，便渐渐形成了一个庞大的政治集团。世居高位的举主，门生、故吏遍于天下，轻易便可成为士大夫的领袖，其势力足以与君主抗衡。

也就是说，曹操与司马防的关系，等于门生与举主，故吏与府主，两个人见面，曹操是应该喊司马防一声老师的。也正因如此，他才对于“三马同槽”的梦十分忌惮。

后来，曹操坐拥天下，最在意的事就是广纳贤才。

可惜的是，曹家人才凋敝，而且一代不如一代；司马家却是根深蒂固，牵枝扯蔓，与各大家族都有着剪不断理还乱的姻亲关系，加上族中子弟争气，实权便渐渐旁落到了司马家的手中。

而司马家向曹魏夺权的一个重要旗号，就是宣扬儒家道德，联合世家力量，也就是跟曹魏拼家底，拼出身。

竹林七贤的故事，就是在这样一个大背景下发生的，“非汤武而薄周孔，越名教而任自然”的口号，也就是在这样的政治背景下提出的。

如此，嵇康不得不死！

同时也可以看出，竹林人士真正反对的并非是周孔儒学，而是司马家族打着仁义的口号行不义之事。所谓“圣人不死，大盗不止”，若想平息盗贼乱世，不如弃圣绝智，都别找借口了！

反对虚伪名色，主张任性自然，这就是魏晋风骨的精神内核。

所以，将庄子与老子相并列而又加以区分的是嵇康，将名教与自然相对立的还是嵇康，他又帅又有才情，诗书赋论样样精通，文能抚琴，武能打铁，在音乐、书法、文赋方面都有极高造诣，更是魏晋精神的倡导人，说他是竹林名士的精神领袖，一点儿也不为过。

最早提到“竹林七贤”之说的是西晋左将军阴淡的《魏

纪》，称“谯郡嵇康”与阮刘向王等人善，“号竹林七贤，皆豪虚无，轻蔑礼法，纵酒昏酣，遗落世事。”但是阴淡名气不够大，而且七贤中最小的王戎一直活到了永嘉之乱，所以这说法并未流行。

直到东晋孙盛在《魏氏春秋》再度提起，才为七贤定了性：

> （嵇）康寓居河内之山阳县，与之游者，未尝见其喜愠之色。与陈留阮籍、河内山涛、河南向秀、籍兄子咸、琅琊王戎、沛人刘伶相与友善，游于竹林，号为七贤。

之后，东晋戴逵的《竹林七贤论》，袁弘的《竹林名士传》，也都再次固定了“竹林七贤”的称谓。

南朝刘义庆的《世说新语》则更多地记载了七贤的故事，且该书借王戎之口回忆：“吾昔与嵇叔夜、阮嗣宗共酣饮于此垆，竹林之游，亦预其末。”当事人都这样说了，竹林之名自然更加被坐实了。

然而近代史学大家陈寅恪却提出，竹林之说实为杜撰，只是为了附会佛教“天竺”之名，并不是真的有一片竹林。

但我曾往印度旅行，去到了四大胜地，也参观了古精舍遗址，并不见有竹林；倒是有人考证嵇康所住的河内山阳，也就是现在的河南焦作境内云台山地区，的确是有着大片竹林的。

所以，我宁可相信，七贤相聚的地方，真的在竹林之中，哪怕不是漫山遍野的竹林，也是嵇康家后院宛如潇湘馆的小小一丛竹子。蝉一声声地将盛夏的正午拉得很长，然而在竹叶的遮蔽下，小小丛林自有一片清凉，混着时而激烈时而慵懒的谈玄说道，弹琴纵酒，那是他们最好的时光。

如此，每当风过竹林，我们便会穿越千古的时空，感受那魏晋时代的空气：古老，清冽，微寒，苦香，甚至还有着隐隐的一丝血腥……

吕家兄弟的祸起萧墙

一

司马昭对待嵇康的态度很简单：要么用，要用杀。

但是杀人也是要有借口的，不能因为一篇文章或是一句口号就直接拎起刀斧，总得有个实际的由头或者说借口。但是这个借口相当苍白，竟然是“包庇不孝罪”。

故事要从嵇康的好友吕安说起。

嵇康和东平吕安交好，好到《晋书》中都要专门写上一笔，称为“每一相思，千里命驾”。意思是说，吕安深慕嵇康的松风玉貌，每当想起他，就会不管不顾，驾着车子千里相访，而嵇康当然也总会尽其所有来接待。

于是，从此就有了一个专门形容友情深厚的成语，叫作“千里命驾”。

还有一个相关的典故叫作“吕安题凤”，比喻造访不遇。

有一天吕安又犯起相思病了，再次驾了车子千里来访，但因嵇康外出云游，所以是嵇康的哥哥嵇喜热情地招呼了他，请他进来喝茶等候。

可吕安却不肯进门，只提起笔来，在门上写了个大大的“鳳”字。

嵇喜很高兴，以为这是夸他龙凤之姿。其实偶尔糊涂一下挺好的，偏偏有多嘴的聪明人要提醒他，这个“鳳”字拆开就是“凡鸟”，这是吕安在讽刺他呢，说他比令弟嵇康差太远了，根本没资格和吕安共坐对谈。

《红楼梦》王熙凤判词“凡鸟偏从末世来”，极有可能是受了这个故事的影响。

说到红楼，不禁想起一回章目来:《手足耽耽小动唇舌 不肖种种大承笞挞》，用来形容吕家兄弟的萧墙之祸真是再恰当不过了。

只不过，宝玉是被兄弟贾环诬陷奸淫母婢，被父亲贾政大棒招呼，再委屈也还不致命。吕家兄弟却是要刺刀见红的。而且，案情也确实与奸情有关，却不是弟弟诬陷哥哥，而是哥哥强奸弟媳，再反过来陷害弟弟。

吕安，字仲悌，小名阿都，兖州东平人（今山东省东平县）。他既能与嵇康交好，自然也是个志量开旷、超凡脱俗的人物。《魏氏春秋》其评价是“安亦至烈，有济世志”。

同时，从他题凤之举，可以看出生性不拘小节，傲然不逊。

这样的人，自是有些名声，却也很容易得罪人，而对他最耿耿于怀的人，莫过于他的哥哥吕巽。

吕巽对于吕安的怨怼乃是出于艳羡与嫉恨。

吕安觉得嵇喜比嵇康差远了，世人也都觉得吕巽比吕安差远了，即使做了高官也算不得名士。比如嵇康，本来和吕巽是朋友，可是认识吕安之后，就再也瞧不上吕巽，只肯和吕安交往，还亲切地称呼他小名“阿都”。

吕巽可没有嵇喜的大度，对世人的讽刺冷淡一笑置之，他是真恨自己的弟弟，而最恨的，还是弟弟娶了个如花似玉的美娇娘徐氏。

越是得不到的越诱惑。吕巽得不到弟弟的名声，却想着可以得到弟弟的妻房，于是使出了最下作的手段，竟然处心积虑灌醉了徐氏，将其迷奸。

这是真真正正的“是可忍孰不可忍”！

吕安怒发冲冠，想要告发吕巽，却被嵇康以“家丑不可外扬”为由劝阻了。

这真是千不该万不该！

人性的邪恶就在于，一个人痛恨另一个人，往往不是因为对方做了对不起自己的事，而恰恰相反，是因为自己做了有愧于对方的事。

因为不愿意面对自己的污点，因为担心以后无颜相处，因为害怕事情终究要爆发，唯有先下手为强，斩草必除根。

吕安试图原谅哥哥，可吕巽不想放过弟弟，于是转过身便上告吕安“挝母”，在当时这是大不孝之罪，按律当流放边郡。

而吕安第二个千不该万不该的，就是报上嵇康的名字来自证清白，以为可以借助“公知”的影响力为自己脱罪。

嵇康听说了吕巽出尔反尔人面兽心的举止后，气得几欲呕血，悔不该当初劝吕安隐忍，因此写了封信给吕巽，题为《与吕长悌绝交书》。

信中说，我和你们兄弟相交多年，尤其和你弟弟阿都关系更好。去年听阿都说很生你的气，要告你，我为了你们吕家的名声着想，劝他隐忍，而你又以你们父子名义起誓，答应我永不会再做伤害阿都的事，我相信了你。没想到你包藏祸心，反过来诬告阿都！阿都原谅你，是因为听了我的话，如今获罪，我实在对不起他，而这都是因为你骗了我，故我们从此绝交，恩断义绝。

时隔将近两千年，我们透过文字不难看到嵇康跌足切齿的悔恨。

正因为自责，为了补救自己的过失，嵇康仗义地站了出来，要为吕安作保。可这就给了司马昭发作的由头，将嵇康和“不孝”的罪名挂了钩，下令将嵇康、吕安两人问斩于东市。

二

不孝，为什么会判得这样重？

因为汉代以儒治国，儒家最重忠孝二字。可是司马昭废曹芳，杀曹髦，哪里还谈得上半个“忠”字？于是，便只能一味推崇孝道，将“孝”推到了至高无上的祭台。

一直到司马昭时代，司马家在“孝”字上都还做得相当不错，称得上父慈子孝，兄友弟恭。至于“八王之乱”，司马一家你死我活，大打出手，伦理尽失，已经是三十年后的事了。

司马防共有八个儿子，每人的名字里都有个“达”字，史称“司马八达”。古人兄弟排行从大到小分别被称作“伯、仲、叔、季”。司马懿是嫡次子，故而字仲达。

司马家的家规极严，即使儿子们弱冠成人后，也要求“不命曰进不敢进，不命曰坐不敢坐，不指有所问不敢言，父子之间肃如也”。在这样的幼承庭训之下，八个儿子果然都很出息，各个发达，俱载史册。

这也是东汉世家的一大特色。世家不等于贵胄，他们除了世代累积的名望外，还要讲究家学家风。

所谓家学渊源，指的是百年望族必须精通儒家经史并掌握解释权。汉代经学鼎盛，如郑玄、何晏、王弼等人注解六经，迄今流传。

而家风，则是依据《孝经》的内容，世家重视门第，重视家规，要保持世代相传的孝悌传统，比如司马家家规森严，诸葛家又何尝不是？诸葛亮曾著有《诫子书》，就连嵇康死前都留有《家诫》，便是源于这一传统。

可见，嵇康虽然声称“越名教而任自然”，但他真正反对的不是儒教，而是打着忠孝名义行杀戮之实的司马政权，痛斥其言行不一，脸皮都不要了。

比如吕巽这个奸邪小人，明明迷奸了弟媳妇，偏还要道貌岸然地反过来诬陷弟弟吕安不孝，将其下狱。

只此一例已足可证明，在曹马之争中，儒家道德早已沦为了政治舞台上阶级对立的一个名目，而无关乎真正的忠孝仁义了。

这时候真不能不顿足吕安的天真和嵇康的仗义，如果完全不抗辩，吕安被哥哥倒打一耙，最多问个流放；但他拉嵇康来为自己辩护，反而两人一起获了死罪。

卑鄙是卑鄙者的通行证，善良是善良者的墓志铭。

是因为嵇康善良，才会劝吕安原谅吕巽，也是因为正直，他才会站出来为吕安做证。

但，固然嵇康是因为吕安才身陷囹圄，可若不是为了除去嵇康，司马昭也不会将吕安由流放改为问斩。两人一同赴死，真不知道是谁累了谁。

三

若是不了解汉魏时期对孝顺的看法，不妨品一下“二十四孝”中的经典故事，就会发现很多故事都透着刻意的成份。

比如陆绩六岁时随父亲谒见袁术，看到了当时很稀罕的橘子，临走时便在怀中藏了两个。奈何小孩子步伐不稳，橘子滚落下来。袁术笑道：“你咋还连吃带拿呢？”

小陆绩不好意思，辩解说：“母亲喜欢吃橘子，我想拿回去给母亲尝尝。”

袁术大为动容，赞其至孝，于是这个故事广为流传，陆绩一举成名。

这是典型的动机大于行为，偷橘子给自己吃就是贪，给母亲吃就是孝。动机不同，行为定义也就不同，可是偷就是偷，你想孝顺母亲也不能偷拿别人家的橘子去尽孝啊，哪怕只有六岁，难道大人没教过你不能乱拿别人家东西吗？

这故事真是教坏小孩子。

还有那个偷窥仙女洗澡、还要偷人家衣裳害人家没法回家的董永，因为家贫，无钱安葬父亲，于是就到财主家卖身为奴，得钱葬父，遂也列入“二十四孝”。

这分明就不符合孔儒精神嘛！儒家虽然重视葬仪，但是孔子也说过：“礼，与其奢也，宁俭；与其易也，宁戚。”孔子病重，听说弟子们打算为自己办一场豪华葬礼，气得大骂，有你们几个弟子为我哭送一场也就足慰平生了，为什么要弄那些虚礼？难道不摆那些穷排场，还能将我弃尸路旁不成？

这就叫有多大能力办多大事，父亲过世了，董永自己背到山里刨坑埋了也就是了，总不会让父亲弃尸路旁吧？非要卖身换钱办丧事，那不是慕虚荣吗？

再说了，“身体发肤，受之父母，不敢毁伤，孝之始也”，孝子不敢损伤身体，倒能轻易卖身？这是什么道理！

除非，这儿子没半点儿赚钱的本事，啃老一辈子，如今老父亲死了，没得啃了，于是找个借口自卖自身，不但得了钱，还得了名，最后再啃一次老！

这两个故事都是发生在汉魏时期的孝子义行，怎么看都虚伪扭曲。待这种扭曲的价值观蔓延到了晋朝，故事就更加荒诞了，士人们为了编写孝行的脚本已经到了穷凶极恶的地步。

最过分的还是“郭巨埋儿”的故事，简直有违人伦。说的是郭巨兄弟三人，父死分家，共有家财两千万，两位弟弟各取千万，却把老母亲留给了大哥赡养。

郭巨三代同堂，上有老下有小，却偏偏没有钱，连饭都吃不饱，老母亲每每用膳，都将饭菜省给孙儿吃。郭巨觉得这样不行，就干脆决定把儿子活埋了，好让母亲多吃一口饭。

结果掘地时，却掘出一釜金子来，里面还有一封丹书："孝子郭巨，黄金一釜，以用赐汝。"于是郭巨名利双收，美称天下。

最令人齿冷的是，郭巨竟然声称要活埋亲生儿子，还说是为了孝顺！

这能叫作孝？这叫作泯灭人性禽兽不如好吗！

在这种孝行被夸大的时代，不孝的罪名自然也被无限放大了，于是嵇康和吕安就只能死了。

关于吕安挝母一事，史上没有更多资料让我们了解原委。但我猜这母亲并非吕安的生母，而且偏袒了吕巽的迷奸行为，甚至可能参与其中，所以才会与吕安闹到水火不容。也正因为不是生母，才不会为吕安洗罪，甚至添油加醋，和儿子一起除去眼中钉。

更重要的是，只要是冤案必然牵涉贿赂，而在这个案子中徇私枉法推波助澜的小人，正是锺会。

锺会为什么要杀嵇康

一

还记得那个跑到狱中和夏侯玄套近乎的可憎小人锺会吗？他会有这样扭曲的行径，完全是因为其庶子心态所致。

锺会（225—264），字士季，虽然出自颍川名门，为大书法家锺繇之子，但他的母亲只是个侍妾，连名字都透着自卑，叫作张昌蒲。这尴尬的生活环境养成了他极为矛盾的性格心理：一方面，作为才华横溢的小儿子，锺会颇得父亲宠爱；另一面，作为妾生子，他又总有些不足为外人道的自卑敏感。

他惯喜欢蹭名人热度，便是这自卑又自负的阴暗心理的行为折射。而与嵇康的一场恩怨，则是典型的“粉转黑”公案。他与嵇康原本毫无交集，简单说，就是一个粉丝写了篇文章，“艾特”明星求“转发”，但是明星没理会。这个粉丝觉得受到了冷落，为证明实力，干脆买了个“热搜”再“艾特”明星，不料明星还是不理，两人就这么结了仇。

文章的题目叫作《四本论》，《魏书》中记载了内容提要：

> 会论才性同异，传于世。四本者，言才性同，才

性异，才性合，才性离也。尚书令傅嘏论同，中书令李丰论异，侍郎锺会论合，屯骑校尉王广论离。文多不载。

什么是才？什么是性？话题要从曹操讲起。

曹操本出寒门，对于豪门大儒宣扬的一套道德理论是排斥的。他挟天子以令诸侯，操纵天下，自不是温良恭俭让之辈，所以在选拔人才时，也就不会以儒家理论为标准。曹操曾经三次下令诏贤，其主旨是“唯才是举”，并且称“若必廉士而后可用，则齐桓何以霸世”。

如果一定要品德完美的廉洁之士才能做官，那贪财的管仲第一个就不合格，又如何辅佐齐桓公春秋称霸呢？所以，才德不必相符，有才未必有德，这就是“才性离”“才性异”。

性，就是儒家所说的“人之初，性本善”，也就是仁孝道德。

曹操声称，当政之初，急需人才，求才不求德，“得而用之”为上。他著名的《短歌行》，表达的就是这种求才之心：

对酒当歌，人生几何！譬如朝露，去日苦多。
慨当以慷，忧思难忘。何以解忧？唯有杜康。
青青子衿，悠悠我心。但为君故，沉吟至今。
呦呦鹿鸣，食野之苹。我有嘉宾，鼓瑟吹笙。

明明如月，何时可掇？忧从中来，不可断绝。
越陌度阡，枉用相存。契阔谈讌，心念旧恩。
月明星稀，乌鹊南飞。绕树三匝，何枝可依？
山不厌高，海不厌深。周公吐哺，天下归心。

前八句说的是酒，表示我要“酒后吐真言”啦。那这真言是什么呢？就是“青青子衿，悠悠我心”。

这本是《诗经·郑风·子衿》里的句子，原文是：“青青子衿，悠悠我心。纵我不往，子宁不嗣音？”原本是一首表达相思的小曲，说那个穿青衫的心上人，怎么还不来看我呢？然而到了曹操这里，那穿着青衫的少年，却变成了穿着儒袍的才子。我沉吟往复，就是为了你们的缘故。

接着又是连抄了四句《诗经》：“呦呦鹿鸣，食野之苹。我有嘉宾，鼓瑟吹笙。”

曹操文才虽高，却是把现成古诗拿过来就用，可能是聚宴中即席之作，怎么顺口怎么来。而这四句也确实应景，说的正是高朋满座，笙乐盈耳。但我还是不高兴，望着明月犯相思。

为什么呢？

因为还远远不够啊。我还需要更多的人才，获得更大的成功。希望天下英才都能穿江渡海，踏过田间的小路，一个个屈驾前来探望我，辅佐我。人生所有的遇见都是久别重逢，让我们把酒言欢，畅饮高谈吧。

明亮皎洁的月光下，南飞的乌鹊绕着树飞了一圈又一圈，它们到底想往哪儿去呀？不如都来我这里吧，不管多少豪杰俊才我都欢迎。高山不辞厚石堆积之高，大海不厌河水汇集之深，我愿如周公一般礼贤下士，让天下英才悉来相从。

周公，就是周文王的四子姬旦，也就是周武王的弟弟，辅佐武王东伐纣王，统一天下，并订礼制乐，被尊为儒家元圣，是孔子的毕生偶像。孔子晚年时流泪长叹："甚矣吾衰也，久矣吾不复梦见周公！"其毕生理想就是恢复周公之治。

周公励精图治，礼贤下士，最经典的两个例子就是"一沐三握发，一饭三吐哺"。意思是他正在洗头，突然有贤士来访，于是他挽着湿漉漉的头发就出来了；他正在吃饭，听见贤士来了，吐出嘴里来不及下咽的食物就跑出来了。

曹操以"周公吐哺"来比喻自己求贤若渴，希望天下归心，其雄心壮志，或说野心，尽在诗中矣。

有了曹操主张的"才性离"，也就明白他为什么会把何晏培养成那样一个有才无德的怪胎了；而锺会主张"才性合"，也并不是多么推崇儒家道德，而只是为了跟曹魏唱反调，向司马家暗送秋波。

此时的政局早已是"名曹实马"，司马家是世族，奉行的正是儒家道德，并以此为旗帜来联合世家大儒的力量对抗曹魏。

锺会此文，便是投机司马家。

二

写成《四本论》后，锺会想制造点儿社会影响，请名家为自己造势，开个作品讨论会，想来想去便想到了当世声名最盛的嵇康。然而他揣着文章来到嵇家门前，却又近“乡”情怯起来。

他对于嵇康会不会看透自己这份心思，会不会当面讽斥自己毫无把握，既想找机会，又怕嵇康对自己的理论嗤之以鼻。“又当又立”，他越想越怕，简直不知道该以何种姿势敲门，再以何种言辞开口寒暄，不禁彷徨起来，完全失去了进门的勇气。可是来都来了，不把文章送上，怎么甘心呢。

于是，锺会想了个折中的方法——隔着墙头把文章扔了进去，转身便跑，简直像小孩子扔石子砸玻璃似的。

嵇康后来看了这篇文章没有，《世说新语》没说，但肯定是没点赞，没转发。倒是锺会当真入了司马昭的眼，深得信任，平步青云。

于是锺会自觉今非昔比，决定以准名人的身份再次拜会嵇康。这次倒是正面求见了，但不是为了求教，而是为了炫耀，因此“乘肥衣轻，宾从如云”，搞得声势非常，希望嵇康能来个倒屣相迎。

这哪里是会友，分明是示威。

就冲这两次拜访的奇特举止，也足以看出锺会的小人面目。你既仰慕嵇康，大大方方地登门投帖就是了，即便是道不同不相为谋，嵇康也未必肯和你争辩，至少不会得罪你。

但是锺会偏不，第一次鬼鬼祟祟地扔稿过墙，嵇康能怎么样呢？政见肯定是不同的，所以嵇康看了文章也肯定不会大肆宣扬，既不会违心夸赞，也不至于无端大骂，所以自然是“无疾而终”了；第二次，他又是耀武扬威地前来，摆足官架子，这就更不入嵇康的眼了，又怎么可能理他呢？

若是锺会只有第一次来访，我们还可以给他找理由说大概是胆小情怯，不算大过，甚至还挺呆萌可爱的；可是加上了第二次趾高气扬的来访，锺会的小人嘴脸已经显露无遗。

锺会肥马高车地来到嵇康家门前时，嵇康正赤裸着上身，挥舞大锤在柳树下锻铁，旁边还有向秀为他拉风箱。

两位都是当世高人，这会儿聚精会神地扬锤锻击，旁若无人，彼此间也没有任何交谈，让人连个插话的由头都没有。

锺会面对着这与预期全然不同的画面，一时不知道该做何反应，只得呆立在一旁等候。然而等了好一会儿，他连个眼神都没得到。随着一声声铿锵的打铁声，空气炽热而凝滞，锺会的脸色越来越难看，那铿锵有力的锻击声，那亮烈飞溅的铁花，嵇康魁梧英健的上身，甚至向秀脸上的汗水，样样都对他形成了强烈的刺击。要知道，他身上可还穿着貂儿呢！

如果锺会这次是一个人来，那么即使嵇康不理他，再多等一会儿也没什么。可是身后还有一大帮人看着呢，这面子可就丢大了。这属于典型的没事找事，自取其辱。之后锺会再也忍不住了，起身欲去。

嵇康这才头也不抬地问："何所闻而来？何所见而去？"

锺会拂袖答："闻所闻而来，见所见而去。"

到底还是没有一次正经的交集。

那么嵇康为什么要对锺会这样冷淡呢？

史书上没有说。可是物以类聚，人以群分，锺会与吕巽交好，却遭到夏侯玄的厌弃，可想而知这人不管官做得多高，谱摆得多大，其做派嘴脸却令人生厌。夏侯玄也罢，嵇康也罢，都是铁骨铮铮的硬汉，肯定看不上锺会的百般造作，但是谁能想到，会因此结下了死仇呢？

所以老祖宗才会留下一句醒世格言：宁得罪君子，勿得罪小人。

三

接连两次碰壁，让锺会彻底恨上了嵇康，就像一个苦恋偶像却得不到回应的极端的粉丝一般，仿佛自幼蕴藏心中的不可告人的自卑妒恨全都被翻腾了出来，锺会做梦都想着能把嵇康扳倒，将他的骄傲碾落成尘。

嵇康的冷漠是锺会卑微的明证，就跟大树下被丢弃的废铁一般明明白白的铁证。不管他坐上多高的位子，这种自卑的疼痛仍然不能停止，似乎只有除掉嵇康，才能割除他内心深处叫作“自卑”的那块腐肉，让他重新畅快地呼吸。

他久久地窥侍着，终于，抓到了吕安这个最好的把柄。

《晋纪》载：“巽使妇人醉而幸之，丑恶发露，巽病之，告安谤己。巽于锺会有宠，太祖遂徙安边郡。”

太祖指司马昭，他对锺会宠信有加，而锺会则与吕巽非常对眼，于是撺掇着司马昭治了吕安一个流放之刑。谁知后来嵇康扯了进来，事情就大了。

锺会对嵇康一直有种仰视名流可望不可即的莫名妒恨，又知道司马昭因为《与山巨源绝交书》的事对嵇康十分不满，便趁机鼓动如簧之舌，不遗余力地罗织罪名，一心要致嵇康、吕安于死地，但这完全超过了吕巽的预期。

关于嵇康的罪名，《文士传》有载：

吕安罹事，康诣狱以明之。锺会庭论康曰：“今皇道开明，四海风靡，边鄙无诡随之民，街巷无异口之议。而康上不臣天子，下不事王侯；轻时傲世，不为物用；无益于今，有败于俗。昔太公诛华士，孔子戮少正卯，以其负才乱群惑众也。今不诛康，无以清洁王道。”于是录康闭狱。

锺会的这番话，堪称是上纲上线拍马屁诬贤良的“经典范文”。先是昧着良心对司马昭一通吹捧，将人人自危、道路以目的恐怖时局说成是四海升平，巷无异声；接着替嵇康罗织了三大罪：一是不仕，“上不臣天子，下不事王侯”；二是有才，“轻时傲世，不为物用”；三是清高，“无益于今，有败于俗”，最后举出史实典故来证明“以才惑众”是大罪，不杀不足以正王道。

当然，若只是这样，还不足以让司马昭下决心除了嵇康。在将嵇康入狱后，司马昭还想着恩威并施将嵇康召为己用，这可把锺会吓坏了。嵇康若得势，还有自己的位置吗？

锺会既然罗织罪名陷害嵇康下狱，就绝不会再让他生还，于是拨弄三寸不烂之舌，又给司马昭下了一剂猛药，给嵇康定了一条任何上位者都不可能容忍的大罪：谋反，而且是参与毌丘俭之乱。

要知道，司马师可就是死在毌丘俭平叛之战中，而且是眼珠迸裂，死得相当惨烈。所以司马昭对于毌丘俭可谓恨之入骨，如今听锺会说嵇康曾想跟随毌丘俭叛乱，因山涛劝阻才未成行，焉能不恨？

但是事情过去了十几年，苦无凭据，总不能用一句“听说”就把从前的旧账又翻出来吧？

不过，这条猜疑的确让司马昭坚定了杀嵇康的心。于是锺会察颜观色，再进谗言：“康、安等言论放荡，非毁典谟，帝王者所不宜容。宜因衅除之，以淳风俗。”

其实明着暗着都只是一句话：嵇康名声太响，影响力太大，所以非死不可。

而最致命的一句话，则是：“嵇康，卧龙也，不可起。公无忧天下，顾以康为虑耳。”

卧龙，那不是司马家的老对手诸葛亮吗？难道嵇康竟有本事与司马家叫板，成为第二个诸葛孔明？那如果当初嵇康真投了毌丘俭，是不是就像诸葛亮之辅佐刘备，堪与司马争天下？而如果留着嵇康，他会不会寻到下一个毌丘俭？

至此，司马昭再无疑虑，遂下令将嵇康、吕安两人问斩于东市。

于是，便有了那曲惊天地泣鬼神的《广陵散》。

而卧龙嵇康，就这样被一个篡位大盗和一个得势小人联手冤杀了。

广陵散，一支有杀气有血性的曲子

一

自古以来把琴作凶器的，第一个是春秋的师旷，第二个是战国的聂政。

《太平御览》中载，聂政的父亲是铸剑师，奉命为韩王铸剑，因误期而被杀。

杀父之仇，不共戴天。聂政发誓报仇，但不知道怎样才能近韩王的身，知道韩王喜欢听琴，便入深山，拜名师，七年琴艺遂成。这期间，他承继家学铸造了一把削铁如泥的宝剑，将之藏于中空的琴腹内，以备刺杀之用。

因为害怕死后会被人认出身份，连累了老母和长姐，聂政以漆涂抹全身，被腐蚀得体无完肤；又吞下炭条伤了喉咙，让声音嘶哑；甚至为了改变笑容，连牙齿都全部拔掉，不见半点儿旧时模样。

聂政下山后，曲惊四座，清绝天下，闻者无不奉为神明。韩王听说了，果然派人召他入宫。聂政置琴身前，抚弦猱吟，始而花开水流，石垂海立；继而纷披灿烂，戈矛纵横，忽急忽徐，美不胜收。

便在一曲将完，韩王听得如痴如醉之际，聂政猛地拔剑于琴，奋起杀之。韩王连问一声“为什么”都没来得及，就死在了摄人心魂的琴韵余音中。

侍卫们将聂政团团围住。聂政自知必死，犹怕母亲会来认尸，竟反过剑来决绝地刺瞎双目，切腹断肠，直至全身血尽而亡。

千古刚烈，唯此一人！

而聂政死前弹的那支曲子，就叫《广陵散》。

不知多少花谢花开，这曲子终于找到了新的主人，就是孤松风貌、玉山品格的嵇康。

他性情皎洁，才华横溢，既是打铁的，又喜欢弹琴，自然是《广陵散》的最佳继承人。恰值他游于洛西，宿于华阳亭中，夜不能寐，对月抚琴，其音清冽，惊动了琴灵。于是，琴灵与其彻夜清谈，索琴弹之，声调绝伦。

月光溶溶，清风徐徐，琴音袅袅，星汉迢迢，嵇康一闻此曲便沉醉其中难以自拔，遂再三恳求相传。琴灵虽然答允传曲于他，却再三叮嘱：此曲不得教人，亦不肯自吐名姓。

要说这琴灵也真是纠结，既不愿意这曲子流失，也不愿意这曲子流行，所以特地叮嘱嵇康不可轻弹亦不可轻传，免得烂大街。

可他没想到，嵇康也是个短命的，正因为有着聂政般刚强不屈的性子，才会被小人构陷，锒铛入狱。

嵇康问斩在明面上有两个原因：一是《与山巨源绝交书》言辞不当，不利于社会和谐；二是为吕安作证，罪同不孝。

暗里原因则是得罪了两个小人：锺会与吕巽。

但是归其根本，是他的才情与威望刺痛了司马昭。

诚如曹髦所说："司马昭之心，路人皆知。"而到了这时候，司马昭连皇上曹髦都杀了，早已不惮于让人们知道他的野心，且唯恐天下人不知道他的权势。换句话说：不怕你知道，就怕你不惧。

但嵇康还真是不知道什么叫怕。洛阳城东建春门的马市，是死刑的刑场，嵇康面对铡刀，神情一如既往，无悲无喜，淡定从容，恍如观花抚竹一般。

刑场上不只有执刑官吏与观刑的普通民众，还有三千太学生。他们听说嵇康受难，齐齐来到刑场上，跪拜陈情请求赦免嵇康，并请他来太学任教，愿意从其为师。

然而，这恰恰证明了锺会的那句话："公无忧天下，顾以康为虑。"司马昭比任何时候都见识到嵇康在当世的影响力，当真雏凤卧龙，不可轻觑。不过他虽然一手遮天，但毕竟名不正言不顺，大魏还是曹氏的天下。世上留着这么一个处处与自己作对的才德名士，那就是祸害，嵇康的人气越是高涨，他就越不能忍受。这样一个人既不能为自己所用，自然是杀了才安心。

嵇康看到为自己请命的三千太学生，心中大约也是有过期冀的。然而时间一点点过去，日到中天，午时已近，自知死无可免，便也无惧，只抬头看看日影，淡淡说："请把我的琴取来吧。"

一时琴来，嵇康横琴膝上，轻调弦柱，往事如云烟般在眼前掠过，才华盖世，无所施展，孤儿幼女，无人可依。他一生含垢藏瑕，爱恶不争于怀，喜怒不寄于颜，如今大限来临，亦略无惊惧留恋，平生憾事，竟只是眼前手中这床琴而已，因手抚七弦，轻轻叹息说："从前袁孝尼说要跟我学习《广陵散》，我却吝于教授，如今悔之晚矣。"

"泼辣"一声，里三层外三层的人群瞬间安静下来，人人屏住了呼吸，知道这是嵇康人生的最后一曲。他们的心里无比悲怆又激动莫名，隐隐知道这一幕必将会载入史册，而他们便是见证历史的人。

只见嵇康横琴抚弦，左手勾抹挑剔，右手吟猱绰注，时缓时急，清调绝伦，纷披灿烂，隐隐有铁戈之声，宛如携风雷而来，云垂海立，石破天惊，闻者无不动容。

一曲既罢，摄魂夺魄，人鬼俱寂。嵇康仰天喟然："广陵散于今绝矣！"引颈就戮，时年三十九岁。

千百年后，人们提到嵇康，便会想起他的琴，想起《广陵散》。

二

关于《广陵散》的故事，在《太平御览》《太平广记》《琴操》《琴史》与《晋书》中都有提及。

虽然在传说中《广陵散》从此绝响，但是明朝皇子朱权的《神奇秘谱》却仍记有曲谱，且分段小题中有“刺韩”“冲冠”“发怒”“报剑”等内容，显然曲意来自聂政刺韩。

朱权在前序中说，从前嵇康弹琴时，他的外甥袁惟（字孝己）常在窗外偷听默记，虽然零散不全，却也记了个七七八八，遂缀成此谱。

不过嵇康之死与朱权传谱已经隔了近千年，曲谱中到底留得多少广陵遗痕已不可知。只是天地间每每响起《广陵散》的琴声，人们都会想到那个名字：嵇康！

但是《广陵散》并非嵇康原创，不能真正代表他的音乐水准。嵇康通晓音律，原创的代表琴曲有《长清》《短清》《长侧》《短侧》四首，被称作“嵇氏四弄”，与汉代蔡邕的“蔡氏五弄”合称“九弄”。

著名的昆曲折子戏《玉簪记·琴挑》开篇一曲《朝元歌》，袅袅娜娜地唱：

长清短清，哪管人离恨；云心水心，有甚闲愁闷。

这里的“长清、短清”便代指弹琴了。

此外，嵇康还创有琴曲《风入松》和《孤馆遇神》。《西麓堂琴统》记录了这个故事，说是遇神，其实是见鬼。

有一次，嵇康借住于朋友王伯林的空宅中。月下抚琴时，他看到八只鬼跽坐于灯下，静静地听他弹琴。

嵇康心中萧散，了无惧意，只是大声呵斥：“何方魑魅，速去莫扰！”

鬼魅却说：“客人莫惊，我等原是周朝乐官，因罪赐死，埋身此地。现身来见，并无恶意，只是听到你的琴声，音曲清和，知是同道中人，因此望能施以援手，请将我等腐骨迁葬他地。”

第二天早晨，嵇康将这件事告诉了朋友王伯林，开土发掘，果然在堂下掘出八具骸骨，于是庄容收殓，另选了风水宝地埋葬。

当夜，嵇康再次梦见八个人，俱穿着周朝礼服，团团揖拜而去。

嵇康感于奇遇，因此做了这支曲子纪念。曲子幽魅跳脱，神出鬼没，其间频频有“捻起”的特殊指法，就是一手按弦，一手拉起琴弦猛地放下，以反弹之力砸击琴面发出惊悚的不和谐音，有如深夜风起，灯摇魅影，心惊意动，诡异莫名。

八鬼，暗合八音之数，嵇康修仙未成，倒先通灵了。

无论是《孤馆遇神》，还是《广陵散》，都与琴灵有关，这实在是因为琴的阴性特质。丝桐之声是与天地阴阳最契合的，也是离鬼神最近的。

琴能通灵，无怪乎乐灵们会纷纷找上精通琴技的嵇康了。这就如惊霜寒雀，逐火秋萤，它们在幽寂无边的沉沉暗夜里本能地飞向那最相契的一丝微光。

东晋老神仙葛洪记曰："康毕生独爱此二曲，必择雅静高岗之地，风清月朗之时，深衣鹤氅，盥手焚香，方才弹之。虽有达官贵人求教，概不相传。"

但是嵇康怎么也没想到，生平最后一次弹奏《广陵散》，竟会是在刑场吧。

三

古琴最让人感动的地方在于它的恒定。

关于古琴的发明，有伏羲造琴、神农造琴、尧舜造琴等几种版本，总之都是上古帝王所制。并且，在琴最初发明时只有五根弦，称为五弦琴。后来，周文王加了一根弦，周武王时又加了一根弦，遂成"文武七弦琴"。

所以说，琴从西周时就已定制，与今天所见的一般无二。

琴身长三尺六寸六分，象征一年三百六十天；广六寸，象六合；龙池凤沼，天圆地方，君臣相辅，事物相偕，无处不与两仪四象六合相应。

中土唐以前的音乐为清乐，隋唐时西域音乐传入，融汇而成燕乐，独有古琴依然故我，沿袭旧声。

《旧唐书乐志》讲："自周隋以来，管弦杂曲将数百曲，多用西凉乐，鼓舞曲多用龟兹乐。其曲度皆时俗所知也。唯弹琴家犹传楚汉旧声及清调瑟调、蔡邕杂弄。"

史上第一部关于古琴的书乃是汉儒蔡邕的《琴操》，序中说："首昔伏羲氏作琴，所以御邪僻，防心淫，以修知理性，反其天真也。"

修身理性，是儒士根本；"反其天真"，就是任自然：可谓儒道兼爱。

所以，尧、舜、禹、汤、文、武、周、孔，无不弹琴，许由、伯夷也都弹琴。故而汉魏以来，无论儒生还是名士都喜欢抚琴，遂有"左琴右书""君子无故不撤琴瑟"之说。

蔡邕擅音律，听力自然非凡。有一次他正围炉烤火，忽然听到有桐木在火中爆裂的声音，闻声便知道是块好木头，赶紧拣了出来，可惜木头的尾部已经烧焦了。但他仍用这块焦木制成了琴，琴的音色非常美妙，世称"焦尾琴"。

据载，这把琴在蔡邕遇害后，一直保存于皇家内库，从齐明帝一直传至南唐后主李煜，并在李煜死后归宋室所有。

蔡邕所斫“焦尾琴”，与齐桓公的“号钟”、楚庄王的“绕梁”、司马相如的“绿绮”并列为中国古代四大名琴。

蔡邕有“蔡氏五弄”，嵇康有“嵇氏四弄”。

蔡邕有《琴操》，嵇康有《琴赋》。

蔡邕有焦尾，倒不知嵇康的琴叫作什么名儿。只是通过《琴赋》一文，可知嵇康也是既会弹琴也会斫琴的，自己取木斤斧，理正声，发清角，春月秋霜，当户抚弦，闲舒都雅，清和绵邈。

余少好音声，长而玩之，以为物有盛衰，而此无变，滋味有厌，而此不倦。可以益养神气，宣和情志，处穷独而不闷者，莫近于音声也。

远而听之，若鸾凤和鸣戏云中；迫而察之，若众葩敷荣曜春风。既丰赡以多姿，又善始而令终。嗟姣妙以弘丽，何变态之无穷！

然非夫旷远者，不能与之嬉游；非夫渊静者，不能与之闲止；非夫放达者，不能与之无欿；非夫至精者，不能与之析理也。

东晋画家顾恺之的画作《斫琴图》表明，晋代时斫琴选择木材，挖刨琴板，上弦听音的过程与构造形制，与今天一般无二。

这也是我迷恋古琴的主要原因，因为它比任何一种乐器都更古老，更优雅，更天然。

比如我手上的这床仲尼，乃是著名斫琴师“吴门王俊”亲手制作，三百多年的明朝老杉木、丝弦，没有一点儿金属时代的痕迹。

抚弦而歌，不费力地就可以穿越时光望进岁月，感受竹林的风，分不清今夕何夕。因此我请王俊老师在琴厢上刻了一幅我自拟的对子：

天地斫成山水色，春秋谱作金石声。

在学琴的第三年，我终于下定决心开始学习《广陵散》。这是古琴曲中最具杀伐之气的曲子，虽说与我的心性毫无相关，但是为了寻找竹林的空气，我还是咬着牙学完了。

其实，说学完那是吹牛了。因为全谱四十五段，我实在没耐心完整学习，就算学了，只怕都没人有耐心听我弹完。好容易学会一支曲子却没人愿意听，那不是锦衣夜行吗？所以我偷了个懒，只精选十二段学了个删减版《广陵散》，但长度也有十分钟，已经是我所会的曲子中最长的一支大曲了。

我最爱的是《循物第八》，又名《移灯就座》。因为整支曲子的节奏都比较慷慨激昂，唯有这段舒缓抑郁，如泣如诉，愈婉约愈哀伤，每每弹起，仿佛心尖儿都吊在了丝弦上。随着琴声而战栗，忍不住重温一遍嵇康的故事，仿佛陪着三千太学生一起跪在刑场上为他送行。

虽然琴和很多其他乐器一样，都是受到弓箭的启发改造而来，却甫一创制，便似乎具有一种与天地对话的能力，故有舜帝歌《南风》以治天下，师经琴谏魏文侯，师旷琴谏晋平王的义举。据说擅长赛马的邹忌，也曾经以琴上谏，劝诫齐威王君臣相辅之道。

所以自古以来，琴音便与礼教画上了等号。孔子闻韶而三月不知肉味，仰慕的不仅是韶乐，更是文王之治。《乐记》云："治世之音安以乐，其政和；亡国之音哀以思，其民困。声音之道，与政通矣。"

但是嵇康虽然主张"众器之中，琴德最优"，却反对儒家思想将音乐与政治相等同的主张，提出了《声无哀乐论》，认为人的心中先有哀乐之情绪，而后感受音乐之哀乐，与教化无关。并非"声使我哀，音使我乐"，而是"心与之声，明为二物"，音乐只有动听与不动听，躁动或舒缓，而情感由自心发出，去感应音乐而产生喜乐，却并非由音乐主导。这就像醉酒的人的喜怒，虽因酒而发作，但不能说明酒本身有喜怒是同样的道理。

杜鹃啼血，寒蛩泣月，何曾是鹃鸟有思？不过是人心的感兴罢了。

秉承老子“大音稀声”的玄学观念，嵇康提出了“和声无象”的说法，认为声音本无相，而心情有哀乐，音乐旋律自有其客观性，有内在的和谐规则，并不以人的主观意识为转移。而人作为欣赏音乐的主体，则有着本身情绪的主观性，只能被音乐所诱发，不能被音乐所主导。

说到底，也就是反对儒教礼乐观念，强调人的觉醒。所以，这不仅是一篇关于音乐的理论，更是嵇康“越名教而任自然”的玄学主张的一面旗帜。

《琴赋》和《声无哀乐论》两篇文赋奠定了嵇康在音乐美学史上的地位。而从这两篇赋中亦可知，除了音乐外，嵇康的文学成就也是毋庸置疑的。

学霸的世界，就是这样令人望尘莫及。

学霸嵇康的三大特色

后世的各种版本的嵇康传，都用尽美好词汇变着法儿强调嵇康的三大特色：一是帅得天怒人怨；二是养生有道；三是聪明得惊才绝艳，淡泊飘逸如神仙。

都说一个不知道自己漂亮的美女才是最绝色的，男人也是一样。嵇康那么帅，却并没有列位古代四大美男子，而他自己也根本不拿颜值当回事儿。

他身高一米八，龙章凤姿，俊朗如日月，却从来不修边幅，不饰装扮，总是宽袍大袖，意态殊然。甚至，他还自称经常数月不洗澡，这和闲则敛镜自照、行则顾影自怜的傅粉何郎的差距可太大了。

而他最让人称道的，是这么帅的人，还特别沉稳，恬静寡欲，土木形骸，和他交往过的人都说，数十年相处，“未尝见其喜愠之色。”

任你众生颠倒，我自安然若素，这就是一种范儿。

然而这般“含垢藏瑕，爱恶不争于怀，喜怒不寄于颜”的嵇康，却为了朋友一时没忍住，仗义执言，招来杀身之祸，当真令人嗟叹。

尤其是，嵇康一生喜读老庄，深悟“保身全生”之理，却还是自投罗网，伤身害命。

庄子有《养生主》，终篇强调“为善无近名，为恶无近刑”，保身全性为第一。嵇康学习庄子笔法写了《养生论》，认为神仙禀于自然，非积学所致，“精神之于形骸，犹国之有君也。神躁于中，而形丧于外，犹君昏于上，国乱于下也。”

他用了大量比喻来说明以神伤性的危害，主张“君子知形恃神以立，神须形以存，悟生理之易失，知一过之害生。故修性以保神，安心以全身，爱憎不栖于情，忧喜不留于意，泊然无感，而体气和平。又呼吸吐纳，服食养身，使形神相亲，表里俱济也”。

最后提出，善养生者应当“清虚静泰，少私寡欲。知名位之伤德，故忽而不营，非欲而强禁也。识厚味之害性，故弃而弗顾，非贪而后抑也。外物以累心不存，神气以醇泊独著，旷然无忧患，寂然无思虑。又守之以一，养之以和，和理日济，同乎大顺。然后蒸以灵芝，润以醴泉，晞以朝阳，绥以五弦，无为自得，体妙心玄，忘欢而后乐足，遗生而后身存”。如此，大约就可以做神仙了。

孙绰《嵇中散传》中说：“嵇康作养生论，入洛，京师谓之神人。”

《世说新语》则说：“王丞相过江左，止道声无哀乐、养生、言尽意，三理而已……”王导就是东晋开国丞相、书圣王羲之的叔叔，他平生只喜欢谈三个话题，而前面两个都源自嵇康的论述：《声无哀乐论》和《养生论》。

可惜的是，虽然嵇康立志修仙，可他只看到了五谷的侵害，摒除了利欲的伤神，却没有想过人为的杀戮。

身羁缧绁之际，他在狱中含恨写下《幽愤诗》。《幽愤诗》自述平生遭遇，感慨因言招祸。堪称他的临终回忆录。

原诗较长，我们且看最后几段：

雍雍鸣雁，厉翼北游，顺时而动，得意忘忧。

嗟我愤叹，曾莫能畴。事与愿违，遘兹淹留，穷达有命，亦又何求？

古人有言，善莫近名。奉时恭默，咎悔不生。

万石周慎，安亲保荣。世务纷纭，只搅余情，安乐必诚，乃终利贞。

煌煌灵芝，一生三秀。予独何为，有志不就。

惩难思复，心焉内疚。庶勖将来，无馨无臭。

采薇山阿，散发岩岫。永啸长吟，颐性养寿。

这是采用诗经笔法，以“雍雍鸣雁”起兴，感慨自己人不如雁，不能自由飞翔，随心所欲。“顺时而动”与“得意忘忧”显然也都是脱胎于庄子思想。现实与心愿相悖逆，导致如今身陷囚牢，这便是莫测的命运吧。

接着引用庄子《养生主》前半句“为善无近名”暗示后半句“为恶无近刑”，感慨自己一生谨慎，不求功名，无奈虚名自来，福祸自招；从来不曾作恶，却偏偏身陷囹圄，受刑就戮；自问平生奉时处默，无愧于心，却还是忍不住羡慕石奋那样的境界。

万石，指汉代名臣石奋，他的四个儿子“皆以驯行孝谨，官至二千石”。

嵇康很喜欢援引石奋谨言的典故，《琴赋》中亦有“惠施以之辩给，万石以之讷慎”的句子。然而嵇康远不如石奋“驯行孝谨”，连“保身、全生”都做不到，更遑论“安亲保荣”了。

世事纷纭如麻，搅动红尘是非，他修神仙之道，却终未能置身事外。愿以自身遭遇警诫世人：在安乐时也要谨戒危亡之理，方能终其顺利安宁。

灵芝一年开三次花，我这辈子都做了些什么呢？平生志愿还未能达成。只愿无香无色，悄无声息，远离红尘，散发林泉，吟啸隐居，养亲尽年。

这首诗多少有表白的意思，希望能逃过一劫，情愿隐居山中，采薇避世。可见，这时候的嵇康还没想到自己只是替朋友做了回诫信证明，竟然会为自己招罪，更不会想到竟是死罪。吕安作为罪首还只是流放呢，自己不过是做证，还能重到哪里去？他还想着出狱后要学伯夷、叔齐隐居首阳，修心养性，以尽天年呢。

《圣贤高士传》曾载嵇康之叹：“吾知富贵不如贫贱，未知存何如亡尔！”

能活着，当然还是不死的好。但是真的死亡来临，他也不会惧怕。只不知，嵇康因罪惨死之后，会否加入那八位琴灵的队伍，再作竹林之游。

嵇康诗风清峻，以追求自然、高蹈独立为主要内容。诗作包括四言、五言、七言和杂言，犹以四言为高。何焯《文选评》

赞其“四言不为风雅所羁，直写胸中语，此叔夜高于潘陆也”。

潘指潘岳，陆指陆机，二人并称“潘江陆海”，俱以文赋著称，为西晋著名文学家，时期略晚于嵇康，是竹林名士云散之后的金谷名士代表人物。

除了精于笛，妙于琴，雅善音律，熟谙诗赋，嵇康在书画方面的造诣也很高。他工书法，擅丹青，其画作虽然失传，但是只从留存的题目《巢由洗耳图》已经可知其志向清远。

当时太学院讲堂前立着四十多块汉代石碑，用篆、隶等不同字体刻着儒家经典。嵇康为了研习书法，经常去太学抄写石经，因此得与很多太学生相识，偶有交谈，众人俱为他的风采折服。也因此，才会有刑场上三千太学生跪请嵇康为太学教授的震撼画面。

而篆隶铭经还不是嵇康的长项，他最擅长的是草书，笔法“精光照人，气格凌云”。有人形容他的书法“如抱琴半醉，酣歌高眠，又若众鸟时集，群乌乍散”“观其体势，得之自然，意不在笔墨。若高逸之士，虽在布衣，有傲然之色”。

琴、棋、书、画、诗、赋，样样精通，还长得风姿俊朗，潇逸出尘，这样的奇才，生在任何一个时代都该是不世出的瑰宝。而就是这样一个奇才，却因小人轻轻几句拨弄，就死于无妄之灾，这是朝廷的耻辱，更是时代的悲剧。

因此史上说，嵇康死后不久，司马昭便后悔了，但是《广陵散》已成绝响，世上再也没有嵇康了。

容我献丑，以七律一首悼嵇康：

龙凤姿容侠士名，冶金锻骨血凝冰。
不同俗世珠沉海，只待培风鲲化鹏。
空读老庄惭万石，直言锺吕愧孙登。
竹林贤士风流散，唯借七弦忆广陵。

嵇喜也有当世才

他有学识有功业，本也是历史上留下了字号的人物，但是对于今天的读者来说，他就只有一个身份：嵇康的哥哥。

嵇喜，字公穆。其父嵇昭，官至治书侍御史；本人举秀才出身，以军功得官；其弟嵇康，以才貌双全而令世人瞩目。

嵇喜长得怎样？历史上没有特别记载，但是想来也不会太差。至于才情，虽不如嵇康那样万众瞩目，却也史称“有当世之才”。

但是大约为人过于中规中矩，又或是热衷功名，嵇康的朋友对他都不大友好。不仅吕安曾有“凡鸟”之诮，阮籍也对着他大翻白眼。

阮籍丧母，嵇喜前来吊唁，照足礼节上香拜祝，按说作为孝子的阮籍应该磕头还礼，然而阮嗣宗却因嫌弃嵇喜是官场中人，非但不以礼相待，还毫不客气地白眼看人，气得嵇喜上完香扭头便走。

随后嵇康前来，左手拎着酒，右手挟着琴，这两宗事都大违守制之道，不合俗流，却应了阮籍的心思，喜滋滋地出门迎接，青眼相加。

这就是阮籍著名的青白眼。

难得的是，不论吕安和阮籍怎样轻慢于己，嵇喜都未有过任何微词和报复，可见他有容人之量。这种品质，往贬里说是世故，往褒里说就是情商高，用一个中性词来形容，就是社会人儿。

哥俩一个热衷官场，一个专心求道，虽然志向不同，但是感情也并不坏。

嵇喜少年时以秀才之身从军远行，嵇康遥寄《赠兄秀才从军十四首》，殷殷之情，溢于言表。这里只选第十四首：

息徒兰圃，秣马华山。流磻平皋，垂纶长川。
目送归鸿，手挥五弦。俯仰自得，游心太玄。
嘉彼钓叟，得鱼忘筌。郢人逝矣，谁与尽言。

嵇康想象哥哥随着军队在兰圃休息，在青草丰茂的山坡喂马，在水边打鸟，在长河里钓鱼。一边目送着南归的鸿雁，一边信手弹奏琴弦。心神悠游于天地之间，对大自然的奥妙之道心领神会。

太者初始，玄者幽深，太玄就是宇宙至理。“得鱼而忘筌”是《庄子·外物》的句子，比喻“得意而忘言”。“郢人逝矣”同样是《庄子》里的典故，说有个石匠人能够用利斧劈掉沾在郢人搭档鼻尖上的一点白灰，便常有王公找他表演，石匠人却说:“小人的技艺还在，可是我的搭档郢人不在了，谁还能与我默契配合，面对利斧劈过而纹丝不动呢?”

嵇康先为哥哥塑造了一幅极美的画面，然后殷殷相劝：当你走累了的时候，一旦停下来才会发现自由自在是多么美好，那为什么还要苦苦奔波呢？不如就此停下脚步，与我垂纶抚琴，重新做一对儿无间无隙的好兄弟好搭档不好吗?

但是他也知道哥哥极有可能不会回应自己，因此叹息“谁与尽言”。

这首诗的画面文风，与其说为哥哥嵇喜所作，倒不如说是嵇康的自画像，那个“目送归鸿，手挥五弦”的不正是他本人吗?

自此之后，“目送归鸿，手挥五弦”就成了琴人的经典定格。

比如李白听蜀僧弹琴，就盛赞对方:“为我一挥手，如听万壑松。”

宋代词人贺铸《六州歌头》中道：“恨登山临水，手寄七弦桐，目送归鸿。”

陆游说：“今朝会意君知否，目送飞云挥五弦。”

苏轼则说：“北人闻道襄阳乐，目送飞鸿应断肠。”

后世琴人，莫不是嵇康粉丝。

嵇喜亦是熟读老庄的，却不认同弟弟的归隐之志，遂回了《答嵇康诗》四首以明志，认为随波逐流也是一种通达。我们只节选几个片段来欣赏下：

> 李叟寄周朝，庄生游漆园。时至忽蝉蜕，变化无常端。

> 君子体变通，否泰非常理。当流则蚁行，时逝则鹊起。

> 达人与物化，无俗不可安。都邑可优游，何必栖山原。

抛开两人志向不论，嵇喜的诗作流畅自然，说理清晰，其水准不在嵇康之下，只不过品味情怀不符合魏晋名士求玄向道的风气，不为清流待见，故而其名声及诗文流传度都远不及弟弟嵇康罢了。

而在嵇喜所有文字中，最有影响力的就要属他为弟弟写下的《嵇康别传》了。

> 家世儒学，少有隽才，旷迈不群，高亮任性，不饰名厉，宽简有大量。学不师授，博洽多闻，长而好老庄之业，恬静无欲。
>
> 性好服食，常采御上药。善属文论，弹琴咏诗，自足于怀抱之中，以为神仙者，禀之自然，非积学所致。至于导养得理，以尽性命，若安期彭祖之伦，可以善求而得也。
>
> 著《养生篇》。知自厚者所以丧其所生，其求益者必失其性，超然独达，遂放世事，纵意于尘埃之表。撰录上古以来圣贤、隐逸、遁心、遗名者，集为传赞，自混沌至于管宁，凡百一十有九人，盖求之于宇宙之人，而发之乎千载之外者矣。故世人莫得而名焉。

在嵇喜的笔下，嵇康有才学，好养生，恬静无欲，本是神仙一流的人物。他本应颐养天年，得享彭祖之寿的，至少也能活个一百一十九岁。

在文章中，嵇喜虽不敢替弟弟的无辜罹难而抱屈，却难掩怅憾之意。同时，再三强调嵇康的冲淡无为，也是为嵇家撇清，是变相地陈说嵇康弃世绝尘，无意功名，自然更不可能造反。

所幸司马昭大约也很清楚所谓谋反只是锺会的攀诬，虽然心怀芥蒂而斩杀了嵇康，却并未打算牵连嵇家其余人。

要知道，此前高平陵之变和李丰、张缉暗杀失败的两次大清洗，一旦实锤，可都是要夷三族的。

嵇喜后来在晋灭吴的战争中建功卓著，历江夏太守、徐扬刺史、太仆卿、宗正卿。平定建业之乱后，卒于任上，可谓求仁得仁。

不可得罪的小人——锺会

一

自卑的天才，自负的小人，这是纠缠了锺会一生的双重人格。而他之所以如此，乃是庶子的扭曲心理所致。稍不如意就涌起股“贾环心理”来：都欺负我不是太太养的。

那么，谁才是“太太养的”呢？

故事要从他的父亲锺繇讲起。

锺繇（151—230），字元常，曹魏重臣，大书法家，兼工篆、隶、真、行、草多种书体，更被称为“楷书鼻祖”。《宣和书谱》评价其“备尽法度，为正书之祖”。

他的书法上承蔡文姬，下传卫夫人。后来卫夫人又传给了王羲之，王羲之再传王献之。也就是说，中国古代史上的书圣高峰，全是同一个门派的。

当然，他的儿子锺毓、锺会肯定也是继承了其衣钵的。

可是问题就在于：锺繇到底有过几个老婆、几个儿子？

有史记载的妻妾有三个，儿子只有两个，锺毓为贵妾孙氏所生，而锺会为妾张昌蒲所生。

张昌蒲注定是个不一般的女人，作为豪门妾室能在历史上留下名姓来，这就已经够了不起的了，何况还能留下传记。

《魏志·锺会传》中，附载《锺会母夫人张氏传》，又作《成侯命妇传》，裴注清楚注明是“会为其母传”，也就是说，张昌蒲的英雄事迹，乃是锺会撰写。

传中称其“修身正行，非礼不动，为上下所称述”，而且“性矜严，明于教训”，是个慧眼如炬的女中诸葛；而贵妾孙氏呢，“摄嫡专家，心害其贤，数谗毁，无所不至”。

简单说，就是两妾争宠，宅斗数十回合，孙氏奸猾无比，百般加害，甚至在怀孕的张昌蒲饭食中下毒；而张昌蒲忍辱负重，见招拆招，在九死一生中生下了儿子锺会，最终守得云开见月明。

故事的大结局是：

> 黄初六年生会，恩宠愈隆，成侯既出孙氏，更纳正嫡贾氏。

好像也没谁真正得到胜利，因为张昌蒲纵然打败了孙氏，自己也并没有被扶正，仍然只是个妾，并未成为当家主母。

可是问题来了，锺繇作为高门名士，难道就没个正经妻房？孙氏也好，张氏也好，都只是妾而已，那么锺繇的正妻是谁？贵妾也是妾，名门望族怎么会任由一位贵妾来“摄嫡专家”，主持中馈？又为什么要等到休了贵妾后才能续娶贾氏？

最令人叹为观止的是张昌蒲非但不向主公诉苦，还故意“称疾不见”，有人问她为什么不报告主公，她说：“嫡庶相害，破家危国，古今以为鉴诫。假如公信我，众谁能明其事？彼以心度我，谓我必言，固将先我；事由彼发，顾不快邪！”

这台词，这做派，堪称白莲花的祖奶奶。

然而，这句“嫡庶相害”却不小心泄露了天机：孙氏根本不是什么贵妾，而是正儿八经的原配嫡妻、当家主母，只因为宅斗失败被休，才连带着本来的身份都被窜改了。

唯有如此，锺繇才会“既出孙氏，更纳正嫡贾氏”。

所以两女宅斗的故事，除了成王败寇的结果外，没有一个字可信。

女人是没有话语权的，一个被休的女人更是任人涂抹贬低。而锺会所以这样做，动机很简单，就是要拉低哥哥锺毓的出身，把他和自己拉到同一档次来。

而他没有将张菖蒲直接说成妻，大概是因为张氏出身实在太低，压根没有任何名分，说成妾都已经是抬高了。

如果自己站不到云端去，就只能把敌人也拉到烂泥里。

这就是锺会的精神胜利法。

张昌蒲享年五十九岁，死于甘露二年（257）。彼时锺会特别请了天子手诏，葬仪丰厚。当时有人上书，以为“不得总称妾名，于是称成侯命妇”。

但是那又如何呢？因为有了御赐说明书，反而让锺会无法过度修改张昌蒲的出身，就算称为夫人、命妇，难道就能忽视她身为婢妾的事实吗？

他可以在传记中将已经休弃的嫡母孙氏说成是贵妾，却无法将自己的亲娘假称为正室。

到死，他也仍然是个庶子。

二

锺毓和锺会兄弟俩的恩怨从锺会出生前就结下了。

但奇怪的是，由于锺毓生了四个儿子，锺会无子嗣，于是锺毓便将自己的儿子过继给了弟弟，这倒也还正常。但是一口气过继了两个，可就太莫名其妙了，这锺毓是不是大方得过分，又不是养不起！

而且，锺会正值壮年，生儿子的机会多着呢，用得着那么着急过继吗？就算族中长辈多管闲事施加压力，也不用买一送一吧？

如果说兄弟俩感情甚笃也罢了，然而明明有史料记载，锺毓曾亲口对司马昭说过："我这个弟弟为人聪慧，但好玩弄权术，野心不小，不可不防，就连我也担心将来会遭他株连。"

当时司马昭听了哈哈大笑："不光你这么说，我夫人也说过锺会见利忘义，好为事端，宠过必乱，不可大任，所以我早有提防了。放心吧，将来他果然犯有大过，我也只治锺会之罪，不会累及锺氏一门。"

后来，锺会果然造反，依律当诛三族，锺毓这一支因为司马昭的承诺而被赦，官爵如故；但是过继给锺会的那俩儿子，就只能跟着被诛杀了。

但是锺毓既有这样的认知和远见，那过继二子的行为就更说不通了。一边忙着避嫌，一边上赶着送人家俩儿子，你当这是分苹果，兄弟一人一半吗？难不成是不喜欢那俩儿子，所以变相的借刀杀人？

锺家父子的恩怨纠缠，真真是充满了谜团。

而最大的谜团，是锺毓的年龄。

史载锺繇生卒年份为公元151年至230年，锺毓出生年不详，锺会为公元225年至264年。

也就是说，锺会是他爹在七十五岁高龄时出生的，他五岁时老爹便去世了，他由母亲张昌蒲一手带大。

这下子问题就更多了：第一，锺繇的生卒年份是真的吗？七十五岁生子，会不会太威猛了些？

第二，锺毓的出生年月不详，但是应该与锺会相差不是特别大，难不成也是老爷子花甲之后才出生的？如果锺繇这般龙精虎猛老当益壮，那之前得生过多少儿子？何以只有毓、会两个儿子？

第三，锺会五岁时就死了爹，那么史上关于锺繇教授锺会书法乃至父子并称“大小锺”的传说岂不全是空穴来风？

这些问题，都不是改一个两个年份能解决的，除非把父子三人的生平全部打乱重组，才能搬演出一份看上去合理但是全无记录的资料来。

换言之，我知道有人在造谣，但是我没有证据。

现在我们看看少得可怜而又乱得离谱的证据是什么：

呈堂证供一，是《世说新语》的故事：

> 锺毓、会少有令誉。年十三，魏文帝闻之。语其父锺繇曰："令卿二子来。"于是敕见。

这说的锺家兄弟才名远扬，连魏文帝都被惊动了，遂令锺繇携二子进见。

然而魏文帝曹丕薨于226年，彼时锺会刚满周岁，还在牙牙学语，不可能传出才名。所以要么召见两兄弟的只能是八卦的魏明帝曹叡，要么就是锺会的生年错了。但是"黄初六年生会"的材料可是锺会自己提供的，虽然他是个造假高手，但自己的生日不至于造假。

其二，文中只称"年十三"，却没有说是谁的十三岁。合理的解释是小哥俩同年出生，都是十三岁；但是按照年龄记载，锺会五岁时老爹就已经去世了，所以只能是锺毓十三岁，而锺会的极限年龄是五岁。但是五岁就能传出才名也很荒唐，所以这个段子我们只能姑妄听之，别太当真。

且说两兄弟面圣，锺毓非常紧张，两股战战，汗流浃背。魏帝不禁笑问："卿面何以汗？"

锺毓哆哆嗦嗦地说："战战惶惶，汗出如浆。"

反而是锺会，五岁的孩子不知道什么是怕，倒是大大方方，若无其事。魏帝便又笑着逗他：“你怎么不出汗呢？”

锺会答：“战战栗栗，汗不敢出。”

魏帝大笑，世人传为美谈，以为锺会敏捷如斯。

锺毓是在十四岁时得职散骑侍郎的，按照上面的故事，就是在面圣的第二年。那么魏帝召见锺氏兄弟，很可能就是为了赐官考虑，也可能是锺繇在托孤。

锺毓是个能干的人，接管家业后，一路从散骑侍郎做到青州刺史。

至于锺会，弱冠出仕，也算不凡了。

据他自己所说，他的教育是由张昌蒲一把抓的，“夫人性矜严，明于教训。会虽童稚，勤见规诲”。

而且，这位母亲为儿子订的课程表相当酷暴：

> 四岁授《孝经》，七岁诵《论语》，八岁诵《诗》，十岁诵《尚书》，十一诵《易》，十二诵《春秋左氏传》、《国语》，十三诵《周礼》、《礼记》，十四诵成侯《易记》，十五使入太学，问四方奇文异训。

但是，虽然锺会天资聪颖，小小年纪便已博学多闻，尤精玄学，但因为是被身为贱妾的姨娘一手带大，言行中早已打下了卑微的烙印。这使得他既态度傲慢，又行为猥琐，时不时就会露出几分妾生子病态扭曲的小家子气来。

跑到狱中去找夏侯玄套近乎，隔着嵇康家墙头扔书稿，都是这种“姨娘养的”症候群的不定时发作；而肥马高车组团去嵇康家耀武扬威，逼着哥哥讨要两个儿子过继，则是小人得志便猖狂的本色。

所以关于前文的“送子迷团”，我的结论是：你有我没有，或许是他对哥哥最大的恨，只是改低了锺毓的出身怎能让他心平？哥哥生了四个儿子，而自己年近四十还膝下无子。所以，就以过继为名直接分你一半，为的就是恶心你！

三

锺会自傲自卑了一辈子，当他终于爬到高位，一言可以定嵇康之死，一言可以夺兄长之子时，自觉已经到达人生的最巅峰，世间再无对手，那追随一生如影随形的自卑阴影几乎完全被自负所覆盖了。

到了263年，司马昭任命锺会任征西将军，总揽伐蜀事宜。锺会坐拥三军，不可一世，借一句诗圣杜甫的诗，那就是“会当凌绝顶，一览众山小”。

“会”，自然是锺会的会；“绝顶”，则是川蜀的剑阁，蜀汉据此以为天险，一夫当关，万夫莫开。

此前诸葛亮六出祁山，壮志未酬身先死，赢得丹心忠烈名。其后，大将姜维继其遗志，执着地发动了十一次北伐。如今，姜维据剑阁而与锺会对峙，你进不来，我出不去。

不过锺会大概本来也不急着进蜀。魏、蜀、吴三国并立，蜀汉最弱，灭蜀不过是时间问题。对大将军司马昭来说灭蜀是一份千古功业，可对于锺会来说则只是一时军功，最多不过是得到些赏赐而已。高官厚禄他都已经有了，现在只需巩固权势，无需急功冒进。因为他已经不可能再升官了，结束战争就意味着解甲归田。

这心态，与司马懿面对诸葛空城勒马回返是一样的打算。于是，锺会与姜维相敬如宾地在剑阁对峙了很长一段时间，不求有功，但求无过，以时间换空间，慢慢巩固自己的地位和势力。

谁知道先锋邓艾那个愣头青，心急火燎地只带了两千兵马就敢发动偷袭，竟悄悄摸进了成都，轻而易举就让毫无斗志的蜀后主刘禅投降了。

刘禅，蜀主刘备唯一的儿子，人称“扶不起的阿斗”。

谁扶呢？当然是诸葛亮。那篇感人至深的《出师表》，就是诸葛亮北上伐魏之前写给阿斗的表文：“帝创业未半而中道崩殂，今天下三分，益州疲弊，此诚危急存亡之秋也。然侍卫之臣不懈于内，忠志之士忘身于外者，盖追先帝之殊遇，欲报之于陛下也。”

先帝指刘备，陛下指刘禅。在刘备还没有亲生子嗣时，曾经收养了个义子取名刘封，后来生了刘禅，取字公嗣，名、字相辅，意谓承继。两个儿子的名字合起来是“封禅”，意头颇好。但是他大概忽略了，禅还有“禅让”的意思，就是说，阿斗的帝位，都不用使劲打，直接就拱手相让了。

事实也正是如此。

当邓艾突袭成功，看到蜀主刘禅带着王公近臣抬棺出城，捆缚迎见时，几乎都呆住了，心中暗呼：太感人了！忙令人解开后主绑缚，焚烧棺材，接受投降，而且大度地下令部众，进城后不可抢掠，不可扰民。

从这点来说，刘禅不无功德，至少保护了自己的臣民没有受到更大的伤害。当时魏国的强大不可忽视，灭蜀伐吴已成定局，刘禅的称降，或许可以称得上是另一种明智英勇吧。

后来他到了京中，司马昭故意在席上演奏蜀乐，一众蜀国降臣俱为感怆，刘禅却好吃好喝，浑然无事。司马昭问他：“想家吗？”阿斗笑嘻嘻答：“此间乐，不思蜀。”

这就是“乐不思蜀”典故的由来。世人皆道阿斗没心没肺，然而谁又能说，这不是一种大智若愚呢？

且说阿斗降魏，锺会初闻战讯也是愣了：就这么胜利了？他不知道该恨邓艾冒进还是气刘禅怯懦，这突如其来的变化打乱了他的计划。仗虽然不是自己打的，但是功劳却必须是自己的，怎么能让邓艾领了功，反衬自己的无能呢？

于是造假专业户锺会再次鼓动唇舌，以笔为刀，一边邀功，一边陷害，言之凿凿地上书给司马昭，说邓艾有谋逆之意。

于是司马昭回信同意锺会处置邓艾，并说："恐邓艾或不就徵，今遣中护军贾充将步骑万人径入斜谷，屯乐城，吾自将十万屯长安，相见在近。"

司马昭要亲率大军到长安，表面上说是声讨邓艾，实际上也是在提防锺会。如果会师后锺会乖乖交还兵权，便可回许昌作寓公，从此投闲置散；若有反意，那么司马昭便是提前布局了。正如同他对锺毓说的那样，对待锺会，他从来都没有放松提防。

锺会越发焦虑，既自卑又自负的他，如今威震西土，风头无两，自负达到了峰值顶点，"自谓功名盖世，不可复为人下"，早已自封天老大我老二，再也无法回到普通人的日子了。他知道司马昭派大军来，显然是担心他拥兵自重，想要解除他的装备力量。想到回朝后将要解甲归田，他岂能甘心？

于是锺会坐下来盘了盘手中资本，"猛将锐卒皆在己手"，越想越觉得这是个谋反的好时机。反正司马家的天下得来的名不正言不顺，"和尚摸得，我摸不得？"说不定振臂一呼，四海响应呢！况且自己如今据蜀抗魏，若能联合姜维，"事成，可得天下；不成，退保蜀汉，不失作刘备也。"

也就是说，赢了，自己就可以取代司马昭，成为三国老大；输了，也可以与姜维联手，退居蜀中，做刘备第二。

进可攻，退可守，此时不反，更待何时？

于是，钟会与姜维交换了“一个眼神”，很自信地宣称：

> 我自淮南以来，画无遗策，四海所共知也。我欲持此安归乎！

意思是我出道以来，智谋胜过诸葛，天下闻名，从无败绩，跟着我干有肉吃！

无奈何，双重人格的他，会因为自卑而害人，更会因为自信而害死自己。

他也不想想，司马懿当年得天下，乃是精心部署多年，还有三千死士在手，而他这样一个带兵不过一年的狼子贼人，怎么可能拥有誓死相从的将士呢？

因此，就在钟会策划着如何反叛司马昭的时候，他自己的部下先发生了叛乱。司马昭大军方至，钟会军中便发生了哗变，钟会、姜维、邓艾三位名将，也都死在了战乱之中。

时维景元五年（264）正月，钟会卒年四十。

说到底，钟会是死在了自己的野心与失德上，距他害死嵇康还不足一年。这两个人，一个死于刑场，有三千太学生为其请命；一个死于战场，却是上被主子讨伐，下被部下反戈，人品高下，不言而明。

冤枉的是株连被杀的那两个儿子，他们本可以不死的，却因为过继而被亲爹和养父“联手”送了人头。

锺会，到底还是绝嗣了。

阮籍，我哭我啸我咏怀

男人哭吧不是罪

山涛夫人隔墙偷窥嵇康的故事中，有一个人很容易被忽略，就是大配角阮籍。

阮籍（210—263），字嗣宗，陈留尉氏（今河南开封）人。《晋书》说他“容貌瑰杰，志气宏放……或闭户视书，累月不出；或登临山水，经日忘归。博览群籍，尤好《庄》《老》。嗜酒能啸，善弹琴”。

可见，阮籍也是大帅哥，只是在才貌更胜一筹的嵇康面前，被迫降低了存在感。但他却是七贤中最多情也最高才的一位。

阮籍多情的标志是爱哭。他常常在烦闷时驾车狂奔，不择路而行，一直奔驰到崖边河畔无路可走，才会停下车来大哭一场，然后怏怏地引缰返回。

有一次，阮籍听说嫂子要回娘家，便匆匆赶来相送。他依依依不舍地送出了好远不说，还牵着嫂子的衣袖哭得涕泪滂沱，看得旁人瞠目结舌。

儒礼讲究男女授受不亲，“嫂溺援之以手者，权也。”也就是说，如果嫂子掉水里快淹死了，做小叔子的出于生命诚可贵的人道主义，伸手拉一把是可以的，除此之外，叔嫂打死不得拉手。

但是阮籍白眼一翻，怼出一句千古名言来：

礼岂为我辈设也？

这句话后来成了历代名士的口头禅。比如苏轼拜访王安石时，没有穿官服，只是日常衣冠而往，而王安石也是光着头连帽子也不戴便来相迎，二人一照面，看到彼此一般随意，不禁相对大笑曰：“礼岂为我辈设哉！”

还有一次，他听到邻家有哭声，一打听，知道是那家还未出阁的女儿过世了，而且那女孩美貌多才。

想到如花美眷似水流年，竟然薄命如斯，阮籍悲从中来，也不管认不认识那女孩，跑到人家丧礼上就是一通放声大哭，哭得那叫一个伤心动容，来参礼的人还以为他和这家有多亲厚的交情呢，只想等他哭够了上去慰问一番。

谁知阮籍哭过，招呼也不打，擦擦眼泪转身便走，留下一屋子人目瞪口呆。

但是后来轮到他自己母亲的葬礼，他却不按哭丧规矩来，也看不惯人家假哭，对着嵇喜大翻白眼，却和嵇康又琴又酒。

唐代崔宗之就特别喜欢模仿阮籍的“青白眼”，看到庸俗的人，无论贵贱，就故意装醉用白眼球翻人家，然后望着青天发呆。杜甫《饮中八仙歌》称赞他：“宗之潇洒美少年，举觞白眼望青天，皎如玉树临风前。”

这个“玉树临风”，则是集嵇康与阮籍于一体了。

按照儒礼，母丧当守制三年，不食旨，不衣锦，不奏乐，不婚不聘，也不能参加任何宴请。然而阮籍却在服丧期应司马昭之约前往饮宴，如常喝酒吃肉。

恰好司隶校尉何曾在坐，他是辅佐司马氏夺权的元勋，对阮籍这种恃才傲物又崇尚老庄的“反派”人物深恶痛绝，便对司马昭说：“明公方以孝治天下，而阮籍以重丧，显于公坐饮酒食肉，宜流之海外，以正风教。”

前面说过，吕安罪名不孝，论律当流放边陲，却因为小人锺会拨弄，被司马昭一发狠索性杀了，就连为其作证的嵇康都一同问斩。如今何曾说阮籍应该流放，可是司马昭不同意，还替阮籍找借口，说：

嗣宗毁顿如此，君不能共忧之，何谓？且有疾而饮酒食肉，固丧礼也。

意思是你看阮先生已经这么难过了，你不能好好安慰他，陪伴他，咋还能说那样无情的风凉话呢？再说了，大家都知道阮先生有病，不让他喝酒吃肉就跟杀他一样，所以他这不是吃酒，而是吃药。

要说司马昭这理由，找得也真是清新脱俗了。

而自始至终，阮籍顾自饮宴，神色自若，不管你们说啥，都跟没听见一样。偶尔翻个白眼，用“表情包”回答对方：我就喜欢你这看不惯我却又干不掉我的样子！

不过，阮籍的“无礼”绝非因为不孝，他三岁丧父，由母亲独自带大，感情自是亲厚。然而正是因为感情浓烈到了一定程度，反而无法以常情表现。

母亲病逝的噩耗传来时，阮籍正在与人下棋。听到邻人匆匆跑来报讯，他并没有失声痛哭或是拔脚便跑，反而若无其事地继续同人对弈，全神贯注地盯着眼前的黑白棋子，好像除此之外什么都不存在了。

直到一局终了，他才推开棋盘站起身来，顺手拿起案上的酒盏，连饮三斗，直到热辣辣的酒液冲进胃里，那一口憋在胸中不断撞击缠绞的疼痛才终于找到了突破口，他猛地一声长号，低下头去，一口血喷射出来。

真正伤心到了极处的人是哭不出的，他会疼痛到忘了此身何物，身在何处，更无法接受这一切真的发生了，也就无法做出任何反映。所以他只能泥塑木雕般慢慢将那盘棋下完，任由心被窒息的疼痛缠绕刺穿，仿佛沉入黑不见底的深渊，绝望地看着一股股烧灼的岩浆从渊底细细涌出，从丝丝缕缕到炽热缠绵，一遍遍流淌、冲击、炙烤，凌迟碎割。他疼得难以忍受，痛到无法呼吸，却只能不语不动，直到一局棋罢才慢慢神魂归位，悲从中来，再借着那三斗酒冲开心中死结，这才透过一口气，又活了过来。

世人都以他放诞乖张而纷纷指责，只有人称裴令公的裴楷最懂得他。

裴楷，字叔则，精明清通，熟读老庄。时人赞曰：“见裴叔则如近玉山，映照人也。”

他来阮家吊唁时，正看到阮籍酩酊大醉，披头散发地坐在床上发呆，见客人来，也是不理不睬。裴楷并不责怪，顾自上香行礼，大哭而去。

有人问裴楷：“通常吊唁时，都是主人先哭，客人陪哭，这才是礼。如今阮嗣宗自己都不哭，你哭得那么惨干吗？”

裴楷说：“阮方外之人，故不崇礼制；我辈俗中人，故以仪轨自居。”

人们俱为裴楷的回答绝倒，赞叹“两得其中”。意思是裴令公既能理解阮籍的做法，不予计较；自己亦能按照世俗礼节进行吊唁，处理得极为适当得体。

这番对话的思想背景正是来自庄子。《内篇·大宗师》中说，子桑户死，孔子闻之，派了弟子端木赐（字子贡）前往吊唁。子贡来时，却看到子桑户的几个好朋友正在高歌鼓琴，不禁见责："敢问临尸而歌，礼乎?"不料却遭到了这几位道友的反唇相讥："是恶知礼意。"认为子贡才是不懂得礼之真谛的人。

子贡不服，归问孔子。孔子道："彼游方之外者也，而丘游方之内者也。"

意思是，他们是方外之人，早已摆脱世俗礼仪的约束而逍遥于常规陋习之外，而你我还是生活在世俗环境中，循规蹈矩。我们是活在两个世界里的人，"外内不相及"，又怎能以世俗之礼去打扰他们，约束他们呢。

所以，玄儒理隔，内外道殊。裴楷正是按照庄子的划分来区别看待"方外之人"与"我辈俗中人"，儒家最在意礼仪规矩，故而自当循礼哭祭；阮籍却不在方内，不同寻常，没有临棺而歌已经很客气了，不过是醉酒发呆，便随他"礼岂为我辈设也"吧。

时无英雄，不如做咸鱼

一

阮籍当然不是生下来就这么乖张任性的。曾经，他也是个怀抱理想的热血少年。

他的父亲阮瑀，与王粲同列于“建安七子”，与曹氏父子私交甚密。阮籍虽然三岁丧父，并没有机会幼承庭训，然而血统强大，他的性情、才华乃至命运，都完美遗传了阮瑀的基因。

阮瑀，字元瑜，年轻时曾与曹操一同师从于汉代大儒蔡邕，两个人是师兄弟。蔡邕称他为“奇才”，十分看重。

后来曹操得势，想招募阮瑀做官。阮瑀性爱山水，便学先贤隐士躲进了深山。曹操不甘心，竟然学晋文公重耳放火烧山。

春秋时，晋国内乱，公子重耳流亡，忠臣介子推一路追随，立下汗马功劳。他甚至在重耳病饿晕死的时候“割股奉君”——割下自己大腿上的肉和野菜一起熬汤为公子补充体力元气。

后来，重耳历尽艰辛，返晋即位，史称晋文公。论功行赏之际，重耳竟漏了介子推，而介子推也功成身退，携老母隐居绵山，从此远离了朝廷。偏有人打抱不平，写了首打油诗张贴在城门上。重耳惊觉自己的忘恩负义，连忙派人寻找介子推，然而绵山如此之大，何处寻得？

重耳寻人心切，竟然命人三面烧山，只网开一面等介子推出现，却苦等不出。待命人灭火，才发现介子推母子竟被烧死在山中。重耳铸成大错，抚尸痛哭，遂将介子推葬于绵山，修祠立庙，并下令在从此在这一天禁火寒食，以寄哀思。这就是“寒食节”的由来。

阮瑀到底不是介子推，最终被逼下山了，投入曹操帐下做掾属，主要负责文书工作，当时军国书檄半数出于他手。

有一次阮瑀随曹操西征，路上曹操临时起意，命他草拟一封书信。阮瑀骑在马上边行边写，挥笔立成，呈与曹操。曹操提着笔边看边思考如何修改，看了半天，竟是一字不可增减。

只可惜，天纵英才，慧极则夭。阮瑀年仅四十七岁便丢下孤儿寡母撒手尘寰了。曹丕素与阮瑀交善，特地为其遗孀作《寡妇诗》与《寡妇赋》，前皆有序：

友人阮元瑜早亡，伤其妻孤寡，为作此诗。

陈留阮元瑜与余有旧，薄命早亡，每感存其遗孤，未尝不怆然伤心，故作斯赋。以叙其妻子悲苦之情，命王粲并作之。

诗中的寡妇，就是阮籍的母亲。

曹丕先赋后诗，不但自己哀悼，还命王粲作文吊之，情意殷殷，溢于纸上。而王粲在为阮瑀作赋五年后，也留下孤儿王弼英年早逝了。

特别的是，曹丕这位戎马一生的开国皇帝，在诗文中特别擅长以女子为第一人称自述，《燕歌行》是如此，《寡妇》诗亦是如此："归燕翩兮徘徊。妾心感兮惆怅。白日急兮西颓。守长夜兮思君。"委婉凄凉，颇有《离骚》遗风。

阮瑀不仅随蔡邕学文，亦学乐，这两项天赋连同悲剧的性格都遗传给了阮籍。

出身名门却幼失怙恃，家境清苦却琴诗双绝，少年天才却性近烟霞，这是缠绕了阮籍一生的性格矛盾。

他曾在《咏怀诗》中写：

昔年十四五，志尚好诗书。

少年学击剑，妙技过曲城。

平生少年时，轻薄好弦歌。

挥袂抚长剑，仰观浮云征。

阮籍聪颖过人，八岁不但能写文章，还能舞剑，自是有过一番少年抱负。

然而整个大魏的历史，就是曹马之争的过程。尤其魏明帝曹叡薨逝后，年仅八岁的曹芳继位，政权落到了辅政大臣的手中。以曹爽为代表的曹氏宗亲也好，以司马懿为代表的世家大儒也罢，谁的心思都不在治国为政上，而是围着小皇帝展开权力的拉锯战。

人生最难是抉择，稍有差错，就会招致杀身之祸，甚至牵连全族。

阮籍迷茫了，他登上广武城，眺望楚、汉古战场，仰天长叹："时无英雄，使竖子成名！"

都说乱世出英雄，可是当今之世，连曹操那样的奸雄也无一个，在政治舞台上东西跳梁的，不过是些小丑罢了，英雄在哪儿呢？

阮籍第一次出仕是在正始三年（242），那时他已经三十二岁了，太尉蒋济征辟他做掾属。阮籍写了封《奏记》推拒，未果，后来乡党亲属皆来相劝，他只得勉强就任，但不久便辞职了。

正始八年，阮籍又受曹爽征辟，召为参军，再也婉拒不得，于是第二次出仕，但是不久便告病乞还。

也幸亏如此，因为就在他辞官一年多以后，曹爽就被司马懿杀了，而阮籍因为休病在家，恰好错过高平陵之祸，才未受株连。

但是两次出仕，使阮籍接近了权力中心，也加入了正始名士的活动圈。而两次辞官及时避祸，更使“时人服其远识”，越发觉得他深不可测。

于是，当阮籍蛰伏未久，组团“竹林七贤”重新出道后，名声就更加响亮了。

二

陈寅恪在《魏晋南北朝史讲演录》中说过：

> 清谈的兴起，大抵由于东汉末年党锢诸名士遭到政治暴力的摧残与压迫，一变其具体评议朝廷人物任用的当否，即所谓清议，而为抽象玄理的讨论。启自郭泰，成于阮籍。他们都是避祸远嫌，消极不与其时政政治当局合作的人物。

郭泰（128—169），字林宗，东汉名士，他风流倜傥，一举一动都为人关注，被争相效仿。有一次他走在路上，突然来了阵急雨，将他的头巾打湿了，本来是挺括齐整的两只巾角，现在一只角折下来，变成了一高一低的不对称造型。

他浑然不知，就这样大袖飘飘地招摇过市，路人见了，只觉气度非凡，更加潇洒，便也有样学样地折了巾角，让头巾一高一低起来，也就有了“林宗折巾”的说法。

这样的士林偶像倡导起清谈来，自是一呼百应，迅速风靡。

东汉清议的主要内容，是对朝中人物进行具体评议，这肯定容易得罪人，惹麻烦。之前政治气氛宽松时，大家不妨过过嘴瘾，后来言论管控了，谁再乱说话很可能被“查水表”甚至杀掉，就没那么敢放言政治了。可是文人的习惯就是要评论点儿什么，闲着总是难受，不让明着说，那就暗着说，不让说具体的，那就论玄虚的，于是“玄学清谈”之风便刮了起来。

不过郭泰还只是开端。这个时候的清谈还停留在讨论人物的阶段上，不是对具体朝臣的褒贬，而只是抽象研讨人伦鉴识的理论。还曾著书一卷，论取士之本。

到了建安时期，诗人的作品中多谈志向抱负，然而没完没了的乱世与酷政使得文人名士们思治而不得。尤其“建安七子”之首孔融与曹氏集团谋臣杨修等人的死，更成为文士们厌政避世的一个导火索，之后他们集体转向老庄哲学与《周易》经注，主张虚无，避谈政治，诗书会友，各抒己见，终于发展为魏初的“正始之音”。

阮籍，不仅是正始名士的中坚力量，更是竹林七贤的重要发起人，故而陈寅恪称清谈“成于阮籍”。

高平陵政变后，何晏与王弼先后死去。次年，朝廷改元嘉平，魏晋名士的主体从“正始之音”转向了“竹林风气”。然而事实上，竹林七贤真正偕游聚饮的时期，与正始名士是重叠的，主要处于正始末年。

阮籍便是连接“正始名士”和“竹林七贤”的一道桥梁，是七贤中最早加入玄谈队伍的人，其著名论文有《通老论》与《达庄论》，一论老子，一论庄子。他在《达庄论》说：“天地生于自然，万物生于天地。”

在这里，自然除了精神世界的天道意义外，更加入了客观世界的山川气象，也就是将“自然”更具体化了。而这种追求自然的思想，将中国诗坛直接引向了山水田园诗的盛世。谢灵运的“池塘生春草，园柳变鸣禽”，陶渊明的“久在樊笼里，复得返自然”，便是源于这一思想。

显然，此时的阮籍早已从“被褐怀珠玉，颜闵相与期”的儒家理想转向“危冠切浮云，长剑出天外”的道家志向，不再渴望成为颜回、闵子骞那样的孔门贤人，情愿驾着车跑到荒郊野外大哭一场，也不愿手执珪璧，足履绳墨，心若怀冰，战战栗栗，周旋于朝堂公务之间。

只是，他对于仕曹还是效命司马并没有特别执着，对司马家的抵抗也远没有嵇康来得那样决绝。政变中一口气诛杀了那么多皇亲国戚与朝中重臣，于是投闲置散的官员名单被重新翻找出来，山涛和阮籍也都先后出山，重新穿上官服。

朝中有大臣觉得阮籍忒大名气，应该给个更高的位子，阮籍虽是屡屡推辞，终无法抗拒，于是在四十岁这年第三次出仕，做了司马懿的从事中郎。

大概是阮籍太适合这个位子了，两年后司马懿过世，他又继续做了司马师的从事中郎，一直做到254年，也就是正元元年。

这一年，高贵乡公曹髦即帝位，徇例给官员们加封晋爵，阮籍也被赐为关内侯，升了散骑常侍。

次年，司马师过世，司马昭继任大将军，阮籍又安全过渡，成了司马昭的从事中郎。

因为阮籍的工作业绩并不出色，所以一直未得升迁；但是他除了迟到早退旷工喝酒外，也没什么大错，便一直保留着职称薪资。

换言之，这就是一条典型的职场咸鱼，既不想弄潮也不愿冲浪，就只想躺平在沙滩上晒太阳，晒完了左边晒右边。

精干不足，充数有余。

对于这样识趣的才子，司马昭还是颇有容人之量的，那么大的沙滩，就算多晒几只咸鱼也都是自己的面子。更何况这还不是普通的咸鱼，而是一条名贵的中华鲟，即使摆在那里也是好看的。

因此，司马昭即使明知阮籍永远不会成为心腹，但因深知他不会给自己找麻烦，于是放开怀抱，展示自己的大度。

阮籍在司马昭面前常常放浪形骸，不拘礼节，甚至在满堂王亲贵族的宴会上箕踞啸歌，酣放自如。

古人没有椅子凳子，坐姿通常双膝着席，臀部坐在双脚上，与跪相似，称为跽坐；如果屁股着地，随意伸开两条腿坐着，像端着簸箕的样子，就叫作箕踞（jījù），是一种不拘礼节、傲慢不敬的坐法。

可不要小瞧这个箕踞，让我来举个例子：孟子有一天回家，进门时正见妻子箕踞缝衣，不禁大怒，觉得她行止无度，不守妇道，当即便要休了她。幸亏孟母明理，劝诫说你进门前一不扬声二不敲门，不告而入，是你失礼在先，怎么好怪媳妇无礼？这才保住了儿子的婚姻。

由此可见，儒家对于坐礼有多么讲究。故而《曲礼》有云：“坐毋箕。”

但阮籍是喜读老庄的。庄子丧妻，惠施前来吊唁，庄子便是“箕踞鼓盆而歌”。阮籍向偶像看齐，当然要“坐如箕”了，即便在大将军司马昭面前亦如是。

满堂新贵，座席严敬，人人都以司马昭马首是瞻，视如王者，阮籍坐姿不雅不说，兴致来了还要时不时长啸一声，当真是放浪形骸，傲慢不羁。换作旁人，推出去斩了也不为过。然而司马昭却能包容，可见是有多么喜爱他。

更令人瞠目的是，阮籍都这样放浪任诞了，司马昭还要夸他谨慎，当众说：

> 天下之至慎，其惟阮嗣宗乎！每与之言，言及玄远，而未曾评论时事，臧否人物，真可谓至慎矣！

意思是说，阮籍这个人太谨慎了。每次聊天，只谈玄学，不论时事，更不曾对任何人品头论足。

换言之，行为再荒诞都没关系，只要管紧嘴巴，不出悖言，就还是司马家的好咸鱼！

三

正因为对阮籍的包容，司马昭虽然一再劝他做官，却不限定他的职位差使，各种官职由着他挑拣。

一次，阮籍心血来潮说："平生曾游东平，乐其土风，愿得为东平太守。"

司马昭听了，奔儿都没打一个，直接就下诏令他做东平太守，走马上任——哦不，走驴上任了。见于《晋书·阮籍传》：

> 籍便骑驴径到郡，皆坏府舍诸壁障，使内外相望，然后教令清宁。十余日，便复骑驴去。

想讨官便讨官，来到后大手一挥，“拆”掉了官府馆舍的壁障，让百姓一眼就能望见衙门内部，如是“教令清宁”，十几天后，他又骑着驴飘然而去。

这行事风格也是没谁了。

苦苦求官而不得的李白对于阮籍这种随心所欲的资格与做派简直太崇拜了，写诗赞叹：

阮籍为太守，乘驴上东平。

判竹十余日，一朝化风清。

而让李白最艳羡的，或许还是阮籍如此任性，司马昭依然由着他，一点儿都不怪他擅离职守。

后来，阮籍因为听说步兵营“厨多美酒，营人善酿酒”，便自请为步兵校尉，司马昭仍是毫不犹豫地答应了。

就因为这样，后世还多了一个雅词叫“兵厨”，代指储存好酒的地方，比如元好问的诗：“绿泛兵厨酒，红依幕府莲。”

这也是阮籍任职最久的一份工作，因此后世又称其为“阮步兵”。

很显然，虽然籍消极避世，崇尚老庄之自然，但他在行动上，却不会像嵇康那样高调地反对周孔名教。一方面他旷达不羁，不拘礼俗，拒绝与当权紧密合作；另一方面却又虚与委蛇，官务在身，虽然工作不认真，却也会时不时地打个卡冒个泡儿，让彼此脸上过得去。

对于阮籍的复出，嵇康多少有些不乐意，于是在《与山巨源绝交书》中酸溜溜道：

> 阮嗣宗口不论人过，吾每师之而未能及；至性过人，与物无伤，唯饮酒过差耳。至为礼法之士所绳，疾之如仇，幸赖大将军保持之耳。吾不如嗣宗之资。

这段话的意思是，阮籍貌似任性放诞，其实谨慎圆滑，深知祸从口出的道理，从不抨击时事，更不论人是非，除了酒量差之外就没什么做人短板。虽然行为乖张为礼法之士所不容，但是因为有司马昭的保护，也就没什么大碍了。我却是不行啊，既学不会他的不论人过，也抱不了将军大腿，比不上啊比不上。

同样才华盖世入了司马昭的眼，同样性情隐逸不愿做官，然而一个虚与委蛇遂得包容回护，一个强硬拒绝以致斩首东门，阮籍与嵇康的同中有异显而易见，而司马昭的“顺我者昌逆我者亡”也可见一斑。

阮籍的酒量与酒品

关于阮籍和嵇康的不同结局，鲁迅有一番关于“魏晋名士与药与酒”的奇论，认为嵇康是讲究炼丹的，而阮籍不吃药，只饮酒，所以阮籍得享天年，嵇康丧于司马氏之手。“大概是因为吃药和吃酒之分的缘故：吃药可以成仙，仙是可以骄视俗人的；饮酒不会成仙，所以敷衍了事。”

按照这个理论，吃药创始人何晏简直不死都不行。

其实说两个人一个吃药一个喝酒也不确切，因为“竹林七贤”就没有不喜欢喝酒的。但是嵇康酒量好，酒品更佳，即使醉了也不会失态，“其醉也，傀俄若玉山之将崩。”

阮籍却不然，几乎逢饮必醉，因此嵇康嘲笑他“唯饮酒过差耳”。

阮家附近有个酒坊，当垆卖酒的是位远近闻名的酒西施。阮籍常去那里喝酒，有时还会拉着七贤中年龄最小的王戎一起去。每每醉了，便卧倒在美妇身旁，酣然大睡。

起初，酒肆老板十分踌躇，既不好罪金主，又怀疑阮籍是不是心存不轨，暗地观察了很长一段时间后，才渐渐信了阮籍的为人。虽然阮籍落拓不羁，却懂得分寸，正直坦荡，多情而不及于乱，遂任由阮籍把自家当酒榻，随他醉，由他睡。

真个风流倜傥，不滞于物。

阮籍爱诗，爱酒，爱美色，却绝不是寻常意义上的酒色之徒。

东晋名士王忱说过："阮籍胸中块垒，故须酒浇之。"

也就是说阮籍是心病，而酒便是解药。这理由，倒是与司马昭不谋而合。

做了步兵校尉，拥有了随取随饮的"兵厨"后，阮籍更可以放开量纵酒了。不但自己喝，还搬来与小伙伴一起喝，尤其嗜酒如命的刘伶，更是闻着味儿天天往步兵营找阮籍蹭酒。

著名的琴曲《酒狂》，就是阮籍看了刘伶喝醉后手舞足蹈撒泼打滚的样子，灵光乍现，援琴创就的。

我在写嵇康传的时候，每天弹一遍《广陵散》，开始写阮籍，则改弹《酒狂》，想想自己正与阮籍、刘伶一同豪饮。

《酒狂》是我非常喜欢的一支曲子，流畅潇洒，旋律性强，宛如宋词小令般灵动轻盈；然而曲调貌似欢快，醉态可掬，其实深情若痴，含蓄蕴藉，尤其在循环反复的三拍一小节贯穿全篇后，末段"仙人吐酒"忽然变调，灵动跳脱中有种深深的寂寞之感，让人如梦如醒，如醉如痴，有种曲终人散酒醒歌阑的怅惘之感，不知今夕何夕，浑忘身之所在。

朱权《神奇秘谱·酒狂》解题云："籍叹道之不行，与时不合，故忘世虑于形骸之外，托兴于酗酒以乐终身之志，其趣也若是岂真嗜酒耶，有道存焉。”真是一语中的。

说“托兴于酗酒以乐终身之志”，是因为阮籍的酒瘾越来越大，醉的时候多，醒的时候少。最长的一次醉酒记录是六十天，两个月，足以入选吉尼斯！

为什么会这么想不开地连醉两个月呢？

原来，司马昭为了拉拢他，借助他的名声来网罗天下士，便想与他结成儿女亲家。

阮籍当然不愿意做这现成的皇亲国戚，可又不敢得罪了司马昭，就每天喝得烂醉如泥。司马府几次遣人来议亲，只看到阮籍酩酊大醉的样子，根本无法议事，只好留下话说明天再来。然而第二天来时，仆从仍说主人还在醉眠。第三天来，依然如故……

这样子连着过了两个月，司马昭心里明镜儿似的，却又不能拿阮籍怎么办，横不能真让他这样醉死了。遂只得不了了之，再不提结亲的事儿了。

于是，阮步兵终于有机会清醒地睁开眼睛，再看一眼蓝天白云，绿草红花。

不过他也不会看多久了，因为嵇康被杀的同年冬天，他便过世了。

谁说我不在乎

一

阮籍晚年常常“率意独驾，不由径路，车迹所穷，辄恸哭而返”。如此抑郁癫狂，我猜有三件大事最令他伤心。

第一件是260年曹髦之死；

第二件是262年嵇康之死；

第三件是他被迫执笔的劝进表。

虽然从249年“高平陵之变”开始，曹魏皇权已经名存实亡，朝政完全操控于司马家族手中，但在名义上，坐龙椅的毕竟还是曹氏儿郎。

但是曹髦之死，撕掉了司马政权最后一层遮羞布。忠直的老臣陈泰伤心呕血而死，嵇康作《与山巨源绝交书》正式与司马氏决裂。而作为司马昭近臣的阮籍，又怎可能心安理得不为所动？

“终身履薄冰，谁知我心焦？”阮籍目睹逆臣弑君而不能发一言，除了驱车到荒原上对着穷途大哭一场，“登高临四野，北望青山阿。”“登高望九州，悠悠分旷野。”又能做什么？

如此，便不难理解这《咏怀诗》第二十首的悲愤了：

杨朱泣歧路，墨子悲染丝。
揖让长离别，飘飖难与期。
岂徒燕婉情，存亡诚有之。
萧索人所悲，祸衅不可辞。
赵女媚中山，谦柔愈见欺。
嗟嗟涂上士，何用自保持。

李善注：“嗣宗身仕乱朝，常恐罹谤遇祸，因兹发咏，故每有忧生之嗟。虽志在刺讥，而文多隐避，百代之下难以情测。”

这说的是阮籍身处乱世，因为怕小人陷害，抓住自己把柄，所以即使写诗，也不敢明白抒发情绪，他的诗多隐晦压抑之词，这就给解读增添了难度。

但是一句“杨朱泣歧”，再一句“墨子悲丝”，已经足以让我们了解阮籍身陷大染缸而不得其路的悲愤。

杨朱与墨子，都是春秋时著名哲人，“百家争鸣”中的佼佼者。孟子曾声称“天下之学，不归杨，则归墨”，然而两人面对春秋乱世也都充满了悲哀踟蹰。

杨朱曾经站在十字路口哭泣，说是一步之差，谬以千里，怎敢轻易举步，行差踏错呢？而墨子则见染丝者而叹曰：“染于苍则苍，染于黄则黄，所入者变，其色亦变。五入毕，而已则为五色矣。故染不可不慎也。非独染丝然也，国亦有染。”

人生临歧路，不知何去何从；社会如染丝，一旦投入，便永远无法回归本色，真是太危险也太为难了。

“赵女媚中山”则典出《吕氏春秋》，说的是春秋时期赵襄子为了谋取代王的国土，利用代君好色这一弱点，“以其弟姊妻之”，然后设计杀了代君及其从者。“弟姊”赵女听说后，拔下簪子刺喉自尽。

阮籍曾拒婚于司马昭，也就是谢绝燕婉之情，避免赵女之祸，所以这应该是一种隐晦的自白。纵然处处小心，但还是时时遇阻，不禁仰天叹息，纵有高洁之志，如何保得住高洁之躯？

二

曹芳、曹髦、曹奂在曹魏史上并称“三少帝”，都是没有真正掌过一天实权的傀儡皇帝。

而在曹魏政权灭亡前夕最后的日子里，我们送走了竹林名士最重要的两大领袖：嵇康与阮籍。

可以说，嵇康用生命弹奏的琴曲《广陵散》，同时也是为大魏送行的亡灵歌。

不知道阮籍的八十二首《咏怀诗》是不是按时间顺序排列的，如果是，我愿意相信排在后位的第八十首诗是为嵇康所作：

出门望佳人，佳人岂在兹。
三山招松乔，万世谁与期。
存亡有长短，慷慨将焉知。
忽忽朝日隤，行行将何之。
不见季秋草，摧折在今时。

这首诗排得这样靠后，因为属于阮籍的日子也不多了。

好友嵇康的死对阮籍的打击是不言而喻的。他的酒喝得更猛了，似乎是想长醉不醒。

嵇康被斩于景元三年（262），也有说法是263年。就在这年十月，傀儡皇帝曹奂下诏封司马昭为晋公，进位相国，加“九锡”，这显然是司马昭正式实施篡权的重要一步。

按照套路，皇帝下诏后，司马昭须假意谦让一番，再由公卿大臣劝进，然后才能含羞带怯地接受勋爵。

这个写《劝进表》的任务，便交给了群僚中文采最好的阮籍。

阮籍当然不想写，只觉一管笔似有千钧重。可是他从不会和司马昭正面硬刚，就只能继续天天喝酒装醉。

然而，同一个招数不能反复使用。作为文官，奏表这件事是躲不过的，而且大势所趋，就算他不写，司马昭也一样要上位，一而再再而三地触怒当权是不明智的。

于是，阮籍只得在酒醒的空当儿一挥而就，掷与来使，然后爬上床继续大睡。众人传阅劝表，纷纷赞为神笔。

但是这篇文字，必然是阮籍心底最深的痛，一生翰墨相亲，文采精华，竟然用来涂写这等违心文辞，怎不泣血？

当年阮瑀为曹操马上行书，一字不易；如今阮籍为司马昭进表，遍获称扬。然而时移世易，父子两人所效忠之人事早已白云苍狗，换了旌旗。

后世叶梦得、刘克庄等人论及此事，都道是“嵇阮齐名，然《劝进表》叔夜决不肯作”。

嵇康绝对不会做的事，阮籍做了，而且做得好，又有什么可彰显的呢？这篇文章注定载入史册，阮籍一生清名毁矣。

两个月后，阮籍逝，享年五十四岁。

又过了两年，司马昭也病逝了，其子司马炎再无顾忌，遂逼曹奂禅位，自己嗣位晋王，降曹奂为陈留王。

公元 265 年，魏国灭亡。

自此，司马家族完美复制了曹操父子挟天子以令诸侯直至以魏代汉的全过程，完成了以晋代魏的终极胜利，统共用了四十五年。

竹林七贤虽然列名“魏晋风骨”，大多都经历了从三国到魏晋的接连变故，然而两位精神领袖嵇康和阮籍，却都没有来得及进入晋朝的天空。

从曹丕建魏到曹奂禅位，共历四十五年，后面的十六年中，政权都掌握在司马家手里，占了三分之一强。

司马昭完整经历了从曹操、曹丕建魏，到曹叡、曹芳、曹髦、曹奂的六朝政权，自魏初建一直看到曹魏灭亡，几乎是他亲手葬送了曹魏皇朝。

不过，真正登上晋帝皇位的，还是他的儿子司马炎。

至于那个为他除去曹髦的真正凶手贾充，不但保了命，还仗此一役列身开国功勋，并和司马氏结了亲家。贾充的女儿贾南风，便嫁给了司马炎的儿子司马衷，一手缔造了“八王之乱”，成为毁掉西晋江山的罪魁祸首。

如果历史重来一次，司马昭也许会在故事的源头就掐死贾充，那也就没有了后面的种种风波变故，祸起萧墙。

或许，这便是历史的报应吧。

阮籍对阵嵇康，至少赢三局

一

“七贤”的四大特色是：诗、酒、琴和丹药。

嵇康与阮籍两个人都长得好，都喜欢读《庄子》，又都爱弹琴，想不投缘都难，因此两人一见面便倾盖如故，结为知己。

如果让两人较量几个回合，大概会互有胜负。嵇康曾说过“吾不如嗣宗之资”，但只承认阮籍做人有分寸，“口不论人过，吾每师之而未能及”，至于酒量酒品，阮籍根本不是自己的对手。

那若论琴棋书画呢？两人没比过，我们不妨来细论下。

首先是琴，这是本书穿越魏晋的重要道具，自然放在第一位。

嵇康以《广陵散》而流芳千古，阮籍的琴技也不差，而且还是遗传的。他爹是蔡邕的弟子，文章琴书都师承名家，虽然阮籍没跟他爹学过，但是基因强大呀，所以还是在后天长成了一个才貌双全的大帅哥。

阮籍八十二首《咏怀诗》总起的第一首便说的是弹琴：

夜中不能寐，起坐弹鸣琴。
薄帷鉴明月，清风吹我襟。
孤鸿号外野，翔鸟鸣北林。
徘徊将何见？忧思独伤心。

这首诗不但承转分明，而且中间两副对子工整，韵律琳琅，意境幽远，为不可多得的佳作。

一、二句说，我在静夜里辗转难眠，于是起身弹琴抒郁，这是典型的领起全文。

接着三、四句写景，延展铺垫，写出夜风微拂、帐纱摇曳的清冷之象，情景交融，声色相谐，诗人与琴声与月夜浑然一体。

五、六句荡开一笔，将视野推向更广阔的天地，说天边孤鸿，说林外鸣禽，它们为什么也捡尽寒枝不肯栖呢？大约是世无良木吧。

于是七、八句长叹收结，回到当下自身，忧思难忘，伤心难言。

不管嵇康愿不愿意，我们认不认可，锺嵘《诗品》将嵇康诗定为中品，认为其“颇似魏文，过为峻切，讦直露才，伤渊雅之致”，却将阮籍定为上品，评曰：“言在耳目之内，情寄八荒之表。洋洋乎会于《风》《雅》，使人忘其鄙近，自致远大，颇多感慨之词。厥旨渊放，归趣难求。”

这评价是中肯的，因为从嵇康的《幽愤诗》便可以看出，他在笔力上比兴抒怀，还未能挣脱汉魏文风；而阮籍，却已经走在了时代的前列，将“意在言外”的五言诗写得出神入化。

《咏怀诗》喷珠溅玉共八十二首，创组诗之最。比兴、象征、借古讽今，前继诗经楚辞之风，后启五言律诗先河，形成了一种“悲愤哀怨，隐晦曲折”的诗风，吸引了诗人们争相效仿，对后世影响极大。

左思《咏史八首》、陶渊明《饮酒二十首》组诗，都是在这种风潮中诞生的。

因此，阮籍堪称是两晋文坛承上启下最关键的一位中流砥柱。论才气，七贤中或许嵇康最高，论诗名，却必定是阮籍最佳。

二

阮籍比之于嵇康还有一个特长，就是擅啸。每每意兴来时，扬声长啸，久久不绝，忽忘形骸，仿若遗世独立，有时会顷刻酣睡。

什么是啸？

明代张潮《幽梦影》中说："古之不传于今者，啸也，剑术也，弹棋也，打球也。"

啸成为失传了的古代"非遗"第一位。所以，究竟什么是啸，现在已经很难说得清楚。

网上的解释是"撮口发出长而清脆的声音，打口哨"，这肯定是不对的。虽然吹口哨是以气御声，或许可以解释这项技能为什么会成为汉代道家特有的一种艺术行为，但是如何说明"啸歌"呢？

吹口哨和唱歌是绝对不可能同时进行的。

所以我想象啸大概是介于呼麦与歌吟之间的一种形式，所谓"虎啸龙吟""啸傲山林"，应该是人类向动物学习的一种发声方法，而禽兽是不会吹口哨的。

唐代诗人王维在《竹里馆》中写道：“独坐幽篁里，弹琴复长啸。”简直就是阮籍的翻版造型，实在要说不同大概也只差一壶酒。可见直到唐朝时，琴人们还是会“啸”的。

啸文化在魏晋时期极为盛行，尤为道家方士所钟爱。比如隐士孙登，就是位啸的高手。

孙登，字公和，号苏门先生。长年隐居苏门山，住土窟，着草衣，长发覆身，发长丈余，好读易经，“以重玄为宗”解释老子，闲时则抚琴自娱。

最神的是，他会弹一弦琴，在一根弦上弹出宛转五音来，这真是令人叫绝。

嵇康临终前作《幽愤诗》，“昔惭柳下，今愧孙登”，便是说自己有愧于孙登的教诲，避世不够彻底。

传说嵇康曾于上山采药时邂逅孙登，大喜，当下要拜孙登为师。孙登不接受也没拒绝，自行其是。嵇康便只当他同意了，跟随他修行三年，朝夕共处。

三年中，孙登寡言少语，并没有认真传授什么。后来，嵇康实在受不了了，只得告辞下山。临别前再三恳求说：“师父，我跟您学了三年，这临走了，您好歹给徒儿留几句话吧。”

孙登定睛看了看他，语重心长，殷殷叮嘱，要他和光同尘，且勿张扬，不然木秀于林，风必摧之，“君才则高矣，保身之道

不足。”（《世说新语·栖逸》）

“君性烈而才隽，其能免乎？”（《晋书·稽康传》）

但是嵇康原本期待的大约是速成真经什么的，结果使了这么大劲，却只求来几句鸡汤格言，不禁大为郁闷，因此也并未把这几句话真放在心上。

谁料一语成谶，后来嵇康果然因言获罪，这才想明白师父当初所说的不只是告诫，而是预言。如今方觉，悔之晚矣，因此临刑前悔不当初，愧对恩师。

但这故事太套路化了，反而让我怀疑真伪。也许两人见过，然而拜师三年而只得一谶之类的形容是否真实，就很让人质疑了。

且说阮籍听闻孙登擅啸，便也前往苏门山拜访。

来到之时，正见孙登长发委地，端坐岩下鼓琴。阮籍见过礼坐下，谈玄说易，投其所好，从老庄一直说到栖神导气之术，然而不论说什么，孙登都默不答话。

阮籍不禁忧心，难不成我也要跟嵇康似的在这里待三年才得一语？心下烦闷，忍不住长啸一声，清如鹤唳。

忽然间，泥塑木雕般的孙登微微一笑，终于说话了：“再啸一声。”

阮籍得意，遂发挥毕生功力，气提丹田，又极力长啸数声。啸罢，满怀期冀地看着孙登，求表扬，求点赞，求小红花。

然而孙登却早已恢复了槁木死灰的表情，再无言语。

阮籍可没有三年可耗，便干脆地告辞离去。一直走到山下，忽然听到头上一声长啸，若龙吟凤鸣，响彻岩谷，正是孙登在回应自己。但闻啸声清冽，连绵不绝，“至四、五发声，觉林峦草木皆有异声。须臾，飘风暴雨忽至，已而，鸾凤孔雀缤纷而至，不可胜数。”(《啸旨·苏门》)

阮籍既喜且惧，嗒然若丧，这才知道，比起孙登之“啸”，自己引以为豪的啸技真的就只是吹口哨而已。

也有版本说，阮籍这次拜访孙登，乃是奉了司马昭之命，为招募探路，诚如山涛之举嵇康，所以孙登才不愿理他。

反正不论慕名自往也罢，奉命公差也罢，总之两人除了那数声长啸外，便再没更多的交集了。司马昭也没再派人打扰过高人的清修。

但是到了后来杨骏当权时，就没这么斯文了。

杨骏，乃是司马炎继后杨芷的父亲，在司马炎死后与女儿里应外合，把持朝政，权倾天下。他听说了孙登的盛名，便派人招揽以张势，将其强行请了来。

待见了面，那孙登对他也如对阮籍一般，不言不语，端坐如钟。

杨骏觉得无趣，只得打发孙登去了，临别前赏给他一件布袍，孙登也接受了。但是一出门，孙登就向旁人借了把刀，裂袍掷地，斫成碎片。

杨骏自是大怒，命人抓住孙登投入狱中，谁料孙登当天就猝死了。杨骏更气，还没来得及审问呢，人怎么就死了呢？但也不便对高人鞭尸折辱，只得一具薄棺将他葬了，埋于振桥之下。

故事的结尾又很套路化了，说是数日后，有人在董马坡看见孙登潇潇洒洒地月下散步呢——这哪是孙登，分明是仙人啊！

后来，杨骏被诛斩，时人皆谓当初孙登斩衣，乃是预言杨骏之死，可笑杨骏不知忌惮，还要囚禁仙人，难怪不得善终。

不过也有行家考证，这些传说都是后世道家对孙登的杜撰吹捧，不足为信。

孙登对后世的最大意义，在于对老子的解释为道教老学重玄派的形成奠定了基石，唐玄宗注疏《道德经》时也深受其影响。后世道教尊其为真人，并定于每年农历正月初三为孙登圣诞，至今台湾部分道教庙宇仍会在当天祭祀孙登，谓之“孙真人先师千秋”。

这样算起来，阮籍至少有三项成就是高出嵇康的：第一是性情狷介却不过分，关键时知道转弯，知进退，识分寸，保命全身，遂获“至慎”之名；第二是能文擅赋，尤其《咏怀诗》八十二首对后世影响深远；第三便是长啸当歌。

阮籍有篇文赋《大人先生传》，开篇说“大人先生盖老人也，不知姓字……莫知其生年之数。尝居苏门之山”，有人认为便是以孙登为原型的。

文中说大人先生“以万里为一步，以千岁为一朝。行不赴而居不处，求乎大道而无所寓”“默探道德，不与世同”“遗其书於苏门之山而去。天下莫知其所如往也”。

不过，阮籍作赋的根本原因是为了宣扬老庄理论，表达遗世独立的愿想，提出“贵无”主张：

> 至人无宅，天地为客；至人无主，天地为所；至人无事，天地为故。无是非之别，无善恶之异，故天下被其泽，而万物所以炽也。

> 无贵则贱者不怨，无富则贫者不争，各足于身而无所求也；恩泽无所归，则死败无所仇。

这显然承袭的是老庄一派“无为”的理念。全文就是对整部《庄子南华经》打散嚼烂后再重新集句成文，简直无一句无出处。

所以，“大人先生”究竟是老子还是孙登或者他本人的理想化身并不重要，重要的是他对逍遥世界自由精神的追求：“天地解兮六合开，星辰陨兮日月颓，我腾而上将何怀？”狂傲之情，溢于纸上。

只可惜，理想终是理想，陷入现实迷津的阮籍，终不能上天入地，而只能在乱世中信马由缰，狂奔至穷途而踌躇徘徊，号啸长歌，怏怏引缰而返，纵酒浇愁，直至末日。

我认为，中国历史上有三个时期最是混乱：第一是春秋战国，第二是魏晋南北朝，第三是五代十国。

“杨朱泣歧路，墨子悲染丝”的故事，就发生在春秋战国；而阮籍太了解这种痛苦，才会歌吟长啸，以酒浇愁。

同时，《墨子悲丝》也是一支著名琴曲，最早见于《伯牙心法》琴谱。此曲悠情悲，旋律舒缓而感慨，因为很长一段都是在高音区弹奏，所以宛如一根丝线牵系人的心头，拉扯得人疼痛难忍，凄然欲泣。

不知道阮籍是否曾经弹着这支曲子仰天长啸，痛哭失声。

五代十国，啸技最终失传。

向秀，怀旧空吟闻笛赋

我是庄周梦中蝶

一

嵇康之死，可谓杀鸡儆猴。

至少向秀是真害怕了，立刻搬家去了洛阳。司马昭命人召见，问他：

> 闻君有箕山之志，何以在此？

这就是赤裸裸的嘲讽，然而在人屋檐下，不得不低头。向秀遂低头答：

> 巢、许狷介之士，不足多慕。

什么是“箕山之志”？又什么是“巢许狷介之士”呢？

这就说到了中国隐士的鼻祖许由与巢父了。

大约四千多年前，帝位传承奉行的是开明公正的禅让制，天下之位，有德者居之。帝尧老年时，遍访天下贤士，听说许由德行崇高，就想把帝位让给他。

然而许由毫不犹豫地拒绝了，并且为了不让尧再来烦他，连夜逃往箕山颍水（河南许昌附近），深居山林，农耕而食。

在这里，他结识了另一位隐士——这位比他隐得还要彻底，连名字都没有，因为住在树上，像鸟儿一样筑巢而居，所以就叫作巢父。

后来，不知怎的，许由住在箕山的消息走漏了风声，于是帝尧再次派使者入山召他为九州长。许由一听这些事就跑掉了，来到颍河边淘水洗耳朵，觉得做官称帝掌管黎庶这些俗事脏了他的耳朵。

正洗着呢，巢父牵着牛来河边饮水，看到许由的奇怪行为，就问他在做什么。许由说了缘故，巢父生气地说：“你要是安安静静地隐居深林，与世隔绝，谁能找得到你？偏偏到处招摇，沽名钓誉，才把那些人招来。你在颍河洗耳朵，把水都洗脏了，我的牛还怎么喝？”说罢，就很嫌弃地牵着牛走了。

许由出尘脱俗，寡欲清廉，连帝位都看不上，可谓超逸绝俗；然而巢父却觉得他连自己的牛都不如，更是清高得彻底。

因为这俩人的隐居地在箕山，所以拒仕不出的隐士，便被称为箕山之志了。

嵇康的《巢由洗耳图》，说的便是这个故事。可见，龙性难驯的嵇康正是向秀所谓的“狷介之士”。

狷（juàn）介，指性情正直，孤高特出，洁身自好，不肯同流合污。

所以做“隐士”，首先得是位“士”。拒仕，得有机会入仕，也就是只要你愿意做官，大把机会等着你，但你不愿意，为了逃避做官把自己藏起来了，这才叫“隐士”。哭着喊着想做官却没机会做的，那是实实在在的布衣，不算隐士。

所以诸葛亮只能谦虚地说自己“躬耕于南阳”，却不会说“隐于南阳”，因为刘皇叔找他辅佐的时候，他并没有推拒，略微矜持一下也就出山了。

曾有“箕山之志”的向秀，如今反斥“巢、许狷介之士，不足多慕”，这是明明白白地改弦更张了。

也难怪向秀害怕，因为他不仅与嵇康亲密，和吕安的关系也极好。

七贤并不是一个非常紧密的组合，七贤中每个人都是领导人，围绕他又会形成新的小圈子。

比如向秀，和山涛的交情最久，与嵇康、吕安来往最密切，不是帮嵇康鼓风锻铁，就是陪吕安侍弄菜园子，以此补贴家用。

他曾经回忆自己与嵇、吕二人的友谊：“余与嵇康、吕安，居止接近，其人并有不羁之才。然嵇志远而疏，吕心旷而放。”“常与嵇康偶锻于洛邑，与吕安灌园于山阳，不虑家之有无，外物不足怫其心。”

如今两位好朋友竟然一道问斩，向秀的内心肯定是最受冲击的。他想想嵇康与吕安的下场，再看看山涛与阮籍的现状，在悲伤与彷徨之后，痛定思痛，决定放弃啸傲山林的梦想，入京出仕，官拜黄门侍郎、散骑常侍。

不过，他做官只是为了保身，是另一种隐藏方式。所谓“大隐隐于朝”，他对于官场倾轧并不热衷，故而“在朝不任职，容迹而已”。

二

向秀（约 227—272），字子期，河内怀县人，与山涛是同乡。少有才名，弱冠而著《儒道论》。年轻时于乡里讲学，为山涛所知，遂成忘年之交。

后来，经过山涛的引荐，向秀结识了嵇康和阮籍，一见之下，神为之醉。从此便三天两头地往嵇康家跑，嵇康打铁，他就拉风箱；嵇康喝酒，他就递酒缸，可见曾经也是个神仙般的人物。

向秀平生最大的成就是注《庄子》。

汉魏以前，道家学说向来是被称为“黄老之说”的，成于西汉的司马迁《史记》中，庄子连单独列传的资格都没有，只在《老子韩非子列传》中提了一笔，整个传记不足三百字：

> 庄子者，蒙人也，名周。周尝为蒙漆园吏，与梁惠王、齐宣王同时。其学无所不窥，然其要本归于老子之言。故其著书十余万言，大抵率寓言也。作《渔父》《盗跖》《胠箧》，以诋訿孔子之徒，以明老子之术。

直到魏晋之时，《庄子》才日渐成为显学，与《老子》并列，称为“老庄之学”。

但是当时名士虽喜读老庄，却多认为《庄子》不可注。比如正始名士何晏、王弼等，有注《论语》的，有注《易经》的，有注《老子》的，却没有一个人注《庄子》。

唯向秀要做第一个吃螃蟹的人，独树一帜提出注《庄子》。

他的这个想法，就连竹林小伙伴们都不以为然，包括同他关系最亲近的嵇康。于是稽康一边打铁一边劝说，庄子的文章太美了，玄言妙旨，字字珠玑，文法独特，光怪陆离，只可意会，不可言传。如果强作注解，反而破坏了原文之幽深雅逸，只怕画虎不成反类犬。

向秀倒也不作争辩，只低着头默默地打风箱。只是过了些日子再见面时，便拿出一两篇自己新注的《庄子》片段来。嵇康略读几行，忍不住拍案叫绝。

向秀这才笑眯眯地问：“君以为《庄子》还可注否?”

嵇康举起酒碗来浮一大白，豪情笑道：“可注，可注，如此注解，堪为原文增色，子期诚为庄公知己，莫不是那只蝴蝶变的吗?”

吕安看到后，也连连赞叹：“庄周不死矣!”

可以说，是向秀令庄子之风从竹林吹向红尘，掀起了后代的注庄热。

不幸的是，向秀还未完成注释便已过世。不知幸或不幸的是，他当时注一篇便传出一篇，虽未整理成书，却也得到流传。比如后来者郭象便编纂手稿，承其余绪，又补写了《秋水》《至乐》等篇，改换了《马蹄》的注释，而后便以自己的名义大行天下，堂而皇之地变成郭象注。

直到今天，业界仍公认最好的是郭象，而没有多少人知道，真正的原创作者是向秀。

思旧赋，子期不在向谁弹

一

向秀生平不详，业绩不显，存在感不强，难得有个《注庄子》，还被郭象“盗版”了。因此，他留下来的最重要文字，就只剩下一篇《思旧赋》了。

文章不算很长，我们便全文抄录于此下吧：

余与嵇康、吕安居止接近，其人并有不羁之才。然嵇志远而疏，吕心旷而放，其后各以事见法。嵇博综技艺，于丝竹特妙。临当就命，顾视日影，索琴而弹之。余逝将西迈，经其旧庐。于时日薄虞渊，寒冰凄然。邻人有吹笛者，发声寥亮。追思曩昔游宴之妙，感音而叹，故作赋云：

将命适于远京兮，遂旋反而北徂。
济黄河以泛舟兮，经山阳之旧居。
瞻旷野之萧条兮，息余驾乎城隅。
践二子之遗迹兮，历穷巷之空庐。
叹黍离之愍周兮，悲麦秀于殷墟。

惟古昔以怀今兮，心徘徊以踌躇。

栋宇存而弗毁兮，形神逝其焉如。

昔李斯之受罪兮，叹黄犬而长吟。

悼嵇生之永辞兮，顾日影而弹琴。

托运遇于领会兮，寄余命于寸阴。

听鸣笛之慷慨兮，妙声绝而复寻。

停驾言其将迈兮，遂援翰而写心。

赋与序的内容相重叠，起首两句说明作赋缘起，乃是因为自己奉命出公差，西行渡过黄河之时，经过嵇康旧居，因为投宿城隅，便来故地重游一番。说得很随意的样子，其实当是特地吊祭来的吧。

正值夕阳西下，暮色四合，只见旷野萧条，屋舍俨然。向秀徘徊于昔年锻铁的大柳树下，抚今思昔，物是人非，感慨不已。是时忽然邻院传来嘹亮婉转的笛声，幽怨悲凉，如泣如诉。想到嵇康精通乐理，丝竹之器无所不妙，这笛声莫不是他的精魂所发吗？

笛声中仿佛还能听见那铿锵的一声声锻铁声，然而旧院空庐，斯人何在？想到他临刑之前，“顾视日影，索琴而弹之”的从容与悲壮，那是凝结在天地岁月间最无法抹杀的一帧记忆，是竹林风度最极致凄艳的定格，更是烙在向秀心中永远的伤痛。

古有伯牙子期，高山流水谢知音的故事，后人遂有诗：“摔碎瑶琴凤尾寒，子期不在向谁弹。”如今却是子期虽在，伯牙已逝，让向秀情何以堪？

《广陵散》已成绝响，故园笛顾自悠扬，向子期踏笛沉吟，抚今思昔，泪如雨下，遂索笔挥毫，写下这千古名篇《思旧赋》，一唱三叹，纸短情长。

唐朝大诗人刘禹锡痛失好友柳宗元，回京后在与白居易相逢的接风宴上吟诗叙旧，曾有“怀旧空吟闻笛赋，到乡翻似烂柯人”之句，便是以向秀悼嵇康之典，表达自己对柳宗元的无限追思。

二

鲁迅先生说：“年青时读向子期《思旧赋》，很怪他为什么只有寥寥的几行，刚开头却又煞了尾。然而，现在我懂得了。”

因为太多的话郁在胸中，然而不可说，不敢说，欲说还休，休又难止，其间郁闷难抒，不一而足。

最特别的是文中有一句“叹黍离之愍周兮，悲麦秀于殷墟”，这是相当敏感甚至是犯忌的，能够保留这样一句而没有惹出文字狱来已经很神奇了。

武王伐纣，殷商灭亡，商王子箕子原本隐居山中，奉命朝周之时，经过殷墟故址，有感于宫室毁坏，尽生禾黍，作《麦秀之歌》以泣之。

再后来，西周也亡了，被迫东迁，周臣子回到西周王畿，看到昔日宫垣已成稻田，感慨悲凉，“闵周室之颠覆，彷徨不忍去”，便又作了一首《黍离》之歌。

从此，世人便常将“黍离麦秀”并称，表达悯怀故国之情。比如王安石《金陵怀古》：“黍离麦秀从来事，且置兴亡近酒缸。”

向秀痛失知己，对好友的悼惜无时或忘，真情流露，无可厚非。但是将好友故居比作周殿殷墟，真的合适吗？

这里不能不说说山阳这个地方的特殊意义了。

山阳，可不只是嵇康的故居，更是汉朝覆亡后献帝刘协的封地。

刘协这个末代皇帝做得相当辛苦，先是被董卓挟制，后又被曹操裹挟，就连自己的婚姻大事都做不得主，眼睁睁看着皇后被杀，然后娶了曹操的女儿为继后，并且先后娶了曹家三个女儿。

曹操虽然霸道，挟天子以令诸侯，也还是要脸的，为了名声好听，终其一生只敢称“魏王”，不敢夺帝位，因此汉献帝一直保留着皇帝头衔。直到曹操死后，曹丕嗣位，便不再顾那许多旧情了，径自向刘协讨要起龙椅冕旒来。

当然，曹丕也还是要名声的，没有直接开口要，也不需要他自己开口，自有臣子们为其效力，一边跪请曹丕称帝，声称只愿做新魏元勋，不愿为旧汉遗老，另一边则游说献帝，效尧舜之揖让，禅位与魏王。

刘协满心不愿意，却没那个实力拒绝。匹夫无罪，怀璧其罪，当不好皇上的皇上就是老匹夫，玉玺便是那个有罪的璧。时乖命蹇之时的帝位就是烫手山芋，不想死，只能送出去。

偏偏人家曹丕还不肯接，再三推让。于是一边要送礼一边要拒贿，这么来来回回拉锯了好几个回合。最后刘协在诸臣指导下高筑了受禅台，举行祭天仪式，在万众瞩目之下大张旗鼓地亲奉玉玺与曹丕，表现得无比真诚，而曹丕推让不过，这才光明正大地接受了，比太阳还光明。

这么着，就有了魏朝的开国皇帝魏文帝曹丕与汉朝的下野逊帝山阳公刘协。

所以，刘协的封地山阳虽不是故国旧都，却深含着旧朝先皇的意味。而黍离麦秀的故国之思，自然也就绝不只是代指嵇康故居。友人的庭院再荒凉，也与“闵周室之颠覆”扯不上关系。

那么向秀怀念的又是哪个故国呢？

诗中的另一个典故是“昔李斯之受罪兮，叹黄犬而长吟”。

这说的是秦相李斯竭尽忠诚，却被陷身死。临刑前，想到从前在家时，常与儿子牵着黄犬一起出门打猎追兔子，何等惬意逍遥，偏偏浮宦功名，落到今天，遂叹道："吾欲与若复牵黄犬俱出上蔡东门逐狡兔，岂可得乎！"父子相对大哭。

向秀在这里用李斯之典，是代指嵇康的"以事见法"，蒙冤惨死。

这种联想为白居易所继承，感事诗曰："顾索素琴应不暇，忆牵黄犬定难追。"

嵇康过世后，向秀违背初心投向了司马昭，主动求官。然而他虽容身于朝，内心却始终是沉重的，彷徨的，无片刻轻松。

他未必怀念刘汉，亦未必忠于曹魏，只是对翻天覆地的改朝换代深觉惶恐无奈。

魏晋的天是在嵇康死后两年变的。

虽然司马昭的篡位之心从杀曹髦时已经毫不掩饰，但到底因为有弑君之举，他不好当真自立。又或许是，他历经了曹操、曹丕、曹叡、曹芳、曹髦、曹奂六朝曹魏政权，在曹家天空下行走得太久了，还真没勇气一手抹杀历史，堂而皇之地取而代之。这个心愿，只能由他的儿子司马炎达成了。

公元265年，司马昭刚死，司马炎便逼迫曹奂下诏禅位，以晋代魏，曹奂则被降封为陈留王。

向秀，也从魏臣顺利过渡为晋臣。

在后来的岁月中，向秀以其顺势无为，并没有遭到什么政治迫害，却仍然四十五岁便英年早逝，据说是因为抑郁。

不过，汉献帝刘协被贬后的生活倒是比从前还逍遥自在。山阳封邑一万户，位于所有诸侯王之上，向皇帝奏事不必称臣，受皇帝诏书不必跪拜；而他的五个儿子也都封了王，爵位比他还高。曹魏王朝对汉朝皇室还算不薄。

而且，曹丕还许刘协在封地奉汉正朔和服色，建汉宗庙以奉汉祀，继续享有汉皇室的特权，宛如“国中之国”，有点儿像今天英日皇室的待遇。

但是刘协早已当烦了傀儡皇上，在自己的封地里玩起了悬壶济世的游戏，拉着皇后曹节一起采药制药，给百姓看病，而且针灸什么的通通不要钱，只有对采购的药物才收个成本价。

如此，刘协在山阳城逍遥安稳地谪居十四年，逝于五十四岁，以汉天子礼仪葬于禅陵，谥号孝献皇帝，可谓善始善终。

之后，他的嫡长孙袭了爵位，继续做着衣食无忧的山阳公。甚至晋帝司马炎代魏后，也仍然沿袭魏制，仍许其后代子孙袭爵。直到永嘉之乱，第四代山阳公刘秋为胡人所杀，山阳封邑被胡人占领，山阳公的爵位方始被废。

如今，山阳的竹林已不可考，刘协的医馆更是不存，然而那笛声，那药香，还依然流传在风中，拂动着千年的怀古思绪，正是：

魏时明月晋时风，御笛循丝上九重。

我本庄周梦中蝶，竹林深处洛城东。

山涛，在红尘马蹄间奔走

三次预言

一

通常人们说三朝元老，指的是辅佐过三位君王的老臣；然而在魏晋乱世，只要活得长，却可能实实在在经历三个朝代。

比如山涛。

山涛是七贤中最年长也最高寿的，从东汉活到了西晋，历经汉、魏、晋三朝。天下之势，合久必分，分久必合，而山涛则从汉末分裂三国，一路见证了以魏代汉，再以晋代魏，直到天下重新一统，整个人生经历，就是一部活的历史教科书。

山涛（205—283），字巨源，河内怀县人。他不但胸襟开阔，而且审时度势，为人稳重，无愧于“七贤”中的老大哥，更是大隐隐于朝的典范。

他曾经三次预见了未来。

第一次还是在他身卑运蹇之时，有一天韩夫人发牢骚，抱怨他空有满腹经纶，不能出将入相。

山涛笑道:“娘子且暂忍一时饥寒，日后我必位列三公，让你穿金戴银。只不知娘子做不做得来三公夫人哩?”

三公，指的是汉魏朝廷司马、司空、司徒三种高级职称。出身不显的山涛想出仕或有机会，位列三公却难如摘星。

但是这句诺言，山涛在晚年时终于兑现了，只可惜彼时韩夫人已故，终究是无福享受。

但是从这句预言可知，做隐士并不是山涛的本心，他早已打定主意要做官的。

要说山涛的做官之路还真是挺辛苦的。他出身河内小族，少有才名，祖父是孝廉，父亲是县令，算是小官员之子。

但是家中有个很显赫的亲戚，就是表姑张春华，嫁给了司马懿为妻，也就是司马师、司马昭的生母。这身份够威风了吧?

因为有这么点儿曲里拐弯的姻亲关系，加之山涛虽然少年孤贫，却有才情，有器量，人们倒也不敢慢怠他。在他十一岁时，便有族人向司马懿推荐说:“山涛与司马师、司马昭可以共纲纪天下。”

彼时司马师才八岁，司马昭更是只有五岁，距离“纲纪天下”实在言之过早。族人这样说，无非是为了给山涛谋个饭辙，想让他做两位小公子的玩伴。

然而司马懿压根没看上，笑笑说：“卿小族，那得此快人邪！”意思是你们那个寒门小族的，能有什么了不起的人物？

汉魏时家族观念最重，族中难得有个年轻俊才，常常要倾全族之力扶他上位，就指望他有朝一日飞黄腾达，回过头来庇护家族。当然，如果这人混得太背，株连亲族的事儿也是常常发生的。所以，众叛亲离、驱除出族这样的惩罚，在当时是比杀头还要恐怖的。

山家族人向司马懿举荐山涛，就是源于这样的家族考虑；而司马懿拒绝山涛的理由，则是出于身为豪门对小族的不屑一顾。

可见，山涛虽然有这么一门看得见勾不着的显亲，但是拐得太远，或许搭得上话，却很难承得上情，更借不上势，因此一直蹉跎到四十岁上才得了个郡主簿的小官，却没干几年又自己辞了。

辞官的契机，在于司马懿病了。准确地说，是司马懿又“病”了！

二

山涛的第二次预言在高平陵兵变前。

彼时山涛正好端端地做着官，好端端睡着觉。月至中天时，他不知怎的想起不久前去司马家吊唁的事情来，忽然一头冷汗，掀被坐起，推醒身边熟睡的朋友石鉴问："你说司马公称病卧床是何用意?"

石鉴睡得正熟，只咕哝了一句："宰相不上朝，给个尺把长的诏书让他回家就是了，干卿底事?"

山涛叹喝："咄！石生无事马蹄间邪！"

这句话的意思是，老兄啊，近来必有大事发生，你奔走于马蹄之间，可不要无缘无故卷入旋涡，被马蹄所踏啊。

石鉴却充耳不闻，顾自转过身继续呼呼大睡。次日醒来时，才发现山涛已经不见了，桌上整整齐齐地摆放着他的官符印信。

辛辛苦苦得来的官职，就这样挥挥袖不带走一片云彩，轻易抛却了。

事实证明，山涛这样做真的很明智。因为就在两年后，司马懿发动了兵变，掀起漫天腥风血雨。

显然，早在那个月色清明的夜晚，山涛忽然想明白了司马懿这次病得不寻常。

要知道，司马懿的"装病"可是有历史的。早在他年轻时，就为了逃避曹操征辟而得过七年"风痹"，其间唯一一次疏漏就是在下雨时急着收拾书简被婢女撞见，那个一剑刺死婢女灭口的人，正是山家的姑奶奶张春华。

司马懿与张春华感情甚笃，向有惧内之名。有一次两夫妻拌嘴，司马懿脱口骂道“老妪可厌”，张春华一怒之下竟然绝食。

起初司马懿还想撑着不理，老太婆爱绝食就绝食，饿了自然会吃，谁怕谁？可是架不住儿子孝顺呀，司马师、司马昭等子孙看到当家主母绝食，也都齐刷刷跪着给母亲赔罪，全家上下一起绝食。

还没坚持到一日呢，司马懿便㞞了，被迫向夫人请罪，好言好语哄了半天，才让张春华喝了一口粥。于是合家欢庆，恨不得放鞭炮庆祝主母大人肯吃饭了，也等于是宣告天下家主大人又输一城。

老夫妻相携半生，如今张春华撒手西行，司马懿年迈之人禁不住大悲大恸，以至中风瘫痪，看上去很是合理。

但是山涛偏偏不信。

此时的“曹马之争”早已被摆到了明面上。当前局势是曹爽略胜一筹，夺了司马懿的兵权，给了他个太傅的闲职，说起来好听，却无实权。司马懿在这个时候借着张春华的死病倒，显然是避其锋芒。

但是司马懿病了，曹爽就会放过他吗？而城府深沉的司马懿，真的甘心从此病卧吗？

山涛躺在皎洁的月光下，听着风声拂檐，想清楚了事情的前前后后，预感到近年必有天翻地覆的大事发生，禁不住冷汗涔涔，于是毫不犹豫连夜归乡。

这份清醒，这份决绝，当真令人叹服。

两年后，高平陵兵变爆发。五千多亡魂飘荡空中，多少宗亲贵族家破人亡，此时石鉴再想到与山涛联床夜话时得到的那一句警醒，不禁冷汗沁出，百感交集。

固然，以山涛寒门小吏，纵使不辞官，也未必会被裹挟进那五千亡魂之中。但是及时抽身，在双方决斗时隐居林泉，清谈养望，再于大局稳定后应诏出山，却无疑讨好了司马家。

这也是山涛后来能够位列三公的重要前提。

三

就是在第一次辞官后，山涛啸傲山林，寄情山水，结识了阮籍与嵇康。他们相交默契，气同金兰，结成竹林之游。

“竹林七贤”相知相契的画面很美，时间却很短，因为山涛避世隐居的时间本来也没多长，司马家重新掌权后，山涛便重新出山了。

而且，山涛的复出与阮籍不同，是主动谋职。

《晋书》载，司马师听闻山涛之志，曾笑说：“吕望欲仕邪?”

吕望就是姜子牙，司马师的意思是，山老哥不是坐拥泉林吗，原来是姜太公垂钓，意在为官啊。他当然也很欣赏山涛的识相，遂命司隶校尉举山涛为茂才，授任郎中。

这次，山涛终于借上了亲戚的光。

可见，他的辞官隐居只是为了避祸，观定而后动，从来就不是什么林泉高志，也从不曾忘记“位列三公”的宏愿，因此局势一旦明朗，便立刻抓紧时机重新出仕了。

他是有志向有目标有热情的，既然做了官，便不会敷衍公务，而是兢兢业业，恪尽职守，因此他很快升迁，还想拉嵇康一把，结果好心办坏事，闹出一篇《与山巨源绝交书》来。

司马昭过世后，司马炎以晋代魏，山涛也因此从魏臣变成了晋臣。

曹丕于220年以魏代汉时，山涛十五岁；266年，司马炎受禅即位，山涛已经花甲，眼见江山二易其主，便也毫无违和地接受了下来，成为司马炎的肱股之臣。

司马炎称帝后第一件想干的大事就是灭吴。

魏朝经由曹操与曹丕两代人而创建，在曹奂称帝、司马昭执政的魏朝末年，蜀汉被灭，如今留给司马炎的，就只有江南的东吴了。一统天下，这是何等的帝王功业！

司马炎因为这个理想浑身热血沸腾，比吃了五石散还要澎湃。但是山涛却不赞成，兜头一盆冷水说：“自非圣人，外宁必有内忧，今释吴为外惧，岂非算乎！”

他认为东吴早已不足为患，倒不如留其残喘，好让朝廷上下时刻保持警惕，岂不是一件很划算的事。不然，除却近患，恐生远忧。

然而，晋武帝满心一统天下，岂能听得进这番道理？遂执意出兵。

280 年，三国归晋，天下一统。

现在回头捋一下，会发现我们习惯说的“三国时期”，其实是个很含糊的时间段。

因为三国指的是魏、蜀、吴，但是魏的前身是汉，曹操挟天子以令诸侯，虽封魏王，与刘蜀、孙吴作战，但是沿用的还是汉朝的年号。也就是说，直到曹丕称帝以魏代汉之前，都算是东汉。

220 年，曹丕登基称帝，创建魏朝，并册封孙权为吴王；刘备闻讯后，拒不承认曹丕地位，遂于 221 年在成都称帝，仍以汉为国号，与曹魏分庭抗礼，史称蜀汉；而孙权，则直到 229 年才宣布自立，登基称帝，建都武昌，后迁建业。

三国鼎立的局面这才真正形成。

263 年，曹魏灭了蜀汉，但是两年后也就是 265 年，司马炎篡位，以晋代魏；再之后，司马炎于 280 年灭了孙吴，三国统一。

也就是说，三国的前期处于东汉末年，后一段则属于西晋。真正魏、蜀、吴三国并立的时间，不过是 229 年到 265 年这三十六年间。而我们最熟悉的三国人物：曹操、刘备、孙权，严格说来从来就不曾以帝王的身份彼此对峙过。

因为曹操只是封王，没有称帝，登基建魏的是他的儿子曹丕；刘备自立为王，刚刚登基两年就死了，他托孤诸葛亮，后来的仗都是诸葛亮打的；孙权则是在两个人都死后很久才登基的。

所以魏蜀的战争，主要是司马懿与诸葛亮的战争，但是最终灭蜀的是锺会；蜀吴的战争，则是司马炎与孙皓的战争，灭吴的是王濬，和曹魏压根没关系。

是非成败转头空，不过飞花一梦。

大梦谁先觉，平生我自知。能够自知，已经是最清醒的人了。

山涛，也是一个清醒的人。因此，当晋武帝自觉天下一统，海晏河清，便要下诏删减军备时，山涛再次议兵，认为不该废除州郡武备，否则一旦烽烟再起，州郡必将无力抵抗。

《竹林七贤论》说："涛为人常简默，盖以为国者不可以忘战。"彼时魏都京师有讲武之风，山涛在很早前就曾论及孙吴用兵本意，后人称其"坐运帷幄，暗合孙吴"。

这是山涛的第三次预言。

可惜从没上过战场的司马炎仍是不肯听从，认为山涛一介文人，不可能比自己更了解战争。于是急吼吼地诏告天下，以示太平："悉去州郡兵，大郡置武吏百人，小郡五十人。"

靠着拼爹上位的司马炎自以为蜀吴皆灭，再也没有什么力量能够威胁自己的江山了，不但大量删减军备，且带头掀起了奢靡之风，一时朝廷内外，文恬武嬉，群臣骄奢淫逸，宗室争权夺利。

到了司马炎之子晋惠帝司马衷永宁年间，盗贼蜂起，事变频生，各郡国都因为没有军备而无法抵抗，终致天下大乱，正应了山涛的话。

不过，那时候无论山涛还是晋武帝，都看不到了。

316年，西晋灭亡，距离三国统一，也恰恰是三十六年。

历史完美地画了一个圆，以此证实了山涛的预言。

品目之术，你看人准不准？

一

你会看人吗？

不不，我说的不是相面。当然，相面也是看人的一种，但远不止于此。

擅于察人，除了其五官特征之外，还要观察对方的表情、动作、语言习惯，称之为“观其感变”“观其情机”。

更讲究的，还要考察这个人的出身履历、文风口才，根据已知推出未知，最后做出综合评估，并预测其未来发展。

这叫“瞻形得神”，是一项大课题、大学问，在后世分类很细，涵盖了相术、易学、遗传学、心理学等等领域，并衍生出微表情、人物侧写等边缘题目。

这项学问，在汉末很受追捧，称之为“品目”。将人与物划为不同品流，精准点评。

比如汝南名士许劭（150—195）与从兄许靖，就是品目的权威人士。既评人，也评事，凡天下英豪或诗文字画，一经品题，身价百倍。人们从四面八方涌来，争着请他们点评一二，得片言只语而如获至宝。

于是二许干脆挂牌营业，每月初一举行公开点评，一时闻名遐迩，传为美谈。

一年之初谓“元旦”，一月之初称“月旦”，这每月一次的评点，便被称之为“月旦评”。

曹操未发际前，也曾几番前往拜会，请求许劭评点一下自己。许劭原本看不上他，但是禁不住软磨硬泡，只好认真看了曹操一眼，给了十字点评：“治世之能臣，乱世之奸雄。”

这谈不上什么好话，但是曹操却欢喜异常，喃喃地念着这十个字满面笑容地去了，坚信自己必可从此腾飞。

管他治世乱世，英雄还是奸雄，只要能称雄就好！

事实证明，许劭的确没有说错，曹操后来岂止位极人臣，根本是万人之上。

若不是他曾经许下“永为汉臣”的重诺，只怕早就逼着汉帝禅位给自己了。

曹操大概自此便迷上了品目之学，也自学了几分相面术。初见司马懿时，就特地留意了一下这个才智过人的杰出青年，认定这不仅是匹千里马，更是一头狼崽子，因其有“狼顾”之相。

什么是狼顾？就是肩膀不动，头颈却可以做一百八十度拧转回头，这哪是一般人做得到的？

更何况，司马懿回头看人之时，大约还眼神闪烁，目露凶光，令得曹操心下一惊，顿时生忌。

《相理衡真》说：“狼目，低头反顾，蹙眉而视，黑多白少，心毒多妒，贪婪好淫。”有着狼顾之相的司马懿，怎么可能是良善之辈？因此曹操在临死前告诫儿子：“司马懿非人臣也，必预汝家事。”后来的事实证明，曹操没有判错。

汉魏之时，人们是特别迷信“天生异相”的。比如项羽，天生双瞳；比如刘备，双耳过肩，双手过膝；比如孙权，紫髯而长上短下。

据说，孙策死时，之所以没把主位传给儿子，除了担心主幼国危之外，最主要的原因就是迷信弟弟孙权天生异相，贵不可言。

潘滔见到童年的王敦，察其“蜂目已露，豺声未振”，认为将来必然为恶，不得善终。

而温峤看到襁褓中的桓温，即道:“此儿有奇骨，可试使啼。”待听了哭声，又道:“真英物也!”于是桓彝便以温峤之姓为儿子之名，用其一生来铭记并验证这句温公品赞。

由此，亦可见品目的重要性。

有品目，方有妙赏，也才会有魏晋人们疯狂追崇的容止之美。

容止不仅是相貌举止，装扮、神态、气度也都是关键。比如“两得其中”的明白人裴楷便被赞为“有俊容仪，脱冠冕，粗服乱头皆好”“见裴叔则如玉山上行，光映照人”，故被称“玉人”。

裴楷本人也很擅于评人。初见夏侯玄，便说“肃肃如入廊庙中”。看到锺会，则说“如观武库，但睹矛戟”，好像参观武器库，矛戟森森，不寒而栗，只差没明着说“杀机四伏”了。看见傅兰硕，形容他像“汪廧靡所不有”，一片汪洋，浩浩荡荡。形容“七贤”中最小的王戎，说他“眼烂烂如岩下电”。而碰上七贤老大哥山涛呢，则评说“如登山临下，幽然深远”，意思是登上山顶往下看，幽深不见底，也就是深不可测。

山涛自己的品目之术修炼到了第几重呢?

大抵是很精通的，不然，如何能见微知著，几次预见风波，及时避祸，忽隐忽仕，一生平安，在风起云涌瞬息万变的魏晋乱世，居然有惊无险地一直活到了耄耋之年。

初见“清谈误国”的童年王衍时，便曾望着他的背影慨叹：

何物老妪，生宁馨儿！然误天下苍生者，未必非此人也。

山涛担负选官之职，先后荐举官员近百名，皆能选贤任能，眼光精到，显然是个擅观人的。而且，每每列出举荐名单后，他还会认认真真地挥动如篆大笔，如做文章一般在后面一一评论，时人称为“山公启事”。

山涛写在“启事”中的虽然都是此人的德行如何，才华如何，其实观人之际，未尝不细察其面相，推究其前程。只不过，因为山涛的预言与品目都裹上了选官风评的包装，让人们只注意到他荐贤举能，却忽略了他的相人之术。

而相人之术在汉魏时期所以如此盛行，并不全为说玄道异，为着的恰是正经题目：选官。

二

汉朝选官实行的是“察举制”和“征辟制”。

察举就是选举，一种由下而上推选人才的制度。初期以“乡举里选”为依据，注重乡里舆论对某位士人才德评判的权威性。

征辟则是一种自上而下选拔官吏的制度，主要是以皇帝特征或聘召的方式，选拔某些有名望的品学兼优的人士，或备顾问，或委任政事。

不管是哪种选官，都特别在乎一个人的风评，所以人们特别在乎自己的名声，而汉魏以孝治天下，故而累积声望最好的方式就是做孝子。所以父母生病，儿子衣不解带地服侍，直到累晕过去的事情屡屡发生，每次都还要有恰逢其时的见证人与传播人。

除了百姓自发的声音之外，最好还要有名流高士的推荐，于是便产生了像许邵这样专以评鉴为能事的高人。

曹丕坐了天下后，对选官制度进行改革，首倡“九品中正制”，这就彻底将品目制度化了：

由国家设在各地方的“中正”推举贤能，为备选官员写评语、定品级，上报朝廷审核后择优分配。上品三，中品三，下品三，每品再分上中下，是谓九品。

其中一品（上上品）为圣人，故空悬以示谦虚；二品（上中品）便成了实际上的最高品，“凡厥衣冠，莫非二品，自此以还，遂成卑庶。”

也就是说，只有世家高门的出色人物才能列为二品，有了二品，才能做五品以上的清官；而三到九品的人物，只能在六到九品的官职上沉浮；至于没品的，便连小吏也是做不得的。

品评定级的中正一般由本地在中央任职的二品以上的官员担任，既能上达天听，又能了解民情。

评定的标准有三项：家世、道德、才能。

出发点很好，好像已经面面俱到了，可是在执行过程中却越来越偏离了初衷。因为家世是硬指标，道德和才能却没有准确的尺度，因人而异。最关键的是，选官完全根据风评来决定，那么这评语以及点评人就特别重要，于是便出现了“买评”的现象。

储备官员想方设法贿赂中正及其下属，让他们把自己的评语写得好一点儿；有家世背景的更是转托关系，同族相引，结成小圈子。

尤其朝廷为了杜绝选官贪腐塞责，特地设立了连坐机制：评语不实被发现的，推荐人要承担连带责任。这让选官更不愿意推举自己不熟悉的人才，而只在相熟的世家大族里提拔新秀，如果出了事，还有世家长辈顶着，总会替自己担点儿风险。一荣俱荣，一损俱损，选世家子弟可比选拔寒门子弟担的风险小多了。

而且，世家倾一族之力举荐子弟，其风评自然是好的；至于寒门庶族，就是想打造贤才，也没有那个人力物力，单纯以才较技，又怎么可能名列高品呢？

这么着，选官制度渐渐沦为门阀世家的囊中物，遂出现了“上品无寒门，下品无世族”的社会现象。诚如中朝名士左思在《咏史》中所言：

郁郁涧底松，离离山上苗。
以彼径寸茎，荫此百尺条。
世胄蹑高位，英俊沉下僚。
地势使之然，由来非一朝。
金张藉旧业，七叶珥汉貂。
冯公岂不伟，白首不见招。

九品选人，使得门第制度在魏晋时期达到了顶峰，而政治权力也更加集中于大门阀贵族中。直到隋唐时科举制的产生，才使得这种现象渐渐消歇，孔子倡导的“学而优则仕”才重新成为选仕标准。

但是山涛却将这个“中正”的职责做得很好。他一生为官，最为人称道的就是举荐贤能，既能体察上意，又能观人入微，荐举得当，不能不说是一份功德。

《晋书·山涛传》载：

> 涛再居选职十有余年，每一官缺，辄启拟数人，诏旨有所向，然后显奏，随帝意所欲为先。故帝之所用，或非举首，众情不察，以涛轻重任意。或谮之于帝，故帝手诏戒涛曰："夫用人唯才，不遗疏远单贱，天下便化矣。"而涛行之自若，一年之后众情乃寝。涛所奏甄拔人物，各为题目，时称山公启事。

《世说新语·政事》则称：

> 山司徒前后选，殆周遍百官，举无失才。凡所题目，皆如其言。唯用陆亮，是诏所用，与公意异，争之不从。亮亦寻为贿败。

综合上述两则记载，可知山涛在吏部尚书这个职位上干了十多年，所举官员遍布各司。无论哪个部门，但有官位空缺，他就会预拟几个备选人员，然后察颜观色地体度晋武帝真正想要或者适宜的人，才正式启奏，并写下翔实的人物小传供皇上参考。

也就是说，山涛荐人时不仅要考虑此人能力，还得兼顾其性情以及预测他与帝王同僚的相处情况，然后才定下人选。但是这样选出来的往往不会是群臣公议中最出色的那个，因此众人认为山涛荐人有偏私，便在皇帝面前说他坏话。皇上遂写了一张手令警告山涛：用人唯才，不要遗漏真正的人才，也不要疏远出身贫贱的人，无论门第，莫问亲疏，唯才是举，才能天下大治。

这番话倒也说得颇有明君之范，但是显然怀疑山涛有私心。山涛也不加解释，只依然故我。

只是有一次，山涛举荐阮籍的侄子阮咸，称他“贞素寡欲，深识清浊，万物不能移”，但是司马昭却坚持要提拔陆亮。结果自然是小胳膊拧不过大腿，而且山涛本也不是硬拧的人，遂只得由着陆亮升官。但是不久，陆亮就因为受贿遭人举报，用自我毁灭证明了山涛的明断。

这时候，人们才发现凡是山涛举荐的官员，每一个都非常合适，好像本来就该在那个位置上一样。因此一年后，众人的议论猜疑便都停止了，对山涛的慧眼识人纷纷拜服，就连他荐举官员时的品题文章都膜拜不已，称之为“山公启事”。

三

按说山涛既有选官之权，蒙他举荐的人自然各个感恩戴德，山涛若是徇私，不难家财万贯。然而他却一生清廉，不养婢妾，不蓄田产，就连俸禄赏赐也都散给了少年时曾经照顾过他的族人故旧，遂赢得了一个“悬丝尚书”的美名。

原来，有个叫袁毅的县令为了谋官，来到京城大把行贿，几乎把所有当权的官邸都拜访了个遍。众人皆纳，山涛也百般推辞而不得，因为人人都收，只有他不收就是得罪了整个官场，于是只得接受了“生丝百斤”。

魏晋时候的丝绢是硬通货，是可以当钱来使用的。因此这算得上是一笔不菲的厚礼。山涛收下后，命人悬在房梁上，不可动用。

后来袁毅坏了事，被解送京师廷尉受审，拿出小账本来，上面清清楚楚开列着受贿人的名录，朝廷自然要一一追索。大多人早就不知道把贿礼转了几道手了，山涛却施施然从梁上取下百斤生丝交出，只见丝上积满尘土，连封条印章都未曾动过。满朝官员，无不叹服。

当年他劝诫朋友“石生无事马蹄间”，而从他既懂得随波逐流而又不肯同流合污的行为来看，足可奔走于马蹄间而无伤矣。

山涛克勤克俭，官声清明，颇得武帝倚重。在朝期间，他曾多次以老病辞官，“乞骸骨以归故里”。然而先后上表疏数十次，司马炎一再挽留，直至山母病危方肯放还。不久却又亲自写信给他，说他任职清明，高雅之操超群出世。顾念其家中贫乏，现送去钱二十万，谷二百斛。

这年是晋武帝泰始十年甲午，也就是公元274年，在历史课本上虽然并没有什么惊天动地的大事，但是对于我们的故事来说，却接连死了三个人。不停扇动的蝴蝶翅膀，若有若无地改变了西晋历史。

第一个就是山涛的母亲。山涛以守制为名上表恳辞，未获允准。于是归乡，“居丧过礼，负土成坟，手植松柏”。

山家人都挺长寿，山母过世时，山涛已是古稀之年，却仍恪守孝道，亲自背土堆坟，亲手栽松植伯，守丧超过常礼，孝名闻于京都。

司马炎听了，更加不舍得放手了。心道这样一个风闻朝野的国老，若是不能陪伴自己左右，岂不缺典？哪怕什么都不做，就摆在朝堂上面子也好看啊，遂诏山涛为吏部尚书。山涛以守制为由婉拒，辞仕不出。

然而便在这年七月，第二个重要人物杨皇后过世了。主持丧礼的必须是德高望重的朝中老臣，于是司马炎再次诏令山涛还朝主持国丧。

国法大于家法，山涛于公于私都不便再拒，只得“扶舆还洛”，仍执掌吏部。这一还朝，便又是十年尘网。

且说杨皇后临终前担心晋武帝因为宠幸嫔妃而改立太子，头枕着武帝的膝盖，凄婉请求：“叔父杨骏的女儿杨芷才貌兼备，我死之后，陛下选她来主掌六宫吧。”

司马炎与皇后感情甚笃，遂流着泪答应了。此后，他一再给杨骏升官，连同杨芷的兄弟也都鸡犬升天，以至于养大了这家人的胃口，为身后的动乱埋下祸引。

这年病逝的第三个人，是被司马师废为齐王的曹芳，终年四十三岁，谥号厉。

这可真不是一个好字，“厉”用作谥号时，乃表示祸患、灾难的意思，多用在“暴慢无亲”“杀戮无辜”之人身上，是为“下谥”“恶谥”。

然而曹芳一个傀儡皇帝，何曾杀戮无辜过？杀孽深重的高平陵之乱，又岂是曹芳发动？

司马炎显然是恶心曹魏来了。

曹芳的病逝，并未在朝野上下激起任何水花，唯一特别的就是时间与谥号：一个曹魏废帝，却与晋朝开国皇帝的元后同年而卒，这到底意味着什么呢？“厉”，又终究落在谁家？

擅于预言的山涛大约感受到了不安，因此越发谨慎，并反对伐吴之战，但是被武帝否决了。

山涛又屡次上表请辞，或者干脆以病为由久不摄职。左丞白褒、尚书令卫瓘等人先后奏禀，说山涛不过是一点儿小病，却恃病而骄，不服诏命，应当免去山涛官职。

司马炎却说：“山涛有德操，素为众望所归，只不过身体抱恙，深心退让，并不是拒诏违命。然而这样的高德之士，若不能为朝廷所用，是朕有眼无珠。所以朕连续下诏，务求改变他的主张，以匡扶朝廷，弥补缺漏。山涛任事，只需坐执铨衡则可，何必认真操劳？主事者不明诏书深意，反而加以曲解，这有损于崇贤之风，给我加上轻贤无德之名，怎能给远近之人做出表率呢？以后不得再议山公是非。”

换句话说，朕就喜欢拿山涛当个老花瓶摆着，他爱不爱干活儿都随他，哪怕挂空职领薪水都行，朕乐意，你们叽歪个啥？

就这样，司马炎一直将山涛留至太康三年（282），升为司徒，位列三公。然而山涛此时对这个觊觎一生的头衔已毫无留恋，他苦苦推辞，再次上表请归。晋武帝见他态度坚决，只得允他辞官，但是司徒之位，却命他不许拒诏。

蹉跎官场三十年，山涛终于挣脱樊笼，回归田园了。只是，此时故人星散，纵归来何处闻笛？红尘打滚三十年，或是让山涛已经习惯了上班打卡提心吊胆的生活，好容易享受上向往已久的退休生活，却格外多愁善感起来。人一松懈下来就生病，他第二年便去世了，享年七十九岁，也算得上寿终正寝。

晋武帝赐赠甚丰，下诏以太牢礼仪祭祀，谥号“康”。

下葬之时，有官员上奏武帝说：“山涛旧宅第仅有屋十间，但子孙众多，容纳不下。”

司马炎听了，益发感慨。此时的晋朝上下正处在穷奢极欲醉生梦死的氛围中，山涛作为朝廷栋梁，住处竟然如此清贫，岂不怪哉？遂下令为山涛家人扩建住宅。

山涛半生为官，身份显贵，却清廉持正，克勤克俭，以至病殁时连个像样的葬礼都办不起。这份德行，着实令人敬重，堪称晋代名士中难得的有为清官。

人如其名，当真是山中清泉。

所有人的好朋友

一

《晋书》说，山涛“性好庄老，每隐身自晦，与嵇康、吕安善，后遇阮籍，便为竹林之游，著忘言之契”。

所以，山涛是七贤的黏合剂，嵇康、阮籍的相识乃由他中介，并以三人相契为标志、为核心，渐渐形成竹林七贤的小团体。七个人啸傲山林，寄情山水，琴酒相娱，诗画相契，莫逆以心，气同金兰。

关于“七贤”的得名，源自于《论语·宪问》：

子曰："贤者辟世，其次辟地，其次辟色，其次辟言。"

子曰："作者七人矣。"

这说的是贤士避乱的四种层次。最干脆利落的方法自然是直接避开俗世隐居山林，如伯夷叔齐之辈，其次是离开某个地方，再次是避开不好的脸色，最次是避开不好的言语。也就是说，实在避不开的时候，那就察颜观色沉默寡言好了。

孔子且说，能做到这样的，他已知的有七位。至于是哪七位，孔子没有说，于是后世乱猜一通，从古代隐士许由、巢父、伯夷、叔齐，到《论语》中出现过的楚狂接舆，耕者长沮、桀溺等，人们各执一词，谁也说服不了谁。

其中长沮和桀溺是两位相伴耕田的老者。当孔子在鲁国不得志，带着众弟子周游列国时，路遇两人，打发弟子去问路。两位隐士听说问津者是孔丘，笑说："滔滔者，天下皆是也，而谁以易之？且而与其从辟人之士也，岂若从辟世之士哉？"

意思是说，孔子觉得鲁国无道，便要去国远游，另寻明主；然而整个天下都是如此，他又该去向哪里呢？并自称"辟世之士"，却将孔子称为"辟人之士"，其实也就是"辟地之士"。红尘滚滚，举世滔滔，天下无道，何去何从？还不如彻底放弃官场，远离红尘，躬耕田野，不入樊笼。

事实上，孔子游历十四年中，也的确是不停地辟地、辟色、辟言。从一处到另一处，漂泊流离，最终也不得其志，因此临老索性说：“予欲无言。”

岂止辟言，根本就不想说话了。

没想到，关于孔子所说的“作者七人矣”，时隔七百多年，魏晋人物倒给了一个答案，便是“陈留阮籍、谯国嵇康、河内山涛、沛国刘伶、陈留阮咸、河内向秀、琅琊王戎”，又因“七人常集于竹林之下，肆意酣畅，故世谓‘竹林七贤’”。(《世说新语·任诞》)

说是七贤，其实并不止七个人，还有多位常来常往的边缘人物。他们的年龄相差几十岁，身份也各自不同，纯以精神相交，谈玄论道，纵酒佯狂，任诞纵情，莫逆以心。后世以其拒仕之举，玄谈之学，称之为“竹林七贤”，只是为了暗合孔子曰“贤者避世”“作者七人矣”。

嵇康等人的口号是“非汤武而薄周孔，越名教而任自然”，却偏偏被后人使用儒家典故《论语》来冠名，想来也真是有点儿尴尬。

蝉一声一声地将盛夏的正午拉得很长，然而在竹叶的遮蔽下，小小丛林自有一片清凉，混着时而激烈时而慵懒的谈玄说道，弹琴纵酒，那是他们最好的时光……

“竹林七贤”相知相契的画面很美，但是时间却很短，因为山涛避世隐居的时间本来也没多长。大约从高平陵兵变之前到曹髦登基之后，统共也就六七年。

待他结束了竹林之游，重新从山阳走向洛阳后，仍然惦记着留在老家的忘年之交，因此举荐嵇康接任吏部郎。

虽然，这次举荐或许是出于司马昭的暗示而非山涛本意，但是在他内心深处，也未尝没有缓和嵇康与司马政权矛盾的用意，然而结果是令人抱憾的。一封剑气纵横的《与山巨源绝交书》，等于公开宣告了嵇康对以名教为旗号的司马政权的不满与拒绝，也为自己招来了杀身之祸。

信末说，自己有个十三岁的女儿，八岁的儿子，他只想好好抚养儿女长大，“浊酒一杯，弹琴一曲，志愿毕矣。”这份心愿，到底未能完成。

特别的是，嵇康之死，似乎既没有影响他与山涛的友谊，也没有减弱司马昭对山涛的信任。

就连小人锺会，也与山涛相交甚洽。

非但如此，锺会与尚书仆射裴秀明争暗斗，据势争权，几乎到了你死我活的地步。而山涛同裴秀的关系也很不错，他居中转圜，两不得罪，老好人做得那叫一个顺手。

如此面面俱到，难怪能在乱世中平安顺遂，一直活到了耄耋之年。

就在嵇康死后第二年，锺会在蜀地作乱，司马昭亲自西征，临行前对山涛说："西边的事我去处理，后方的事就委托你了。"密令山涛监视曹魏宗室的动静，并拨给亲兵五百人镇守邺城。

邺城始为春秋时齐桓公所建，自曹操破袁绍后，便以此为中心经营河北之地，为北方商业和军事重镇。可见，司马昭是把山涛当成心腹重臣来倚仗的，且评价他"在事清明，雅操迈时"，简直是把后背交给战友。甚至就连自己的位子由谁来继承这种机密大事，都要与山涛商议。

换言之，晋武帝司马炎以晋代魏，山涛可谓开国元老，难怪司马炎会一直那样偏袒老花瓶了。

那么，为什么司马家的继承人会是司马炎呢？

原来，司马昭有九子二女，司马炎为嫡长子；而司马师却运气太坏，连生了五个女儿，没有一个儿子。

司马昭为了安慰兄长，便把嫡次子司马攸过继给了司马师。

按照嫡长子袭爵的传统，司马懿的位子传给司马师，司马师也应该传给自己的儿子。虽无嫡子，养子亦可。

然而，司马师在平定毌丘俭叛乱中，因眼疾发作而病逝时，司马攸只有七岁，根本不足以担当大任。彼时曹魏宗室势力犹在，若是司马攸袭爵成为家主，只怕不到一年司马家就会被吞得渣儿都不剩。

这种时候，当然只有身经百战的司马昭才更合适承继兵权。

于是，兄终弟及，司马昭接任大将军。

而当司马昭再传位时，就有了两个选择：是传给自己的嫡长子司马炎呢，还是传给哥哥的养子也就是自己的次子司马攸？

按说两个儿子都是自己生的，传位给谁都一样，传给司马攸还能赢得孝悌仁义之名，何乐不为？起先他也是这样想的，还曾屡次拍着自己的座位说："这位子我是暂时替攸儿坐的。"

但是真到立世子时，司马昭却又踌躇了。毕竟嫡长子司马炎是跟在自己身边长大的，从小寄予重望，悉心教导，若是不能将毕生功业传于长子，颇觉不甘不忍。

彷徨之时，司马昭便找到了擅于观人也最会做人的山涛，商议说："我哥哥开国建业，未成而亡，我的位子本是接替他的，如今即将卸任，如果立司马攸为世子，则可归功于兄长，山公以为如何？"

山涛却最是懂得察颜观色，早已看出司马昭外沽仁义之名，内心真正偏爱的还是长子司马炎，找他商议，不过是想讨一个光明正大的说辞而已。于是便当真奉上脚本："废长子立少子，违背礼制，是谓不祥。国家安危，由此而定。"

于是一言定江山，司马昭遂立长子为世子，并对司马炎说："山公是乡闾间素有德望的人，将来你要多听他的意见。"

有了这样的拥戴之功，司马炎对于山涛的感激与倚重，自是更上一层楼。

262年，嵇康托孤；265年，司马昭问计。

司马昭杀了嵇康，而这两位生死大敌，竟然都无比信任山涛，托以身后事。可见山涛为人之圆滑中庸，堪称完美，真是魏晋名士中一个极其独特的存在。

二

名士一词，最早指的是有才名而不仕的隐士。《礼记 · 月令》中说：“勉诸侯，聘名士，礼贤者。”汉代经学大家郑玄注曰：“名士，不仕者。”

可见在汉朝之前，名士都还与隐士相当。但是在汉朝时，这一词渐渐发生了变化，意为有名士之风的才子文人。

《后汉书》说：“汉世之所谓名士者，其风流可知矣。”

到了魏晋时期，玄谈之风兴起，名士的意义干脆就变成了能够谈玄的名人了，和做不做官已经没多大关系，因为何晏、夏侯玄等“正始名士”都是官，而且是高官。

“竹林七贤”也都无一例外做过官，只不过有的先仕而后隐，如嵇康，有的先隐而后仕，如山涛、阮籍、向秀等。其中，属山涛和王戎的官做得最大最久，但是若论风评，则只有山涛最佳。在魏晋当世，人们对山涛的评价，堪称是一面倒的赞扬。

王戎称其：“如浑金璞玉，从皆钦其宝，莫知名其器。”非但深不可测，而且贵不可言。

东晋史学家孙盛称：“涛雅素恢达，度量弘远，心存事外，而与时俛仰。”

袁宏则说：“山公中怀体默，易可因任，平施不挠，在众乐同，游刃一世，不亦可乎！”

顾恺之说：“涛无所标明，淳深渊默，人莫见其迹，而其器亦入道，故见者莫能称谓，而服其伟量。”又道：“涛有而不恃。”

这几位，都是把他看作《庄子·养生主》中那位擅使刀的庖丁了。

同样爱庄子，难道山涛和嵇康读的不是一本书？

评价山涛最多的人，就是晋朝开国皇帝司马炎了，那夸赞的话跟不要钱一样四个字四个字地往外抛，当真是珠玉琳琅，如同成语大全：什么“清风淳履，思心通远”，什么“至性简静，凌虚笃素”“秉德冲素，思心潜通，清虚履道，有古人之风”，什么“立身行已，足以励俗”，什么“宜侍帷幄，尽规左右”，什么“年耆德茂，朝之硕老”，总结起来一句话：“以道德为世模表。”也就是道德楷模！

完人啊！

《晋书·山涛传》载，山涛晚年仕途畅通：“咸宁初转太子少傅，加散骑常侍；除尚书仆射，加侍中，领吏部。太康初，迁右仆射，加光禄大夫，侍中，掌选如故。”直到太康三年升为司徒，位列三公，终于完成了当年对夫人的承诺。

山涛的一生，虽然谈不上大富大贵，位极人臣，却也未曾经过什么大坎坷、大波折，沉浮乱世而随波逐流，历经三朝而平安到老，安居高位而得寿终正寝，诚可谓儒道两行矣。

但是到了后世，对山涛的褒贬就大相径庭了，盖棺千年也未能定论。

综而论之，讨伐山涛的理由主要有三大罪：

一是山涛虽谈老庄，但绝非与时俯仰，心存事外，而是身入局中，依附司马家族，柔媚处事，助纣为虐，并且帮司马昭监视曹魏，视宗室如囚徒，岂非权奸？是为不忠。

二是为嵇康所不齿的锺会，山涛却与其相交款昵；而当锺会与裴秀互撕时，山涛又与裴秀交好，曲意交结，相与比周，堪称小人之交，是为不义。

第三是教歪了嵇绍，竟然让他为杀父仇家效命甚至丧命，简直是逆天行事。清初一代宗师顾炎武认为，嵇康为晋文王所杀，山涛却令嵇绍仕晋，堪为“邪说之魁”，是“败义伤教，至于率天下而无父者也”。

教别人的儿子不孝，等同于自身不孝。如此不忠不义不孝之人，焉可称贤？

正如宋儒陈普诗中所写：

君王祖述竹林风，竹叶纷纷插满宫。
祸乱古今惟晋酷，是非忧乐一山公。

三

嵇康自己视功名如粪土，拒仕谈玄，但是写给儿子嵇绍的《家诫》，却仿佛变了一个人似的，反复叮嘱儿子要谨慎做人，小心避祸，做个彬彬君子。

可见在他的内心深处，并非真的反对儒家思想，但他大概怎么都不会想到，儿子后来竟会成为一个典型的忠烈之臣，死后谥号“忠穆”。

二十年后，嵇绍长成了一位才情高迈的君子。他继承了父亲的样貌与风度，走在街市人群中，高俊挺拔，想不引人注目都不行，“鹤立鸡群”这个词就因他而发明。

他也同时继承了父亲的琴技。一次齐王司马冏和董艾等在聊天，听到嵇绍求见，便说：“听说嵇绍擅丝竹，不如弹一曲让大家高兴下。”说着便命人送琴来。

嵇绍却严词拒绝说：“我身着朝服，守礼求见，您身为王爷，更该注重礼法，怎可让我做此乐工之事？”

但是，如此耿介清高不慕权贵的嵇绍，又为什么会入朝仕晋呢？

推举人，正是山涛。

最初山涛荐其为官时，嵇绍本是不愿意的。但是山涛劝说："为君思之久矣，天地四时犹有消息，而况于人乎。"

用大白话说，就是现在已经变天了，你也得顺应潮流，懂得变通不是？

这是典型的老庄哲学。

嵇绍在山涛抚养下长大，对这位伯父十分尊重，遂从其劝，决意出仕。

后世提论的山涛三大罪之中，犹以误导嵇绍最为世人所难容。

然而看看山涛对嵇绍的推举时间，就会明白他的良苦用心了。

那是公元282年，也就是山涛苦苦辞官之前，或者说，临终前一年。想来，擅于预言的山涛自知命不久长，不能再照顾嵇绍，难道就由着他散淡闲置一辈子吗？其实，不顾世人非议，向皇上举荐嵇绍为官，这对他来说也是担了风险的。

因为嵇康为司马昭所杀，虽然事隔二十年，但是杀父之仇，焉能或忘？司马炎就不怕嵇绍会受到《广陵散》的影响，怀抱聂政之志，入朝刺杀自己么？

但是山涛情辞殷切，又引经据典地用《康诰》里的话说：“父子罪不相及。”晋武帝看在山涛的面子上，终究点头答允了。

只可惜，擅于预言的他，却未能预见嵇绍的惨死。彼时，距离嵇康被斩已经四十年过去了，司马家的子孙为争权而大打出手，引发了“八王之乱”，而嵇绍身为侍中，为了保护晋惠帝司马衷，在荡阴大战中身中百箭，血溅龙衣，这算是以德报怨么？

侍中，是晋廷门下省的最高官职，正二品，是随侍于皇帝身边的近臣，负责提供忠谏直言，故而后代又称为“纳言”。

对于嵇绍之死，自古褒贬不一。赞成派取其忠义，如文天祥《正气歌》所云：

> 在秦张良椎，在汉苏武节。为严将军头，为嵇侍中血。

反对派则认为其举是背父不孝，如朱熹所评：“嵇康魏臣，而晋杀之，绍不当仕晋明矣。荡阴之忠固可取，亦不相赎。事雠之过，自不相掩。”

不管怎么说，嵇绍终究是没能像聂政那样为父报仇，反而为了父亲深恶痛绝的司马家族效忠而丧命，真真应了嵇康的叹息：“《广陵散》，于今绝矣！”

四

最后初充一个番外小常识,《笠翁对韵》下平声一先韵中说:

> 洗耳尚逢高士笑,折腰肯受小儿怜。郭泰泛舟,折角半垂梅子雨;山涛骑马,接篱倒著杏花天。

四句接连用了四个典故:除了隐士鼻祖许由洗耳的故事外,其余三位都是魏晋人物:不为五斗米折腰的陶渊明,开启清谈之风的郭泰和本文的传主山涛。

不过“接篱倒著杏花天”的其实不是山涛,而是山涛的儿子山简(253–312),字季伦,曾为征南将军,镇守襄阳。

山涛有五子四女,以小儿子山简最为著名。山简性情温雅,高洁纯真,颇有乃父之风。但因为是最小的儿子,看在山涛眼中总觉得是长不大的小孩儿,明明儿子已近而立之年,且已名噪江湖,山涛仍只作吾家幼子。山简叹曰:“吾年几三十,而不为家公所知。”

山简好饮酒,喜郊游,最喜往襄阳名园习家池游冶,置酒池上,每饮必醉,呼之为高阳池。有小童唱儿歌戏谑曰:

山公时一醉，径造高阳池。
日暮倒载归，酩酊无所知。
复能乘骏马，倒著白接篱。
举鞭问葛疆，何如并州儿？

白接篱，以白鹭羽毛装饰的帽子，也就是白羽冠。葛疆是山简的爱将，家在并州。这是山简在问葛将：“咱俩比比酒量，咋样？”

后来，“醉倒山翁”便成为酒界美坛，与孟嘉落帽、刘伶荷锄、陶渊明葛巾滤酒、阮籍醉卧当垆美妇旁等风流雅事并论，更被后世无数次吟咏。比如王维诗：“襄阳好风日，留醉与山翁。”便说的是此典。

酒仙李白就更是将山简引为同道了，每每有诗：

高阳小饮真琐琐，山公酩酊如何我。

傍人借问笑何事，笑杀山公醉如泥。

山公醉酒时，酩酊高阳下。

山翁今已醉，舞袖为谁开。……

所以，后世喝酒的山翁，都指的是山简，而非山涛。

山涛与嵇康为忘年之交，并列竹林七贤；但是他们的儿子山简和嵇绍却是同龄，而且当世齐名。

山简比嵇绍多活了八年，享年六十岁，追赠征南大将军。

刘伶，唯有饮者留其名

醉侯二三事

一

贾岛醉来非假倒，刘伶饮尽不留零。

据说这是唐伯虎和朋友在醉酒后写的对子，借古自喻，谐音双关，妙趣横生。

贾岛是唐代诗人，刘伶是魏晋名士，用名字的谐音来摩写醉态本已有趣，更何况若论世间酒鬼，真非刘伶莫属也。

刘伶（221—300），字伯伦，沛国（今安徽濉溪县）人。他在史上留下的资料不多，身世背景亦不详，是七贤中身份和身高双低的异类，而且长得还丑。《晋书·刘伶传》称其“身长六尺，容貌甚陋。放情肆志，常以细宇宙齐万物为心。澹默少言，不妄交游，与阮籍、嵇康相遇，欣然神解，携手入林”。

也就是说，刘伶能够名垂青史，完全凭借的是会交朋友，不但跟着朋友蹭酒，还蹭了明星热度。

而他登上热搜的佚闻，几乎全都和酒有关，因此世称“醉侯”。

刘伶嗜酒如命，最著名的行为艺术是常常坐着鹿车带着酒，边走边喝，还令仆人随时扛着把铁锹跟在身后，说：“死便掘地以埋。”意思是如果我醉死了，就随地挖个坑把我埋了吧。

敦诚悼曹雪芹诗：“牛鬼遗文悲李贺，鹿车荷锸葬刘伶。”用的就是这个典故。

刘伶这般任诞嗜酒，最受不了的人自然是他老婆，几次三番劝他戒酒，说你喝成这样，实非养生之道，还是断了吧。

刘伶笑着安慰：“你说得对，但是我这个人没有自制力。而且戒酒这么大的事，必须有个隆重的仪式向天地宣告，以鬼神相警。你给我准备一份酒菜上供吧，让我在神明发个誓。”

刘妻听了，赶紧去备办了一份酒食。想着这是老公最后一次喝酒，又欢喜又同情，还备得格外丰盛。

不料，刘伶接过酒坛，拍开酒封，倒酒入杯，双手举起来跪在神像前念念有词：

天生刘伶，以酒为名。

一饮一斛，五斗解酲。

妇人之言，慎不可听！

念罢，喝酒吃肉，照样大醉方休。刘妻在旁边听了，气得直学阮籍翻白眼。

想想看，一个人每次一喝就是一斛酒（十斗），然后再续上五斗来醒酒，再多的家底儿也是会被败光的。谁嫁了这样的老公不叹气呢？

不过刘伶也真没说错，因为后世他的名字果然与酒结下不解之缘，“刘伶醉”也成了一款酒的名称。

刘伶能不能一次喝十五斗酒不知道，但是据说山涛确有八斗之量。有一次，晋武帝司马炎想试试山涛的酒量极限，命人不断劝酒，然而山涛喝到八斗就停了，坚决不再饮。

一个人酒量如此之大，还有如此节制有分寸，实为异人！

有个悖论：如果喝酒必醉，那么再好的酒也成了呕吐之物，何必喝酒？

然若饮酒不醉，时刻保持清醒，那么喝酒做什么？

山涛和刘伶，显然就是这两种人，一个从来不醉，一个滥饮至死。

偏偏这两个人还都活到了七十九岁，还挺奇怪的。冲这，也有人怀疑刘伶生卒年份极可能是出错了。

不过，刘伶虽然嗜酒，却并不鲁莽，不会像一般醉汉那般酒壮㞞人胆，喝上几杯就不知道自己是谁了。他虽然行为怪诞，却极有分寸，吃亏的事是不做的。

有一次，他与人发生口角，对方自然说不过他，气得挽起袖子抡起拳头硬上，刘伶秒怂，抱着对方的拳头温言慢声道：

“鸡肋不足以安尊拳。”

他身材瘦小，来硬的哪里打得过？当下能屈能伸：您看我这鸡肋小身板儿，可安放不住您那高贵的拳头啊。

那人气得笑了，这架自然也就打不成了。

于是，从此就有了一个成语，叫作“鸡肋尊拳”，表示身体瘦弱，不堪一击。

可见刘伶虽遗形骸，却心里有数，很懂得避祸惜命。也正因此，其妻劝他戒酒时才会说“非摄生之道，必宜断之”。

二

刘伶长得丑，又没听说过有什么过人的琴技画艺，却能跻身七贤之列，除了闻着酒味儿硬挤进来凑热闹之外，其硬件配备是熟读庄子，擅文赋。

他的传世文作不多，唯有一篇《酒德颂》脍炙人口——又是酒，真真不愧了“以酒为名”。我们来完整拜读下吧：

有大人先生，以天地为一朝，以万期为须臾，日月为扃牖，八荒为庭衢。行无辙迹，居无室庐，幕天席地，纵意所如。止则操卮执觚，动则挈榼提壶，唯酒是务，焉知其余？

有贵介公子，缙绅处士，闻吾风声，议其所以。乃奋袂攘襟，怒目切齿，陈说礼法，是非蜂起。

先生于是方捧瓮承槽，衔杯漱醪；奋髯箕踞，枕曲藉糟；无思无虑，其乐陶陶。兀然而醉，豁尔而醒；静听不闻雷霆之声，熟视不睹泰山之形，不觉寒暑之切肌，利欲之感情。俯观万物，扰扰焉如江汉之载浮萍；二豪侍侧焉，如蜾蠃之与螟蛉。

很显然，这位“大人先生”的原型就是刘伶先生自己了。他把天地开辟以来的漫长时间看作是一天，那么一万年也只是眨眼的工夫；他把天上的日月当作是自己屋子的门窗，那么四海八荒只是庭院街道。

他放旷不羁，自由自在，不着痕迹，以天为帐幕，以大地为毡席，任性自然，逍遥来去。行走没有目标，居住不求房舍，无论行走坐卧，都是酒不离身，手不释杯，哪肯理会酒以外的事！

至于那些公子缙绅们的议论，他根本不会放在眼中。任凭别人说得汩汩滔滔，大人先生却只想捧起酒瓮，摆动胡子，无思无虑，其乐陶陶。

“枕曲藉糟”，意思是枕着酒曲，垫着酒糟，后世遂成为形容嗜酒滥醉的成语典故。

大人先生或醒或醉，无悲无喜，其乐陶陶。不觉寒暑侵肌，更不为利欲动情。听不到雷霆怒声，看不见泰山巨形，俯仰万物，只觉得像江汉上的浮萍一般沉浮无趣，而那些公子处士在他身边啰里啰唆，不知所谓，如同蜾蠃螟蛉般嘈切无聊。

整篇短文，都借意于庄子的《逍遥游》。

其意象思想，俱出自庄子的“天地一指也，万物一马也”“天下莫大于秋毫之末，而太山为小”“天地与我并生，而万物与我为一”。

而不闻雷霆之声，无睹泰山之形，不知寒暑，无心利欲的形象，更是暗合了姑射神人的遗世独立，“大浸稽天而不溺，大旱金石流土山焦而不热。”

熟读《庄子》不难，难的是既避开生搬硬套，又将其运用得行云流水，娴熟而不生硬。更为难得的是，《酒德颂》文字诙谐轻松，借酒生出了一个新世界，既调侃又深刻地塑造了一位弃情遗物的大人先生的形象，把庄子的齐物我、齐生死体现得淋漓尽致。

可见，刘伶是借酒遁入神仙逍遥之境遇的。

酒，便是刘伶修仙的援引。

苏东坡的酒量跟刘伶是没法比的，却也喜欢没事就喝两杯，还曾经尝试自己酿酒，因此对这篇《酒德颂》十分欣赏，赞曰：

文章岂在多，一颂了伯伦。

古今评点《酒德颂》的文字，属金圣叹最为独特：

从来只说伯伦沉醉，又岂知其得意在醒时耶？看其“天地一朝”等，乃是未饮以前，“静听不闻”，乃是既醒以后，则信乎众人皆醉，伯伦独醒耳。

庄周梦蝶，孰为庄周？刘伶醉酒，谁人清醒？

另外，要特别强调的是，“大人”一词在古代本是对圣人或王公贵族的敬称，如《易经》中的动辄“利见大人”。阮籍的《大人先生传》和刘伶的《酒德颂》中的大人，泛指高人，暗指自己。

后来，在日常生活中，“大人”亦用于对父母长辈的称呼，如古诗中“三日断五匹，大人故嫌迟”。在口语中，也常用作夫妻之间的昵称。

然而到了清代，几乎凡见官便称大人。非但小民见贵族是如此，便是官员之间互相称呼，也是一口一个大人。

此情此景若是放在魏晋，大概名士们会为之瞠目，自叹怪诞不如吧。

裸奔之风与土木形骸

一

《世说新语 · 任诞》中说，刘伶酒醉之时，常常脱掉衣裳，披散头发，撒泼打滚地耍酒疯。有人讥笑他衣冠不整，他却反唇相讥：

> 我以天地为栋宇，屋室为裈衣，诸君何为入我裈中？

裈，就是裤子，意思是人家不长眼色跑进他裤裆里了，怎么还要抱怨他不守礼教呢？

这番“以天地为栋宇，屋室为裈衣”的话，与《酒德颂》中那“以天地为一朝，以万期为须臾，日月为扃牖，八荒为庭衢”的精神是相通的。

那么刘伶为什么这么喜欢裸露呢？

按照鲁迅先生的理论，我怀疑刘伶也是吃药的，裸奔是为了“散发”。

但也可能纯粹就是因为放诞。因为到了西晋后期，士林中裸奔之风愈盛，竟然成了名士特立独行的一个标签。

比如王戎的堂弟王澄，作为西晋末年“清谈误国”的典型人物，就最喜欢当众裸体。

他因调任荆州刺史，众同僚前往饯行，在庭院中饮酒道别。庭中有大树，上有鹊巢，王澄一眼看见，忽然来了狂兴，径自脱去上衣和头巾，出溜溜爬上树去掏鸟。

这倒也还罢了，众人虽觉怪诞，还能忍受。但是王澄爬到一半，因为汗衫挂住了树枝，弄得人不上不下，便索性骑在树上连扯带脱，竟将亵衣也都脱了，就那样光着身子握着鸟儿下树来继续玩弄，神色自若，旁若无人。

这个“裸衣玩鸟”的荒唐行径，在当时却是传为美谈，被世人看作任诞自然，名士风流。

再如东晋王坦之的第四子王忱，和刘伶一样是个酒鬼，三天不喝就觉得失魂落魄，每饮必醉，醉了就脱衣裸奔。

有一次，他岳父家有丧事，他醉醺醺地带着一票人来吊唁。十几个衣冠不整醉态可掬的人手拉手进了奠堂，王忱率先脱光衣裳，所从也都跟着脱了，然后十几人赤身裸体地围着棺材绕了三圈，扬长而去。

满堂宾客目瞪口呆，连哭都忘了。

离经叛道，至此为极。

当然，也不是所有的名士都这样神经，比如乐广就认为此举不可取：“名教中自有乐地，何为乃尔也?”

这话的意思是说，儒家礼仪也有其妙处，虽说道尊自然，也用不着如此放纵乖张，为了逾礼而逾礼。

于是，魏晋名士渐渐分流为清浊两派：清流任自然而不违名教，玄冲雅量；浊流越名教而任自然，重任诞之风，标新立异，惊世骇俗。其中一个重要标志，就是裸奔。

西晋末浊流颇行，东晋则以清流为主。

按照这个标准，“竹林七贤”虽然并非各个裸体，但因为其口号为“越名教而任自然”，理当都属于浊流之列。而任诞之风，更自竹林始。

但是若论行径，山涛首先应该辟出浊流之列，因为他的一生纵然称不上循规蹈矩，却也是不违大格的。倒是嵇康与阮籍，都是无视礼法，反对名教之人，穿得再齐整，也只好与刘伶并列浊流了。

况且，嵇康不修边幅，落拓闲散，虽不曾裸体，却也爱服药，长期不肯洗澡，是故派他作浊流也不为错吧。

二

《晋史·刘伶传》称:“伶虽陶兀昏放，而机应不差。”又道:“尝为建威参军。泰始初对策，盛言无为之化。时辈皆以高第得调，伶独以无用罢。竟以寿终。”

所谓建威参军，也就是在建威将军幕府中任参军。虽然王戎曾经做过建威将军，我猜测这就和他常跑到步兵营找阮籍讨酒一样，给王戎打工，同样是沾朋友的光。

不过，刘伶这样一个醉鬼，就算做官也不会有什么作为，所以也没留下业绩。只知道在泰始元年，也就是265年，晋武帝司马炎受禅登基，徇例所有在职的公务员都当升职一级。

但是升职加薪也得找个名目来定级发酬，走个形式；于是朝廷发起了策问，名为征求治国之道，实则收集贺表文章。

于是群臣纷纷上表，各抒己见，漫天彩虹屁，恨不得将司马炎吹上天去。唯有刘伶主张老庄之道，大谈“无为之化”。

这可实在不是玄谈的良机。新官上升还要三把火呢，何况改朝换代?！司马炎以晋代魏，正在励精图治的兴头上，怎么能建议他什么都不做呢?什么都不做，那何必还要禅位?刘伶这不是讽刺他权欲太重么?

于是，所有同僚都靠着高唱赞歌官升一级，普天同庆，唯有刘伶，非但不升，反被新皇以其无所作为之罪，罢其官职。

不过，谈玄之风由来已久，刘伶不过是不合时宜地老调重弹罢了，算不得渎职大罪。所以第二年，朝廷便又重下诏令，征召刘伶入朝。

可是刘伶却再也不愿做官了。听说朝廷特使来了，赶紧故技重施，拎过酒来把自己灌得酩酊大醉，然后脱光衣裳一路裸奔，引得村中孩童跟着一路跑一路笑，就差没有扔鸡蛋。

特使看到这样一个放诞不经的酒疯子，如何宣旨？征召之事只得作罢。

如果按这个时间点算，似乎刘伶的醉酒佯狂，是为了拒不仕晋。

不过，泰始对策是265年的事，而王戎加建威将军则在咸宁四年（278年），不知是刘伶曾在前一任建威将军帐下做事，还是放浪多年后，迫于生计重新出来找饭辙，竟找到了小友王戎的麾下。

不管怎样，刘伶的《庄子》没白读。他远比嵇康懂得养生避祸，能屈能伸，虽然怪诞任性，却绝不会做出鸡肋抗尊拳的危险行为。因此，他虽然纵情一生，和嵇康一样吃药，与阮籍一般好酒，倒是得了个寿终正寝。

三

最后，我们来聊一个被大多专家曲解了的词语：土木形骸。

《世说新语·容止》：“刘伶身长六尺，貌甚丑悴，而悠悠忽忽，土木形骸。”

《名士传》载其“死便掘地以埋”之事时，亦缀曰：“土木形骸，遨游一世。”

《晋书·嵇康传》则说：“身长七尺八寸，美词气，有风仪，而土木形骸，不自藻饰。”

也就是说，魏晋时尚，无论帅哥还是丑男，三连拍时都喜欢摆出同一个表情：土木形骸。

关于土木形骸，网上的解释是“形体像土木一样，比喻人的本来面目，不加修饰。也用来形容呆头呆脑、没有情趣的人。”

很多专家教授包括百家讲坛的讲座也都是这样解释的，认为嵇康和刘伶虽然相貌迥异，但同样的不修边幅，素面朝天。

然而我认为，这解释放在全句中是不通的。“土木形骸”指的不该是长相，而是精神面貌。

竹林七贤的精神宝典是《庄子》，在《齐物论》开篇，塑造了一个南郭子綦隐机而坐的形象，弟子问：“形固可使如槁木，而心固可使如死灰乎？”

从此就发明了一个成语：槁木死灰，指的是打坐入定，神游天外的境界。

《庄子》中还有另一个成语，叫作“呆若木鸡”，出自《庄子·达生篇》：“鸡虽有鸣者，已无变矣，望之似木鸡矣，其德全矣；异鸡无敢应者，反走矣。”

这说的是齐宣王痴迷斗鸡，专门召来斗鸡高手为他训练。每过几天，就要询问训练进程，训鸡师说：“还不行，这只鸡斗志正胜，血气方刚，又骄傲又浮躁，趾高气扬。”

过了些天，训鸡师又说：“还不行，这鸡虽然沉稳了一点儿，但是对于别的鸡的啼叫和接近还是有所反应。”

“还不行，这鸡已经收敛多了，但是凶气仍会显露在眼神中。”

这样子过了整一个月，训鸡师终于说：“差不多了，这只鸡已经韬光养晦，即使是面对别的鸡挑衅啼鸣，也没有任何反应了，是一个合格的斗战胜鸡了。”

齐宣王过去一看，发现那只斗鸡被训练得就跟一只木头鸡似的，不由担心这样的木鸡能否应战。却没想到，一将它放进笼中，别的鸡连走近它都不敢，更别说应战了，只是怯怯地望了一眼，就逃也似的转身飞窜了，扑落一地鸡毛。

庄子认为，呆若木鸡，才能“德全”，正是斗鸡的最高境界。呆不是傻气，而是不骄不躁，敛精聚神，以静制动，是真正的王者风范，令人望之生寒。如此，方能不战而胜。

七贤雅好《庄子》，俱追求形神分离喜怒不入于心不形于色的境界，这叫作器量、涵养。

刘伶“澹默少言”“陶兀昏放”，忽忽悠悠，每天跟游魂一般，表情木然；而嵇康呢，沉稳庄重，面无表情，亦是神情木然。与他交往密切的王戎曾评价：“与嵇康居二十年，未尝见其喜愠之色。”

《晋书·阮籍传》也说：“（籍）傲然独得，任性不羁，而喜怒不形于色。”

甚至被人看杀的美男子卫玠亦是“尝以人有不及，可以情恕；非意相干，可以理遣；故终身不见喜愠之容”。

这还不是土木形骸吗？

所以，“槁木死灰”也罢，“呆若木鸡”也罢，“土木形骸”也罢，正是名士追求的虚静状态，也是竹林七贤共同的精神象征，这才是嵇康与刘伶貌异而神似的根本原因。

阮咸，不只是一种乐器

一

阮咸是一个人的名字。

阮咸也是一种乐器。

这两个不是并列关系，而是因果关系。

因为是先有了阮咸这个人，才有了阮咸这种乐器的命名。

换言之，就因为武则天在魏晋名士阮咸的墓中发掘了一种从没见过的乐器，才将其命名“阮咸”。

阮咸，字仲容，是阮籍的侄子，与阮籍并称“大小阮”，所以他能进入七贤的队伍，自然是沾了叔父的光。

杜甫有诗：“嗣宗诸子侄，早觉仲容贤。”便说的是这对叔侄了。

其实，阮籍的儿子阮浑本来也是想跟着老爹混的，但是阮籍不同意，理由是："仲容已豫吾此流，汝不得复尔。"意思是阮家子侄里有你表哥学我的做派已经够了，你就做个好孩子吧。

于是阮浑只有远远地羡慕地瞪着小眼睛，试图模仿老爹的一举一动。长成后，据说"有父风，少慕通达，不饰小节"，亦有文集著述，却远不如堂兄阮咸有名。

阮咸削尖了脑袋往七贤里钻，是因为嗜酒。而且，他大约也是吃药的，常常借醉佯狂，赤裸身体，和刘伶对着跳脱衣舞。

有一次，他以大瓮盛酒，很快就喝醉了，扶着瓮东倒西歪。一群猪闻着酒味儿凑过来，在歪倒的瓮中拱来拱去，阮咸大喜：同道中人——哦不，同道中猪啊！于是忙一骨碌爬起来，竟也撅高屁股，与猪兄弟们同缸而饮，来个人猪一家亲。

《庄子·大宗师》中说，列子下山，三年不出，宅在家里给老婆做饭，"食豕如食人，于事无与亲。"

阮咸向先贤看齐，这个待猪如待人体现得相当到位，就是酒鬼叔叔刘伶也不遑多让了。

刘伶曾经嘲笑别人"何为入我裈中"，而阮咸也曾有"曝裈"之举。

裈，就是合裆的短裤，也就是大裤衩。分两类：一类曰膝裈，四角，长及膝，外穿；一类曰犊鼻裈，三角，无裤管，内穿。

那么阮咸为什么会拿自己的大裤衩辣人眼睛呢?

原来，阮氏是个大家族，贫富悬殊，素有“南阮”“北阮”之说。阮籍、阮咸住在路南，这边的人都比较穷；而路北的阮姓人则多家境豪富，时人称之“北阮富而南阮贫”。

到了七月七日乞巧节，按风俗家家晒衣，可避虫蛀。路北的人家都晒出了绫罗绸缎，姹紫嫣红，烂然粲目，名为晒衣，实为炫富。

阮咸看了，便也拿根竹竿挂着条粗布做的犊鼻裤晒在院中。有人见了，觉得又奇怪又不雅，便问:“你怎么能把这不洁之物晒于庭中?”

阮咸学着叔叔阮籍的样子白眼一翻，淡淡地说:“今天是晒衣日，我也未能免俗，姑且应付一回罢了!”(“未能免俗，聊复尔耳。”)

彼时阮咸还在总角之年，已然这般特立独行，长大后自然更是怪诞，比叔叔还要任性不拘，纵情越礼。

阮籍在母丧期间醉酒吃肉，已经颇受人非议了；阮咸则更过分，居丧时，众亲属悉来吊唁，远嫁的姑姑也就是阮籍的姐妹也回家来了，还带着一个美貌的鲜卑婢女。

阮咸迷上了少女的异域风情，暗地里百般勾搭，甜言蜜语，颠鸾倒凤，竟将丧期当成了蜜月。

后来姑妈要回去了，本来答应把这个婢女留下的，不知怎么临行前改了主意，竟将婢女带走了。阮咸不顾身穿重孝，听说这件事后，借了客人的驴便追了上去，硬是追上姑妈，将婢女讨了回来，两人共骑一驴返回。

可怜那头驴，被迫当成快马来回跑了半日不说，还要一驴驮两人——哦不，三个人，因为婢女怀孕了。阮咸对自己不合礼仪的举动做出的解释就是："人种不可失！"

这个"人种"，就是后来的阮孚，阮咸的次子。孩子生下来后，阮咸特地给姑妈写了封信交代后续："胡婢遂生胡儿。"

特地提起是"胡儿"，大约婴儿有鬈毛等胡人特征。姑妈回信说："《鲁灵光殿赋》曰：胡人遥集于上楹。可字曰遥集也。"

可见，这位阮家姑奶奶也是位文理清通的才女。

二

从鲜卑妾一事可知，阮咸实在比不上自己的叔叔，学的只是皮毛，全无精髓。阮籍好色而不淫，能在酒馆老板娘身边睡觉而仍不及于乱，虽然在守制时饮酒，却也是真伤心，数度呕血，哪会有闲情勾引母婢呢？阮咸却在守丧期间行此淫邪之事，这不成贾珍和尤二姐了吗？

幸亏阮咸没什么了不起的仇家，否则若是有心人参上一本，如此不孝，他被杀头也是有可能的。

比如写《三国志》的陈寿，满腹经纶，才名卓著，可是就因为“遭父丧，有疾，使婢丸药，客往见之，乡党以为贬议”，从此坏了名声。

守制悼亲都伤心得病倒了，本来应该受到称扬才对啊，为什么反而被骂呢？就因为客人来时正看见丫鬟给他喂药，便落了恶名。因为守制期间应当不近女色，所以近身侍药的应该是男仆。又或许这婢女送药时与陈寿之间的互动失于暧昧，被客人瞧见了不雅，就此“塌房”。

细节无法臆论，但是“守制”之严苛由此可见一般。然而这比起阮咸在母丧期间使客婢怀孕，简直微屑得不值一提。

因此东晋戴逵《竹林七贤论》称：“咸既追婢，于是世议纷然，自魏末沉沦闾巷，逮晋咸宁中始登王途。”

陈寿尚且“乡党以为贬议”，阮咸自然更是“世议纷然”。有此污名，再想做官也就难了。

竹林老大哥山涛向来照顾晚辈，既有选官之便，遂向朝廷举荐阮咸，奏说：“阮咸贞素寡欲，深识清浊，万物不能移。若在官人之职，必绝于时。”

要知道，“山公启事”字字中肯，人人信服，在朝臣中是极有分量的，然而这一回却遭遇滑铁卢，被司马昭抓住了漏洞：阮咸在守制期间行淫，这还能叫“贞素”，叫“寡欲”，叫“深识清浊”，叫“万物不能移”？一个婢女就让他忘了孝，忘了礼，不识大体，移了性情，他有什么脸承担这样的美誉？

从前山涛荐官，司马昭几乎无所不从，这次却是理直气壮地驳回了，转头便任命了陆亮。

结果我们前面讲过了，陆亮以自己的受贿之举打了司马昭的脸，再次证明了山涛的“真香”理论；但是阮咸，毕竟还是被耽误了，沉沦街市，直到司马炎以晋代魏后才重新出仕。

不过，阮咸对这件事丝毫不后悔，至少在表面上是不在意的，反而大言不惭：“我虽失三公，然得遥集。”

这话说的，就好像没有阮孚这儿子，他就有本事位列三公似的。

三

话说阮咸如此浑不吝，怎么会跻身竹林七贤呢？如果只是醉酒佯狂，放浪不羁，可进不了竹林名士的“朋友圈”，就算有叔叔带契也不行。

能成为名士，总得有点儿过人之处。

阮咸在史上留下的资料不多，生卒年月亦不详，据说擅行草，曾为“三坟”作注，但都未能留下。其最为后世称道的成就在音乐。

他精通音律，善弹琵琶，并改良龟兹琵琶而创制了独特的曲项琵琶，也就是以他名字命名的“阮咸”，简称为“阮”，形似琵琶，四弦十二柱，竖抱弹奏。

以人名命名乐器，这是中外音乐史上的独一例。

音乐是魏晋名士的必备技能，嵇康、阮籍皆擅琴，能与真人孙登结交，也是因为琴。阮咸若非“妙达八音”，又怎能得到竹林人物的青睐？

阮咸通音律，擅作曲，曾于月夜闻笛声，叹息说：“客中月夜闻此声，使人断肠。”可知亦是多情人。他曾著《律义》，精通各种乐器，还留下了一支琴曲《三峡流泉》。

唐代四大女诗人之一的李季兰有诗《三峡流泉歌》：

> 忆昔阮公为此曲，能使仲容听不足。
> 一弹既罢又一弹，愿与流泉镇相续。

诗中所云阮公、仲容，指的就是阮咸。

然而成也音乐，败也音乐。他对音乐的精到体会与独特见解，被时人称为“神解”，这就和人称“暗解”的乐官荀勖结了仇。

荀勖曾为曹爽掾属，他没有受到高平陵波及，后来又做了司马昭的记室，屡进策谋，深见信任。他曾掌管宫廷乐事，负责调整律吕，修正雅乐。

有一次，他在路上听到赵地商人的牛铃声，便暗暗记在了心里。掌管音乐后，新造钟律，再三试听都觉得音调不协，就说："如果得到赵地的牛铃，音调必协。"遂下令让郡国都送牛铃来，果然调好音律。"暗解"之名，的确传神。

然而宴席之上，群臣争相夸赞音乐之妙时，阮咸无一句称赞，反而面露不以为然之色。荀勖忍不住问："仲容觉得这乐声如何？"

阮咸答："古今音尺长短不同，以今尺调乐，未免调子偏高，高则失协而悲，不合雅乐之正，恐悲德正至和之音。实非兴国之音，乃亡国之乐矣。亡国之音哀以思。"

荀勖大怒，暗暗记恨，遂将阮咸调任出京，出为始平太守。

这里要简单介绍一下古代音律的常识。

古时候，人们相信瞽者更能听风辨时，接收上苍的命令，方法是把各种不同长短的乐管分别定律，交给盲乐师来吹奏。不同的温度湿度下，律管会吹出不同的声音，这极细微的变化，盲师分辨得最为清楚，便会根据这音律来告诉大家，什么时候该翻地了，什么时候该播种了。

管中吹出的气流是风，人吹管发出风声，这就是天、地、人的融合，而瞽师就是通过吹音定律来聆听上苍的声音，接收自然的意志。

不同的季候有不同的风气，古时将季候分为八种，而每一种风都与一种音律相合，故有“八风”与“八音”之说。

佛教有“八风吹不动”“乐昌八音”等语，都是源自《周礼》而来；而《诗经》分为“风、雅、颂”三体，便因为“风”即是歌。

如今荀勖重造律管，是不是仍然要请瞽者听风辨器不可知，但是赖以考评的音尺定是与西周不同，演奏今乐尚可，演奏雅乐则失于音高。

这宗公案本来难有定论，巧的是，后来竟有农夫在耕作时，翻地挖出了一把玉尺，献于朝廷，经鉴宝专家考证，乃是周朝的玉尺，是天下至宝。

要知道，周公订礼制乐，著《乐经》，自此方有了华夏的礼乐文明，这也正是孔子删诗正乐，使“雅颂各得其所”的准绳。

如今《乐经》虽已失传，却得到了这把天下音乐的正尺，岂非大幸？

荀勖迫不及待地拿玉尺来校检自己修正过的钟鼓丝竹，发现都略短了一黍，这才想起阮咸的话，不禁感其神识，自愧弗如。

虽然阮咸的文字资料很少，然而现今流传的关于竹林七贤的绘画中，阮咸的形象却是最好认的，因为抱着曲颈琵琶的那位就是他了。

四

《世说新语·赏誉》有一则关于七贤后代的评说：

> 林下诸贤，各有俊才子：籍子浑，器量弘旷；康子绍，清远雅正；涛子简，疏通高素；咸子瞻，虚夷有远志；瞻弟孚，爽朗多所遗；秀子纯、悌，并令淑有清流；戎子万子，有大成之风，苗而不秀；唯伶子无闻。凡此诸子，唯瞻为冠，绍、简亦见重当世。

这是对各位“竹二代”的综合评价。以阮瞻为冠首，嵇绍、山简也都有令名，阮咸、向秀各有两个儿子上榜，只是王戎的儿子万子虽然看上去少年老成，可惜年十九而早逝。唯有刘伶神龙见首不见尾，关于子孙的履历也湮没无闻。

阮瞻，字千里，阮咸嫡长子，性情淡泊，清静无争。他不仅是竹林名士第二代，更是中朝名士的代表人物。他继承了老爹的音乐天赋，琴艺高绝。人们听说他擅弹琴，常来请教，他不论长幼贵贱，但有所请，必为之弹奏。这一点，倒是与他那个恃才放旷的老爹全然不同。

他的妻子姓潘，妻兄的来头比他可大多了，乃是古代四大美男之首的潘岳。潘岳最喜欢听阮瞻弹琴，每每来访，必请阮瞻弹奏，常常一弹就是大半天。

这是非常了不起的事，因为琴不像古筝那样弹拨时戴义甲，是用肉指弹奏的，往往接连弹上一两小时，手就会磨疼了。

然而潘岳却不知体恤阮瞻，只管请阮瞻一曲接一曲地弹，不管日落星晖。即便如此，阮瞻也毫无抱怨，只要你愿听，我便一直弹，从容平和至斯。

阮瞻的生卒年月不详，关于他的离世，有个非常玄奇的故事。

他平生坚持无鬼论，这夜忽然有客人来访，与他讨论鬼神之事。两人争论良久，阮瞻以辩才取胜，客人只得服输，却忽然一笑，说："论口才，我说不过你，但是论事实，你却不能否认鬼神。因为，我就是鬼啊。"说罢，忽变形状，转瞬不见。

阮瞻目瞪口呆，神色黯然。不久，他便病逝了，终年只有三十岁上下。

王戎，他曾有一双明亮的慧眼

成也桃李，败也桃李

一

文章写到这里，想来大家早已看明白，人物的排列顺序既无关于年龄，也不因为座次，而是依照死亡时间的先后。这样，比较有利于清晰地描述时代背景。

将山涛的人生与王戎的故事相结合，便可以完整经历从魏朝建国到西晋灭亡的全过程。

王戎（234—305），字濬冲，是七贤中年龄最小的一个，比大哥山涛足足小了二十九岁。

王戎出生时，还是魏明帝曹叡执政的时期，皇权牢牢掌握在曹魏手中。

一日，魏明帝召集臣民在宣武场看表演，特地运来一头关在栅栏里的猛虎。人们纷纷围观，指指点点，老虎忽然暴躁起来，猛地跃起攀住栅栏，咆哮一声，地动山摇，惊得众人哇哇大叫，四散奔逃。

中心广场上的观众潮水般退了下去，独独留下小王戎，淡定地背着小手“湛然不动，了无恐色”，以他单薄瘦弱的小身影演示出傲岸不群的大英雄姿态。

曹叡坐在高阁上，台下的情形一览无余，看到场上小儿，不禁诧异:“这是谁家的孩子?”

属下忙报:“是凉州刺史王浑的儿子，今年七岁。”

魏明帝点头赞叹:“原来是琅琊王氏，果然名门公子，少年英雄，神童啊。”

从此，神童之名不胫而走。

王家世族的远祖可以一直追溯到东周王室，故而以王为姓。秦朝时，武城侯王离在巨鹿之战中兵败被俘，其子王元、王威惧祸逃跑，后来就分别成了琅琊王氏和太原王氏的始祖。

当时秦二世胡亥派王离攻打赵国，有人说王离是世家名将，定能取胜；也有人说将军世家杀伐太重，第三代必有祸殃。后来，王离果然大败于项羽，被俘身亡，不过其子孙后代依然战绩彪炳，英才迭出。

到了魏晋时，太原王氏以王浑、王济父子为首，琅琊王氏则以王戎、王衍堂兄弟为代表，各领风骚。

郁闷的是，同一时期两大王姓里各有一个王浑，关于他们的事迹与身份，在史书记载中常常被混淆。王戎的父亲，便是琅琊王浑，字长源，生卒年不详，曾任凉州刺史，封贞陵亭侯，史称“有令名”，家风凛肃，配得上魏明帝一叹。

不过，魏明帝薨于公元239年，即便这故事发生在他临死前，王戎就加上在娘胎里的那一年，也还未到七岁；而曹叡薨后，傀儡小皇帝曹芳即位，不太可能有魄力弄头老虎来召集臣民观赏。

所以，如果这故事是真的，那就是王戎六岁时的壮举。

与这故事并记于《世说新语·雅量》的，是关于李子的传说。

一日，王戎同小朋友们在路边玩耍，骑竹马折柳条呼啸而过，忽然看到路旁一株大李树，上面果实累累，小灯笼似的煞是好看。小伙伴们仰望着李子，口水都流下来了，纷纷摩拳擦掌，爬树的爬树，扔石头的扔石头，只有小王戎淡定地背着手站着，一如对着笼中老虎，只看不动。

众人不解，问他：“你怎么不去摘李子呀？”

王戎答：“这棵李树长在大道旁，如果好吃的话，早就被人摘光了，所以这李子肯定很苦。”

这时候小伙伴们也费尽力气好不容易弄了几颗李子下来，尝了一口，都“呸”一声吐了出来，龇牙咧嘴，那个苦啊，还真是难以形容，不禁纷纷向王戎投去了敬佩的小眼神。

王戎这份缜密的思辨能力和淡定的处事态度，很多成人也未必能及，更何况还是个好吃好奇的五六岁孩子，着实令人赞叹。

魏晋是个盛产神童的时代，四岁让梨的孔融是这样，五岁称象的曹冲是这样，七岁拒李的王戎自然也是。

二

王戎渐渐长大，果然聪慧明敏，神采秀彻，既长于清谈玄老，又擅于手谈围棋，鉴评人物更是观点独到，形容准确。

锺会将其与“玉人”裴楷并称，向司马昭举荐说：“裴楷清通，王戎简要。”

而裴楷本人则拜服在王戎一双炯炯有神的大眼睛下，形容他“戎眼烂烂，如岩下电”，意思是说王戎是个目光如炬的阳光少年。

据说，王戎可以直视太阳而不目眩，单单这一条已经堪称奇人。

而王戎能走进七贤的圈子，全赖另一个有“异眼”的阮籍的引荐。两人一个眼能视日，一个可以随意调度青白眼，能够看对眼了，也是不容易。

阮籍本与戎父王浑是同僚，一日来王家做客，进门时正看到王家父子在对弈。王浑看见阮籍进来，正想出声，阮籍却打手势让他不要作声，然后悄悄走到背对着自己而坐的王戎身后，观棋不语。

从王戎的纵横应对中，阮籍深深感受到这个少年不同寻常的心胸丘壑，叹为观止。这之后，阮籍每每来王家，只是同王浑打个招呼，便去找王戎说话，而且毫不客气地对王浑说：

濬冲清赏，非卿伦也。共卿言，不如共阿戎谈。

要知道，王浑好歹也是世袭的贞陵亭侯呢，身份官位比阮籍高，而阮籍上来便说，你儿子比你有意思多了，跟你说话还不如陪小子聊天，真是太不给王浑面子了。好在王浑也了解这位同僚的脾气，并不同他计较，一笑置之。

王戎自然是愿意跟着这位风流倜傥才华横溢名冠京都的才子伯伯玩耍的，小尾巴一样追着他，认识了酒肆里美丽的老板娘，也认识了竹林中潇洒的诸贤士，幸福出圈。

那是他少年时代最光辉璀璨的记忆。

那一年，王戎十五岁，阮籍三十九岁，山涛四十四岁，而嵇康、向秀诸人都在二三十岁间，正是最风神俊朗意气飞扬的时候。而眼神明亮的天才少年王戎夹在一群不修边幅的名士间，不知多受宠。

近半个世纪后的一天，已经成为尚书令的王戎华服轺车，经过洛阳黄公酒垆时，忽然指着破败的屋门对同车人叹道：

> 吾昔与嵇叔夜、阮嗣宗共酣饮于此垆，竹林之游，亦预其末。自嵇生夭、阮公亡以来，便为时所羁绁。今日视此虽近，邈若山河！

这非常感性的一番话，成为“竹林七贤”散伙后最悠长的余韵。

作为“七贤”中的老幺，王戎当年跟着一帮比自己大了十几二十岁的神仙人物厮混，曾经在这里饮酒赋诗，也曾随他们啸傲竹林。而今物是人非，幽明永隔，酒垆犹在，而斯人已成彼岸幽花，永不相逢。自己更是羁身官场，清华不再，再看到旧时遗踪，梦影残痕，怎能不起今昔何夕之感？

没了黄公酒垆，还可以有绿公酒垆、红公酒垆，可是一代风流嵇康与阮籍却往哪里去寻呢？

病入膏肓的守财奴

一

《世说新语·德行》：

> 王戎父浑，有令名，官至凉州刺史。浑薨，所历九郡义故，怀其德惠，相率致赙数百万，戎悉不受。

《世说新语》共分三十六章，是一部魏晋名士的百科全书，充满庄老意趣。但是起首四章的章目，却是以“孔门四科”为题，分别为：德行、言语、政事、文学。其中《德行》共四十七篇，《言语》一百零八篇，《政事》二十六篇，《文学》一百零四篇。

“德行”虽列第一，事迹却偏少，“政事”一门就更是少得可怜，而且有些案例根本算不上多么正面。单从章目，已可知魏晋名流重机辩而轻实务，既不重德行，也不干正事。王浑父子能在《德行》中占上一条，实属不易。

令名，就是好名声。这是说王浑一生为官，最高做到凉州刺史，官声清明。他死的时候，在各州郡做官时的故交旧属都怀念他的德行，众筹了几百万钱作为奠仪助丧，然而王戎却谢绝了。

这件事传遍朝野，人人赞服。

按说王戎既有魄力拒绝几百万的奠仪，本该是视金钱如粪土的性情才是，然而恰恰相反，他竟是中国历史上首屈一指的守财奴。

通常，人们说起守财奴来，第一个总会想到葛朗台。可是跟王戎的悭吝贪财比起来，葛朗台只能算幼儿园水平，还是小班的。

关于王戎悭吝的段子，《世说新语》中连记数条。说他娶妻后，最喜欢的闺中游戏不是描眉，不是簪花，而是数钱，挑灯夜战，手执牙筹，数了一遍又一遍，仿佛钱能越数越多。

这实在让人有点儿想不通。因为王戎出身名门，从来没缺过钱，为什么会这样没有安全感呢？这个半夜数钱数到手抽筋的王戎，和那个拒绝赙仪数百万的王戎，真的是同一个人吗？

可惜史料查不到王浑过世的具体年代，也就不知道这是发生在几时的事情。莫不是为父亲办葬礼办得家穷了，才让王戎从此悭吝起来？又或者，真正喜欢数钱的其实是他的妻子，王戎不过是妇唱夫随，以牙筹代眉笔，陪伴娇妻？

不管怎么说，王戎夫妻的感情真的是很好的，书上有明录：

《世说新语·惑溺》：

王安丰妇，常卿安丰。安丰曰："妇人卿婿，于礼为不敬，后勿复尔。"妇曰："亲卿爱卿，是以卿卿；我不卿卿，谁当卿卿！"遂恒听之。

王戎后来得封安丰县侯，因此世人又称其为"王安丰"。

按照旧时礼法，妇人应称丈夫为"君"，丈夫对妻子或对好友才可称"卿"。但是王戎妻子却偏偏喜欢用"卿"来称呼他，因此王戎说："你这样称呼我于礼不合，可要记得下不为例了。"

然而戎妻不以为然，当即娇声反驳，说我爱你才会称呼你亲爱的，如果连我都没有资格喊你甜心，那谁还配喊呢？

真是好有道理哦！王戎只得在这一段绕口令般的娇人娇语中败下阵来，由得妻子一声一个卿卿地呼唤自己，而一句嗲声叠字的"卿卿我我"的甜蜜成语也就这样横空出世了。

王戎与妻子虽恩爱，子嗣却不丰，只有一子一女，儿子王绥，小名万子，所以又称王万。长得倒也俊美，可惜患有肥胖症。

王戎很疼爱儿子，可是更疼钱，觉得胖有什么可怕的，少吃点儿就是了，不但省了药钱，还省了粮食，岂非双赢？于是天天给儿子吃糠，数着日子盼他瘦下来。可是数来数去，没看到儿子瘦，却等来了儿子年仅十九而早卒。

这可是唯一的嫡子啊。王戎痛不欲生，哀毁销骨，抱着儿子哀哀哭泣。好友山简，也就是山涛的儿子去看望他，见状安慰说:“孩抱中物，何至于此?”

前面说过，七贤讲究个土木形骸的范儿，要的就是喜怒不入于胸次，不显于颜色。大家都是精读老庄的人，应该看穿生死才是，何不学太上忘情？庄子丧妻，鼓盆而歌，何等洒脱。阮籍丧母，还照旧下棋呢，如今王戎不过是死了儿子，又何必感伤呢?

王戎却悲伤地摇摇头，流着泪说出了一段可歌可泣的警语来:

> 圣人忘情，最下不及情。然则情之所钟，正在我辈。

这句话，比他妻子的“卿卿我我”更加感性，意思是那些得道的圣人的确能做到齐同万物，无畏生死。但是我还没有成圣，只是个凡人，做不到遗落形骸；若只是愚下之辈也罢了，彼等粗陋，多半麻木无情；所以真正多情的正是我等高智商高情商而未及成圣之名士也!

从此，这句“情之所钟，正在我辈”便成了名士风流的情之宣言。

不过，也有版本说这话其实是同样出自琅琊王氏的王衍说的。因为王衍丧的是幼子，故可称“孩抱中物”，而万子死时已经十九岁，已经不是孩子了。

但不论怎么说，王戎除了智商高，情商也是够高的。当然，财商更高。

二

史书佚闻会将王戎与王衍搞混，除了两人都曾经历丧子之痛外，还因为他们是堂兄弟，本就关系亲近。

两人曾在荆州共事，与征南大将军羊祜不睦。尤其王戎还差点儿因罪被羊将军军法处置，自是结下了死仇。因此两人就和那位“暗解”荀勖一样，到处说羊祜坏话，以至于民间流出一句俗语:“二王当国，羊公无德。”意思是以德行闻名的羊祜，遇上王戎、王衍当权的世道，也会失去令名。

以此来看，竹林同道中，王戎的德行实在算不上好，忝列七贤，不过是因为魏晋风气重才不重德罢了。

王戎最缺德的表现，还在于他因为儿子生前倾慕裴家女郎，曾有婚娶之意，竟在王万死后，不许别人向裴家求婚，以至于好端端一个如花似玉的女孩儿，就这样在空闺中被耽误了一生，孤独终老而无人敢娶。

这份狠劲儿，跟锺会逼迫兄长过继两子给自己有一拼，难怪两人惺惺相惜。

除嫡子外，王戎还有一个庶出子。但是他与嫡妻感情很好，加上生性悭吝，不难猜想对待小妾与庶子态度之恶劣，自然也养不出好孩子来。

史上没有关于王戎庶子的资料，不知是真的才德不堪，还是王戎偏心看不上，又或是王妻娇蛮好妒，总之王戎不舍得让庶子袭爵，硬是放着亲生儿子不理，向从弟阳平太守王愔家过继了个儿子为嗣。

这个过继的法子，不知道会不会也是向锺会学的。

锺会十分欣赏王戎，不但向司马昭举荐他和裴楷一同成为掾属，还曾预言：“后二十年，此二贤当为吏部尚书，冀尔时天下无滞才。”

事实证明，锺会预言成真了。

而王戎对于锺会的预言，也是同样神准。锺会伐蜀前，曾特地向王戎道别，还问他可有灭蜀良策。王戎神叨叨地说了四字古语：为而不恃。意思是战胜并不难，难的是保持成果。

后来，锺会与姜维对峙于剑门，邓艾偷袭得胜，刘禅降晋，大获全胜。然而锺会却在成功后意图谋反，以致被部下所杀。时人论起王戎预言，都赞他明识远见，不愧有一双能够看透世事的慧眼。

三

王戎之所以在《世说新语》中占据偌大篇幅，最主要的原因还是关于俭啬。世人对于他各种清新脱俗的悭吝之举已经无语了，只能说这是一种病，而且还病得不轻，谓之“膏肓之疾”。

他的女儿嫁给了司空裴秀之子裴頠（wěi）为妻。裴頠出身名门，学问渊博，曾著《崇有论》闻名当世，亦是名士风流。

当时有“八裴方八王”之说，裴王两家可谓西晋最顶流的两大家族，这亲事堪称门当户对，天造良缘。这样的世家婚礼，自然要大办。可是裴頠一时钱不凑手，便临时向王戎借了几万块钱筹备婚宴。

这件事让王戎简直坐卧不宁：女儿出嫁是有妆奁的，女婿还又跟自己借钱。那钱是借的吧？不在嫁妆单子上，不能算娘家赞助的吧？有借，可就得有还呀。

因此，每每女儿女婿回门，王戎都鼻子不是鼻子眼睛不是眼睛地沉着张脸。裴頠很奇怪，大凡女子回娘家，家人不是应该很高兴的吗？怎么岳父大人的脸会黑得铁炭一般？

还是王戎女儿知道父亲心意，赶紧催促丈夫说：“你借我爹的钱还没还呢，如果手头方便，就赶紧还了吧。”

裴頠恍然大悟，赶紧如数奉还，道谢连连。王戎立即多云转晴，眉开眼笑，这才有了点儿举家团圆的意味。

亲父女还要明算账，对待侄子，王戎自然就更加没有情面可讲了。

侄子结婚，王戎不舍得给礼金，就送了一件自己不穿的单衣做礼物。可是后来想想，送衣裳也还是肉疼的，便又特地上门说："你婚已经结了，衣服是不是应该还给我了。"硬将旧单衣给讨了回来。亏他开得了口！

而王戎最让人无语的行径还在于，家里那么有钱，却从来不舍得花钱，也不舍得吃穿。

王戎家的庭院中有棵大李树，品种极好，颗颗李子又大又甜，但他眼睁睁看着，却不舍得吃，当然更不会让别人吃，为啥？因为他想用李子卖钱。

但是转念一想，又纠结起来：别人买了李子，将李核种下，不就可以自己也种出这么好的李树来吗？这可怎么办？

王戎无愧神童之名，还真想出了一个奇葩逆天的主意来：如果李核坏了，不就没办法种了吗？

于是，他也顾不上数钱了，再次喊上擅于熬夜的妻子挑灯夜战，不厌其烦地一颗颗给李子钻洞，钻透果核，让别人无法获得果仁。

一个才思敏捷文武双全的将军、文人，点灯熬油竟然不是为了读兵书、做文章，却是为了钻果核，难道他不知道“时间就是金钱，时间就是生命”吗？

那一颗颗带着洞眼的李子卖出去后，王戎惜财如命的守财奴名声也就跟着流传了出来，完全遮盖了当年目光如电气度如雪的天才少年的光辉，而且流传了两千年。

这可真是成也桃李，败也桃李啊！

四

《世说新语·排调》：

> 嵇、阮、山、刘在竹林酣饮，王戎后往。步兵曰：“俗物复来败人意！”
>
> 王笑曰：“卿辈意，亦复可败邪？”

《世说新语》中写七贤的故事都是分头点缀，或是两三人共描，很少有七个人在一起的时候。唯有这则中虽然只提到五姓，但是“阮”可以同时包含阮籍和阮咸叔侄，而向秀不擅饮酒，可不计，所以四舍五入，七个人也勉强算齐了。

显然这时候王戎已入官场，而阮籍则还装病赋闲，因此才有底气嘲笑王戎是俗物，说：“这俗东西又来败兴了。”

王戎年纪虽小，气量却大，闻言不以为忤，反而笑说：“以你们几位的胸襟洒落，超脱随性，也能被人败兴吗?”

明明是阮籍带王戎走进竹林朋友圈的，为什么倒又这样看不上他呢?

想来，这次聚会发生的时间较晚，嵇康过世时，王戎已经年近而立，不再是从前那个聪明可爱的阳光小弟了。他小时候长得清俊，但是只长心眼不长个子，年龄大了还是身材短小，站在嵇阮一班神仙人物中间就有点儿“鸡立鹤群”。而且王戎热衷官场，吝啬非常，越大就越不招人待见，他尤其擅长理财，大量收购四面八方的园田及水力磨坊，一身铜臭，故被阮籍斥为“俗物”。

当然，阮籍这样说，多少也是倚老卖老，恃熟杀熟。

王戎与山涛年龄足足差了三十岁，但这两人却是在朝堂上相伴最久的同僚，一同经历了三国统一。

山涛是反对灭吴战争的，王戎却在279年亲赴战场指挥，率大军至长江边受降，并渡江安抚新归附的吴国百姓，宣扬晋室恩德，遂于当年底因功进封安丰县侯。

他自己才名远播，故而也很能结交名流，拉拢士人，卓有成效。对于竹林小伙伴们也颇为念旧，任建威将军期间，他特地招募刘伶为幕僚，公款提供酒友吃喝；后历任侍中、吏部尚书、太子太傅、中书令、尚书左仆射等职，并领吏部事务，于元康七年（296）升任司徒，还顺手提拔了“竹二代”阮瞻。

王戎任司徒的时候，阮瞻求见，王戎问：“圣人贵名教，老庄明自然，其旨同异？”

阮瞻回答说：“将无同？”

于是王戎咨嗟良久，即征辟阮瞻为“掾吏”，这官儿来得太容易，因此成了一个著名典故，叫作“三语掾”。

“将无”二字是语气助词，表示不大确定的意思。如程大昌云：“不直而同，而云将无同者，晋人语度自谓也。”

总之，阮瞻的回答其实就是一个字“同”，却特地说得含糊婉转，晋人将此视作一种风度。

这个故事还有另一个版本，主角换成了阮修与太尉王衍。不论如何，晋人的价值观可见一斑。

这样有情商、有智商、有财商，文武双全的王戎，如果活在太平盛世，凭他的政治手腕和精到眼光，定能活得自在安乐，一生顺遂，逍遥到老。

只可惜，他生逢乱世，而且还是西晋末年最动荡的“八王之乱”时期。这让他为了明哲保身而无所作为，纵有万贯家财，田地资产遍天下，却仍然免不了颠沛流离，最终客死异乡。

终究还是四个字：生不逢时。

乱世里的不倒翁

一

太熙元年（290）四月，晋武帝司马炎薨，临终命岳父杨骏为太傅、大都督，掌管朝政。傻儿司马衷即位，史称晋惠帝。

司马炎一死，杨骏便与女儿杨芷里应外合，篡改诏书，独揽大权，排斥皇室，凌驾于傻皇帝司马衷之上。

司马衷（259—307），史称晋惠帝，其“著名格言”是：“何不食肉糜？”

原来，彼时某郡发生饥荒，饿殍遍野，连草根树皮都被挖食光了。消息报到京中，惠帝想了想，很天真善良萌地建议说：“百姓们没有米饭吃，也不需要吃草根啊，为什么不吃肉粥呢？”

这么个皇上执政，国家还能好得了？

此时的政局，《晋书》称之为“闇主虐后之朝”。闇主自然是司马衷，虐后则指皇后贾南风。

为了争权，贾南风秘密联络汝南王司马亮、楚王司马玮、淮南王司马允，借刀杀人，以谋反罪杀了杨骏，废皇太后杨芷为庶人，囚禁于金墉城中，以至杨芷被活活饿死。

历史上祸国殃民的“八王之乱”就这样开始了，而这距离司马炎之死不足一年。

所以说晋朝的平稳繁盛仅仅发生在开国皇帝司马炎这一朝，开端即巅峰，之后就是一直下坡路了。

贾南风在诸王之间搅风搅雨，与天斗与地斗与人斗，越斗胆子越大。元康九年（299）十二月，她干脆拿出一张潦草无序的“反书”为据，提议废太子。

司空张华亦上谏曰：“此国之大祸，自汉武以来，每废黜正嫡，恒至丧乱。且国家有天下日浅，愿陛下详之。”

此时，作为太子太傅的王戎理当直言劝谏，然而他却明哲保身，“苟媚取容”一言不发。

王戎的堂弟王衍，更是太子的岳丈，此时非但没有站出来仗义执言，反而急着划清界限，让女儿与太子和离。

这对堂兄弟面对大是大非时的怯懦退缩，是后世史家针砭诟病的一个重要原因。

反而是王戎的女婿尚书仆射裴頠仗义执言，要求比校太子手书，恐有诈伪。

然而司马衷听任贾南风专权，不予理会，到底还是将太子废了。

愚蠢的皇上就像是一块美味的蛋糕，谁都想凑上去啃一口。尤其是皇帝痴傻，皇位继承人却悬空，这无疑让诸王看到了良机。于是，赵王司马伦、齐王司马冏、成都王司马颖、河间王司马颙、东海王司马越、长沙王司马乂，纷纷发起进攻，争利夺权，自相残杀，你方唱罢我登场。

“八王之乱”历时十六年，其过程烦冗复杂，细说起来，只见满纸司马飞来舞去，怕会扰乱了读者的眼目与心神。所以，先给司马家排个辈分表，其中只涉及我们书中提到的几位重要人物，让大家先有个基本印象。如果分不清也没关系，只要记住一个字——“乱”就对了！

第一代：司马懿；

第二代：司马师、司马昭、司马亮、司马伦；

第三代：晋武帝司马炎、东海王司马越、司马颙；

第四代：晋惠帝司马衷、晋怀帝司马炽、司马玮、司马乂、司马冏、司马允、司马颖；

第五代：愍怀太子司马遹。

司马懿共有九个儿子，其中司马亮为四子，司马伦是最小的一个。也就是说，这两位乃是晋武帝司马炎的亲叔叔，惠帝司马衷的叔祖，太子司马遹的曾叔祖。卷进这场动乱的足足包括了司马家四代王子王孙，真是好一个“四世同堂”！

司马伦先是投靠贾南风，堂而皇之地进京夺权。待帮着贾南风害死了杨骏与太子后，便翻转面孔，利用太子余党对贾南风的仇恨，站在道德至高点上大旗一挥，发起逼宫，将贾南风废为庶人，并诛杀了一直对自己不满并深知内里的司空张华、尚书仆射裴頠等人。而作为贾后党羽的潘安、石崇等亦被杀，夷三族，司马伦所为，简直就是一次小型的“高平陵之变”。

历史的一次次重复，必将走向一次次的颠覆，从来都没有意外。

永宁元年（301）正月，司马伦自立为帝，奉司马衷为太上皇。

这真是历史上最荒诞搞笑的封号了。因为从辈分上来说，司马伦应是司马衷的叔祖，现在倒要奉这位大孙子为太上皇，用一句话来说明，就是“爷爷管孙子叫爹爹”。真是太混乱太荒唐太肮脏了！

更搞笑的是，司马伦登基后，为了笼络朝臣，答谢亲友，便大封文武百官，“奴卒厮役亦加以爵位。”

通常皇帝身边的侍中、散骑、常侍等一级高管，最多只有四位，然而司马伦竟然一口气封赏了近百人，以至于官服官帽都不够用了。工匠们日夜加班，虽然将冠袍赶制了出来，可是官帽上需要插上珍贵的貂尾做装饰，宫中的贮备不够用，就是想采购也一时凑不及啊。没办法，匠工们只得拿狗尾巴来凑合，于是民间笑称：“貂不足，狗尾续。”

这就是“狗尾续貂”的来历。

煌煌大晋，注定走向灭亡。

而这一切动乱的祸端，正是晋朝开国皇帝司马炎。

二

“疾风知劲草，板荡识诚臣。”乱世中多的是浑水摸鱼的不倒翁，却也从来不乏燕赵悲歌的忠义士。王戎的女婿裴頠便是一名忠义士。

裴頠（wěi，267—300），字逸民，河东钜鹿公裴秀次子。为人雅量深宏，通古博今，少有才名，德望素高。曾著《崇有论》，与“贵无论”的正始玄学相对抗，对“仕而不事”提出批评：

> 处官不亲所司，谓之雅远；奉身散其廉操，谓之旷达。

其实，反对将儒教与自然对立起来的，早有乐广名言：“名教中自有乐地。”此语在当时名流中影响极大，并直接将魏晋名士分为了“清流”与“浊流”两派。

而裴頠，就是西晋时期典型的“清流”，难得的实干家。对于当时权贵们放浪形骸于外，蔑弃礼仪于内的虚无主义十分不满，曾经高喝：

礼制弗存，则无以为政矣！

这两句话，是对于以王衍为首的清谈家们最真实的写照与批评，饱含着裴頠对执政者放任无为的愤怒与忧虑。举国上下，尚奢靡，轻政事，明明做着官，却高枕横卧，以兢兢业业克尽职守为耻，而视纵情违礼任诞放荡为荣，这国家哪有不亡的？

裴頠是贾南风的亲戚，但从不以外戚自居，也从无人说他是因为姻亲而晋升，却唯恐他不居高位。贾南风专政，裴頠曾多次拜托姨母郭槐劝诫贾后善待太子，可惜贾南风一意孤行，完全听不进老人言。

裴頠敏锐地预感到天下大乱将至，于是又私下与司空张华等商议废后，反而是张华等不肯冒险。

赵王司马伦进京后，与贾后狼狈为奸，独断专行，裴頠、张华等人一再阻止司马伦夺权，对其从不假以辞色。因此司马伦对二人恨之入骨，后来谋图篡位，就趁着废后的机会连坐外戚，把裴頠也杀了。裴頠终年三十四岁。

这位贾后的姻亲，从没有攀附贾南风做过任何恶事，却偏偏死在这个最无辜的借口上，实在冤枉。

反观裴頠的岳父王戎是怎么做的呢？

这位拥有慧眼的昔日神童，早在动乱之初便隐身匿迹，因此逃过了杀身之祸；只是因为受女婿连坐而丢官，但是在惠帝复位后便又重新被任命为尚书令，后迁司徒。

也就是说，王戎不但在这次大政变中毫发无伤，就连职称也只不过停薪一年便又拿回来了，照样高居司徒之位，当真是官场不倒翁。只可怜了王小姐，年纪轻轻就做了寡妇，也不知道资产遍天下的王戎肯照拂她否。

东晋隐士戴逵评价得当：

> 王戎晦默于危乱之际，获免忧祸，既明且哲，于是在矣。

“竹林七贤”除了嵇康外，大多都是成天喊着“我要归隐”的口号，却一直沉浮于官场的。向秀“在朝不任职”，阮籍上班为喝酒，刘伶和阮咸也是只做和尚不撞钟，反复徘徊于仕隐之间的，只有山涛和王戎是认认真真地当差，兢兢业业到老，最终都达到了“位列三公”的殊荣。

其中，又以王戎的仕途最为平顺。他先是在王浑死后承袭父爵成为贞陵亭侯，接着被司马昭辟为掾属，深得重用。后来他一路高升，历经“八王之乱”仍不耽误升官，终于位列三公，寿终正寝，堪称是明哲保身的典范。

三

要说司马衷也真是可怜。因为痴呆，他登基后形同摆设，先是由太傅杨骏辅政，后来又由着皇后贾南风牝鸡司晨，再后来被叔祖司马伦夺了帝位，莫名其妙当了几天太上皇，被囚禁于金墉城。

301年，齐王司马冏、成都王司马颖、河间王司马颙、常山王司马乂等起兵声讨，杀死司马伦，迎惠帝复位。

于是，司马伦只做了两个月皇帝就又让位了，还真是狗摇尾巴长不了。

司马冏这么做自然不是为了勤王，而是想自己掌控大权。于是，之前与其联手起兵的成都王司马颖、河间王司马颙等便又反过来讨伐齐王，而司马衷则被当作傀儡，由着诸王辗转挟持，不停被各位爷叔兄弟推来搡去。

一日上朝，司马冏向王戎问计。王戎这天也不知道出门时吹了什么风，一时忘了圆滑，竟然实话实说起来，认为司马冏自从诛杀赵王伦、拥惠帝反正以来，赏罚失当，失却人心，建议司马冏撤回自己的封地，以示无私，尚可保住王位。

这个主意有点儿馊。要知道，当年司马懿兵围曹爽时，曹爽就是抱着这种侥幸心理而没有及时带着曹芳远走他乡，另立山头，而想着把兵权交与司马懿，自己退朝做个富家翁，才会被司马懿清洗的。

如今王戎出的这个主意，岂不是让司马冏走上曹爽的老路？

于是司马冏的心腹大声怒斥："汉魏以来，王公就第，宁有得保妻子乎！议者可斩。"意思说王公失势归府，焉能全命保身？说这种话的人该杀！

此话一出，群臣皆惊。不过是议个政嘛，就算说错什么，也不用死吧？这还有人敢说话吗？

王戎更是吓得两股战战，唯恐司马冏真会在盛怒之下一挥手要了他的脑袋，不等司马冏开口，赶紧苦着脸说："禀告大王，我因为刚服了寒食散，药力发作，有点儿脑子不清爽，肚子也不舒服，须得马上如厕，可否回来再受罚？"说罢不等司马冏发话，夹紧两腿踩着木屐歪歪扭扭"咯咯噔噔"地跑了。

司马冏看到他那个狼狈的样子，只得先放他离开。谁知过了好一会儿还不见王戎回来，倒诧异起来：难道他还敢跑了不成？遂命人去探，却回报说："尚书令跌进茅坑里了！"

司马冏大笑，挥手令人赶紧送王公去清理，这件事也就不了了之了。

为了避祸，连茅坑都敢跳，王戎这个"屎遁"的功夫也是没谁了。

然而，俗话说得好："常在江湖飘，哪能不挨刀。"王戎不敢奢望自己每次都能这样幸运，此后随波逐流，以春秋人物蘧伯玉为偶像，不复以世事名节为意，只以游玩山水为乐。

也许，这时候他就已经有了逃离的念头。

尤其随着司马越加入，战局更加混乱。包括王戎在内的群臣随着晋惠帝漂泊奔逃，一会儿被司马越挟至邺城，一会儿又被司马颖挟至洛阳，身不由己，朝不保夕。

304年，东海王司马越奉惠帝北征司马颖，王戎等百官随行，大败于荡阴。眼看司马颖的军队接近銮驾，百官四散奔逃，唯有嵇绍端正冠带，跳上龙辇，以身挡在惠帝之前，任由箭如星雨般将他穿成了靶子，鲜血溅上惠帝的龙袍。

很难说，如果不是嵇绍，司马衷会不会像当年的曹髦一样，真的就在众目睽睽之下被叛军射死在御辇上。毕竟，这样明目张胆的弑君之举，在历史上还是非常罕见的。

后来，侍嫔们为皇帝更衣时，司马衷掩面叹道："这件衣裳不要洗，它上面有嵇卿的血。"这是这位弱智皇帝一生中说过的最有情商的一句话。

王戎亲睹了这位世侄兼同僚的死亡，这一刻，他可有想起昔日竹林中那些婉转的琴声？

不知道是不是这件事给了王戎太大的刺激，那以后，他忽然又变得淡定了。王军多次与乱军正面交锋，王戎始终淡然无畏，“在危难之间，亲接锋刃，谈笑自若，未尝有惧容”，仿佛又回到了少年时面对猛虎而神色不变的阳光少年。

之后，在张方劫持惠帝入长安途中，王戎走失——或者说，是刻意地伺机逃走，出奔郏县。

永兴二年（305），王戎在郏县去世，终年七十二岁，谥号“元”。

而晋惠帝司马衷落到了东海王手中，虽然仍是傀儡，却不能保身，于307年被司马越一杯毒酒结束了悲惨懵懂的一生，终年四十八岁。他枉做了半世皇帝，却真没过过几天舒心的日子。

这明明是一个讲求老庄崇尚无为的时代，痴呆皇帝司马衷能说出“何不食肉糜”这样的蠢话来，够天真无为了吧？够“复归于婴孩”了吧？辗转于数位权臣之手，够随顺俯仰的了吧？最终却还是逃脱不了被毒杀的命运。

乱世山崩，没有一片雪花是无辜的，无论儒道，都救不了世。

番外篇

贾南风，女人的战争

一

很多年前，我在我的第一部历史小说《后宫》中写过：

永远不要忽视女人在历史中占据的地位。当男人在前线厮杀震天，在前朝争权夺位时，女人则在后宫翻手为云，覆手为雨。

她们往往才是历史的真正撰写者，她们的一颦一笑，操控了政治的旗帜，左右了历史的车轮。

也许历史的传奇、朝廷的恩怨、政治上的翻云覆雨，以及天地间的改朝换代，都不过只是为了成全一个女人的妒忌罢了。

一个嫉妒的女人是可怕的；如果一个妒妇同时还很泼悍就是一场灾难；如果这个嫉妒的悍妇竟是一个皇后，那就真是大祸临头了。

偏偏，大晋朝就遇上了这样一个悍妒的败家皇后——贾南风。

说到这里真是不理解司马炎，一手创建了晋朝，怎么就那么想不开，特地在二十几个儿子中精心挑选出一个傻儿子来，还要巴巴地为这傻儿子配个奇葩媳妇，这是生怕自己的江山不败吗？

司马衷大婚时只有十三岁，新娘贾南风（257—300）比他大三岁，刚刚及笄。也不知道司马炎为什么那么急。

《晋书》称，贾南风“短形青黑色，眉后有疵”，她个子矮，皮肤青黑，眉毛还缺一块，有道疤痕，更加显得凶相。事实上，她也的确凶悍任性，撑天撑地撑社会。

也就是说，贾南风除了性别是个女的之外，容貌并不出众，搁在后世选秀，就是做宫女都没资格。她能够成为太子妃，完全靠拼爹——她爹是贾充。

还记得弑君奸人贾充（217—282）吗？其平生最高调的表演就是指使成济杀死了曹髦，经典台词是：

公畜养汝辈，正为今日耳！（《晋书》）

贾充的母亲柳老夫人重节义，每每提及曹髦之死，便大骂成济背主，却至死都不知道这件事的始作俑者其实是自己的亲儿子。贾充每每听到母亲拍着大腿有板有眼地斥骂奸臣，便侍立在旁默然不语，脸上红一阵白一阵，却始终不敢插嘴，更不敢说明真相。

只是苦了左右，各个捂嘴窃笑，憋到内伤。

271年，河南尹庾纯等人以贾充奸佞而奏请皇帝，想调贾充出京，镇守长安。贾充在荀勖的建议和助推之下，将女儿贾南风许给了太子司马衷，并借婚事使得出镇计划搁浅。但是他和庾纯的仇，却就此结下了。

不久后，贾充设家宴，特地邀请了自己的政敌庾纯，想找机会给他难堪。

果然，庾纯刚到，贾充便发难说：

> 君行常居人前，今何以在后？

原来，庾纯祖上曾有人当过伍伯，常为达官导引，所以贾充便讥刺庾纯说，你家的家风不是应该走在队伍最前面的吗？今天怎么迟到了？

拿着人家的祖宗说事儿，是极大的羞辱。然而庾纯也是口才敏捷，立刻反唇相讥：

旦有小市井事不了，是以来后。

原来，贾充祖上曾为市魁，也就是管理市场的小吏，地位低下。故而庾纯故意说刚才有些市井小事纠缠不休，所以迟到。

贾充一张脸涨成猪肝色，却不便发作。后来喝酒时，照规矩客人轮流向主家行酒，轮到庾纯时，贾充便不肯饮。庾纯道："长者为寿，何敢尔乎？"我年龄较你为长，长者赐，不敢辞，你怎好拒不饮酒，岂非不通礼数？

贾充早就想好一篇说辞在胸，闻言大声道："父老不归供养，将何言也？"

可以说，今天贾充会主动宴请庾纯，为的就是这一问。他早就调查清楚了，庾纯家有老父在堂，那么按儒家孝道，庾纯须得辞官奉亲，否则便是不孝。他就是要让庾纯这个沽清正之名的廉官在众人面前丢脸，百口莫辩。

庾纯果然大怒，面红耳赤道："贾充，天下凶凶，由尔一人。"意思是这天下的坏事，都因你一人造成。

贾充哪里肯认这样大帽子，当下反驳："充辅佐二世，荡平巴蜀，有何罪而天下为之凶？"

庾纯倒也是正等着他这一问，当下高声断喝：

高贵乡公何在？

高贵乡公便是魏帝曹髦被废后的贬号。这一问当真是振聋发聩，天地俱静，满座宾客先还劝架，此时被这一声喝问惊得灵魂出窍，竟是死一般寂然，似被施了定身术。

足足一盏茶工夫，众人才如梦初醒，俱是满面尬色，当下也不行酒了，也不劝架了，纷纷拱手告辞离去。贾充气到几乎脑溢血，高声喝左右将庾纯拿下，庾纯却早已夹在宾客中溜之大吉。

事后，贾充丢了大脸，既惭且怒，索性以退为进，上表解职，逼皇上表态。要知道，庾纯这一骂，不仅是骂了贾充，可也是骂了司马昭啊。

庾纯也自知闯祸，不免后怕，上表自劾，请求辞官归家奉亲。

此时朝中群臣也分了两派：一派站贾充，弹劾庾纯不孝；另一派则力挺庾纯，说庾家三兄弟，两位在家奉亲，没理由让庾纯也必须守在家里才叫尽孝。

但是最终，朝廷还是下旨免了庾纯的官。贾充到底赢了，朝中遂再也没有人敢议论贾充不忠之事。

转眼又过了十年，东吴灭亡，吴主孙皓被俘至晋都洛阳，叩见武帝。司马炎赐座后笑道：

朕设此座以待卿久矣。

原以为孙皓亡国之君，稽颡礼见，自当媚言谦默才是。不实孙皓竟慨然答：

臣于南方，亦设此座以待陛下。

意思是成王败寇，我要是赢了，你还不是一样要去江东坐我下首？

司马炎被噎得一时无语，察颜观色的贾充忙挺身而出，要替主上找补面子。他素闻孙皓残暴之名，于是凭仗中原人特有的傲慢，讥讽道：

闻君在南方凿人目，剥人面皮，此何等刑也？

孙皓鄙夷地看一眼贾充，傲然答：

人臣有弑其君及奸回不忠者，则加此刑耳。

意思是叛主之臣，就应该凿眼剥皮，虽千刀万剐亦不为过。孙皓可不是庾纯，他连国都亡了，所余不过一条命，还怕你一个小小贾充挟私报复不成，所以是半分面子不给。

贾充仿如被一拳正中面门，“默然愧色”，半晌无语。

弑君，是贾充一生的罪，什么时候提起来什么时候痛。但同时，这也是他对司马家最大的恩。因此他才成了开国元勋，进一步成了太子的老丈人。

据说，最初议婚的本是比太子小一岁的小女儿贾午。只是贾午尚未长成，身量太矮，看上去完全是个孩子。于是，便改作了已经及笄的贾南风。

俗话说“娶妻不贤祸三代”，寻常人家娶个搅家精进来还要败家呢，何况皇室中人选定一国之母？那就是分分钟亡国的节奏啊。

二

话说司马炎为什么会选个傻儿子做太子，难道真是老天偏爱笨小孩吗？

这要从皇后杨艳说起。

司马炎妃子多，儿女自然也多，有名有姓的儿女就有三十多个，但是由皇后杨艳所出的嫡子只有三位：长子司马轨，次子司马衷，幼子司马柬。至于继后杨芷，则根本没生育。

皇家立嗣自古讲究“立嫡、立长、立贤”三个标准。由于嫡长子司马轨两岁夭折，司马衷就同时占了“嫡”与“长”两个优势，虽然不聪明，却是名正言顺的太子人选；司马柬虽然也是嫡出，上头却有好几位庶兄，理由不够充分。

同时，这也是有历史原因的。当年司马昭在自己的两个儿子司马攸和司马炎之间举棋不定时，山涛提出废长不祥，有违礼制，于是才有了司马炎袭爵大将军，也才会有后来的登基为帝；如今司马炎废长立幼，岂不是自打嘴巴？

而且，若是以“立贤”之名推出司马柬，那么众庶子免不了就会有点儿小心思，选择的空间就太大了——毕竟，“嫡”与“长”是有明确边界的，“贤”与“才”却是各花入各眼，谁说也不算。

因为这些旧时心结，也为了防止后宫嫔妃钩心斗角，二十个儿子自相残杀，司马炎早早立了痴儿司马衷为太子，好让耳根清净。

当然，如果司马炎能够多关心儿子一些，便是再心大也不会把江山交到一个傻子手上。问题就在于，作为开国皇帝，前朝事务多，后宫嫔妃更多，司马炎根本就没有多余的心思投注在子女身上。

难得有一次，司马炎心血来潮要过问太子功课，出了几道题让司马衷作答。贾南风当然知道蠢老公答不出来，立即找枪手做了篇范文来，然后让司马衷抄送上去——竟然就这样过关了！

这固然是贾南风有心机，但也可见皇上真没怎么为儿子的教育操心，反安慰自己说，太子只是看上去不太机灵，实则茶壶里煮饺子——心里亮堂着呢。不是有个词叫作“大智若愚”吗？或许儿子有“内秀”呢！

人们总是轻信自己愿意相信的事情，废立太子实在太麻烦了，但凡有个理由可以保持现状，司马炎都不想浪费精力在这件事上，小羊车还等着他去驾幸呢。

也有一种说法是，晋武帝看中的其实是皇太孙司马遹，立司马衷为太子，不过是起个过渡作用，为的是能把皇位顺利传给司马遹。

说到司马遹，那完全就是一个意外。

贾南风在家中时，便深受其母郭槐影响，泼悍骄蛮，唯我独尊。及至入宫，对着一个弱智太子，更是无人教养，野蛮无比。她丝毫不觉得自己长得丑，相反，因为独霸东宫说一不二，自觉身份尊贵又聪明无比，是天下最亮的那颗星，将太子看得很紧，以至其他妃子极少获得宠幸。

她生性酷虐，稍不如意就要喊打喊杀，甚至亲手杀人。有一次听说有个妃子怀孕了，她竟公然以戟击打其腹，生生将其打到流产。

这可是伤害皇嗣之罪，搁在谁家也受不了。宫斗堕胎之类的戏码并不新鲜，但是像贾南风这样毫无遮掩，直戳戳硬干的就太少了。就连皇上司马炎听说后也暴走了：“你自己怀不了孕，还不许别人生子，你这打的是侧妃吗？你打的是朕的太孙啊！”

司马炎大怒之下，令将贾南风囚禁于刚刚落成的金墉城，欲废太子妃。

然而这时候奇怪的事情发生了：以继后杨芷与大臣荀勖为首的一帮子人瞬间拥了上来，左一句“太子妃还小，长大就懂事了”，右一句“陛下忘了贾充的大功吗”，百般劝说，四处奔走，硬是劝得皇上不了了之了。

由此可见贾家势力盘根错节，轻易动弹不得。按说司马炎看到这样的情形就该深为警戒才是，但他真的就此放过了善妒而无子的贾南风。这简直就是跟自己的皇位有仇，生怕自己江山有后啊。

且说贾南风如此严防死守，怎么还会有司马遹的出现呢？

原来，司马遹生母名唤谢玖，原为司马炎的才人，偶然被遣去为司马衷侍寝，不想竟然一举得男，堪称奇迹。

但是考虑到智商和遗传问题，一直有人怀疑司马遹真正的生父其实是司马炎。

而且，因为贾南风善妒，谢玖怀孕后便请还西宫，以至于司马遹长到三四岁都没见过自己的爹司马衷，倒是与“爷爷”司马炎很亲近。而傻太子也一直不知道自己有这么个儿子。

直到有一天，司马衷来给父皇请安时，在殿上撞见众皇子嬉戏，拍手笑着说弟弟们可真活泼，晋武帝却牵过司马遹的手对司马衷说："这是你儿子。"于是，傻太子的表情更傻了。

司马遹自幼聪慧，深得司马炎喜爱。五岁时，一夜宫中失火，武帝登楼远望，司马遹忙拽着爷爷的衣襟走到暗处，焦急地说："夜晚突变，应该小心防备，不能让火光照见陛下。"

晋武帝大奇，认定这孩子是神童，帝王之才，曾多次当着群臣称赞司马遹像祖上司马懿。

只是，司马炎没想到自己那么短命，来不及看到司马遹长大就病逝了。

太熙元年（290）四月，司马炎薨，司马衷即位，司马遹被立为太子。

王戎以吏部尚书为太子太傅，何劭为太师，杨济为太保，裴楷为少师，组成宇宙无敌天师团悉心教导。

按说有这么多名师教导辅佐，聪慧的太子应该不难长成一位治世英才。但是架不住皇后贾南风心怀叵测，一心要将司马遹养歪，一边纵容他骄奢凶狠，一边到处张扬太子失德，败坏他的名声。

十三岁的少年，想要学坏还不容易？司马遹不负"厚望"，很快就在贾南风为他铺设的歪路上越走越远，渐失老臣之心，也为自己的死埋下了引线。

三

司马衷登基后，因为自己弱智，对强势皇后贾南风言听计从，甚至允许她和自己一起上朝，垂帘于皇座之后，听议朝政。

也就是说，早在武则天之前的四百多年，贾南风已经提前上演了一出“二圣临朝”。

这可惹怒了一手遮天的权臣杨骏，上前一把扯下珠帘，指着贾南风大骂，并命殿侍将其赶出。两人就此结下大仇，不死不休，将晋室王朝搅得天翻地覆。

两人相斗的结果前面说过了，贾南风大获全胜。她先借刀杀人除掉了杨骏，又唆使晋惠帝诏令楚王司马玮杀死司马亮，再以“矫诏”罪名除掉司马玮；大权在握，一手遮天，之后便将目光投向了太子。

这独劲儿连霸蛮五十年的老牌悍妇郭槐都看不下去了，被外甥裴頠搬出来做说客，苦劝女儿说：“皇嗣是大事，你自己不生，还不让别的妃子生，难得先皇指定了个皇太孙，你还容不下，这不是存心让太子位悬空，让别人有可乘之机吗？再说了，不管太子是不是从你肚子里出来的，好歹叫你一声母后，就算是先留着他占位也好啊。”

贾南风却倔强地一扭头：“做人嘛，活得就是个痛快。谁让我看那个司马遹不顺眼，他既不是我生的，也不是我立的，凭啥白落个太子位？再说了，我没有儿子，妹妹有啊。我立外甥当太子，对外就说是我生的，之前是秘密养在外面，谁敢不信？这可是你亲外孙，不比别人的儿子亲？”

这嚣张跋扈的谜之自信，让郭老娘都惊呆了：“这也行？这可是混淆皇统的泼天大事，你男人会愿意？”

贾南风一笑：“那傻子懂什么，还不是我说什么便是什么。”

这可真是，剧本我说了算，哪怕逻辑混乱。死人可以复生，英雄本是魔幻。黑的随时洗白，白的随时被换。

都说秀才遇到兵，有理说不清；倘若秀才遇到泼妇，那是更加水泼不进了。裴頠的方式是求助姨母代做说客，张华则更加婉转，竟是写了篇《女史箴》奉上。女史指宫廷女官，箴有规劝之意。文章以历代贤妇事迹为鉴，可希望天下第一悍妇贾南风能见文而自惭，真真无异于痴人说梦。

然而也怪不得张华，毕竟，魏晋是一个重视风评的时代，对于人物的容止、风度、谈吐、才情达到了空前绝后的推崇，因此张华希冀能够通过这篇文章使得虐后爱惜羽毛，幡然悔悟，实为时代习性使然。

因此后世将这篇文赋评为“苦口陈箴、庄言警世”之文。后来到了东晋时，大画家顾恺之更是将文中人物绘成十二段图画，便是著名的《女史箴图》，总算不辜负张华一番苦心。

《女史箴图》流芳千古，为历代君主所宝爱。唐朝《太宗实录》、宋代《宣和画谱》、明朝《天水冰山录》、清朝《墨缘汇观录》都有所记载，宋徽宗赵佶曾以他铁划银钩的“瘦金体”笔法，在画上题写《女史箴》词句十一行，收藏狂人乾隆更是奉其为诸美之首，在画上“啪啪啪”一口气盖了三十七个印。

可惜的是，在八国联军之后，这幅画流亡到了英国，现存大英博物馆。目前国内博物馆藏品，均为后代仿作，实为中国之憾。

不过，碍于各方势力的阻拦，贾南风总算是忍耐了几年，直到母亲郭槐死后，她再无顾忌，于元康九年（299）十二月发动政变。她先是以侍疾为由召司马遹入朝，骗其吃下醉枣，接着又拿出潘岳预先写好的谋逆文字哄着他抄写：“陛下宜自了，不自了，吾当入了之。中宫又宜速自了，不自了，吾当手了之……”

司马遹神思恍惚地照抄，笔画不全的地方，贾后又令潘岳补全。之后，贾南风便言之凿凿地拿着这封反书废掉了太子，将其幽禁于自己曾经被囚的金墉城中，其母谢玖被杀。

所谓“聪明反被聪明误”，贾南风这一招废太子，无疑搬起石头砸自己的脚，跟公爹司马炎一样，都是费尽心机要把大晋推向灭亡。

她忘了，能做皇帝的可不是只有司马遹。从前有太子在那里，众王爷再有想法，也不愿背个叛逆之名，如今皇储被害，这个龙椅可就是能者居之了。

尤其是，她废黜了太子还不放心，生怕太子党会死灰复燃，竟又斩草除根，命人悄悄害死了司马遹。而这恰恰给了她的盟友司马伦最好的借口发起逼宫之战。

这真是："机关算尽太聪明，反误了卿卿性命。"

左右夫人与韩寿偷香

一

贾南风能够一手颠覆大晋，绝对要“归功”于她有一个奇葩的家庭。

父亲是弑君逆臣贾充，母亲是出名悍妇郭槐，这样“优秀”的基因，生下贾南风真是一点儿也不奇怪。

郭槐并非贾充的嫡妻。

齐人之福对魏晋名士而言并不难实现，贵族们何止纳妾，便是蓄美人以万计的也不乏其人。当然一家人能不能和睦相处就另当别论了。

不过，即便是在任诞纵性的魏晋时期，一个男人同时娶两位正妻也仍是不可想象的。

然而贾充做到了，还是奉旨双娶，一夫二妻，称左右夫人。

前面第三章“夏侯色”的故事中讲过，魏帝曹芳与李丰、张缉曾经密谋暗杀司马师，但最后失败，李丰、张缉被击杀，夷三族。

而贾充的原配夫人李婉，正是李丰的女儿。

按说论罪不及出嫁女，但是早早站队司马家的贾充非常坚决地划清界限，与李婉离婚，任其随家人流放乐浪。这件事让他的母亲柳老夫人十分不满，每每提起毫无过错的贤良儿媳就要把儿子数落一顿。

从贾南风的出生年月来看，应该是在李婉走后没多久，贾充就续娶了郭槐。这样迫不及待，自然是一种表态。

郭槐悍到什么程度呢？能让人不由想起一句老话来：恶人自有恶人磨。

她是坚决不允许贾充享受齐人之福的，非但不许纳妾，根本除了妻子女儿外就不能靠近任何女人。

就连乳娘抱着儿子给贾充请安，贾充凑近抚摸亲吻一下自己的儿子都不行。因为儿子在乳娘怀中，这不就等于贾充和乳娘间接亲吻吗？

就为了这样荒唐的理由，郭槐便下令杀了乳娘，以至于幼儿因为受到惊吓和思念乳母，不久也跟着夭逝。

可见，贾南风后来能那般泼悍暴戾，完全是承袭乃母之风。

玉雪可爱的儿子死了，郭槐自然也是痛不欲生，可她却对自己的恶行毫无悔意。一年后，她又生下一子，而同样的悲剧再度上演，又一个奶妈被杀，又一个儿子夭折。

贾充也要疯了："你这是为什么呀?"

郭槐咬牙切齿："谁让你不长记性的!"

贾充哭了："现在我记住了，以后再也不会随便亲孩子了。"

郭槐也哭了："我也记住了。"

但是后来，郭槐再也没有生子，贾充也因此绝了后。

二

贾充无子，却有四个女儿，长女贾褒和次女贾裕为原配李婉所生，三女贾南风与幼女贾午为郭槐所生。

贾褒又名贾荃，嫁与齐王司马攸为正妃。

晋武帝司马炎即位，大赦天下，李婉也回京了。在柳老夫人和贾褒的双重请求下，司马炎特诏，允许贾充置左右夫人，两头大。

这可把郭槐气坏了，大骂道："刊定律令，为佐命之功，我有其分。李那得与我并!"

意思是贾充以制定律令而建功，这件事我也是出过大力的，李氏有什么资格与我相提并论?

贾充畏于郭槐淫威，便也不敢奉诏，只肯将李婉安置于永年里，不相往来。郭槐听说后，仍然不肯罢休，非要亲自前往永年里折辱李婉一番。贾充劝道：

彼刚介有才气，卿往不如不去。

意思是李氏是才女，性情刚烈正气有傲骨，你去了也落不到好，不如不去。

然而郭槐听了，妒意更盛，于是带着大群仆婢，前呼后拥，“盛威仪”而去。及至见了李婉，却忍不住被其容光态度所慑，竟是膝盖一软，倒身跪拜下去，身后仆从眼珠子掉了一地。

贾充听说了，得意地对郭槐说：“语卿道何物？”我跟你说什么来着。

史书称李婉“淑美有才行”，贾充亦称“刚介有才气”，真真令人神往。不知那李婉究竟是何等容仪，才能令悍妒如虎的情敌雌服。

然而这样刚烈的才女，如贾充那般奸佞小人是不会心悦的，因为自己的阴暗猥琐会在妻子的美好面前无所遁形；郭槐虽妒，然而那泼悍骄蛮倒是与他的势利怯懦相得益彰，当真物以类聚，人以群分。

贾充素有孝名，却有两件事深深违逆了母亲：一件就是弑主事，第二件则是愧对前妻李婉。

柳老夫人真心希望贾充能与李婉复合，将其接回家中。贾褒、贾裕也再三央求，甚至叩头流血，贾充仍是不允。

后来，郭槐生的女儿贾南风被立为太子妃，李婉就更没有出头之日了。

柳老夫人临终前，贾充跪在床边问其遗愿，柳氏叹道："我让你迎回李儿媳，你都不肯答应，还有什么好问的呢?"含恨而死。

同样含恨而死的，还有贾褒。而贾褒的儿子，便是下一任齐王司马冏，也就是吓得王戎跳茅坑的那位。

"八王之乱"中，时任翊军校尉的司马冏第一个冲进大殿，废掉了贾南风，算是替母亲、祖母报了仇。

细论起来，司马冏也的确有一争天下的资格。他是司马攸的嫡子，而司马攸则是司马昭嫡次子，过继给司马师做养子。

司马师的大将军之位本应传给司马攸的，只因司马攸年纪还小，才给了弟弟司马昭。而司马昭在执政期间，也确实不止一次拍着自己的座位说："这位子我是替攸儿坐的。"

可是真到了传位时，他却在司马炎和司马攸之间犹豫起来，最后"点一点二点麻花"地给了长子司马炎。

也就是说，司马炎的位置来得相当随意，根本就是一个偶然。

相较之下，司马攸倒是更有资格即位。如果当初是司马攸继位，那么今天的皇帝座上，坐着的就应该是他司马冏才对。

故而一旦天下大乱，司马冏当然就要为自己好好地争一争，来个拨乱反正了。

不过，他也还是要脸的，掌握朝政后，虽然逼着惠帝拜自己为大司马，加赠九锡，礼节正如祖上司马懿、司马师奉曹魏时一般，却终究没好意思直接称帝。

司马冏后来被长沙王司马乂斩首，曝尸三日，无人敢收殓其尸体。

司马懿第五子司马幹闻讯后，恸哭叹息：

宗室日衰，唯此儿最可，而复害之，从今殆矣！

晋朝宗室日渐衰微，只有这个孩子是最优秀的。如今连他都被害死了，可知晋室要完了。

事实亦是如此。

正如同贾充夫妻好端端把自己折腾得绝了嗣，司马家的兄弟子侄们也硬生生把自己折腾得亡了国。

三

最后再来说说贾充的小女儿贾午（260—300）。

虽然贾午与皇后的命运失之交臂，但也并不嫉妒姐姐，因为这才让她有了自由追求幸福的权力。

贾南风在历史上出了名的荒淫，贾午又岂会是个胆小的，早早便立志“巧儿我要为自己找婆家”了。

每当父亲在家中举行宴会时，贾午便躲在雕花窗棂后偷看美男，看来看去，便相中了贾充手下的司空掾韩寿。

韩寿“美姿貌，善容止”，虽无潘安之貌、子建之才，却也是眉眼风流，举止可人。贾午有了想法就立刻要行动的，于是令婢女找到韩寿，表白心意，并约韩寿半夜爬墙来相会。

这就是活脱脱一出晋代的《西厢记》。而贾午比崔莺莺更加大胆，不但瞒天过海地与韩寿夜夜做夫妻，还常常私赠礼物，甚至偷出上赐的西域奇香相赠。

韩寿大约是与何晏一样喜欢薰香敷粉的花美男，得了奇香，得意扬扬，每天把自己薰得香喷喷地招摇过市。

让人好奇的是，史书说贾南风“丑而短黑”，那么贾午又能漂亮到哪里去呢？所以韩寿冒险爬墙的行为，究竟是为了爱情还是投机，就很让人怀疑了。

或许，正是因为这种投机心理，才让他毫不遮掩地用上了这种“一著人则经月不歇”的罕有贡香，成心惹人猜忌。

果然就有好事者很快发现端倪并向贾充说起，贾充立即心里有数了：这奇香乃是西域进贡，皇帝仅仅赏赐了两三人而已，联想到小女儿最近莫名的神采飞扬，举止妖娆有妇人态，心下还有什么不明白的？

不过事情败露了，韩寿也没什么好怕的，他敢爬墙还敢招摇就是有这种底气。果然贾充随便发作了几句后，也就将女儿许给了韩寿。

这便是“韩寿偷香”的典故。

韩寿与贾午生了两个儿子。长子韩蔚，少有才名；次子韩谧，因为贾充没儿子，便以其入嗣，于是外孙成了孙子，改名贾谧。

这个不过继儿子却过继孙子的做法也是很奇葩了，贾充，“假充”也！

所以贾南风的作为真是很有出处：与娘一样泼，和爹一样奸。既然老爹能让妹妹的小儿子姓贾，自己当然也可以让妹妹的大儿子姓司马，假充自己生的。

且说贾谧，字长深，既是贾南风血缘上的外甥，也是名义上的侄子，自是深得后宠，呼风唤雨，权焰高涨，作威作福，“器珍物丽，歌僮美女，选极一时”，过得比皇上还纵意。

因为逢迎者众，有人谀称贾谧文章华美，可与汉代大才子贾谊比肩。这就让贾谧更加飘飘然起来，于是他装模作样，开门延宾，拉起了一个赫赫扬扬的文学圈子，号为“文章二十四友”。又因贾谧袭爵鲁郡公，又称“鲁公二十四友”。

史载，“（潘）岳性轻躁，趋势利，与石崇等谄事贾谧，每候其出，与崇辄望尘而拜”，可见贾谧地位尊崇。

然而，这些都是浮云。

司马伦发动政变后，先杀贾谧，再遣司马冏入宫废后，不久将其毒杀；贾午被杖毙，韩氏满门覆灭，石崇、潘安等也株连被杀。

风住尘香，蜂飞蝶乱，历史的车轮滚滚向前，“八王之乱”已经没有多少人说得清，“韩寿偷香”倒是时常被人提起。当岁月掩埋了杀戮场上的冷冷血腥，空气中若有似无，犹自一直流荡着那一丝淡淡奇香。

欧阳修有首《望江南》小令填得最好：

江南蝶，斜日一双双。身似何郎全傅粉，心如韩寿爱偷香。天赋与轻狂。

微雨后，薄翅腻烟光。才伴游蜂来小院，又随飞絮过东墙。长是为花忙。

金谷之友

潘岳，天下女子的情郎

一

古代女子心目中最完美的情郎，要符合两个条件：一是潘安之貌，二是子建之才。

子建，就是“七步成诗”的曹植。曹植字子建，为“建安文学”的代表人物，与父亲曹操、皇兄曹丕并称“三曹”。

南朝诗人谢灵运曾道：“天下才有一石，曹子建独占八斗，我得一斗，天下共分一斗。”

于是，后世对于曹子建的形容便多了一个专属成语：才高八斗。

潘安即潘岳（247—300），荥阳郡中牟县（今河南中牟）人，字安仁，小名檀奴。他的文章辞藻绝丽，以文赋著称，被锺嵘《诗品》列为上品，赞其“潘才如江”，遂与陆机并称“潘江陆海”。

但他最为人称道的，还是脸。

他美成啥样儿呢？据说每次出门，妇女们都会为了争看他而挽臂相拦，堵塞交通，并且争着往他的车上扔果子，就连七十老妪都不例外。

所以潘家从来不需要买水果，每次馋了就让潘岳驾着车子上街随便逛一圈，必会满载而归，榨汁都喝不完。

名士左思听说了，想着自己的名气也很大，说不定上街转转也能省点儿水果钱，于是便也驾着车出门游逛。然而魏晋是个看脸的时代，他虽有才，但长得实在丑，看到他学着潘岳的样子临车顾影，满街妇女纷纷向他吐口水、扔石子，惊得左思引辔回缰，赶紧跑回了家。

这个故事，让我们看到了魏晋女子在追求美的路上走得有多远多大胆，一点儿都不比今天的粉丝来得疯狂。

正如今天粉丝们看到偶像就称“我家偶巴”，晋国女子们对潘岳心怀爱慕，各个都想象他便是自己的情郎，纷纷昵称“我家潘郎”；思而不得，便对着自家夫君狎昵地称呼“潘郎”“檀郎”，在口头上过把瘾。难得那些夫君们倒也不吃醋，反觉得自己“貌若潘安”，洋洋自得。

比如唐后主李煜词：“绣床斜凭娇无那，烂嚼红茸，笑向檀郎吐。”

再如李清照：“笑语檀郎，今夜纱厨枕簟凉。”

然而，情郎也是会老的。

潘岳在三十二岁那年揽镜自照，惊觉双鬓染霜，顿起伤秋之念，遂写《秋兴赋》，感慨“四时忽其代序兮，万物纷以回薄”。

从此，就有了“潘鬓”一词，代指男人生了白头发。

李后主常以潘岳自况，燕婉之好时自称檀郎，落魄山河被缚入宋时则悲感：“一旦归为臣虏，沈腰潘鬓消磨。”

沈腰，指的是南朝沈约，因愁思而瘦了腰肢。李煜之后，沈潘每每并提，如苏东坡语：“情若连环，恨如流水，沈郎易瘦，潘鬓先愁。”

二

潘岳除了才貌双全外，最让古今女子为之颠倒的还有专情。他与妻子杨容姬十二岁订婚，青梅竹马，两小无猜，但是不知为什么一直耽误到二十四岁才成婚。这在早婚的魏晋非常罕见。

不妨猜测一下，潘岳貌美才高，其父很可能想攀附更高门的亲家，所以才迟迟不肯为儿子完婚。然而潘岳对未婚妻情深如许，奋力抗争，拖延至老大不娶，终于熬得了父母同意。

之所以这样猜，是因为潘岳与杨氏结缡二十余载，情意甚笃。可惜五十岁那年，妻子先他而逝，潘岳悲痛至极，不但为妻守制一年，而且终生不复娶。

一个帅得全天下的女人都争着给他做老婆的男人，竟然心甘情愿为了一个女人而洁身自好，孤独余生，这是多么让人感动的事情！尤其是两夫妻育有一子一女，均早夭。即使如此，潘岳亦不肯为了“留后”而纳妾续弦，情深如此，何其坚贞。

因此，我猜他的晚婚，也是为了专一。当然，也可能是两家先后遭逢亲丧，两番守制折腾掉了六年，又或是潘父浮宦生涯，风萍浪迹，这才耽误了儿子的婚事。

总之，潘岳对杨容姬的痴情为当世瞩目，遂留下了“潘杨之好”的佳话。

世上恩爱夫妻无数，潘杨二人又不是“举步赴清池”“自挂东南枝”的焦仲卿与刘兰芝，为什么会成为佳偶传说呢？

这自然不仅是因为潘杨二人一个早丧，一个不娶，而是在杨氏死后，潘岳以如椽巨笔，接连写下三首《悼亡诗》，将自己对妻子无比伤悼的感情宣之于众。这在那个“夫不祭妻”的年代，堪为创举。

这里只录第一首：

荏苒冬春谢，寒暑忽流易。
之子归穷泉，重壤永幽隔。
私怀谁克从，淹留亦何益。
黾勉恭朝命，回心返初役。
望庐思其人，入室想所历。

帏屏无芳菲，翰墨有余迹。
流芳未及歇，遗挂犹在壁。
怅恍如或存，回惶忡惊惕。
如彼翰林鸟，双栖一朝只。
如彼游川鱼，比目中路析。
春风缘隙来，晨溜承檐滴。
寝息何时忘，深忧日盈积。
庶几有时衰，庄缶尤可击。

这是在妻子逝后一年的祭奠之作，潘岳守制完成，即将离家，临去前在妻子坟冢旁再三徘徊，感伤泣泪，恨不能相随于地下。帏屏依旧，遗挂在壁，处处事事都遗留着妻子的痕迹，旧日温存宛在昨昔，而斯人泉台幽隔，永不相见。

欲成比目何辞死，愿作鸳鸯不羡仙。而今却是翰林鸟单飞，比目鱼离析，悲恸何极！

这是史上第一次有人为亡妻写诗，从此开创了中国文学史上悼亡题材之先河。后世的元稹、苏轼、吴梅村、纳兰容若，都只是景从而已。

诚如李商隐盛赞："只有安仁能作诔，何曾宋玉解招魂。"

此外，潘岳的代表作另有《闲居赋》《籍田赋》等。其《闲居赋》中有语"筑室种树，逍遥自得……此亦拙者之为政也"，为后世中国园林之母“拙政园”得名出处。

三

潘郎有才有貌又多情，是女子心中最完美的老公，但却不是晋代的完美名士。因为无运，故而失德，留下了“性轻躁，趋世利”的丑名。

通常才子不得志都会抱怨一句“时不我与”，而潘岳尤其点儿背，不是一般的运气不好，而是如同命中注定一般，总是与奸臣亲近。

他出身儒学世家，虽非豪族，但也非寒门，少时就读洛阳太学。二十岁那年，晋武帝司马炎效仿古人躬耕籍田，潘岳作赋颂扬，因为文章写得太好，显露才华，反为上司所嫉，非但没得重用，反被左迁至河阳县令。

不过，这倒成全了他“桃花县令”的美名。潘岳考察当地风土地理，令全县遍种桃花，遂有“花县”之名。

庾信有诗:“若非金谷满园树，即是河阳一县花。”

李白赞誉:“河阳花作县，秋浦玉为人。”

杜甫则道:“恐是潘安县，堪留卫玠车。”

后来，潘岳因为政绩良好，终于回到洛阳做京官，却又被太傅杨骏引入门下做主簿。

杨骏与贾南风斗法失败，被夷三族，潘岳作为幕僚本也在被诛之列，好在楚王心腹公孙弘替他求情，遂他只是被调往长安做县令。

后来，他与石崇相识，意气相投，志向一致，一门心思巴结权贵。他们每天守在权臣贾谧必经的路上，远远看到车子扬起的尘土便倒身下拜，以此引起贾谧的注意，这叫作“望尘而拜”。

潘岳与石崇，两人一个有才，一个有财，本可以过得很逍遥，却偏偏想不开，非要折腰损节。

当然，也可能是因为潘岳曾经依附杨骏，如今贾南风得势，未免让他心有余悸，所以想方设法对贾谧逢迎谄媚。

而贾谧喜作风雅之态，又正广纳贤士以充门庭，看到潘岳、石崇如此识趣，自是心喜，遂提拔潘岳做了黄门侍郎。

“谧二十四友，岳为其首。”贾南风诱惑着太子醉酒抄写的谋反文章，就是潘岳代写的，这是潘岳最大的罪。真是不作死就不会死啊。

当时，贾谧权焰高涨，旗下会聚著名文士如潘岳、石崇、陆机、左思、刘琨等二十四人，因文采盖世被称为“二十四友”，名目上向“竹林七贤”看齐，内容上可是奢华现实得多。

首先，他们聚会的地方可不是什么嵇家后山的竹林，而是巨富石崇占地广阔的金谷园；其次，这些才子聚会的内容也不只是弹琴赋诗，更要狎妓宴饮，酒池肉林，故而又名“金谷二十四友”，或是“鲁公二十四友”。

这大概是潘岳人生中最快活的日子了，觉得此前的怀才不遇愤愤不平一扫而空，自觉前途无量，目空一切。

然而好景不长，八王之乱后，赵王司马伦夺权，清算贾南风势力，不但抓捕潘岳，还灭了他的三族。

人美才高又多情的潘郎，最终因为急功近利而害人害己，被株连三族。

潘岳被诛，与其说是因为依附贾谧，不如说是因为亲近石崇，得罪了孙秀。

原来，司马伦的心腹孙秀当初不过是个寒门小吏，是潘岳父亲的下属，为人狡黠。当年潘岳曾经因为小过而鞭笞过他，他因此怀恨在心。

后来司马伦得势，孙秀做了丞相，潘岳在朝堂上与其相遇，问道：“孙令犹忆畴昔周旋不？”意思是你还记得当初吗？

孙秀阴恻恻地答道：“中心藏之，何日忘之。”意思一点一滴在心头，我记得清楚着呢。

那一刻，潘岳应该已经料定了自己的结局，却终究没有勇气放下功名，带着母亲逃走。

潘岳侍母至孝，曾经因为母亲思乡成疾，便执意辞去官职，奉母回乡。然而，他向来对母亲百依百顺，就只一条违逆：潘母几次劝他不要急功近利，阿谀奉承，失了文人风骨，但是他没有听。

偏偏，就这一次悖逆，便连累得母亲以七十高龄陪着自己同赴刑场。

唐宋时民间流传的“二十四孝”版本中原有潘岳“弃官奉母”的故事，但是宋人郭居敬校订时，说潘岳因罪累母，何以言孝？遂删去，改为宋人朱寿昌的“弃官寻母”。

且说刑场之上，潘岳惊讶地看到石崇也早已捆缚在柱，抚今思昔，惨然一笑：“可谓白首同所归。”

原来，从前与石崇交好，二十四友时常盘桓于金谷园中时，潘岳曾赋《金谷诗》，其中有“投分寄石友，白首同所归”之句，不料如今一语成谶。

可叹潘岳五十岁丧妻，守制一年后回到洛阳，歌吹畅饮，极尽奢靡，却仅仅两年即与“石友”同遭斩首，还真不如两年前就与妻子一起白首同归了呢，还能落得个无瑕清名。

加入了“二十四友”，却错失了“二十四孝”，真是得不偿失了。

金谷园会，落花犹似坠楼人

一

西晋末年，士林中忽然刮起了炫晒斗富之风。并且，这种奢靡风气是由晋武帝一手带起来的。

从司马懿、司马师、司马昭再到司马炎，司马家族历经三代努力，辅佐曹魏六代君王，最终在司马炎手上完成禅位，完全是水到渠成顺理成章，几乎没费什么力气。

这也是司马炎坚持要灭掉东吴的执念所在，因为一统天下，才是属于他自己的帝王功业。

如果说登基为帝是司马炎人生高光时刻的话，那么灭吴，便是烟花盛放到了极致后的漫天洒落，是他性情的转捩点，也将他的人生一分两半。他从此一条道儿走到黑。

俗话说：由俭入奢易，由奢入俭难。

“俭”是曹操的主张。《魏书》说，曹操“雅性节俭，不好华丽，后宫衣不锦绣，侍御履不二采，帷帐屏风，坏则补纳，茵蓐取温，无有缘饰”，“天下之士莫不以廉节自励，虽贵宠之臣，舆服不敢过度”。

也就是说，在曹操的倡导下，魏国上下从王公大臣到庶民百姓都要遵从节俭之风；就连那些位极人臣的贵族高门，也是车马简朴，服饰清素，没有旧衣裳都要给新衣裳上打几块补丁出来，以示节俭。

后宫女子更是明文规定，不允许穿着锦绣衣裳、花色鞋子，宫里的帷帐屏风坏了就补，不能随便换新的，连被褥衾枕也只以保温为度，不可华丽。

在这样严明的宫规之下，曹丞相的儿媳妇、七步之才曹子建的嫡夫人崔氏，就因为出门时穿了件绣花衣裳而被赐死了，跟谁说理去?

当然，这也不仅是因为绣花衣服惹的祸，说到底还是政治姻亲不可靠。

曹操的成长经历与政治抱负，使他对待世家名门的态度是既拉拢又防备的。比如颍川名门和汝南名门互相不服，矛盾由来已久。曹操就联合颍川谋士，灭了四世五公显赫于东汉的汝南名门袁绍，取得了“官渡之战”的绝对胜利。随后，他又让儿子曹植娶了袁绍重臣、清河世家崔琰的侄女，正是左手打压，右手安抚。

但是随着势力越来越强大，曹操越看崔琰越不顺眼，也不放心，便随手抓了个“言辞不逊”的罪名将其下狱赐死。没多久，更以“衣锦绣”的借口把他侄女也杀了。

话说这位清河崔氏的贵女，也实在不开眼，明知道叔叔入了狱，没了倚恃，还不知道收敛脾气，非要穿着锦绣衣裳在公开场合见驾，这不是成心找别扭吗？大约她也是赌气，拼着挨公爹一顿训斥，大不了禁足几天罚封检讨书什么的，再怎么也没想到会落得个“以违制命，还家赐死”吧。

嫁入帝王家，真不是什么值得高兴的事。

话说曹操倡导的廉俭之风，直到魏末晋初犹有余韵。晋武帝司马炎登基之期，为了表现自己是个励精图治的好皇帝，大秀特秀，节俭到车驾的青丝绳断了都要拿麻绳来替代。

有一次，太医官程据献上一件用野稚头顶的羽毛制作的彩裘，光彩斑斓，华美无比，司马炎却当着朝臣的面，将其一把火烧成灰烬，并下诏说，今后如有再犯者，必当严惩。

这腔调，这做派，还真唬得朝中风气清肃了一阵子，人人称赞新帝廉俭，有夏禹之风。但是日子一久，随着皇朝渐稳，司马炎便日益昏聩奢靡起来，只是有老婆杨艳管着，不敢太放开手脚折腾。

然而274年，杨皇后病逝，临终枕着司马炎的膝盖嘤嘤哭泣，请求皇上能迎其堂妹杨芷为继后，从此画风就变了。

一则杨芷非原配，对他的约束性远不如堂姐；二则杨芷本身也是年轻骄纵，并没有母仪天下的觉悟与风范，只顾一味讨好司马炎，为自己的父兄讨荫封。其父杨骏被封为晋侯，两位叔叔杨珧和杨济也分别被封为将军，外戚坐大向为皇家之患，况且由着他们抱团取势，这为后来的动乱埋下了祸根。

而司马炎自己则放飞个性，渐渐展露出奢侈放纵的本色来。《晋书》称其“自太康以后，天下无事，不复留心万机，唯耽酒色”。

尤其280年，吴国被灭，天下一统，司马炎自认千古一帝，到了该好好犒赏一下自己的时候了，于是不顾山涛反对下诏罢除兵役，以示四海升平。

州郡不再拥有军队，大郡置武吏百人，小郡五十人。这对农业经济的影响是正面的，却使得各王势力坐大，倘若王族叛乱，中央根本无力控制局面。

司马炎被胜利冲昏头脑，完全看不到暗伏的危机，只顾忙着享受人生，声色犬马，一改节俭之风，带头豪奢炫富，将军费用于大肆扩充后宫，仅在吴地便一次性择选了五千名美女入宫。

史书载，司马炎后宫佳丽过万，蔚为壮观，连人头都数不清，更不要说记住人脸了。于是，今晚去哪儿，就成了一个让司马炎非常纠结的难题。

他一拍脑门，竟想出了一个自谓风雅的荒淫主意：每晚坐着羊车在宫里漫行，羊车停在谁的宫前，谁就是“天选之女”，一夜恩爱。

上有政策，下有对策。妃子们也是智计百出，想要抓住皇上的心，先要抓住羊儿的胃。于是有人将竹枝插在门头吸引羊儿来吃，也有人将盐洒在门前等羊儿舔食，帝力不穷，宫斗不止。

这就是“羊车望幸”典故的来历。

这一招后来被唐明皇李隆基学了去。他略作改良，邀众嫔妃悉来御花园中，看蝴蝶落在谁的头上，就选谁侍寝。

但凡一位君王荒淫至此，也就注定离国家灭亡不远了。于是，曾经创造过“开元盛世”的李隆基迎来了“安史之乱”，让大唐国运从此而衰。

司马炎也是一样，外戚专权，军备废弛，朝臣奢靡无度，众王虎视眈眈，这个新兴的国度危机四伏，就像是埋满了炸药却无人看守的大仓库。但是司马炎却完全看不见，自己荒淫无度处处埋雷不说，最后还要亲手将引线交到“何不食肉糜”的傻儿子司马衷手上，这简直就是自寻死路。

俗话说得当真没错：老天让人灭亡，必先令其疯狂。

二

上行下效，皇上如此侈靡放纵，臣下又怎么可能清廉得起来。一时晋国境内豪奢极欲，炫富成风。

看过电影里赌王们烧钞票点烟斗富的情景吧？跟西晋富豪们比起来，那真是小巫见大巫。

都说视金钱如粪土，出身太原王氏的驸马王济可是实实在在做到了。他喜欢骑马，便在自家跑马场周围挖了一道深深的壕沟，里面注满铜钱，称之为“金沟”。这不是将金钱填土是什么？

玩得这么豪，吃的当然更讲究了。他家里吃饭用的碗碟都是琉璃所制，称作“玉食”；所有酒食不直接放在桌子上，而是由一百多个打扮华美的婢子侍立手捧，用手擎着送到王济唇边。

有一次，司马炎来王家吃饭，觉得猪肉的味道格外鲜美，便询问制作方法。王济淡淡答：“我家的猪肉，都是喝人奶长大的。”武帝瞬然变色，自愧帝不如王，饭没吃完就摆驾回宫了。

这个故事，也侧面显示了即使是皇上，论富贵也敌不过世家的真相。

还有那个撺掇司马昭将阮籍流放的何曾，满口礼仪道德，对阮籍在母丧期间吃肉喝酒指手画脚，可是他自己吃饭时，却是每天都要吃掉价值一万钱的珍馐。山珍海味摆了近百道，他还要叹息“无下箸处”；而且“蒸饼上不拆作十字不食”，也就是非开花馒头不吃。

写《资治通鉴》的史学家司马光评价：

> 何曾日食万钱，至孙以骄溢倾家；石崇以奢靡夸人，卒以此死东市。

这句话的意思是，何曾放纵如此，到了孙子辈就因为傲慢而把家产荡光了；石崇一味夸富，不料因财招祸，死于东市。

石崇与皇舅王恺斗财的逆天较量，堪称西晋炫富的最高峰，其行为绝对比烧钱来得豪横得多。

石崇（249—300），字季伦，小名齐奴，因为伐吴有功而受封安阳乡侯，任荆州刺史。人家说官匪勾结，石崇却嫌勾结太麻烦，干脆一身饰两角，既是官又是匪，不但在任上大肆搜刮民脂民膏，且亲自带兵抢劫过往客商，因此钱财的数量就跟堆山一样迅速累积了起来，比印钞还快。

石崇有了钱，就在洛阳郊外十里建了个豪华无比的园子安居乐业起来，就是大名鼎鼎的“金谷园”。园中亭台楼榭，清泉茂林，各种果树、竹柏、药草以及水碓、鱼池莫不毕备，姹紫嫣红，更有美婢娇娘不计其数，罗绮争艳，绣带招摇；所用物器无不极尽华丽之能事。

这让国舅王恺很不服气，王家世代为官，聚财无数，富可敌国，怎容许石崇后来居上？

于是，王恺便请石崇来家做客，故意当着石崇的面吩咐下人以饴糖浆洗锅，以此炫富；孰料石崇淡淡一笑，说你家烧饭咋还用柴引火呢，太麻烦了，我家都是用白蜡代薪。

接着王恺邀请石崇散步，用紫色丝绸在通往府前的大道两侧做了一道四十里长廊，在清风阳光下，灿烂烁目，美轮美奂。石崇走过之后，回家就让人做了道五十里长廊，而且是用更加贵重的锦缎来围裹，第二局胜。

王恺恼怒，于是下令重新装修，用花椒面涂房子，叫作“椒房”；石崇听了，直接用名贵的赤石脂作涂料，第三局胜。

这下子王恺急了，进宫向皇上诉苦。司马炎听说了，不骂臣子们奢侈无聊，竟然偏帮舅舅，从国库里取出一株二尺多高的珊瑚树相赠，让舅舅再去比过。

于是，王恺信心满满地扛着珊瑚树来到金谷园，乐呵呵地说：“小石啊，没见过吧？”

话未说完，只见石崇操起一把铁尺挥手便扫，当着满堂宾客的面，噼里啪啦将珊瑚砸了个塌枝缺角。王恺大惊：“你就算输了，也不用这么穷凶极恶吧？你跟我到御前说个明白！”

不料石崇轻轻一挥手，笑说：“我是觉得这东西实在碍眼，配不上你的身份。你也别心疼，我送你更好的。”随着他的手势，家童们鱼贯而入，一口气抬出了六七株珊瑚树，棵棵都比王恺的更高更大更华美，映得满室生光。

这一回合，王恺是直接被击倒了。

三

石崇的钱来路不正，更加需要一柄政治上的保护伞。他瞄中了贾南风名义上的侄子、事实上的外甥贾谧，拉着潘岳“望尘而拜”，极尽谄媚，并主动提供贾谧的文人集团聚会盘桓开诗社的场所与资金，因此“鲁公二十四友”又称为“金谷二十四友”。

这些人还真不是单纯支应权贵浪得虚名的空心文人，各个都有真才实学，包括了“潘江陆海”的潘岳和陆机、“洛阳纸贵”的左思、“闻鸡起舞”的刘琨等。石崇跻身其间，靠的绝不仅仅是钱，而是才思。他虽然又豪又横，却并非俗鄙莽夫，不但长得帅，而且能琴善诗，吹拉弹唱，还会自度曲。

金谷园之会豪奢到什么程度呢？

《世说新语·汰侈》专门有一则特写石崇家的厕所：

> 石崇厕，常有十余婢侍列，皆丽服藻饰。置甲煎粉、沉香汁之属，无不毕备。又与新衣箸令出，客多羞不能如厕。王大将军往，脱故衣，箸新衣，神色傲

然。群婢相谓曰："此客必能做贼。"

就是说，石崇家宴酒醇香浓，连厕所里都是锦褥薰香，还有美丽的婢女手捧新衣为客人更换，以至于很多害羞的客人都不敢上厕所了。毕竟，当着美貌婢女脱衣解手，实在不是正常男人能干得出来的事儿。

然而琅琊王氏的王敦却神色淡然，大大方方地脱光衣服，解完手再由着美婢为他换上石崇预备的新衣，施施然走出，照旧喝酒。

石崇为了寻刺激，酒宴上安排了数十美妓劝酒。客若不饮，杀美人。

王敦与王导是堂兄弟，两人俱不胜酒力，连连推辞。石崇二话不说唤来黄门便杀了劝酒的美人。王导不忍，喝不下也要强灌，结果自是酩酊大醉；王敦却是面不改色，眼睁睁看着石崇接连斩杀了三个美人，仍然安之若素，端坐不饮。

王导劝他："为酒伤人命，何苦？还是喝了吧。"

王敦却说："他杀自己家的奴婢，干我何事？"

冲这一幕，石崇和王敦这两个人，哪个都不该有寿终正寝的好命。

话说这些美人自各地重金觅来，石崇不但锦衣玉食地养其姿容，还要聘教习授其技艺，歌舞琴瑟，唱作俱佳。富豪培养一个美人，便如寒门培养一个学子般严苛，绝非一日之功。

可是石崇随便一挥手便斩杀了数条鲜活的生命，丝毫不以为意。对他而言，这就和当着王恺的面扫断绚丽的珊瑚树是一样的夸富之举，差别只在美人还不如珊瑚值钱呢。

有才，亦有财，因此石崇被人誉为晋朝的子贡。

然而子贡乃儒家先贤，仁义兴商，石崇却是视人命如草芥，只把炫富斗狠视作人生唯一目的，如何比得？

晋惠帝元康六年（296），金谷园再次聚宴，为征西大将军祭酒王诩饯行。众人把酒吟诗，结成文集，石崇亲自为这部合集作序，注明本次与会人共三十位，“昼夜游宴，屡迁其坐，或登高临下，或列坐水滨。”琴瑟并作，鼓吹递奏，各赋诗以叙中怀。

说到底，这部诗集的目的只有一个：炫富，让金谷园流芳千古。

这份心愿倒也没有落空，后世说起园林，往往会提到“南兰亭，北金谷”，遂使西晋“金谷园会”与东晋“兰亭之聚”并称。不过《金谷园序》实难与《兰亭集序》媲美，毕竟少了一位王羲之。此为后话。

四

视女子为玩物的石崇，却也有钟情之人——他的爱妾绿珠。

绿珠，原为淮扬名妓，擅歌舞，雅姿容，琴艺超绝。石崇以十斛真珠向青楼购得，藏于金谷园中，形影不离，琴瑟相合。二人作有《昭君曲》与《懊侬歌》传世，可谓我国最早的词曲制作夫妻档。

然而不知道是在哪次宴会上，还未得势的孙秀看到了绿珠，这一看可就钻进眼睛里拔不出来了，目痴口涎，做出种种丑态来。正值潘岳亦在座，因潘家曾为孙秀东主，因此当下便出言斥责了孙秀的鄙人中无礼，这使得两人本来就很不睦的梁子结得更深了。

“八王之乱”暴发后，司马伦夺权，囚禁了石崇的靠山贾皇后，又在孙秀的挑唆下兵围金谷园，逼石崇交出绿珠。

其实，这完全是一场政治斗争和金钱惹祸的结果，然而石崇却哭哭啼啼地对绿珠说：“我为你成了罪人了。”

绿珠听了，毫无辩解，只向着石崇深深一礼，莺声软语：“愿效死于君前。”说罢，轻提裙摆，转身便从高高的阁楼上一跃而下，用一道最优美的弧线结束了凄艳的一生。

绿珠跳楼了，石崇仍未能逃脱被捉拿斩首的命运，与潘岳一同被押上刑场。临终之际，他说了真话：“不是绿珠害我，是财富招祸。”

即使没有绿珠，赵王和孙秀也会找其他的借口对石崇图财害命。不是石崇为绿珠所牵累，恰恰相反，是绿珠为石崇而殉葬。

后世吟咏绿珠的诗词有很多，最让我动容的有两首：第一首是唐朝诗人杜牧的《金谷园》，第二首则是《红楼梦》中林黛玉悲题《五美吟》中的《咏绿珠》。

金 谷 园

[唐] 杜牧

繁华事散逐香尘，流水无情草自春。
日暮东风怨啼鸟，落花犹似坠楼人。

咏 绿 珠

[清] 曹雪芹

瓦砾明珠一例抛，何曾石尉重娇娆？
都缘顽福前生造，更有同归慰寂寥。

只不知在石崇心中，是更愿意与绿珠“同归慰寂寥”呢，还是更欣然与潘岳“白首同所归”？

陆机，鹤唳华亭不复闻

一

由于从湖口到南京这一段的长江是向东北方向斜流的，所以该地段的长江两岸不称江南、江北，而称江东、江西。古时以东为左，以西为右，所以江东又称江左，是三国时东吴盘踞的地方，主要包括江东六郡，即会稽、吴、丹阳、庐江、豫章和庐陵；又称“三吴”，即吴郡、吴兴、吴会。

太常张华曾兴奋地对司马炎说：“伐吴之役，利获二俊。”认为平定东吴的最大收获，就是得到了陆机、陆云两兄弟。

江东有四大世家，并称“吴郡四姓”：顾、陆、朱、张。

陆机、陆云兄弟，就是来自吴郡陆氏，其祖陆逊、父亲陆抗，俱为三国名将。

说到陆抗，就忍不住要先“插播”一下魏晋名士中一直被低估的羊祜的故事。

羊祜（221—278），字叔子，出身名门，文武全才，是魏晋时期不可多得的政治家、文学家、战略家。“人生不如意十常八九”这句名言，就是他说出来的。

羊祜是司马师继妻羊徽瑜的弟弟，在司马昭掌权时，与“神解”荀勖共掌机密。司马炎以晋代魏后，羊祜以扶立之功被晋爵为郡公，食邑三千户。他却苦苦推辞，只肯受侯爵之封。

他辞封不要紧，同时受封赏的荀勖就为难了。两人平分秋色，军功章上有你的一半也有我的一半，如今羊祜不受封爵，自己又怎么好意思坦然受之呢，岂不受人嘲讽？荀勖思来想去，只得瞅着皇帝脸色很不情愿地跟着辞谢了公爵待遇，心里这个气啊，不知把羊祜骂了几千几万遍。

荀勖本来就是个记仇的，此后寻着机会便要说羊祜的坏话，并把这个习惯一直坚持到死。他在心里和羊祜默默地斗了一生，可惜没机会明着来上一架，因为两人见一面都难。

晋武帝登基后，锐意进取，希冀一统天下，遂命羊祜坐镇襄阳，都督荆州诸军事。

于是，羊祜在荆州一待就是十几年。他一方面缮甲练兵，做好伐吴的准备；另一方面屯田兴学，以德怀柔，不忘发展地方经济。

羊祜讲究信义，颇有上古大将之风，从来不搞偷袭、间谍那一套。每次作战前，他都要和吴方商定交战时间，方便人家撤退平民；有部下抓了吴军将领的孩子献上，他听说了，立即命人送回，绝不以稚童为要挟；军队过境时，为了补给物资，羊祜虽然同意兵士割了地里的稻麦充当粮草，却要求属下根据收割数量以帛绢偿还，极其严明清廉。

为此，羊祜深受魏国百姓爱戴，即便是吴国军民，提起他来也都颇为敬重。

陆抗曾在西陵之战大败羊祜，后于江陵对峙多年，两人惺惺相惜，各辖部下属民相安无事。陆抗甚至说："羊祜以德服人，如果我们只是蛮横暴力，将会不战而败的。我们只要保住边疆就好了，万不可为小利而侵扰边境。"

如此，荆州一带虽处于魏吴边境，却能得到十年平安，休养生息。时人评价："虽乐颜、诸葛孔明不能过也。"

羊祜也确实很像诸葛亮，平日在军中轻裘缓带，不穿铠甲，就差一柄羽毛扇。

野史说司马懿心感诸葛风仪，即使私下提起也从不肯指名道姓"诸葛亮"，而只称"孔明"。吴人对待羊祜也是一样，从不直呼其名，而只称"羊公"。

陆抗重病，情急之下竟向羊祜求药，羊祜二话不说，立刻派人送药来。有部下担心魏国趁机下毒，陆抗却说："我信得过羊祜的人品，他怎么可能做这样的事呢？"坦然服药。

两人虽各为其主，名分敌我，却能惺惺相惜，令人感动。

魏晋名士的风骨，于此种地方最见精髓，其壮烈高迈，是比琴声画韵更令人膜拜的。

二

陆抗病逝后，陆家五兄弟陆晏、陆景、陆玄、陆机、陆云，各领部曲若干，征战沙场。

咸宁五年（279）十一月，晋发兵二十万大举伐吴，派遣镇军建军琅琊王司马伷出涂中，安东将军王浑出江西，建威将军王戎出武昌，平南将军胡奋出夏口，镇南大将军杜预出江陵，龙骧将军王濬下巴、蜀，全面进攻。

刘禹锡《西塞山怀古》写得好：

王濬楼船下益州，金陵王气黯然收。
千寻铁锁沉江底，一片降幡出石头。
人世几回伤往事，山形依旧枕寒流。
今逢四海为家日，故垒萧萧芦荻秋。

王濬走的是水路，驾驶高大的双层战船从益州出发，威风凛凛，所向披靡。孙吴倚仗天险，以为横锁江上便能阻挡晋军前来，不料晋人熔断铁链，畅通无阻地直攻建康石头城。于是，孙皓只能举了白旗，降幡出城。

其间，陆家兄弟各率所部奋起抵御，终究寡不敌众，陆晏、陆景血溅沙场，陆机亦兵败被俘。

陆机（261—303），字士衡。他这时候年未弱冠，还只是个小小牙门将，所以关押不久即被释放，于是带着弟弟“退居旧里，闭门勤学，积有十年”。写有《辩亡论》与《拟古诗》十二首，诗赋与书法双绝，名闻天下。

在《辩亡论》中，陆机一为感慨孙皓亡吴之失，二欲详述祖父宗亲历代功业，提出“天时不如地利，地利不如人和”，孙吴之亡，便亡于不知巧用天时地利，亦不能善用人才。

> 夫四州之萌非无众也，大江之南非乏俊也，山川之险易守也，劲利之器易用也，先政之业易循也，功不兴而祸遘者，何哉？所以用之者失也。

都说《辩亡论》深受贾谊《过秦论》影响，然而因为陆家三代与孙吴兴亡的紧密联系，使得这篇赋论虽然不如贾谊那般客观、尖锐，却多了一种真诚、悲悯，有种挽歌的情调。

而这篇挽歌，不只是挽孙吴，亦可以视作是陆机为自己预写的一篇诔文。

二十岁到三十岁，陆机人生最好的十年在林泉吟咏中悄然度过。眼看到了而立之年，陆机感到了深深的不甘：不甘心陆家基业在自己手中没落，也不甘心自己文武双全却只能埋名郊野。

就在完成《辩亡论》的第二年，陆机与弟弟陆云离开吴中，来到洛阳。

将来，他会为这一决定痛悔莫及。

或许，他也不是毫无预感的。赴洛途中，他曾连作两首五言诗，抒情言志。且录一首：

赴洛道中作

总辔登长路，鸣咽辞密亲。
借问子何之，世网婴我身。
永叹遵北渚，遗思结南津。
行行遂已远，野途旷无人。
山泽纷纡馀，林薄杳阡眠。
虎啸深谷底，鸡鸣高树巅。
哀风中夜流，孤兽更我前。
悲情触物感，沉思郁缠绵。
伫立望故乡，顾影凄自怜。

诗中充满彷徨之意，将对故乡的留恋与前途的迷茫描述备至。

骑马远行，呜咽辞亲，不要问我到哪里去，总是世网难脱，身不由己。无奈“北漂”，都是为了生活啊。

从这句“世网婴我身”来看，似乎陆机赴洛并非出自本心，因此亦有说法是晋武帝闻其名，故而诏他入京。

诗人一路北行，经过渡口、荒野、山川、林泽，沿途也曾闻虎啸谷底，也曾见鸡鸣树梢。悲风袭人，流水无亲，在在都使其抑郁难舒，踟蹰而无奈，思乡归不得，顾影更伤心。

诗中大量使用对偶，情景相融，清丽婉转，是魏晋五言诗的成熟之作。

陆机曾在自己的《文赋》中说过：“诗缘情而绮靡。”这首诗可见一斑。

三

如果陆机一直留在吴中，他或许不会得到入洛后的盛名，却会一生平安。

只是，他不甘心。他在《拟古诗》中追述汉末士子游宦洛阳的潇洒，想象和他们一起并驾京都，一展抱负。

于是，他背井离乡，来到洛阳，一为自己寻机遇，二为家族求生存。

偏偏，事与愿违。

这让我写陆机的故事时总是有一种难言的忧伤，仿佛看一部制作精良的古装历史言情剧，唯美而凄艳，充满无奈，让人看完很久都郁结着一丝哀怨，忍不住要为男主委屈。他才高而命舛，情深而不寿，有志难抒，有冤难诉，短暂的一生活得是那样郁闷憋屈。

也许，就是因为这种憋屈，让他有点儿敏感尖刻，嘴上不饶人，因此得罪了很多人。

陆家兄弟入洛后，在张华的大力举荐下，迅速崛起，文才动世，并称“二陆”，时人赞之为“太康之英”。

陆机如愿享用了京都的繁华，却也深切感受到了士族的排挤。

有一日，出身范阳卢氏的卢志在宴席上与陆机相遇，颇不客气地问：“陆逊、陆抗，是君何物？”

意思是你和陆逊、陆抗是什么关系？

这是明知故问，故意轻视陆机。更重要的是，古人通常彼此称呼字，直呼其名是很不礼貌的行为；而直呼别人祖上之名，更是极大的侮辱。

人们听到卢志这赤裸裸的挑衅，纷纷望向陆机，都觉得当此情形，他除了挥拳相向大打出手已经无可选择了；可是当席动武又是非常粗鲁不文的行为，岂不是落入了卢志的陷阱？当真是恼不得，忍不得。

岂料，陆机并无愠色，只是快言回答：“如卿于卢毓、卢珽。”

卢毓、卢珽正是卢志的祖与父，当世闻人如今被陆机直呼其名，这一勾拳回得不可谓不响亮。偏偏卢志还不能反驳，难道说自己不是卢氏子孙吗？因此卢志听后默然，暗暗咬牙，心里恨到滴血，而这梁子就此结下。

陆机虽是南人，却身长七尺，声若洪钟。与中原名士醉心玄学不同，他深谙儒术，非礼不动，对于中原士族的任诞放纵很是看不惯。

有一天，他去王济家中赴宴。就是那个用人乳喂猪的王济，指着桌上奶酪问陆机："卿江东何以敌此？"

陆机淡淡回答："有千里莼羹，但未下盐豉耳。"说我们那里的莼菜做汤羹，无需加盐豉等调料便足以令人销魂了。

陆机貌似说美食，实则隐含傲气，不卑不亢。意思是在我们江东，鱼米之乡，物产丰富，吃东西讲究一个尝鲜儿，掐尖儿，所谓"金陵人家素无三日之贮"，什么酸菜啊腌豉啊，江东人从来瞧不上，所以奶酪这种东西，也自敬谢不敏。

关于江东莼菜之美，同样来自"吴郡四姓"的张翰的故事最具代言资格。

张翰，字季鹰，和陆机一样应召往洛阳做官。一日秋风乍起，他忽然顾左右而叹说："又到秋天了，这时节，正是我们家乡吴中莼菜成熟、鲈鱼肥美的时候。那滋味啊，好得能让你把舌头吞下去。”接着就给同僚们洗脑，大谈了一番莼菜羹、鲈鱼脍的吃法，然后仰天长叹：

> 人生在世，贵得适意尔！何能羁宦数千里以要名爵？

意思是做人最要紧是开心，贵在随意由己，怎能为了求取功名利禄而羁留异乡呢？于是挂冠求去，奔向江南吴中的美食餐桌，再不做官了。

后来，“莼鲈之思”就成了思念故乡的代名词。

不过，张翰求去不仅仅是贪吃，更重要的深层原因是避祸。因为此时，他正在“八王之乱”的主要人物齐王司马冏帐下做掾属。他早早预见了不久的大乱，因此对同郡顾荣说：

> 天下纷纭，祸难未已。夫有四海之名者，求退良难。吾本山林间人，无望于时，子善以明防前，以智虑后。

这番话，正如同山涛之劝石坚“勿事马蹄间”。

在他离开不久，司马冏便被长沙王司马乂杀死。齐王部下多罹难，而张翰因为见机得早，远离祸乱中心，故能逍逍遥遥地吃鲈鱼去了。

张翰好酒，纵任不拘，颇有阮籍之风，因此人称“江东步兵”。

有人劝他：“你明明有才华，却偏偏不求上进，只是天天醉酒，纵然适意一时，难道不为身后功名着想吗？”

张翰却学着阮籍白眼一翻回了一句拽上天的话：

> 使我有身后名，不如即时一杯酒。

如此豪言，自然大合魏晋名士的脾胃，遂成千古名句。李白《行路难》便借用了张翰的典故与豪言：

> 君不见，吴中张翰称达生，秋风忽忆江东行，
> 且乐生前一杯酒，何须身后千载名。

四

通过这几件事，足以见出陆机的狷介骄傲。他虽然加入了“金谷二十四友”，朝歌暮饮，追酒逐欢，却总有那么一丝格格不入，便与金谷小伙伴们的关系也并不紧密。

比如陆机欲作《三都赋》，听说貌丑的左思也要写，便写信

给弟弟陆云说："此间有伧父，欲作《三都赋》，须其成，当以覆酒瓮耳。"

由于文化差异，中原高门对南人十分轻视，蔑称为"貉子"，也就是土狗，非常有羞辱性；而江东望族亦将北人称为"北伧"，就是北方粗人，同样不屑。

陆机不但称左思为"伧父"，还说等文章写成，要拿来盖酒坛子，就相当于今天的人拿别人的作品当厕纸。

不料左思文成，大受欢迎，人们竞相购买，一时造成纸价高涨，由此诞生了一个成语叫作"洛阳纸贵"。

陆机这个打脸啊，原本打算自己要动笔的，如今也不再提起了。于是又落了一个词，叫作"陆机辍笔"。

而且京城中机会多，危险也多。"八王之乱"中，陆机兄弟周旋于眼花缭乱的政权更迭，先后依附于贾谧、司马伦、司马颖，几番沉浮，好不惊险。

尤其司马伦诛杀裴頠、张华、潘岳、石崇等人时，陆机不但从铡刀下侥幸逃生，还被引为相国参军，封关中侯，竟是因祸得福。

后来司马伦亦被诛，陆机险遭处死，却又被成都王司马颖救免，还被委任为平原内史，因此世人又称其为"陆平原"。

如此过山车般一次次虎口脱生，让陆家兄弟忍不住要相信自己就是老天爷的亲儿子，就是有这种逢凶化吉遇难成祥的好命。然而事不过三，太安二年（303），陆机任河北大都督，率军讨伐长沙王司马乂，却大败于七里涧。

也许老天爷开始怀疑这儿子的血统了，明明把你生成了文武双全的精英神俊，为什么你枉为陆逊之孙，竟然不堪一击？于是老天爷不肯再罩着陆机了，任由司马颖将其斩杀，夷三族。“二陆”稍迟一步，到底还是追上了他们的金谷园小伙伴们。

按说胜败乃兵家常事，哪怕指挥错误也最多阵前斩首，何以会株连三族呢？

剧本相当套路——还是出自小人的陷害。

原来，陆机任大都督时，小都督叫作孟超。孟超仗着自己有个深受司马颖宠幸的宦官哥哥孟玖，骄纵狂妄，无法无天，还未交战就放纵士兵掳掠。

陆机逮捕了几个主犯，还未惩罚，孟超竟带着百骑亲信径往陆机帐下抢人，还公然辱骂：“貉奴，能作督不？”你个南方土狗，有什么资格做都督？

这是不敬上司之罪，按说陆机完全有理由杀了孟超立威，但他却因为忌惮孟玖不愿惹事，更不愿在开战前内讧，到底忍气吞声了。

然而息事不等于宁人，孟超开始到处造谣说陆机要谋反，又给孟玖去信诬陷陆机有二心。

后来开战时，孟超不肯听从陆机指挥，轻易率兵冒进而覆没，导致全军大败。

孟玖在这时候拿出弟弟的信来，向司马颖进谗言，说陆机心有异志，联合敌方杀了孟超。他伙同好几位军中将领为自己作证；加上此前卢志早在司马颖面前说了陆机不少坏话，三人成虎，到底坐实了陆机的谋逆之罪。

陆机非无才干，只是生在败国末世，身为异乡之客，在北方根基不深，孤掌难鸣，此前能够三番五次逃生实属不易。如今兵败再加小人拨弄，堪称天时、地利、人和俱失，他再无生机。

看到使者奉诏前来，他自知在劫难逃，自行卸甲，换上了白色丧服。

临刑前，陆机仰望苍穹，高声长叹：

华亭鹤唳，岂可复闻乎！

华亭，就是今天的上海，古时亦属三吴之地。多水泊，苇丛茂盛，有大量水鸟在此栖息，其中以鹤居多，徘徊水上，鸣声嘹亮，给人以天旷地远的感觉。

陆逊封华亭侯，在华亭建有庄园。他小时候最喜欢的事情，就是坐在湖边看“蒹葭苍苍，白露为霜”，听“鹤鸣九皋，声闻于天”，然而从今往后，再不得闻了。

这份感伤，正如同李斯临刑时执着儿子的手悔叹：“吾欲与若复牵黄犬俱出上蔡东门逐狡兔，岂可得乎！”

史书称，陆机赴难之日，大雾弥天，怒雪数尺，天下人俱道陆机之冤，惊动天地。

他到底还是天选之子。

五

吴宫花草埋幽径，晋代衣冠成古丘。

陆机的悲剧是因为南人北上，难免受到北方贵族的排挤和围杀。他带着重振家声的愿望来到北方，却将族人带向了灭亡，当真是死不瞑目！

但这悲剧是难以避免的吗？

不是。看看同为南人的张翰、顾荣和周处就知道了。

张季鹰秋风莼鲈的故事前面已经说过了，而顾荣在张翰的劝说下，也是一样心中有数。

吴郡四姓：顾、陆、朱、张，顾氏因为出了一个名相顾雍，排位还在陆氏之前。

顾荣，便是顾雍的孙子，也是顾家这一代的佼佼者，同样担负了重振家声的职责。于是，他抱着与“二陆”同样的目的与二人联袂北上，并称为“洛阳三俊”。

但是他的脾气性情可比陆机要随和得多了，与同僚相处也融洽，下班后还会相约吃烤肉。

在肉香与酒香的弥漫间，他也不忘眼观六路，耳听八方。无意一瞥，看到替众人烤肉的仆役相貌堂堂，绝非久居人下之人，此时却只能手执签子做这侍候人的事儿，眼睛盯着烤肉露出渴望，顾荣毫不犹豫，立即拿出自己的那份烤肉请仆役品尝。旁边有人看到，惊怪地问：“你怎么竟能把自己的美食赏赐一个奴仆？”

顾荣笑答：“岂有终日执之而不知其味？”

这让人忍不住想起一句唐诗：遍身罗绮者，不是养蚕人。

再来一句俗语：卖油的娘子水梳头。

执贱役者，谁不是做了一辈子苦工，却无由享用自己的劳动成果呢？

唯有顾荣却能体恤，亦敢于在这贵贱有别如天壤的世道中，在众目睽睽之下体恤贱奴。虽是小事，然而此胸襟远远超出了阶级与时代，宁不为大？

如果故事就到这里，便只是佚事。

然而能成为传奇的是，故事还有下文。

八王之乱起，顾荣见势不妙，想起张季鹰的叮咛，决定洪流抽身，辞官回乡，临行还特地再约了一下陆机。然而陆机

“负其才望，而志匡世难”，且因为此时依附司马颖，一则要报答知遇之恩，二则也指望有机会再上一层楼，竟是拒绝了——拒绝了顾荣，也拒绝了生路。

顾荣便这样独自还乡了，然而到处都在打仗，这一路也颇不太平，流民成群结队，抢劫时有发生。然而顾荣每每身陷险境之际，便有黑衣侠士自天而降，仗义相救。

顾荣高呼恩公，问其名姓，对方淡然答：“受炙人也。”就是那个烤肉的。

简直是武侠小说的标准情节。

这故事记录于《世说新语·德行》中，顾荣施小惠而蒙恩，因退据而免祸，当真有德之人。

这个故事深深教育了我们：莫应善小而不为，得帮人处且帮人。

再说说陆机、陆云的挂名弟子周处（236—297），字子隐，就是连小孩子都知道的连环画故事“周处杀三害”的主角，吴国义兴阳羡人。

周处小时候是个霸王，好勇斗狠，为祸乡里，喜欢用拳头解决问题。村里人将河里蛟龙、山上白虎与周处并称“三害”，便有人故意激周处说：“你那么厉害，不如为乡民除掉龙虎，岂不英雄？”

周处一听有理，便喜滋滋地去了，上山伏恶虎，下海斩蛟龙，三天三夜未归。乡人都以为周处与蛟虎两败俱伤，三害齐除，喜得敲锣打鼓，放鞭炮庆祝。

且说周处经历了一番龙争虎斗归来，远远听到歌舞喧阗，只当乡人们在庆祝自己凯旋，自觉身披五彩战衣，脚踏七色祥云，摆足了盖世英雄的范儿款款而来。孰料乡人一见，惊得掉落铜锣，奔走相告："三害未除，人患来了！"

周处这才知道，原来小丑竟是我自己。人患，才是三害之至。

惊痛悔悟之余，周处发愤图强，洗面革新，前往华亭寻访陆机和陆云兄弟，希望拜入门墙。

当时陆机不在，陆云接待了他。周处请教："欲自修而年已蹉跎，恐将无及。"意思是我已经年纪一把，现在开始学文化，会不会太晚了？

陆云道："古人贵朝闻夕改，君前途尚可，且患志之不立，何忧名之不彰。"意思是只要拼搏，就有机会。英雄只恨无用武之地，何愁年岁将逝？

于是周处发奋读书，以忠信为旨，建功立业，成为一代名将。

晋灭吴之后，时为安东将军的太原王浑登上建邺宫饮酒，环视吴将讥讽："你们这些亡国之人，怎么还有心思喝酒呢？"

周处反唇相讥："汉末分崩，三国鼎立，魏灭于前，吴亡于后，亡国之戚，岂唯一人！”意思是汉末之时，魏、蜀、吴三国鼎立，如今魏国先灭，吴国后灭，亡国之人又岂止我等呢？

这话撑得有理。司马家以晋代魏，曾为魏臣的王浑，也可以算是亡国之臣，不过是先行一步，又有什么好得意的呢？

这位王浑（223—297），便是那个吃人奶乳猪的王济的父亲，父子俩共同组成太原王氏的首脑。

而在石崇家因酒误美人的王导和王敦则是琅琊王氏的精英。

王浑的态度代表了很多中原贵族的态度。在他们眼中，江南是蛮荒未化之地，吴人是亡国之民，没什么尊严可讲。即使是朝廷招募的江南才士，亦因为根基不稳而不足为意。所以孟超会辱骂陆机“貉奴”；而周处在晋国的朝堂上同样是四面楚歌，被派上前线后也是左右支绌，被小人陷害，断了后援。

周处死得比陆机更早，对手不是“八王”，而是氐人。

296年，氐人齐万年在秦雍地区称帝，公然叛晋。周处受命建威将军，率兵五千进击梁山（今陕西乾县西北），却稀里糊涂成了孤军。他自知必死，却比陆机狠得下心，就是不投降，不撤兵，奋勇作战直至全军覆没。

以身殉国，还能再有什么罪名加诸其身呢？

周处死得惨烈，死得冤枉，而且他死后，兵权和荣誉全都落到了给他设下圈套的小人手上。这虽然让人不平，但是至少他保住了名节，也就保住了家人的性命。

此时再反观陆机，他既不能学张翰、顾荣之急流勇退，又不能学周处之战死沙场，进退失据，唯有一死。奈何！

最后顺便说一句，顾荣与张翰也都好琴。顾荣过世，家人以其生前爱琴置于灵床之上，张季鹰前往哭祭，不胜其悲，径自上床鼓琴，连作数曲，抚琴叹曰：

顾彦先颇复赏此否？

这句感慨，竟与陆机刑场慨叹“华亭鹤唳，岂可复闻乎”不谋而合了，流传风中，莫名幽婉。

广陵曲断谁能赏，鹤唳华亭不复闻。
唯有莼鲈长自在，猱弦吟月绰青云。

番外篇

两朝皇后羊献容

一

前人种树，后人乘凉；前人造孽，后人遭殃。

明明是泼妇贾南风的悍妒作妖一手挑起了“八王之乱”，深受其害的却是第二任皇后羊献容。

羊献容也是历史上唯一一位嫁给了汉胡两朝帝王的皇后。

羊献容出身泰山羊氏，是在贾南风死后被孙秀硬塞给惠帝的继后。这注定了她会成为诸王争位的祭品与标的。

每当皇朝的实际掌权人更换一次，羊献容便会经历一次废立，而惠帝司马衷对此完全听之任之。当权者让我娶，我就立后；下一个当权者让我废后，我就下诏；再下一个说要复立，那我便携手迎还，表演恩爱夫妻破镜重圆。

权柄的接力棒毫无规律地在刀剑中飞快传递着，惠帝执政的历史混乱破碎得难以备述，就只能简单地列个大事时间表，如果捋不清，大家只要记住一个字：“乱”就对了！

290年，司马炎驾崩，司马衷即位。杨骏与贾南风先后专权，挑起八王之乱。

300年，赵王司马伦废贾后为庶人，诛杀异己。羊献容进宫，立为皇后。

301年，司马伦篡帝位，惠帝司马衷与皇后羊献容被幽禁在金墉城。

这是羊献容第一次被囚，但是好歹还有惠帝做伴，两夫妻难得生出了些牛衣对泣的患难之情。

“狗尾续貂”的司马伦只做了两个月皇帝就被杀了，朝政落入了贾褒的儿子、齐王司马冏手中。惠帝与皇后自然也被迎还复位，作为傀儡重新摆上祭桌。

302年，失势的河间王司马颙联合成都王司马颖一起声讨司马冏。虽然他们杀了齐王，但是胜利果实却被近水楼台的长沙王司马乂捷足先登。

于是，司马颙与司马颖又于次年合兵讨伐司马乂。后来东海王司马越亦加入战局，司马乂被杀。

304年，成都王司马颖为丞相，但仍居邺城，以皇太弟身份遥控朝政。他上表将羊献容废为庶人，幽禁金墉城。

这一次，羊献容独自住进了金墉城。她的心里必然是有着怨念的，虽然已经为司马衷生了一个女儿清河公主，然而稀薄的夫妻之情敌不过幽禁之苦，这时候感情已经开始破裂了。

羊献容这次坐监时间并不久。七月，东海王司马越起兵讨伐司马颖，将羊献容复立为皇后，其实也是以此为借口，顺便给司马颖再定一宗罪。

之后，司马越率领禁军挟惠帝北上进攻邺城，大败于荡阴，惠帝被俘入邺，司马越逃回封地。

同年，幽州都督王浚叛乱，攻破邺城。成都王司马颖带着惠帝一起逃回京城，但中途却落入了司马颙部将张方之手，被挟持着迁都长安。之后，河间王上位，而刚刚复立的羊献容，再次被废。

张方是个出尔反尔的小人。他胁逼晋惠帝到长安后，感觉自己也可以同司马家一较短长，于是脑子一热，又将羊献容的后位恢复了。但是没过几天不知怎么又后悔了，次年再次废后。

合着不能明目张胆地篡位把皇帝怎么样，就干脆拿皇后出气，通过废立皇后来满足野心，假装自己才是真命天子呢。

另一位大将周权自称平西将军，觉得怎么能这样呢，你只是一个臣子，怎么可以随便废立皇后？于是又让羊献容复位了。

接着洛阳县令何乔攻灭周权，觉得这游戏真挺好玩的，便又将羊献容废了。

河间王司马颙甚至以惠帝的名义，想要赐死羊献容。这引起了各路大臣的抗议，认为皇后无辜，她不该被杀。于是又惹起了无数口水战和刀枪战，但是总算保住了羊献容的命。

这是羊献容离死亡最近的一次。也许，她不是没想过一了百了，但是看着镜中的自己，又实在不甘心。

而自始至终，司马衷一言不发。

羊献容的性情相貌与贾后刚好相反，她美丽聪慧，温柔多情。但是司马衷早已被贾南风洗了脑，审美偏倾，完全是斯德哥尔摩晚期，对这种柔美型的皇后完全无感，来者不拒，去则不留。

306年，东海王司马越迎惠帝重返洛阳，重新立羊献容为皇后。没隔多久，司马越毒死了司马衷，立皇太弟司马炽为皇帝。

羊献容因为是嫂子，不能被称作皇太后，只能含含糊糊地尊为“惠帝皇后”，居住弘训宫。

至此，“八王之乱”终于告一段落，但是曾经辉煌繁华的京洛已是千疮百孔，不复从前。北方的生产力遭到极大破坏，而西方和更北的少数民族政权却先后兴起，虎视眈眈。

就这样，从300年冬天登上后位，到307年末晋惠帝中毒驾崩，羊献容在不足七年中五立五废。她奔波于皇宫与金墉城之间，忽而国母，忽而庶人，最初还会惊惶哭泣，但是后来几经沉浮，有时候几年换个活法，有时候几月换个身份，甚至还有时候在一天之内便来个天地轮转的，渐渐地便麻木了，穿戴凤冠都不用宫女帮忙，常备一套庶民布衣随时更换。直到司马衷被毒杀，她成了先帝皇后，过上了深宫未亡人的日子。

如果西晋一直持续下去，羊献容的后半生大约就会在弘训宫中这样冷冷清清无声无息地一直终老了。然而，更大的动荡来了。

二

纵观历史，可以说自从司马炎登基创晋的那一天起，便早早地为西晋的灭亡埋下了三大伏笔：

第一是骄奢淫逸，大封宗室子弟为王，并允许王国自设军队，贵族豪门也都可以按等级豢养私军也就是“部曲”，又纵容上下臣僚挥霍炫富，清谈误国；

第二是在灭吴后，不顾山涛阻止，下令取消州郡常备武装，以至于地方域外烽烟四起时无力抵御；

第三是传位傻儿司马衷，还给他娶了贾南风这么个祸害，直接点燃了“八王之乱”。

“八王之乱”持续了十六年，直至306年，东海王司马越毒杀了司马衷，立皇太弟司马炽即位，改年号永嘉（307—313），这才告一段落。

然而内讧停歇不代表国家安定，这段紧承着“八王之乱”的乱世，在历史上又被称为“永嘉之乱”。

司马炽（284—313），是晋武帝司马炎的小儿子，晋惠帝司马衷异母弟，史称晋怀帝，显然他是司马越推出的新傀儡。

都说“司马昭之心路人皆知”，司马越之心，谁又看不明白呢？他毒杀惠帝，大概就是觉得只要傻子在一天，就不断会有别的亲王起兵，击鼓传花一般地抢夺这根很好用的墙头草，还不如自己另栽一根草，或许能操控得更加得心应手，同时也可以向天下人展示自己的霸权，起到杀鸡儆猴之效。

这时候，司马越真是不甘心自己的出身：他是司马防四子司马季达的孙子，别说和晋开国皇帝司马炎的关系太远，就连跟司马懿都扯不上直系。不然的话，直接由自己坐了皇位不是更快意？

为了掩人耳目，他一边推出司马炽坐上皇位，自任太傅，把持朝政；一边大开杀戒，排斥异己，指望用血腥手段杀鸡儆猴。一时间，朝廷上下人人惊惧，西晋王廷危如累卵。

“永嘉之乱”和“八王之乱”同样是乱，但这段时期的矛盾中心已经从西晋宗室对皇权的争夺，转移到了周边少数民族对中原水土的觊觎。百姓的生活更加水深火热，内外局势更加严峻复杂。

“胡”，是中国历史上对外族的统称。早在两汉时期，西北各少数民族便对中原资源虎视眈眈，向内地迁徙的动作十分频繁，汉胡通婚成为常态。比如阮咸就娶了鲜卑女为妾，生下儿子阮孚。

到了西晋末年，渐渐坐大的胡人部落趁着司马家内讧纷纷称王，乘乱攻击，其中最活跃的有五个民族：匈奴、羯、氐、羌、鲜卑，史称“五胡”。这五个民族先后在中国北方建立了大大小小的十六个政权，统称之为“五胡十六国”。

最先称王的是巴氐人李雄和匈奴刘渊，他们同于永兴元年（304）在巴蜀和山西设坛称王，史上分别称为“成汉”与“赵汉”。

在司马衷与成都王司马颖大战于荡阴、嵇绍血溅龙衣的时期，八王混战。五胡崛起，完全就是趁火打劫。尤其刘渊起兵的理由竟然是响应司马颖，到后来竟成了恢复汉室，为刘禅复仇，简直就是黑色冷笑话。

刘渊本不姓刘，乃是匈奴首领冒顿单于的后代，因为汉高祖刘邦曾经将一位宗室女作为和亲公主赐婚于他，并誓盟约为兄弟，所以冒顿单于的子孙都以姓刘为荣。

刘渊自小作为质子生活于洛阳，与太原王氏相交甚密，因为自己的曾祖奶奶是和亲公主，便打心眼儿里觉得自己是个汉人，更以汉朝宗室自居。他非常热爱汉文化，通读四书五经，《春秋左氏传》《孙吴兵法》皆熟读成诵，《史记》《汉书》无不综览，堪称卓越的汉学家。

西晋内乱爆发后，刘渊趁着晋皇帝鞭长莫及，于太原举兵割据，自立为王，并追尊汉朝皇帝“三祖五宗”，声称“兄亡弟绍”。这绝对是汉室的耻辱。

然而晋室王族只盯着京都洛阳自家兄弟的宝座，哪里管得了千里之外的新君是姓李姓刘还是姓冒顿，遂任由异族坐大。

成汉割据巴蜀，自成一国，与中原两不相牵；赵汉就不同了，他们的目标是天下。

310年，刘渊去世，庙号高祖。于是，史上就有了两个汉高祖：一个是众所周知的汉高祖刘邦，另一个是刘邦拐了八道弯儿的曾曾曾曾曾外孙刘渊。

刘渊死后，传位太子刘和。刘和不久便被文武双全、拥兵十万、威望与才能更盛的四子刘聪所杀。

刘聪人如其名，聪颖好学，十四通经史，著述百余篇，诗词歌赋无不擅长。他不仅善诗文，而且精书法，汉文化程度之高不亚于晋朝皇室，因此深信自己堪为中原霸主。他的野心比父亲还大，不仅要做匈奴的皇帝，更要做全天下的皇帝，做个刘邦那样名副其实的大汉天子。

永嘉五年（311），刘聪派遣大将军刘曜与石勒向洛阳发起总攻。繁华的帝都变成了炼狱，包括王公百官在内的三万多人死于这场祸乱，尸体堆藉，来不及焚烧，洛阳城为之一空。

晋怀帝司马炽被俘，这也是秦朝以来，第一位被异族俘虏的汉族皇帝。

晋朝皇室的后宫，则完全成了敞开的客厅，任由胡骑掠夺一空。

这是刘曜第一次看到羊献容。

刘曜，字永明，为刘渊义子，好书法，擅骑射，常自比乐毅、萧何。第一眼看到羊献容的绝世容光，他便心为之折了，这女子清冷高贵的气质实在太独特了。她母仪天下而毫无骄矜，历尽沧桑而依然天真，面对玉碎宫倾并没有太多的恐慌，眼神中带着俯仰由人的无奈与无畏，仓皇而迷茫，伤感而柔顺，令他深深沉醉。

虽然羊献容出生年月不详，但是入宫时怎么也该过了及笄之年。如今她经历了十一年的沉浮废立，又曾经生育，虽然已经不再是清秀佳人，但却正值一个女子人生中最好的时光，是一朵绽放到了极致，美得危险而忧伤的花。

刘曜迫不及待地纳了羊献容，简直不知道怎样宠爱才好，而且这种喜爱非但没有随着岁月色衰爱弛，反而愈久弥坚，直至八年后立其为后。

三

后世人每每提起羊献容时，都往往会同时提到王惠风，就是王衍的女儿，愍怀太子司马遹的元妃。

西晋沦亡后，王惠风也落入了敌手。刘曜想将其赏赐手下大将乔属。王惠风不从，乔属意欲动强，王惠风拔剑反抗，凛然道："宁可为义而死，不为胡虏所辱！"遂被杀。

《南岳魏夫人内传》则说，她是投河自尽的，死前大骂说："我皇太子妇，司徒公之女，胡羌小丑，敢欲干我乎？"其婢名六出，亦随之投河。

王惠风与羊献容，一个贞烈刚介而自尽，一个婉转屈从而善终，以《烈女传》的标准来看，自然是前者高贵而后者卑贱，但是做了史上唯一一个汉胡两朝皇后的羊献容。

羊献容在司马衷身边时，身为皇后，却是生死废立全不由己，连棋子都不如；而落到刘曜手中后，深得殊宠且不说，甚至还能参与政事，史称"羊氏内有特宠，外参朝政"。

如果说刘曜最初看中的只是羊献容的色相，那么经年相处中，他真正爱上的必定是她的性情与才智，所以才会事事相商。他曾经问她："我比司马衷如何？"

羊献容答："岂可并论？您是开国立业的创世主，他只是个昏昧无能的亡国君，贵为帝王却连妻儿都不能保护，我在八王手中受尽羞辱，当时真想一死了之，哪里想过还有今天？天幸教我认识了您，才知道世上真有伟丈夫。”

这婉媚之辞自是哄得刘曜眉开眼笑，可是谁又能说不是羊献容的真心话呢？

蔡东潘评：“羊氏曾为中国皇后，乃委身强虏，献媚贡谀，我为中国愧死矣。”

可是嫁了司马衷那样的皇帝，看尽八王手足相残的乱象，世上还有什么荣辱可萦于怀的？司马懿的四代子孙“齐心协力”将大晋推向灭亡，司马炽青衣侍酒，司马邺甘为杂役，他们尚且不知愧悔，羊献容又有何愧焉？

311 年，洛阳失陷，晋怀帝司马炽与传国六玺一起被移送平阳，逃走的晋朝遗臣们拥立司马炎之孙司马邺（300—317）为太子，改年号“建兴”，据长安而继续与匈奴相抗。

刘聪见司马炽没用了，就对其百般羞辱，以此打压晋王室。

建兴元年（313）正月，刘聪在光极殿大宴群臣，竟然让司马炽穿上青衣为群臣斟酒。青衣是下人才会穿的衣裳，座上的晋朝遗臣见此情景，不禁放声大哭。

刘聪看到这些晋人用哭声表达不满，分明是不拥护自己，登时怒极，不久便把他们连同司马炽一起杀了。

可怜司马炽没坐上几天龙椅，却饱经颠簸屈辱，只活了三十岁。与他的哥哥一样，他最终死于一杯毒酒，只是这杯酒，是匈奴政权汉昭武帝刘聪所赐。

消息传至长安，幸免于难的晋臣遂扶十三岁的司马邺为帝，史称晋愍帝。

但是这个皇廷实在势单力薄，岌岌可危。自备武装的王公大族们听闻此讯，没有西行勤王，而是纷纷南渡，到建康去投奔司马睿。

316年，刘聪又派刘曜进攻长安。

这位司马家的末代西晋小皇帝倒是表现出了一点儿难得的血性，率领全城上下奋勇抗敌，可惜终是迟了。

历经三个多月的艰难守御后，晋军兵困民乏、弹尽粮绝。司马邺明知不敌，只得屈辱地送上降书，脱去上衣，口衔玉璧，令手下抬着棺材跟在身后开城走出，这叫作“肉袒出降”。

西晋正式灭亡。洛阳与长安的最终陷落，都是败于刘曜之手。

接下来，司马邺重演了司马炽的命运，被移送山西平阳刘聪处。刘聪先是按流程给晋愍帝降了侯，假惺惺地示之以宽，但是没过多久就原形毕露，百般羞辱起来。打猎时，他命司马邺身穿戎服，手执戟矛，为自己前导，让晋朝遗民沿路观看；设宴时，又让司马邺行酒、洗杯子，甚至如厕时令司马邺拿马桶盖。旁边的晋臣失声痛哭，这就又戳到了刘聪的痛点，遂将其杀害。司马邺卒年十八岁。

晋怀帝司马炽，晋孝愍帝司马邺，再加上刘聪的亲哥哥、匈奴皇帝刘和，这是刘聪杀死的三个皇帝。

司马家族专权曹魏，在魏文帝曹丕、魏明帝曹叡之后接连制造了三位傀儡少帝：曹芳、曹髦、曹奂；然而历经司马家三代努力最终以晋代魏，正经坐上龙椅的，也就只有一位开国皇帝司马炎，其余司马衷、司马炽、司马邺，同样是三位傀儡皇帝，而且最终同样死于毒酒。

这真是历史的“报应”。

四

前面说过，中国历史上有三个阶段是最乱的：一是春秋战国，二是魏晋南北朝，三是五代十国。

我们从头捋一下魏晋是从什么时候开始乱的，毕竟，此前的大汉可是治世、盛世，而且是维持了四百年的大盛世。

黄巾起义是导致大汉灭亡的直接导火索。汉帝派遣官兵缴匪，却使得地方趁机拥兵自重。公元191年，董卓迁都长安，东汉名存实亡。

于是，曹操挟天子以令诸侯，东征西讨，成为事实上的最高当权者。但是因为此前曾立誓终生为汉臣，而且还要顾些脸面，所以他一直没有称帝。等他死后，儿子曹丕继位，就不管那些前盟旧约了，直接兵围汉宫，逼汉献帝禅位给自己，以魏代汉，史称魏文帝。

《三国演义》站在汉室正统的立场上，一直对刘备更多偏袒，而对曹操极尽丑化，称其为枭雄、奸雄。可是想一想，汉末董卓犯乱，如果不是曹操，汉室的灭亡可能还要再提前几十年。至于“挟天子以令诸侯”，谁让天子那么无能呢？

而且，曹丕待汉献帝刘协不薄，逼他禅位后并没有杀他，而是封了个山阳公给他养老送终。且陪着刘协相濡以沫的还是曹丕的亲妹妹呢。

后来司马家有样学样，夺了曹魏天下，也只是将曹奂降为陈留王，仍允许他继续使用天子旌旗，保持一个帝王的尊严，给晋武帝上书时不用称臣，受诏不用跪拜。

甚至蜀汉的刘禅、东吴的孙皓，也都得到了善待。“扶不起的阿斗”在魏国好吃好喝，甚至说出了“其间乐，不思蜀”的话来；孙皓几番怒怼晋武帝，司马炎气到肝痛，也没有把他怎么样。

所以，无论是曹丕代汉，还是司马炎代魏，都还是和平禅让，民族内部矛盾而已。他们仍然奉行周礼，大格不改。

刘聪可就不一样了，他自称绍汉，却只为不满晋臣的眼泪便接连毒杀了两位逊帝，终究是“非我族类，其心必异”，脸都不要了。

杀死了两位西晋皇帝却仍然未能赢得民心的刘聪，自己也对一手缔造的君权神授的“童话”怀疑起来，竟有些神经错乱了，声称大白天就能看到自己死去的儿子刘约。

318年，刘聪病逝，手足子嗣为争皇权而大打出手，很快四分五裂。众部中势力最强的就是刘曜和石勒。

同年，刘曜称帝，改国号为赵，史称前赵。

319年，羊献容被立为皇后。这是羊献容的第六次立后，戴上的却匈奴的凤冠。这一回，她笑到了最后。

羊献容共为刘曜生了三个儿子，长子刘熙被立为皇太子。

322年，羊献容薨，谥号献文皇后。其葬礼极为隆重，甚至有大臣以为过奢，谏言劝阻，刘曜不听，多次前往察看墓地建造，甚至亲自背土覆坟。帝后之情，令人动容。

此前刘曜原配卜氏有子刘胤，早在刘曜为王时已经被立为世子。他才貌俱佳，风骨俊茂，擅骑射，因为在战乱中一度走失，刘曜遂立刘熙为太子。羊献容死后，刘胤历难归来，风仪更胜从前。刘曜喜出望外，一度想改立刘胤为太子，但因大臣劝阻，兼之顾念羊献容而终究未改。

羊献容轰轰烈烈地美了二十年，五废六立，凤冠天下，这一生，可谓值得！

西岭雪 著

魏晋芳华

东晋卷 田园间的诗

中朝名士

王衍，行走的“成语大全”

一

魏晋名士虽以玄谈为标志，并将“名教”与“自然”相对立，但多半是需要儒道双修的。这其实是一种心理追求与政治环境的冲突，也是理想与现实的矛盾。

因为“儒”具体指导“士”的行为，而“道”则是强调“士”的思想意识，此两者一个务实，一个务虚，所以一味玄谈就必然落入虚无缥缈的漩涡里，美其名曰“虚静无为”。

作为隐士清修，固然可以像诸葛亮说的那样“淡泊以明志，宁静以致远”，但是作为国家栋梁、政权管理者，若是一味讲究无为而治，在其位却不谋其政，则必然误国误事误民生。

据袁弘《名士传》载，“中朝名士”的代表人物主要有裴楷（字叔则）、乐广（字彦辅）、王衍（字夷甫）、庾敳（字子嵩）、阮瞻（字千里）、卫玠（字叔宝）、谢鲲（字幼舆）等。

其中的王衍，便被世人认定为“清谈误国”的典型。

王衍（256—311），字夷甫。他神情明秀，风姿娴雅，好玄学，工书法。王戎曾称赞他：

> 神姿高彻，如瑶林琼树，自然是风尘外物。

在魏晋能被形容成“玉树”的都不是普通的名士，不但要长得帅，还要有气质，明明可以靠脸吃饭，偏偏还有才华，也就是像夏侯玄、嵇康一般的人物。

王衍和竹林七贤中最小的王戎是堂兄弟，少时曾拜访过七贤中的老大山涛，一老一小，相谈甚欢。

山涛是最擅预言的，分别后望着王衍的背影慨叹：

> 何物老妪，生宁馨儿！然误天下苍生者，未必非此人也。

这句话有褒有贬，意思是什么样的母亲才能生得出这么聪明灵秀的儿子啊。不过将来误国殃民的，很可能就是这个娃娃！

一语成谶。

而“宁馨儿”这个美妙的名词，也就这样流传开来。

又漂亮又有口才，关键还有好家世，不出名都难。晋武帝司马炎曾经问王戎：“当世谁可与王衍相比?”

王戎想了想说："活着的没有，只能从古人中找了。"

不知道王戎心中的"古人"包不包括刚刚作古的竹林前辈，但显然他认为自己是比不了的。

而王戎最比不过王衍的一点还在于对金钱的态度：他自己是个惊世骇俗的守财奴，而王衍却视金钱如粪土，根本连"钱"这个字都不能提，听都不想听。

有一次王衍的妻子同他赌气，趁他睡着时，故意在他卧榻边堆了一圈钱，将榻团团围住，看他醒来会怎么说。

王衍睁开眼睛，环视四周，喝道："举却阿堵物。"意思是快把这个碍眼的东西搬走，仍是绝口不提钱字，却又创造了一个新名词：阿堵物。

后世因此有了一副绝对：

身无阿堵物，家有宁馨儿。

王衍非但不肯谈钱，也不肯谈论政务仁义，"虽居台司，不以事物自婴，当世化之，羞言名教"。

"婴"就是"缨"，也是"萦"，意即束缚，牵绊。

王衍一生历任黄门侍郎、尚书令、尚书仆射等职，位列三公，位高权重，却一味高谈老庄，崇尚浮华放诞，完全无心政务，更不屑同人谈及儒家礼义。要说咱就说说《逍遥游》《养生主》，讲讲鲲鹏和小鸟的故事，你要不懂，你就是蟪蛄与学鸠，燕雀焉知鸿鹄之志?

须知，王衍辩才一流，能把死的说成活的，黑的说成白的，那还不是想怎么批驳你就怎么批驳你。“信口雌黄”这个成语就是专门用来形容他的，见于孙盛《晋阳秋》:

> 王衍，字夷甫，能言，于意有不安者，辄更易之，时号口中雌黄。

“雌黄”本身是一种矿物质，又称鸡冠石。古时书写纸多为黄色，如果写了错字，就可以用雌黄将错字涂抹遮盖，相当于今天的修正液。

王衍担任元城县令时不喜欢办公事，却经常会集名流谈玄说道，口若悬河，滔滔不绝。有时前后矛盾，觉得哪句说得不合适了，便随口改正，因此人们形容他“口中雌黄”，巧舌如簧，自带修正功能。

王衍除了擅长发明成语，还勇于带动时尚。他的常备道具是在谈玄时挥舞着一柄麈尾。《世说新语·容止》载:

> 王夷甫容貌整丽，妙于谈玄，恒捉白玉柄麈尾，与手都无分别。

王衍一边挥动麈尾一边信口雌黄，白腻酥手与麈尾玉柄浑然一体，同样晶莹温润，让人只是看他的手势已经神魂颠倒，哪里还敌得过他的雄辩滔滔呢？

只是，一个大男人怎么会有这样腻白的一双手，莫非敷了粉？

麈（zhǔ），基本字义在古书上指鹿一类的动物，其尾可做拂尘，故称麈尾。麈尾的样子有点儿像羽扇而不是扇，其制法是在木条两边及上端插设兽毛鸟羽，原本用来赶蚊虫、掸灰尘、拂秽清暑，后来经王衍等人的推广，成了魏晋清谈家显示身份的一种道具，没事闲谈时便甩来甩去，做出一种闲云野鹤的模样。

比如《红楼梦》里的妙玉，就手执麈尾念珠，而袭人坐在宝玉榻边做针线，身边便放着一柄白犀麈，也就是用犀牛角做柄的麈尾。

当然，妙玉的麈尾是身份的象征，代表仙风玉骨；而袭人守着麈尾，就只是时刻准备替宝玉赶蚊子。

二

祸乱迭生、内忧外患之际，王衍虽无心政务，却并不耽误升官。他顺顺当当地升了司空，次年任司徒，官至太尉，是琅琊王氏在西晋做到的最高的官职。

一日，王衍家中小宴，族兄弟王戎、王敦、王导、王澄等俱在座。有人参宴归来，连连对人感叹说：

> 今日之行，触目见琳琅珠玉。

从此，世上便又多了一个美好的成语：满目琳琅。

王衍做了琅琊王氏的大家长，非常注意提拔同族，也很务实地在乱世留后路：自己身居京师高位的同时，请求东海王司马越将弟弟王澄与族弟王敦分别派驻荆州和青州任刺史，如此，兄弟三人便可互相援引。

他对自己的部署十分得意，洋洋自称：

> 荆州有江汉之固，青州有负海之险，卿二人在外，而吾留此，足以为三窟矣。

真真打得一手好如意算盘。于是又有了一个响亮成语：狡兔三窟。

谈了一辈子玄的高士，在邀官占位这件事上竟然如此现实，遂为时人不耻。

也正是秉持着狡兔三窟的行为准则，王衍才会把长女王景风嫁给贾南风的侄子贾谧为妻，将次女王惠风嫁与太子司马遹。

贾南风谋害太子，王衍本该成为太子最坚强的后盾才对，却因为惧祸，竟上表请求解除女儿与太子的婚姻关系。

无情的父亲偏有贞婉的女儿。王惠风出宫之后，一路号哭返家，其状甚哀，路上行人无不为之流涕。

后来贾南风被废，朝臣弹劾王衍身为太子岳丈、国家栋梁，于公于私都应当在太子被诬时挺身而出，而他非但不能坚持正义，还落井下石地解除婚约划清界限，只求避祸，全无操守，应当监禁终身。

晋惠帝同意了，但也只是走了个过场，明面宣称严肃处理后便高高挂起了。此时朝权更迭，哪有人真心追究？况且赵王司马伦把持大权，司马伦的心腹孙秀曾与王戎、王衍有旧，对他们大加照顾，就更没人找王衍的麻烦了。

不过，王衍虽然胆小惧祸，狡兔三窟，却也不是所有的权势都要攀附的。

此前外戚杨骏专权时，想把小女儿嫁给他，也就是说，王衍原本可以和皇帝司马炎做连襟的。这要放在别人身上，一定跳着脚地拍巴掌。王衍却不耻杨骏为人，装疯拒婚；如今司马伦想重用他，王衍又是假装发颠，杀死奴婢以免于任职。

只可怜了那个枉死的婢女，就这样充当了主人出色演技的炮灰。要装疯，杀鸡杀狗不行吗？为什么要杀人呢？看来王衍等空谈老庄，却只读《养生主》，不看《齐物论》，一点儿众生平等的意识都没有。

后来司马伦被诛杀，齐王司马冏扶持惠帝复位有功，专权独断，不可一世，公卿见到他都要下拜，唯有王衍长揖不拜，因此得罪了司马冏，便又托病辞官。他这次的表现，倒是比堂兄王戎跳茅坑来得漂亮。

三

有了王衍这样的名流典范、士族领袖，后辈下属也都跟着有样学样，一时间，人人不思政事，只顾高卧玄谈，“皆雅崇拱默，以遗事为高”。

国事政务交给谁呢？爱谁谁。反正清谈家们擅长清谈辩难，就算有事发生，也只消他们挥一挥麈尾，拨动三寸不烂之舌，口吐莲花地粉饰太平了去。

清谈，谈的是“三玄”:《易经》讲趋吉避凶,《老子》讲虚静无为,《庄子》讲全生养命。所以清谈家们多半既胆小又任诞，夸夸其谈而百无一用，其中又以王衍的弟弟王澄为最。

王澄（269—312），就是前面讲过的那位裸身上树掏鸟的王平子，“浊流”人物的典范。

王衍与王澄是亲兄弟，与王敦（266—324）是堂兄弟。一日，三兄弟谈论时局，王衍问以方略，王敦说：“当临事制变，不可豫论。”意思是随机应变吧。

王澄则不放过任何一个辩难论题，将清谈之能发挥得淋漓尽致，“辞义锋出，算略无方，一坐嗟服”。

王衍对弟弟纸上谈兵的才情极为欣赏，即便是他的放诞不羁也觉可喜，赞其“落落穆穆然”，甚至认为天下世人“阿平第一”。凡经王澄所提的题目，王衍便不多言，只道：“已经平子矣。”

有了王衍的推崇，王澄在当世的名望极高，出任荆州刺史的饯行宴上，“送者倾朝”，一同仰望了他脱衣上树的壮举。

王澄在荆州任上做官的表现与王衍如出一辙，终日纵酒玄谈，不问政事。待天下大乱，左右劝其振作，他却说乱从京都起，不是一个州郡能匡扶的，完全是“举世混浊，何不随其流而扬其波”的论调。

他坐镇荆州，无视外族侵略，却对着逃亡的百姓雷霆万钧。当时很多流民自巴蜀迁入荆湘，迫于生活而积聚起来，不免时有争夺财物、扰乱地方之事发生。王澄不加安抚，一味镇压，令部下袭杀百姓八千人，这样的昏招儿，只能激起更大的暴乱。

而且，王澄对于忤逆自己的下属极为暴戾，动辄酷刑相加。一个谈玄说道的高士，将随心所欲当成了天性自然，导致上下离心，百姓叛乱，却反而受到士族的赞扬，此种风习，怎能不令人忧心？

与此同时，趁着晋室内乱而悄然坐大的异族不断逼近，起先还只是频繁扰边，如今干脆进犯洛阳。

直到这时，晋王廷才终于意识到灭顶之患不在肘腋，而在膏肓。

司马越眼见天下大乱，传羽檄四方，所征皆不至，这才惊惧地发现自己已经失去了号令天下的威力。

310年冬，司马越戎服入见，自请出征讨伐羯族将领石勒，并率军四万出走洛阳，屯于项县。

司马越的想法是放手一搏方有生机，即便不成也可以保存实力，但却制造了两个不幸的事实：一是将军中主力尽数调离，洛阳几为空城；二是此举引起京都上下的极度恐慌，人们以为司马越要弃城逃走，纷纷跟随，一时上至王公下至流民皆依附大军而行，迅速将队伍扩展为十万军民。

浩浩荡荡的大流徙自此而始。

这使得晋怀帝怒不可抑，索性趁着司马越不在京中，传令苟晞为大将军，并发布司马越的罪状，要求各方讨伐——新帝难得强硬了一回，却仍是将刀尖对准自家命门。

内忧外困之下，司马越又惊又怒，于次年三月病逝于项城。

司马政权内部最大的心魔被除掉了，然而异族敌人却只会更加强大。王军在项城再无为，也毕竟摆开阵仗准备迎击匈奴；如今司马越一死，军队无人带领，顿成散沙。

与此同时，王家“三窟”的表现一个比一个奇葩：

王澄接到勤王诏书后，老大不情愿地带兵从荆州出发，却一天走不了几里路。慢吞吞到达南阳时，听说山涛的儿子山简带兵去了，却大败溃逃，王澄听罢，毫不犹豫，掉头就跑。

而王敦呢，压根理也不理，只管待在青州摆着名士范儿，天天召集士族饮宴，今朝有酒今朝醉，不问明朝是与非。

至于王衍，就更加令人无语了。当时三军无主，众人推举官位最高的王衍为大元帅，然而王衍却不合时宜地大讲“无为”之道，对于众人的推举坚决不受，理由是：

> 吾少无宦情，随牒推移，遂至于此。今日之事，安可以非才处之？

意思是我这个人打小就不喜欢做官，高居太尉不过是身不由己，稀里糊涂就走到了今天的地位，其实没有什么能力。元帅这么重的担子，打仗这么大的事，我怎么承担得了？

说到底，就是胆小畏战，不敢冒险，还找了个堂皇的理由同时给自己派了个体面的活儿——奉司马越棺椁还葬东海国。

然而这次，王衍却是棋错一着，他以为可以借此逃离战乱，却怎么都没想到会在赴东海途中，于苦县宁平城遇到了匈奴先锋军石勒的军队。

王衍完全不懂带兵，十万晋军被胡人围着打，刚一交手就全军覆没，他自己与众位王公大臣也都被俘，横死异乡，享年五十六岁。

四

从奴隶到帝王的石勒堪称北朝最大的传奇。据说他在十四岁时还曾与王衍有过一面之缘。

当时，年少的石勒跟着同乡到洛阳行商，经过上东门时，看到京城繁华景象，忍不住倚门长啸，正被时为尚书左仆射的王衍看到。王衍心下不安，走了几步后，越想越不对，顾左右说：

向者胡雏，吾观其声视有奇志，恐将为天下之患。

就是说，刚才那个胡儿，声音洪亮有戾气，心有大志，将来恐为我国之患。遂命人回头去抓他，然而石勒已经离开了。

倘若此事为真，那真是要让王衍怄到吐血。

石勒（274—333），字世龙，小字匐勒，羯族人。说起来也是苦孩子，先因家贫而为佃户，后又被人抓获卖为奴隶，因为表现突出，受主人奖励脱了奴籍。他在山东游荡多年，不得生计，索性起兵为寇，招募了许多草莽英雄，势力越来越大，遂率部投靠了匈奴汉王刘渊。

宁平之战中，石勒命骑兵围着溃败的晋军以弓箭射杀，跟随大军出京的十余万王公、士兵“相藉如山”，血流成河。以王衍为首的清流世族及三十六位司马皇族俱受降被俘，司马越的灵柩亦被石勒下令焚毁。

之后，石勒召来王衍等人，向他们询问晋朝廷事。此时，王衍的怯懦怕死表现到了极致，一边不停强调自己无心政事，不懂俗务，一边谄媚地劝石勒称帝，想以此讨好石勒，放自己一马。

谁知马屁拍在马腿上，反而让血气汉子石勒更加厌恶。他既反感于王衍清谈的虚无缥缈，又鄙视其投机的逢迎谄媚，遂拍案怒斥：

> 君名盖四海，身居重任，少壮登朝，至于白首，何得言不豫世事邪！破坏天下，正是君罪。

意思说你名声响亮，身居高位，做了一辈子官，现在白发胡子一大把，给我装什么天真无邪？你说你从未参与朝政，岂不知败亡天下的正是你这种尸位素餐不问朝政的人！你这样的人，怎么配活着?

说罢，便让人把王衍推出去了。

即便是淡定如王衍，也不能不脸红了。他这辈子没少被人诟病不务正事，却自谓名士风范，不以为耻，反以为荣；如今听到这番话出自敌首之口，尤其是这个人刚刚灭了自己的军，即将要自己的命，更可能亡自己的国，这才有了悔意，对一干同时被俘的晋臣说：

> 吾曹虽不如古人，向若不祖尚浮虚，勠力以匡天下，犹可不至今日。

这话是说，我们这些人虽然没有古人的贤能，谈不上大智大勇，可若是从前但凡有点儿志气，有点儿实干精神，不是一味追求那些虚无浮夸的东西，能同心协力保卫大晋，也不至于落到今日国破身亡的地步。

人之将死，其言也善。这是妙语如珠的王衍这辈子说出的最有道理的话了。

此时若有时光机，王衍真想回到数十年前的洛阳集市上，早早命人绞杀了十四岁的少年奴隶石勒。纵然不能，也要让自己做个好太尉，断不能看着晋王室自相残杀，一败涂地。只是，悔之晚矣。

不过，石勒大概也觉得，王衍毕竟是名士，不好当众行刀斧之刑，于是使了个自欺欺人的损招儿，半夜里让人把一面墙推倒，把王衍和一干晋臣全都砸死了，制造了一场意外死亡。

从前王敦曾经赞王衍：

> 处众人中，似珠玉在瓦石间。

如今，他真的长眠于瓦石间了。

五

中国古代战争史上有句“杀降不祥”的老话，然而这条律例遇到胡人似乎就失灵了。石勒非但没有横死，后来还做了皇帝。

311年，王衍死后不久，刘聪派遣石勒、刘曜、王弥合攻洛阳，俘虏晋怀帝司马炽，洛阳陷落。

316年，长安陷落，西晋灭亡。

318年，刘聪去世，刘曜称帝，改国号为赵，史称前赵；石勒听闻，便也在次年自立为王，史称后赵。

329年，前赵为后赵所灭；石勒正式称帝，是前秦崛起之前最接近实现北方统一的政权。

石勒不识字，却喜读汉书，当然是命人念给他听。他在称帝时，曾下过一条奇葩法令：凡文字或言语中，一律严禁出现“胡”字，违者立斩。

就连张骞出使西域带回来的“胡瓜”，也在石勒的禁令下改名为“黄瓜”。

所以黄瓜一词，大概就是石勒留在历史上最深的痕迹了。

和刘渊、刘聪一样，石勒也受到汉文化的影响，以汉高祖刘邦为偶像，自认为能与汉光武帝刘秀相比肩，最看不上曹操、司马懿这些挟天子以令诸侯、欺负孤儿寡母的“贼皇帝”，认为是“狐媚以取天下”。

但是偏偏，他在登基后却走了和晋武帝司马炎完全相同的路，前期励精图治，稍微安稳便奢侈放纵，派人修建邺都。可还没等修建完毕，他便病逝邺城。

他也跟晋武帝一样立了个能力不强的太子石弘，却养大了凶残勇猛的侄子石虎的野心，诚心不让后代安稳。

于是，正如刘聪杀了哥哥刘和，石虎也杀了太子石弘，并在即位后继续大修宫室，还挑选了一万多名年轻女子安置殿中，珠玉绫罗，纵欲享乐。

当时，后赵国内发生旱灾，民不聊生。石虎虽不至于妄言“何不食肉糜”，却也视而不见，依然征发大量徭役，穷兵黩武，广建工程。

于是，石虎一死，后赵也就亡了。

老天爷写剧本，还真是喜欢套路呢。

曾为曹魏古都的邺城在后赵石虎时期发展到了空前奢华的程度，但后来杨坚统一南北，建立隋朝，下令拆毁古邺城，一代名都遂成废墟。

最后，且来说说王家“三窟”的结局怎么样了呢？

宁平之战后，王澄清谈纵酒的做派因为不合时宜，未免落人非议，他的雅量贤才的人设早已崩塌。但他丝毫不以为意，仍是每日纵酒博戏，傲然自得，谜一样的自信。

312年初，南渡江东的司马睿征调王澄为军谘祭酒，算是既免了他荆州刺守的重要职位，又周全了他的面子。王澄也不在乎官位，兴高采烈地去建邺赴任，取道豫章时顺路探访了一下坐镇那里的堂兄王敦。

这个弯儿真是拐得多余。在他心目中，大约以为可以兄弟相逢演一出小团圆，无奈两人一个狂傲不羁，一个心狠手辣，聊着聊着竟然打了起来。

王澄一如既往地狂浪放纵，端着名士范儿对王敦嘲讽戏谑，甚至动手动脚；而王敦对王澄早就不满，从前看在王衍份上对他隐忍已久，如今在自己的地盘上哪里还肯容他放肆？脾气上来，竟然一不做二不凶，直接下狠手杀了王澄。

而王敦更是在东晋时起兵叛乱，危害国家，被剖棺戮尸。

王家三兔，竟未有一个善终。

王衍的“三窟”之策，非但没有为兄弟们谋得明哲保身的安全屋，反而酿成了自相残杀的修罗场，当真是聪明反被聪明误。

早在多年之前，羊祜便曾评价王衍说：

> 王夷甫方以盛名处大位，然败俗伤化，必此人也。

数十年后，桓温北伐来到洛阳，登上平乘楼，眺望中原，顾左右说：

> 遂使神州陆沉，百年丘墟，王夷甫诸人不得不任其责。

一语盖棺定论。

这个责，就是“清谈误国”。

王衍死后多年，还要以自己的惨痛经历为世间再贡献一个响当当的成语，当真是一部行走的成语大全啊！

衣冠南渡有王导

一

南渡衣冠少王导，北来消息欠刘琨。

这是李清照的一句残诗。

西晋末年，内有政权纷争，外有匈奴虎视，北方大部领土沦陷于异族之手，晋帝国摇摇欲坠，山河破碎，神州陆沉。北方士族纷纷渡江南下，这个大迁徙的历史现象，史称“衣冠南渡”。

中国历史上大规模的“衣冠南渡”发生过两次，一次是西晋灭亡的两晋之交，一次是“靖康之耻”、北宋灭亡的两宋之交。李清照便是从山东奔往建康的南渡衣冠，一边奔逃一边回望历史，因此写下了这句千古名联。

历史总是一再重复着。司马家以晋代魏的手法步骤，完全抄袭曹魏吞汉；唐末五代十国的乱象，与汉末三国鼎立如出一辙；而北宋偏安为南宋，也同西晋渡江成东晋如出一辙。

所谓时势造英雄，在这青黄不接的纷乱中，崛起了一位响当当的领袖人物，就是琅琊人王导。正是他劝说琅琊王司马睿早早避居江东，这才有了东晋复兴的先机。

可以说，没有王导，整个华夏的历史都会被改写。

王导（276—339），字茂弘，小字赤龙、阿龙，自小胸怀大志，目光敏锐。他比王衍小二十岁，是王衍的族弟，因为家族的关系，自小周旋于皇亲宗室之间而游刃有余，深受东海王司马越的器重。但他却独具慧眼地早早将宝押在了琅琊王司马睿的身上。

司马睿（276—323）为司马懿曾孙，与皇室血脉正系已经越来越远。他与王导是发小，290 年袭封琅琊王，在“八王之乱”时虽也参与了讨伐成都王司马颖的战争，但无甚功业。作战失利后，他便听从王导的建议离开洛阳的征战漩涡，回到封国韬光养晦，按部就班地拜升安东将军、都督扬州军事。

307 年，眼看着天下大乱，又是在王导的劝说下，司马睿早早地出镇建邺，经营江东。

也就是说，早在 310 年冬天司马越率十万大军出京，引发大流徙的三年前，司马睿已经先一步南渡江东，早早在建康站稳了脚跟。

因此到了中原沦陷时，中州士女纷纷南渡投奔，司马睿一边联合西晋世家，一边结交江左士族，不断巩固自己在江左的势力，这为后来东晋的创立早早打下了基础。

《资治通鉴》卷八十七晋怀帝永嘉五年（311）载：

> 时海内大乱，独江东差安，中国士民避乱者多南渡江。镇东司马王导说琅邪王睿收其贤俊，与之共事。睿从之，辟掾属百余人，时人谓之“百六掾”。

《晋书》也说：

> 中州士女避乱江左者十六七。

南渡规模浩大，北方士族南下者超过半数。这些人南渡之后，纷纷求田问舍，来到京口晋陵附近会稽等地买房买田，极大地带动了南方经济的发展，也形成了新的世家望族。而“百六掾”便是东晋政权新的领导班底。

不得不说，琅琊王氏真的很擅长在乱世里做不倒翁，王戎、王衍如此，王导更是不遑多让。他是南渡的先驱者，最早选定了秦淮河畔乌衣巷建屋集居，从此奠定了王氏在东晋乃至南朝的三百年家族鼎盛。

乌衣巷原是三国时东吴禁军驻地，因为吴军悉着黑色军服，故而得名。虽然称为“巷”，占地可远不止一条胡同，而是偌大江原。

王导南渡，不能占民宅自用，自然只能在公用地方想办法，遂征用了已废弃的吴军占地建宅。不久，陈郡谢氏也紧随而来，在附近继续扩建，与王家做起了邻居。

这是整个东晋时期最兴旺的两大家族，并称“王谢世家”。而以王谢世家为首的东晋门阀，则通称之为“乌衣门第”。

唐朝刘禹锡的《乌衣巷》，唱的便是这段风流遗韵：

朱雀桥边野草花，乌衣巷口夕阳斜。
旧时王谢堂前燕，飞入寻常百姓家。

二

对于覆灭了自己国家的晋人，吴人怀着本能的排斥，称之为“北伧”。

司马睿初到江东时，“士庶莫有至者。”来建邺一个多月了，连个访客都没有，难免心下孤寂，感慨：“寄人国土，心常怀惭。”

陌生的土地，陌生的族群，让司马睿毫无归属感，常常关了门独自喝闷酒。有一次他正自斟自饮自怜自艾，恰被王导撞上，王导泪流满面地劝他：“生死存亡之秋，你竟然还纵容自己酗酒，可知古往今来，因酒误事者有多少？这样的你，还值得我辅佐吗?”

司马睿羞愧不已，当即覆杯池中，发誓从此滴酒不沾，并且就此留下了一个“覆杯池”的胜迹。

王导对司马睿提出的十六字方针乃是:“谦以接士，俭以足用，清静为政，抚绥新旧。”

为了替司马睿建立声威，拉拢人脉，他先是尝试通过联姻与江南望族打好关系，却遭到了无情的拒绝，怼他一脸的正是吴郡陆氏。

陆玩，字士瑶，是陆机的堂弟，雅量有美名。闻王导来求亲，傲然一笑:

> 培缕无松柏，薰莸不同器。玩虽不才，义不能为乱伦之始。

意思是小土堆上长不出松柏，香兰臭草不能放在同一容器中。我再没志气，也不会违背习俗伦理，成为南北通婚第一人。

此前，陆机初到中原时，王济曾指着奶酪笑谑:“卿江东何敌此?”

如今王导来了江东，送给陆玩的礼物正是在中原视为珍品的奶酪。而陆玩尝试之下，果然不合脾胃，上吐下泻，气得骂道:“仆虽吴人，几为伧鬼。”意思说我差点儿被北伧弄死，好好一个江南人几乎成了北方鬼。

语气之轻蔑，完全是不拿王公当贵族。

又过了很多年，陆玩之子陆纳任吴兴太守时，东晋另一位大人物谢安来访。陆纳也并没有为此做特别准备，“所设唯茶果而已”。偏偏陆玩的孙子、陆纳的侄子陆俶觉得这样可对不起“东山再起”谢名士的声望，于是暗中调换，“珍馐毕具”。

不料陆纳大怒，待客人走后，将侄子找来痛斥一顿：“你不能为叔父添增光彩也罢了，又何必做此世俗行径，学那北人炫富，累我素日名声?”于是命人将侄子拖下去打了四十大板。

这件事被后世“茶圣”陆羽记录在《茶经 · 七之事》中，他自豪地称陆纳为“远祖纳”。如此说来，陆羽也是出自吴兴陆氏了。

陆羽且在《茶经 · 六之饮》中道：

> 茶之为饮，发乎神农氏，闻于鲁周公。齐有晏婴，汉有扬雄、司马相如，吴有韦曜，晋有刘琨、张载、远祖纳、谢安、左思之徒，皆饮焉。

韦曜，为孙皓时大臣。孙皓嗜酒，每宴必命众人豪饮，且以七升为限，喝不下去也要令人硬灌，堪称史上最强劝酒。然而韦曜不胜酒力，饮不过二升，孙皓不忍让他伤身，便提前命仆婢准备茶汤，“密赐茶荈以代酒”。也就是席上作弊，给别人倒的是酒，给韦曜倒的却是茶，这是最早的“以茶代酒”。

可惜这样的宠信倍加，后来孙皓却仍然因为稍不如意，便将韦曜拘捕诛杀，其家人也均流放零陵郡。要不怎么说孙皓暴戾呢。

不过，虽说魏晋时饮茶已然普及，也并不是人人都爱。《世说新语》中说，司徒王濛好饮茶，只要有客人来，便请人喝茶，一杯一杯复一杯，喝得人人叫苦，简直怕去王家做客。每闻王家有宴，便戏称：“今日有水厄。”

王濛出身太原王氏，亦是清谈名家，两个女儿先后做了皇后，此为后话。

三

且说王导出师不利，只好换个方式去交结南人，努力学习当地方言，却每每遭人讥笑。几番试验不爽之后，他索性一改低调做派，先声夺人，为司马睿设计了一个晃人眼睛的闪亮登场。

三月三上巳节，是自上古流传下来的重要节日，人们在这天换上春衫，行游水畔，用香草蘸水洒在身上，感受春意，祈求消除病灾与不祥，叫作祓禊（fúxì）。

这日，王公贵族们都出来踏青，江边游人如鲫，热闹非凡。王导便选在这个天时地利的好日子，演了一出与民同乐的人和大戏：

只见司马睿乘坐在华丽的肩舆上，由侍从抬着，威风凛凛地走在前面，王导和王敦一文一武，带着随从军役，宽袍华服，潇洒地骑马跟随。

王家兄弟乃是京都金谷园的常客，对于摆阔炫富轧苗头这些花样，玩得那叫一个得心应手；江南士族对于中原风华只有耳闻，不曾目见，如今看到这般威仪煊赫的阵仗，惊得眼睛都圆了。尤其看到王家兄弟这样的大名士都要跟随在后，更加不敢小瞧司马睿，本能地分立两旁，让出路来眼巴巴看着司马睿的仪仗经过。

这时候，人群中早已安插的托儿忽然高喝下拜，吃瓜群众心神俱震，身不由己，也就跟着自然而然地翻倒下拜了。

这真是最早的“炸街炒作”。

王导眼观六路，耳听八方，侧目看到插葱般下拜的人群中，江南名士顾荣等亦赫然在列，心中暗喜，私下兴奋地对司马睿说：“稳了！稳了！顾荣、贺循等都是当地最有名望的人，若能招揽他们为您所用，江南望族也就都会前来依附了。”

司马睿欣然应允，并派王导亲去延请。

顾荣就是与陆机一同入洛，却独自先行返回的“洛阳三俊”之一，对于中原文明的接受程度很高。后来，他果然凭借自己吴郡世家的身份，尽力协助司马睿立足江东，成为拥护司马政权南渡的江南士族首脑。

“由是吴会风靡，百姓归心焉。”

在融合南北关系的操作上，王导简直就像是一个穿越过去的现代人，既懂得策划炸街以造势，更擅长举行派对来圈人。

《世说新语》中有一段关于“王丞相拜扬州”的描写，说他经常举办宴席，能同时与宾客数百人交接而使人人有悦色，四座并欢；而且他精通各地方言，哪怕是最偏远地区的来客乃至胡人，都会被他三言两语逗引得捧腹大笑，引为知己。

真是典型的“社牛”！

梁实秋曾著文说，徐志摩也有这种本领，非常讨人喜欢，具有极强的感染力、黏着性，如王导一般擅于照顾宾客，务使无一人向隅。

> 他有时迟到，举座奄奄无生气，他一赶到，像一旋风卷来，横扫四座，又像是一把火炬把每个人的心都点燃。他有说有笑，有表情有动作，至不济也要在这个的肩上拍一下，那一个的脸上摸一把，不是腋下夹着一卷有趣的书报，便是袋里藏着一扎有趣的信札，传示四座，弄得大家都欢喜不置。

梁实秋最后总结：

> 志摩有六朝人的潇洒，而无其怪诞。

感谢这段描写，让我们对王导和徐志摩同时都熟悉了起来。

“江左八达”与“看杀卫玠”

一

渡江之后，中原士族面临的最大问题就是南人的排斥和士气的低落。

为了鼓舞士气，也为了加强融合，王导奋力重兴清谈之风，《世说新语》云：

> 王丞相过江，止道“声无哀乐”“养生”“言尽意”三理而已。然宛转关生，无所不入。

问题来了。不是说“清谈误国”吗？为什么胸怀大志的王导也要跟族兄王衍一样，耽于清谈呢？

这也是不得已的选择。一则王导本来就是名士，老庄玄学确实为他所好，为了避嫌而缄默不谈未免因噎废食；更重要的是，渡江人中多名士，王导急于为这些人重新塑造一种宛如从前的雍容氛围，让大家宾至如归，“镇之以静，群情自安”。二则，也是要借清谈让南方士族接受故都的思想风气，不动声色地传达政治观点，起到“洗脑”的作用。

不然，又以什么题目来黏合大家呢？

东吴士族对于京都人士的风仪行止有一种倾慕和仰望的心理，一边排斥中州贵族，一边忍不住悄悄观察和效仿洛阳风范。正如《抱朴子·讥惑》所说：“余谓废已习之法，更勤苦以学中国之书，尚可不须也，况于乃有转易其声音，以效北语……所谓不得邯郸之步，而有匍匐之嗤者。”

不仅书法、语言、衣着、举止、吟咏、饮食，就连哭的方式，都要向洛阳士族学习，并称之为“此京洛之法也”。只因认为他们才代表着真正的“中国风”。

中国一词，最早指西周京畿地区，后来演变为黄河中下游的中原地区，中原以外则称“四夷”，即南蛮、北夷、东戎、西狄。

《诗经》中说：“惠此中国，经绥四方。”又道是“天子有道，守在四夷”，都是在强调“中国”正朔，“四夷”来服；《三国志》中说：“若能以吴越之众与中国抗衡，不如早与之绝。”可见彼时“吴越”与“中国”是相对的概念。

但是到了西晋末年，中原陆沉，衣冠南渡，中国的概念也随之模糊了起来。后来匈奴各族进入中原，在北方先后建立政权，也常以中国自称，而把南朝称为“岛夷”；石勒禁言“胡”“羯”，只称“国人”，便是这种心理的反映。

而汉族政权虽然迁离中原，却因其“正朔”而仍以中国自居，自然不会承认刘聪建立的胡汉政权，以为“非汉之遗祚”。后来鲜卑人建立的北魏亦被称为“魏虏”。

既然洛阳士族代表了中国，代表了更为先进的文明风尚，东吴贵族自会争相仿效，高床锦褥、饮酒美食要学，引经据典、麈尾清谈更要学。

所以清谈虽负误国之罪，亦有重兴之功，人们崇尚清谈，也就是崇尚学问，崇尚思考，崇尚风度。魏晋时，即使是武将也不允许自己粗鲁不文，一样要读经辩难，学习典籍。

因而，玄学清谈是中国历史上继春秋战国“百家争鸣”之后，文化思想碰撞最激烈的第二次头脑风暴。崇尚析理与思辨，追求深刻与自由，更是北方中原的“华夏衣冠”与俗谓“断发纹身”的吴越江南，从政治到文化第一次被动而彻底的南北融合。

王导家长期高朋满座，不定时地举办清谈雅集，一则舒解了南渡士族的伤亡情绪，让他们精神一振，有了新的寄托；二则也是向江左名门展示了玄妙幽深的中原玄学，让南北大族的思想得到交流统一。

在王导的极力倡导下，江左清谈蔚然成风，处处可见麈尾轻摇，时时得闻辩难之声。

309年，“中朝名士”代表人物谢鲲来到王敦的将军府任长史，与当世名士毕卓、王尼、阮孚、阮放、羊曼、桓彝、胡毋辅之等人轮流坐庄，饮酒放诞，高谈阔论，更将这种风潮推向极致，时人称之为“江左八达”，故而此间名士，又被称之为“渡江名士”或是“江左名士”。

所谓“达”，指的是精神上超逸风流，达到了庄老的玄远之境，“从容为高妙，放荡为达士”。

比如毕卓有句名言，最能体现“达”之精神：

> 一手持蟹螯，一手持酒杯，拍浮酒船中，便足了一生。

毕卓，字茂世，和许多名士一样，也是好酒如命。一日听说邻家酿酒已熟，他不禁馋涎欲滴，竟然趁夜偷入人家，抱着酒瓮狂饮，酒兴未足便被仆人发现，不由分说绑了起来。

次日早晨，下人报告主人夜获小偷一枚，主人来看时，惊讶地发现竟是吏部郎毕公，不禁瞠目结舌。

然而毕卓倒是不以为意，只要我不尴尬，尴尬的就是别人，大大方方说你家酒味不错，我就是来尝尝。

主人还有啥可说的，赶紧命人解绑，陪着毕吏部在酒瓮旁摆开桌席，直饮至酒干盘净方散。

齐白石曾经画过一幅《毕卓盗酒》，只以朱墨两色，寥寥几笔，画了个脱帽老人抱缸而眠，身前还躺着一只酒提子。题图云：“宰相归田，囊底无钱，宁肯为盗，不肯伤廉。”

毕卓是否清廉不得而知，常常饮酒废职倒是真的。

后人将他与太白醉酒相并论，题了一副对子：

瓮边醉倒毕吏部，马上扶归李太白。

二

在名士风流的带动下，清谈重新成为名士高官的品评标准，丞相以下官吏皆“为玄是务”。如果不擅清谈辩难，纵然做了高官也会被人瞧不起。

比如“璧人”卫玠，就因为善清谈而被誉为“当世第一人”。

乐广和卫玠是一对翁婿，“冰清玉润”这个娇滴滴的词儿，就是时人用来形容这对老少爷们儿的，原句作“妇公冰清，女婿玉润”。

《红楼梦》中小厮兴儿说起林黛玉和薛宝钗时有个绝妙的表容，说在她们面前大气都不敢喘一声，“怕气儿出大了，吹倒了林姑娘；气儿暖了，又吹化了薛姑娘”。

乐广和卫玠这对翁婿就让人颇有这种担忧：乐广是在“八王之乱”中，因为担心受牵连而忧虑成疾，自己把自己给愁死的；卫玠就更惨了，因为生得太美，走在路上被人围观，活活被看死的。

偏偏，乐广最为人熟知的故事还是“杯弓蛇影”。

故事说有朋友到乐广家做客，竟在酒杯里看到一条蛇，喝了酒后日夜不安，认定是不祥之兆，越想越忧心，就病倒了。

乐广听说后，详细考察四壁，看到墙上有角弓，漆画作蛇，于是心中有数。过了几天，便又将朋友请来，在同样的方位入席，重新给他倒了一杯酒，让他看清所谓杯中之蛇乃是墙上角弓的影子，于是朋友的疑心解除，病也就好了。

所谓心病还须心药医。可惜乐广解了朋友的疑心病，自己却因为“杯弓蛇影”而日夜惶惶，一命呜呼，这真是绝妙的讽刺。

这个故事记录在《晋书·乐广传》中，应该是可信的。因为乐广的确以聪明善辩而著称，这种脑筋急转弯的言行更是他的标志。书中称：

> 广与王衍俱宅心事外，名重于时，故天下言风流者，谓王、乐为称首焉。

也就是说，乐广和王衍齐名，俱为“中朝名士”代表人物，其最大的共同点，就是宅心事外，只知谈玄而不务正业。

不过乐广有一点比王衍强，王衍对道家独沽一味，“羞言名教”，乐广却能接受儒道兼修，反对裸体任诞，其格言是：

名教中自有乐地，何为乃尔也？

关于乐广谈玄，有个经典案例：有人问他，“旨不至”是什么意思。乐广并不直接回答，而是用麈尾抵着桌角说：“达到了吗?”

客人说：“至。”

乐广重新举起麈尾，再问：“达到了，如何又离开?”客人恍然。

“旨”与“指”通喻，它无须直接到达所指之物并与之合一，所以完全可以离开其物。“指不至，物不绝”，也就是道家所说的“得鱼忘筌”“得意妄言”。这种简明形象又富含机锋的回答，正是魏晋玄学家们最津津乐道的公案。

难怪王衍自叹弗如说：“我以为自己说话很简练了，看到乐广，才知道自己还是啰唆。”

且说乐广所论的“旨”至与不至，正是王导沙龙经典三论题之一的“言尽意”。从前阮瞻的“三语掾”，后来者陶渊明的

“此中有真意，欲辩已忘言”，也都是对“言”与“意”的辨正讨论。

彼时达摩还未来到中土，禅宗亦未创立，“手指月亮”的佛经譬誉也还没有诞生，中土名士却早已经在讨论相关题目了。这也是禅宗一旦兴起，立即星火燎原的缘故，魏晋清谈为其打下了坚实的基础。

三

汉魏流行花美男，男人以白皙柔弱为美。

比如西汉时张仓因为违反军令当斩，然而他被押赴刑场，扒光上衣将要被斩时，监斩官因见其虽然形象高大魁梧，却皮肤雪白，竟不忍下令，遂向刘邦求情，而刘邦真就因为这样荒诞的理由答应了下来。

张仓因此捡回一条命来，大难不死，更得后福，之后还入了列侯。

面如敷粉的何晏，玉手纤纤的王衍，还有冰清玉润的乐广和卫玠，也都是以白闻名。

卫玠（286—312），字叔宝，河东人，太保卫瓘之孙。五岁时，因玉雪可爱，聪明灵慧，卫瓘看着这个秀美异常的乖孙，叹息说：“这孩子一看就与众不同，必成大器，可惜我老了，看不到他长大的样子了。”

后来卫玠长大了，果然风神秀逸，气度俊雅。他的舅舅王武子为骠骑将军，也是个“俊爽有风姿”的大帅哥，然而见了卫玠，却自卑起来，叹曰：“珠玉在侧，觉我形秽。”

后人因此总结出了一个成语，便是“自惭形秽”。

卫玠不仅殊丽异常，才志清高，且多愁善感，柔弱易病，典型男版林黛玉。

但他虽重玄谈，并非不知世务之人，见机不可谓不早。永嘉四年（310）他便决定渡江，与哥哥商量：鸡蛋不能放在一个篮子里，兄弟俩一个守北方，一个去南方，这才是最科学的保存血脉的有效方式。

商议结果是，哥哥为君效命，留守京都，他则带着母亲家族南下避乱。渡江之际，他望着滔滔江水百感交集，形神惨切，望左右而叹：

> 见此茫茫，不觉百端交集。苟未免有情，亦复谁能遣此？

情之所钟，正在我辈。颠沛流离加上心情郁郁，渡江后的卫家诸人一直水土不服，一大家子都生了病，卫玠的原配夫人乐氏不久便病故了。

次年，更是传来洛阳陷落、亲哥哥与城俱亡的噩耗。

连番打击下，卫玠益发孱弱。征南将军山简对他十分看重，怜他无人照料，遂将自己的女儿下嫁，许他做了填房。

因此，卫玠不仅是名士乐广的女婿，同时也是山简的女婿、山涛的孙女婿。

这样冰肌玉骨的妙人儿，原本只合“玉在匳中求善价”，断不能忍受乱世的风尘波涛的，可是偏偏，一家生计压在他身上，逼得他不得不抱着病体四处奔波，谋求荫庇。

卫玠首先要造访的是手握重兵镇守豫章的大将军王敦，长史谢鲲听闻，喜不自胜，倒屣相迎，恳谈终日。王敦亦对卫玠十分看重，兴奋地曰：

> 昔王辅嗣吐金声于中朝，此子复玉振于江表，微言之绪，绝而复续。不意永嘉之末，复闻正始之音，何平叔若在，当复绝倒。

意思是说，自从我哥王衍之后，没想到还有人能说出这样玄虚高妙的发言，理致甚微，辞条丰蔚，堪称江左之首。且又如此俊雅风流，恍若仙子。推古及今，恐怕只有“正始之音”的最美发起人何晏能与之相比吧。

然而，王敦虽看重卫玠的学问名声，卫玠却不喜欢王敦的刚愎自用，认为此人绝非国之忠臣，遂决意转往建邺谋职。

建邺的人早已风闻卫玠美名，如今听说本尊要来，无不奔走相告。卫玠进城之日，都中早已人头涌涌，人们争相一睹为快，把臂如垣，将道路围了个水泄不通。

这可苦煞了孱弱的卫玠，本就长途跋涉，体力不堪，再被这么多粉丝大眼瞪小眼地盯着看，一时心理压力巨大，左冲右突不能出围，几乎被看成了相片。

待终于挣脱人群抵达住处，来不及用膳便传唤汤药，访求名医，只是“劳疾遂甚”，竟然不治，年仅二十七岁。

时人称之为“看杀卫玠”。

噩耗传出，闻者无不伤心。“八达”之首谢鲲连夜奔赴建康为之哭祭，恸哭失声，时人问：“你们不过数面之缘，有这么好的交情吗，何至如此？”

谢鲲答：“栋梁折矣，不觉哀耳。”

谢鲲的儿子谢尚说的就更邪乎了。曾有人问：“杜乂比卫玠何如？”

谢尚说：“安得相比？其间可容数人。”意思是这俩人哪能相比呢，中间还差好几个王导呢。

而王导则称卫玠乃“风流名士，海内所瞻”，亦对他的离世叹息不已。

未能加入司马睿的“百六掾”，是卫玠的遗憾，也是司马睿的遗憾，更是魏晋文学史的损失。

同样是名士逛街，嵇绍被称赞是“鹤立鸡群”，潘岳得了个“掷果盈车”，左思已经够倒霉了，混得唾面自干，但也总好过卫玠，竟被活生生看丢了魂去。真正是同人不同命。

然而，这个极端的例子同时也鉴证了魏晋真是一个无比尊崇美的时代，对于容止的审美空前绝后，仿佛世界上再也没有比此更重要的事情：姿容、风仪、谈吐、学识，哪怕贩夫走卒也趋之若鹜。对美的推崇与追求，远远超过地位和权势。

“有美一人兮，见之不忘；一日不见兮，思之如狂。”

在此之前或在此之后，历史上再没有任何一个时代，人们对男色的审美达到如此的高度和广度，无关色情，只是妙赏。这就是魏晋风度。

如果硬要在全世界历史上找出一个和魏晋风度最相似的时期，那应该是文艺复兴时期的欧洲，或是十九世纪初的巴黎：繁华、迷乱、时尚、思辨，光怪陆离，百废待兴，充满了诱惑与颓废。

男人们薰香敷粉，奇装异服，聚集在塞纳河左岸的咖啡馆里，一手执雪茄，一手执酒杯，高谈阔论，动心骇听。音乐、诗歌、戏剧、绘画、哲学论述，源源不断地被创作出来，随着塞纳河的粼粼水波前行。毕加索、海明威、萨特、加缪、布雷东、托洛斯基，那些闪光的名字镌刻在河水上，历久弥新。

文艺复兴的核心是人文主义精神，倡导个性解放，追求极致幸福，人们从宗教外衣下挣脱出来，热烈地歌颂自由，强调人的价值，在推进政治、经济、哲学的发展、产生了大量文艺巨人的同时，也导致了个人私欲膨胀，物质享受和奢靡泛滥等乱象。

魏晋风流，亦如是。

北来消息待刘琨

一

中国历史上发生过不止一次人口大迁徙，也发生过不止一次逃难大流亡。

迁徙是有组织有计划的，虽然艰苦，相对和平；逃亡却是悲惨的，混乱的历尽艰辛，九死一生。

“衣冠南渡”，则介于迁徙与逃难之间。

前期的迁徙者，因为见机得早，准备也充分，高瞻远瞩，迁移时不致太过慌乱，比如在“八王之乱”中避祸南下的中原士族；但是后来的追随者，则是迫于战乱不得不走，便有些兵荒马乱，惊惶失措。

尤其在公元311年，洛阳陷落，晋怀帝被俘。匈奴军队杀戮晋朝王公以下士民三万余人，北方陷入空前战乱。而荆、扬二州却在王导的治理下相对安定，这引发了更大规模的衣冠南渡。

南下的路途漫长而艰难。流民在行进中既要躲避胡人的杀戮，又要提防盗贼的阻劫，天灾加上人祸，很多流民逃着逃着自己也成了盗贼。乱世中，单打独斗是行不通的，人们被迫集聚起来，有的会依附于某个大族，有的则自发组织起来形成强大的团体，既有领袖，又有武装，以此对抗土匪或别的队伍。

“白骨露于野，千里无鸡鸣。”无数亡魂漂泊于南渡的天空，到不了江左，也回不去家乡。

即使渡了江，也不代表就此平安。为了避免与江东大族发生冲突，除了少数北人能在江东立足外，大部分流民则留在了两淮之地的蛮荒地区。

这些原本素昧平生的流民在长久的逃亡中形成了紧实的团体，即使结束奔徙后也没有分开，而是集中迁到某个地方形成新的村落，建造堡垒自守，并在周边开荒耕种。这些自成一国的武装堡垒，称之为“坞堡”。

这也是陶渊明所写的桃花源的原型。

当此之际，王导劝司马睿乘机收揽贤人君子，扩大力量以图大事。司马睿亦对王导倚若长城，言听计从，选择那些宗部众多的流民帅封以郡县长吏之职或冠以将军之号，恩抚拉拢。这样一则可以安抚流民，二则可在战事起时征召坞堡部曲参战，等于白得了一支军队。

比如刘琨和祖逖，以及后起之秀苏峻，都可谓不同程度不同风格的流民帅。

刘琨（270—318），字越石，出身于中山刘氏，西汉中山靖王刘胜之后，亦是“金谷二十四友”之一。

祖逖（266—321），字士稚，出身于范阳祖氏，少有壮志。

两人二十多岁时，同为主簿，意气相投，常常秉烛夜谈，纵论世事，彻夜达旦，豪兴起时，曾拥被互勉道：

> 若四海鼎沸，豪杰并起，吾与足下当相避于中原耳。

如果天下大乱，豪杰并起，你我必然会各自干出一番事业！到那时，不妨彼此相避，免得一山不容二虎，伤了交情与性命。

祖逖敢这么说，可见是个自信的人，同时也是个勤奋的人。一夜听到鸡叫，祖逖说：“此非恶声也。”认为上天示警，激励上进，于是叫醒刘琨起床练剑。这就是“闻鸡起舞”的来历。

而刘琨面对这么一个学霸伙伴也是深感压力，曾在给友人的信中声称：

> 吾枕戈待旦，志枭逆虏，常恐祖生先吾著鞭。

意思是我要以兵器为枕，日夜警醒等待天明，时刻准备着上阵杀敌，不然可就要被祖逖抢先一步，将我远抛身后了。我必须挥鞭催马，争取后来居上啊。

于是，又有两个成语被发明了："枕戈待旦"与"先吾著鞭"。

"永嘉之乱"中，刘琨出任并州刺史，沿途亲眼看见了百姓逃亡的惨状，"流移四散，十不存二，携老扶弱，不绝于路"。于是，刘琨的上任之路变成了招募之旅，他一边躲避胡人，一边招募流民，并写下了著名的《扶风歌》：

朝发广莫门，暮宿丹水山。
左手弯繁弱，右手挥龙渊。
顾瞻望宫阙，俯仰御飞轩。
据鞍长叹息，泪下如流泉。
系马长松下，发鞍高岳头。
烈烈悲风起，泠泠涧水流。
挥手长相谢，哽咽不能言。
浮云为我结，归鸟为我旋。
去家日已远，安知存与亡？
慷慨穷林中，抱膝独摧藏。
麋鹿游我前，猿猴戏我侧。

资粮既乏尽，薇蕨安可食？
揽辔命徒侣，吟啸绝岩中。
君子道微矣，夫子固有穷。
惟昔李骞期，寄在匈奴庭。
忠信反获罪，汉武不见明。
我欲竟此曲，此曲悲且长。
弃置勿重陈，重陈令心伤！

这首五言诗采用乐府旧题，全诗双句押韵，四句一段，起承转合节奏分明。

起首交代行程，“朝发”“暮宿”“左手”“右手”之语，显然援例《木兰诗》之“东市买骏马，西市买鞍鞯”“旦自黄河去，暮至黑山头”。

繁弱与龙渊，一为良弓，一为宝剑。

刘琨开篇定调，为自己创造了一个英武的人设：我从洛阳北门出发，当晚就到了山西丹朱岭，背弓持剑，行色匆匆，一心奔赴国难。

“起”得干脆，“承”得深沉——“我”回望宫阙，抚今思昔，泪下如泉；系马荒山，浮云流水，哽咽难言。这里的悲风、涧水、浮云、归鸟，都是为了烘托气氛而随手点染的环境细节，共同烘托了一幅客途秋恨图。

即景是为了抒情，接下来便转入高潮，直道“去家日已远，安知存与亡”；并于穷林中抱膝独坐，沉思现状：资粮已绝，前路茫茫，归家无计，当真是山穷水尽，进退失据，莫不是要与麋鹿为伍，猿猴为伴？

徘徊之际，不禁于绝岩中仰天吟啸，想起孔子陈蔡绝粮时勉励弟子的话来：“君子固穷，小人穷斯滥矣。”

“我”固能以君子操守而自持，但却不能不担忧世衰道微，忠臣见谗。想那汉代李陵奉命出征匈奴，战败受降，汉武帝听闻后，下令杀了李陵全家。

如今“我”独往晋阳，孤悬一方，稍有不慎便会丢了性命，更会连累亲族，真是如履薄冰，越想越惊，能无忧惕？

这种种思虑层层深入，先是“转”，之后轻轻一“合”，收束全诗：罢了，前途艰危漫长，正如同这支曲子一样，反复吟唱，只会徒增伤心。还是别唱了，继续上路吧。

虽然一咏三叹，却仍要慨然赴难，可谓收得有力。

这首诗，让人想起杜甫在“安史之乱”中写下的“三吏”、“三别”、《春望》等诗，诗中意象，不正是“感时花溅泪，恨别鸟惊心”吗？

杜甫以诗纪事，故称其诗为“诗史”，尊其为“诗圣”。刘琨这首诗多侧面地记述了辞家赴难的境遇与思忖，真实反映了时乱世危的末世境遇，慷慨悲怆，字字惊心，又何尝不有“诗史”之功？

二

刘琨来到并州后，一边努力在强敌环伺的情况下抚慰流民，剪除荆棘，收葬枯骨，一边加强防御，发展生产，很快使晋阳恢复了生机。

晋阳南临匈奴，北接鲜卑，刘琨和拓跋鲜卑首领约为兄弟，对抗石勒，互有胜负，晋阳成为晋朝在中原抵御异族的根据地。

他最为神奇的壮举，是与诸葛亮空城计相媲美的洞箫退敌。

当年，刘琨孤军守并州，五万匈奴兵临城下。刘琨于月夜手执长箫（亦有说是胡笳），白衣登城，先是一声长啸，接着横竹而吹，低回吟咏，如泣如诉，“不知何处吹芦管，一夜征人尽望乡”。

被箫声勾起了故乡之思的，岂止是晋兵，也有胡人，生死对峙的两军将士都放下了刀枪弓箭，无不引颈闻声，思潮翻涌，“举头望明月，低头思故乡”。

于是，奇迹发生了，第二天清晨，围城的五万匈奴竟然一夜退去。

唯有神人，方有神迹。

刘琨就这样一夜封神，成为中原抗战的精神领袖。

然而，个人的英勇终究拦不住历史的车轮。316年，长安陷落，晋愍帝被俘，西晋正式灭亡。

刘琨当机立断，派妻侄温峤为长史，过江向司马睿投诚劝进，延续晋朝皇脉，理由是“国不可一日无君”。

这就是李清照诗中称道的“北来消息欠刘琨”。

彼时，李清照追随南宋皇帝赵构一路奔逃，深深感慨大宋未能出现一个王导那样的智者、刘琨那样的神人，在迁居的南方新都重振朝纲，在陷落的北部中原扎下一根钉子。

然而温峤来到建康后，看到司马睿的力量远不如想象的强大，不禁大失所望，对司马睿能否继承大统深为怀疑。直到与王导一番深谈之后，他才振作了精神，兴奋地对周顗说：“江左自有管夷吾，吾复何虑！”

夷吾是管仲的字。温峤认为，拥有王导这样的辅相，司马睿定成大事，自己还有什么可犹疑的呢？而司马睿亦赞王导为“吾之萧何也”，并尊称“仲父”，这正是春秋时齐桓公对管仲的称呼。司马睿既是尊奉王导，却也是把自己视作了刘邦、齐桓公这样的千秋霸主。

不过，司马睿虽然接到了刘琨的“北来消息”，又有王导率领晋朝宗室与南北大族极力拥立，却只答允称晋王，不肯登基。毕竟，司马邺还活着，他才不愿担上篡位的名声。

匈奴大王刘聪自谓英雄，其实性情偏狭。当初令司马炽青衣侍酒，因有大臣垂泪而将君臣都杀了；如今俘了司马邺，又是没装几天大度就又故技重施，令司马邺在宴会上为自己斟酒洗杯，打伞遮阳，在座晋臣无不掩面哭泣，尚书郎辛宾离座上前，抱住愍帝大哭。刘聪登时大怒，觉得这分明是对自己不满，心怀异志。当即拔刀杀了辛宾，不久又杀了司马邺。

消息传至建康，司马睿这才于318年初正式即位，改元太兴，史称晋元帝。

然而事实上的东晋，从公元317年就已经开始了。

即位大典上，司马睿竟然邀请王导与自己一起同升御床，接受群臣朝拜，这真是古往今来闻所未闻的异举。

王导哪里敢应，诚惶诚恐地伏地启奏：

若太阳下同万物，苍生何由仰照？

意思是天上只有一个太阳，世间只有一个帝王，微臣岂敢与日争辉？

司马睿这才重正衣冠，龙行虎步，庄然登上銮座。

从此，东晋开启了“王与马共天下”的政治局面。

当年孙皓降晋时，晋武帝司马炎指着自己下首说：“朕为你设下这个座位很久了。”

孙皓却不卑不亢地答:“我在孙吴，也为陛下留了一个这样的位置呢。”

如今，司马家的人终于“来寻”这个座位了。

三

“闻鸡起舞”的祖逖怎么样了呢?

他在“八王之乱”中接连换了几个主子都不得志，觉得司马家哪个王都不像真命天子，宅居两年后，索性率领亲党数百家迁往徐州。逃亡途中多次遇到盗贼阻劫，他均应付自如，被同行人推为“行主”。

行进中，祖逖一路招募流民，名声越来越响亮，队伍越来越壮大，便反过来抢劫别的流民队伍；待到渡江之后，祖逖的宗部已经庞大到琅琊王司马睿也不敢小觑，遂顺水推舟，任命其为徐州刺史，不久征为军谘祭酒，驻守镇江。

此时的中原，正应了祖逖的预言，“四海鼎沸，豪杰并起”，而祖逖与刘琨，也的确如当初所约定的那样，一南一北，相安无事。

317 年，司马睿开创东晋，祖逖提出北伐主张，得到各地响应；司马睿虽然无力兼顾，但北归乃人心所向，也不好拒绝，干脆封了祖逖“奋威将军、豫州刺史”之位，象征性给了一千人的粮草和三千匹布，至于兵器甲胄，“使自招募”。

这就是空手套白狼的精神支持，你成功了，振兴晋室；你失败了，自食其果。

祖逖本来也不指望司马睿的补给，只是需要一个听上去堂皇正大的名头，得到两个头衔已经很满足，遂以中央政府的名义，自行印了一堆花花绿绿的委任状，开始大张旗鼓地招兵买马，兼并掳掠，不久队伍便加速壮大起来。

他又挑选精锐组织了一支强军，慷慨陈词，许以厚利。收复河山的豪情加上建功立业的野心，使得这些“暴杰勇士”充满斗志，死心塌地追随祖逖北渡长江，打回中原去。

船至中流时，祖逖眼望滔滔江水，拍着船桨立誓：

“祖逖不能清中原而复济者，有如大江！”

意思是若不能奋发图强，平定中原，收复失地，宁愿如这江水般有去无回！

从此又发明了他人生的第二个励志成语：击楫中流，专门用于颂扬收复失地统一国家的壮志。

渡江之后，祖逖由淮阴西进豫州谯郡，开疆拓土，实力不断壮大，多次击退石勒，甚至将石勒逐至黄河以南的地区。

他礼贤下士，体恤民情，深得民心。如果天道酬勤，肯好好眷顾这个有理想有志气也有行动力的豪杰，许他多活十年，或许他真能北伐成功。

然而，司马睿对北伐只是喊喊口号，内心并不热衷。他已经在南方扎了根，忙着与江东世族、荆州军方争地盘，哪里顾得上回首北望？更何况，自己这个晋元帝本来就是捡漏儿的，如果北伐成功，在长安洛阳找到几个比自己更正宗的皇室嫡裔，对自己又有什么好处？谁知道会不会再来一场八王之乱？

所以，祖逖越是英勇威武，司马睿越是狐疑忌惮。当祖逖收复河南，让东晋复国曙光初现时，司马睿非但没有发兵支援，一鼓作气，反而派心腹来到军中，牵制祖逖。

祖逖一边要抵御外虏强兵悍马，准备渡黄河二次北伐，一边要对付朝廷明争暗斗，日夜焦虑，不胜其扰，到底未及发兵便因病猝逝，时年五十六岁。

晋元帝司马睿追封其为车骑将军，命其弟祖约接掌其部众，但是祖约又怎么可能代替得了祖逖的能耐与威望呢？于是，后赵趁机入侵河南，祖逖收复的河南大片土地再次沦陷，北伐大业功败垂成。痛哉！憾哉！

但是不论怎么说，崇尚风度之美的两晋，也同时看重壮士之义。轻生死，重然诺，血气豪迈，英武飒爽，肯拼杀，爱奋斗，有理想，讲抱负，那种热辣活泼的战斗精神史上罕见，远不是后世小打小闹的游侠儿可比。

刘琨与祖逖虽然早成历史，但是闻鸡起舞、击楫中流的故事却流照千古，永远地激励着后世男儿，这是另一种魏晋风度。

王敦之乱

一

南京大概是中国历史上名称最多的城市之一了，筑城两千多年中，算上别名竟有过三十多个称谓。

春秋时，范蠡辅佐越王勾践灭吴，一统江南，在此高筑城墙，作为争霸中原的重要据点，名之曰“越城”，又名范蠡城。

战国时，楚威王打败越国，在石头山筑城，称为“金陵邑”。亦有传说认为“楚威王时以其地有王气，埋金以镇之”，故曰金陵。

秦始皇统一六国后，改金陵为秣陵。

汉朝沿用此称，属扬州丹阳郡。

建安时期，孙权看中了秦淮河的地势之便，迁大本营至此，并在石头山原有城基上修建石头城，为东吴第一军事要塞，取名“建业”，意为要在此地建一番帝王大业。

这也是南京在历史上第一次成为都城。

据说诸葛亮曾经评价："钟阜龙蟠，石城虎踞，真乃帝王之宅也！"

可恨的是，东吴的不肖子孙守不住祖宅，帝位传到第四代孙皓手上，他竟决定迁都，从建业搬去了武昌。虽然只待了一年多又迁了回来，然"王气"已伤，不久为晋国所灭。

司马炎灭了孙吴，觉得"建业"之名口气太大，含有建国立业之意，遂加只耳朵改为"建邺"，警告南人好好听话。

偏偏的，到了西晋末年，最后一任皇帝司马邺在长安即位。此时吴地已由琅琊王司马睿做主，为避帝讳，便又改建邺为"建康"，此后一直被南朝各代所沿用。

隋文帝统一南北后，将六朝楼苑夷为平地，并根据蒋山而将建康改为蒋州。这也是后来蒋介石对南京情有独钟的一个特别理由。

唐灭之后，中国进入又一个大混乱的五代十国时期，南京因此又有过白下、上元、升州、西都等名号。

南唐时，建康改为"江宁"，后主李煜囚于汴京时对此魂牵梦萦，苦苦思念："小楼昨夜又东风，故国不堪回首月明中。""还似旧时游上苑，车如流水马如龙。花月正春风。"

江宁的称呼一直沿用至宋，但在建炎三年（1129），又给改回了建康府。

那一年，李清照追随任职江宁知府的丈夫南渡来此。徘徊于古城墙上，怅望涕泣，悲感沉吟："春归秣陵树，人老建康城。”写尽北宋遗民的心声。

元朝时，建康府改为建康路，建康路后又改为集庆路，所以南京又称集庆。

到了明朝，朱元璋又改为应天府，再次于此定都，南京也到达了历史上最为鼎盛奢靡的时代。

秦淮河的水，不仅沉淀了六朝金粉，还濯洗了明代昆声。咿咿呀呀，唱尽繁华。

这就引发了一个新问题：魏蜀吴三国之间，孰为正朔？

若以史书来论，汉献帝是禅位给曹丕的，所以曹魏才是真正继承汉朝大统的中原帝国，史家撰写编年史，也是顺叙汉魏，一脉相承。

但是刘备是绝对不肯承认这一点的。他自认刘汉后裔，又一直沿用汉国号，当然觉得蜀汉才是正统，《三国演义》的立场，就完全是站在刘备的视角出发。

至于孙吴，似乎史家和小说家都没想过将其请上主位，而孙吴一直老老实实地偏居江左，一会儿将妹子嫁了刘备，一会儿又接受曹魏的封臣，似乎没想过要争当老大。

但是偏偏的，司马家以晋代魏后，到底也没放过孙吴，打过江来灭了吴国；灭了也就灭了，偏偏王导劝了琅琊王司马睿来，在晋室动乱之际早早为东晋王朝的开启做好准备，所以合该他捡了个皇帝当。

这么着，西晋成了东晋，吴都成了晋都。虽然东晋偏安，但江南因此保存了古老而绚丽的中华文明。

孙吴、东晋，再加上后来的宋、齐、梁、陈，浓墨重彩续写了“六朝金粉”，在中国历史上留下了精彩绝艳的一笔。续绝存亡，功盖千古，建康城不但是六朝时期经济、文化、政治、军事中心，也是世界上第一个人口超过百万的特大城市，风华冠绝一时。

所以，如果从南朝历史来看，孙吴倒成了正经源头。

历史怎么写，完全要看执笔人是谁，站在谁的立场上，用谁的眼睛看世界。

比如诗人们就更对六朝传承感兴趣，因为唐朝之前，唯有建康达到过如此的繁盛。于是文人骚客每到江南必有诗，怀古伤今，一唱三叹，南京成了怀古诗最大的灵感发源地。

李白高呼：“四十余帝三百秋，功名事迹随东流”；

李商隐缅怀：“紫泉宫殿锁烟霞，欲取芜城作帝家”；

杜牧感慨：“商女不知亡国恨，隔江犹唱后庭花”；

许浑咏叹：“松楸远近千官冢，禾黍高低六代宫”；

连日本人都要高呼叩拜：“一种风流吾最爱，六朝人物晚唐诗。”

擅写金陵怀古的刘禹锡有一首《石头城》最是经典：

山围故国周遭在，潮打空城寂寞回。

淮水东边旧时月，夜深还过女墙来。

石头城的遗址究竟在哪里呢？

直到近年，才认定是南京清凉山。

《上江两县志》载：“自江北以来，山皆无石，至此山始有石，故名。”

南朝《丹阳记》评：“因山以为城，因江以为池，地形险固，尤有奇势。”

清凉山崖壁陡峭，下临江水，正符合典籍所载，虎踞龙盘，易守难攻，是天然的军事要塞。

千百年来，石头城面对着一次次敌袭依旧伫立，然而322年，这儿却被王敦攻破了，史称“王敦之乱”。

二

还记得当年王衍家中那场“珠玉琳琅”的晚宴吗？

在座的主要人物根据生卒年月排列如下：

王戎（234—305）；

王衍（256—311）；

王敦（266—324）；

王澄（269—312）；

王导（276—339）。

其中王戎是“竹林七贤”中最小的，却是众兄弟中年龄最大的，死得也最早，但也完整经历了西晋的盛衰；王衍死后不久，西晋就亡了；王澄脚跟脚地死在了哥哥被杀的次年；只有王敦和王导，活着看到了东晋的中兴。

但是不论怎样，即便是“八王之乱”与“永嘉之乱”那样风起云涌错综复杂的大场面，也未能动摇琅琊王氏的根本。王家兄弟都很擅长做乱世里的不倒翁，夹缝求生，扶摇直上。

西晋时，琅琊王家坐到最高位置的是太尉王衍，到了东晋，最为人瞩目的则是王导、王敦这对堂兄弟。两人一个位居宰相，内掌朝政；一个封大将军、荆州刺史，外掌军权。王家子弟亦都身居要职，协力演绎“王与马共天下”的局面。

东晋朝廷继续在江东实行九品官人法，世家地位越抬越高，这是门阀制度的巅峰。在东晋以前或晋灭以后，再没有哪个时代的世家名门到达过这样的辉煌。

晋元帝司马睿即位初期，倒也算得上励精图治，仁君善政，对王家兄弟倚若肱股。但是皇权这块蛋糕是有魔性的，不论之前许诺得多好，一旦到手，谁都不甘心真的与人分食。

随着东晋朝局渐稳，司马睿对皇帝这个新身份逐渐适应，对于王家兄弟就没当初那么信任了，一边着手削弱琅琊王氏的势力，一边重用丹阳尹刘隗、尚书令刁协等亲信。而刁协、刘隗也打着擦边球不停弹劾时政，挑拨元帝疏远王导，抑制王敦。

最主要的槽点，就在于王导的宽政。

王导辅政时施行的一直是抓大放小的宽和之策，甚至有“网漏吞舟”之说，意思是执法太宽，网眼大得能筛漏一条船。

比如不论江东世家还是南渡望族，原本都拥有大量私兵部曲，战乱中又不断收募流民成为其“荫户”。为了逃避兵役和赋税，他们往往会隐瞒很大一部分新收募的流民数字不报告，称之为“隐户”，也就是不入户籍见不得光的隐形人。这些隐户本非奴仆，但是在乱世中，凭借个人力量几乎无法生存，为了依附大族偷生，也只好交出身份与个性，让自己隐形了。在东晋朝廷的“土断”也就是人口稽查中，王导明知这些宗族瞒报隐户，却自塞耳目，视而不见，任由国家税收损失惨重。

同时，随着一波又一波的南渡人口到来，移民总人数占据了江东人口的六分之一，这么多人跑来抢夺资源，南人自是不满；反之，北人因为基数强大，自谓中原正朔，也并无做客的自觉，因此南北龃龉时有发生，南人与北人壁垒分明。对此现象，王导亦是听之任之，只致力于搞平衡，甚至有句著名口头禅道：

人言我愦愦，后人当思此愦愦。

意思是你们觉得我糊涂，等到将来就明白了，能做到我这种糊涂多么重要。

简而言之，就是四个字：难得糊涂。

这使得历史上对王导的评价也分了两极。在当时人的心目中，王导有如定海神针，辅佐司马睿稳定江东，是绍晋的关键人物，就如温峤所言："江左自有管夷吾，吾复何虑！"但在今天的政治家眼中，却渐渐有了一种新声音，觉得王导生平并无政绩，只是个擅于和稀泥的好好先生，什么"网漏吞舟"，这不就是划水吗？

然而，这也是无奈之举，任何政治举措都不能脱离了当时的政治环境和社会背景来评估。对于仓皇建立的东晋朝廷来说，根基浮浅，人心未稳，一面是早已习惯了任真放诞的中原贵族，一面是本就有排斥之心的吴郡名门，蓦然严苛起来，非但不便管理，反会激发矛盾。比如刘琨、祖逖这些新兴领袖，既有魏晋名士的傲慢不羁，又有流民领袖的土匪气质，怎么管？

祖逖初至江东时，衣无锦绣，户无珍玩。忽然有一天家中宴客，裘袍重叠，珍饰盈列，竟是摆起排场来。诸公自然要问何以一夜暴富，祖逖淡然答："昨夜复南塘一出。"意思是昨晚趁着月黑风高，去南塘干了一票，所以有钱了。

如此明目张胆的抢劫，朝官们心知目见亦容而不问，自然更不敢管。若管了，莫不要朝廷替他养兵？北伐时的军资从哪里来？

而流民团队这般操作，又怎么可能不引起南方大族的愤怒反击？倘若有什么冲突报复，那就更不好管了。

这就好比一个丐帮组织转型的新公司，首先要解决的绝不会是仪容仪表五讲四美，而是如何拉业务找项目谋生存，只要大致方向不错就得过且过。至于上班迟到随地吐痰讲话不文明打架扯头发这些蒜皮事儿，只能当作看不见。

因此王导一再向司马睿提出"政务宽恕""事从简易"，对于各种贪渎、瞒报、掳掠行为统统视而不见，默许宽纵。这的确是苦了基层小吏与百姓，却有利于流亡政权的大局安定。

但是身为皇帝而不能任意赏罚，无疑是件伤自尊的事。司马睿表面上对王导言听计从，心中的不满却越积越多。

早在太兴元年（318）三月，也就是晋元帝司马睿称帝当年的七月，他便发下一份诏书，要求官员们端正自身，有法必依，打击地方豪强，清算隐报户口。尤其是州牧刺史要互相监察，不得顾私亏空，如果下属官吏有不法行为，朝廷将认真追究其领导责任。

这简直就是对王导宽政的无声怒斥。而刁协、刘隗正是投了司马睿所好，以加强皇权、打击门阀世族为目标，事无巨细，动辄弹劾，貌似执法谨严，却惹得怨声四起，遂被称为"刻碎之政"。

面对司马睿频繁的小动作，王导处之泰然，尽量低调，希望移除皇上的疑心；王敦却是越打压越反弹，反过来试探元帝，上表陈说历来忠臣被小人离间而丧生的祸患，暗示皇帝应该远离奸佞。但这只会让司马睿更加忌惮，愈发加速了权力布局。

王敦，字处仲，小名阿黑，人称“蜂目豺声”，貌虽俊美，却有凶相。

如果说魏晋风度的主流审美是“雅量”，那么王敦的个人标签就是“豪横”。石崇家厕所侍候的小婢说得好：“此客必能做贼。”

此时面对司马睿的冷遇，王导与王敦两兄弟的态度正如当年在金谷园看石崇斩杀劝酒的美人：王导处处忍让回避，一心息事宁人；王敦却是贼心已起，戾气横生，只是碍于同自己兵力相当的大将祖逖，一时不敢轻举妄动。

此前司马睿数番试探，意欲削弱王敦实权，而王敦也派人到建康联络各大族名士，透露自己有意进兵建康，插手朝政的意图。祖逖痛斥说：“阿黑若敢进兵，我将带三千军旅溯江而上，赶他回去。”吓得王敦敢怒不敢言。

王与马，进入了一种焦着而微妙的对峙中。

偏偏司马睿自己作死，对祖逖也如对王敦一般猜忌，各种牵制掣肘，令其郁郁而终，时维太兴四年（321）年十月。

于是王敦再无顾虑，当即厉兵秣马，三个月后于武昌举兵，以“清君侧”为名进犯建康，并上疏司马睿，列举刘隗和刁协的数十罪状，请诛奸臣。

所有的忠义、风度、德行、法理，在权势面前都是不值一提的，能让所有人认真聆听自己声音的，唯有兵力！

三

王敦起兵的消息传至建康，司马睿大怒斥责王敦“大逆”，并下诏悬赏：

> 王敦凭恃宠灵，敢肆狂逆，方朕太甲，欲见幽囚。是可忍也，孰不可忍。今亲率六军以诛大逆，有杀敦者，封五千户侯。

这一举动实在轻率，他高估了自己的龙威，而低估了世家的影响力。

说起来司马睿真是谜一般自信，他不过是个捡漏儿的偏安皇帝，兵寡势微，完全在王导的一手策划下侥幸登上銮座，戴上冕琉。登基时还有自知之明，假称要与王导同登龙床，可是这才穿了几天龙袍，就已经不知道自己几斤几两了。说王敦“凭恃宠灵”，然而你司马睿凭恃的又是什么呢？还“杀敦者，封五千户侯”，除了空衔，你有五千户封赏给人吗？论钱，论势，论兵，比得上根深叶茂的王家吗？

况且，当时门阀虽不满于王氏一家独大，但对司马睿的过河拆桥更加不满，因此对王敦起兵一事多半袖手旁观。所谓唇亡齿寒，兔死狐悲，谁愿意做那个鸟尽弓藏兔死狗烹的傻狗呢？

司马睿对此十分尴尬，颇有点儿当年司马越传檄四方皆不至的境遇。唯二信任的只有刘隗和刁协，但这两位“刻碎之政”只懂得于琐细处下功夫，带兵作战又哪里是王敦的对手？

王敦一路杀至建康，如入无人之境，吴兴大户沈充亦举兵响应，与王敦构成合击之势。更令宫中崩溃的是，“东吴第一军事要塞”石头城的守将周札竟不战而降，刘隗、刁协等虽然多次率军反攻，都被王敦击退。

司马睿到这时才重新认回了自己“普信男”的本质：虽然自信，实在普通。然而后悔已晚，只好脱下戎服，派使者向王敦求和；同时，还不忘了叮嘱刘隗、刁协赶紧逃走。结果刁协逃至江边被杀，而刘隗则携家属投奔了石勒建立的后赵——就冲这一点，王敦说刘隗是奸臣一点儿不冤。要知道，石勒可是在宁平之战中围杀晋人十万的死敌啊，王衍便是死于他手。

王敦攻陷石头城后，只拥兵高坐，也不入宫朝见皇帝，却放纵士兵四处抢掠，建康大乱，这就是逼皇帝表态。而司马睿也的确表态了，说你要是还承认朝廷，请就此罢兵，天下相安；若非如此，那么我回琅琊，给你腾地儿好了。

这的确是王敦想要的答案，可是司马睿真这么说了，他又不知道该不该答应。一幕禅让大戏总得生旦净末行当俱全，一步步照着套路来，就像司马睿登基那样，得有人再三劝进才行。可是现在，举朝官员沉默观望，连个捧哏的都没有，就连堂兄王导都不支持自己称帝。就这么自己个儿吹拉弹唱，急吼吼冲进宫去，夺了宝座戴上行头——哦不，冠冕，这样的独角戏会不会不太好看？

王敦是世家子弟，说到底，还得要脸。

于是，为了舆论和脸面，王敦还是决定照着曹操、司马懿当年的剧本来——先加官晋爵，专断朝政，做个天字第一号权臣，然后等待时机成熟再上演一出禅让大戏，让子弹多飞一会儿，让夺位来得更加名正言顺。

这剧本不止一次演出，每次都叫好又叫座，应该是拥有一定票房保证的。可问题就在于，这次演出对手戏的正反两角，都不够长命。

司马睿身为东晋元皇帝，却缺乏临危不乱的心智，经此大起大落，饱受惊吓，当年冬天便郁郁而终，时年四十七岁。

太子司马绍即位，这是东晋历史上第二位皇帝，史称晋明帝。

王敦的篡位大戏演到一半，忽然换了对手，他真的很不爽，险些接不上戏。想了想，要不别照原本来了。于是趁司马绍登基未稳，他随便找了个理由便率军进驻姑孰了。

司马绍的戏路子与父皇截然不同。他并没有下诏申斥，搞什么悬赏封侯之类，反而以退为进，亲笔御诏赏赐王敦，并许他奏事不名、入朝不趋、剑履上殿种种殊荣；又派侍中阮孚设牛酒犒赏王敦。

这下子把王敦整不会了。新帝态度这么好，王敦再跋扈也没了出兵的理由，飙戏是两个人的事，一方温文尔雅，另一方咄咄逼人，那成什么事儿了，观众也不答应啊。

王敦是想当主角，可是不想做反派啊。既然不甘心担下造反的罪名，就只得按下性子，对阮孚的犒赏称病不见，私下里大骂“黄须鲜卑奴”，也不知骂的是阮孚还是司马绍。

阮孚，就是阮咸当年骑驴抢回的那个“人种”，鲜卑婢之子。据说司马绍的生母身份微贱，也是一位鲜卑妾，所以两人有着相同的体貌特征：黄须儿。

或许正因为这一点，司马绍才与阮孚格外亲近，死前把自己的妃子都托付了他，此为后话。

四

王敦来势汹汹的第二次进军，便这样一拳打在棉花上，稀里糊涂地搁浅了，气得他就跟拿错剧本的司马睿一样，回来便病倒了，而且一病不起。

然而越病膏肓越疯狂。王敦手握重兵，大权独揽，眼望龙椅不可得，大是郁闷，没事便用铁如意敲打着唾壶，高声吟诵曹操的诗：

老骥伏枥，志在千里。烈士暮年，壮心不已。

举世间，古往今来当真只有曹操这一位知己，王敦自问志气不弱孟德，只是老了啊，身子不中用啊，不甘心啊！就像这只唾壶，才敲了多一会儿，竟然就连壶口都被敲缺了好儿块，狗牙般难看。

想想看，无论是当初逼宫司马睿，最后却捞点儿赏赐便撤兵回军，还是驻军姑孰城，不肯面对阮孚议和，都还是顾及着世家风范。然而一鼓作气，再而衰，三而竭。已经两次坐失良机，以后还有机会吗？

司马懿死前为子孙蹚平道路，才有了司马家后来的江山大业；如今自己命在垂危，若不能冲榜成功，只怕死后儿孙无凭。所谓不成功，则成仁，时不我待啊！

王敦越想蹚不甘心，自觉不能称帝，死不瞑目，终于决定不管不顾，来一场最后的疯狂，密谋篡位。

然而时机是门玄学，一旦运势过去了也就是过去了，王敦缠绵病榻，印堂都发黑了，哪还有帝王之命？还没正式行动，计划就被温峤等人偷偷泄给了晋明帝。而王导也从家族子弟处预知了消息，立即向司马绍表明忠心，坚决抵制。

于是，晋明帝先发制人，命温峤率军守卫石头城，另调临淮太守苏峻、豫州刺史祖约（祖逖胞弟）等率军入京勤王。准备就绪后便诏告天下，称王敦已死，令王敦党羽速降朝廷。

同时，王导则率领乌衣巷的王氏子弟为王敦高调发丧。

这一招是真狠。消息传出，天下臣民俱当王敦已死，士气大振；而王敦散布各地的党羽则惶惶不安，人心涣散。

尤其是王敦虽强行起事，偏因病重不能领兵，只得让哥哥王含做元帅，结果屡战屡败，处处受制。

急怒攻心之下，王敦病势加重，于324年7月病逝，时年五十九岁。

王敦无子，过继了哥哥王含的儿子王应。如今王含见大势已去，便带着王应乘船逃往荆州，投靠王舒，却忘了兄弟相残原是王家的传统，竟被王舒命人推进江中溺死。

而王敦的尸体亦被重新挖出，剖棺戮尸，悬颅示众。

“王敦之乱”正式告终。

“王敦之乱”给刚刚建立的东晋朝廷带来了极大的危害：一则羯族建立的后赵趁势夺占了兖州、徐州、豫州等大片疆域；二则苏峻等集团也在平叛中势力增强，平息了一个“王敦之乱”，却埋下了“苏峻之乱”的祸根。

《红楼梦》中探春说得好：“可知这样大族人家，若从外头杀来，一时是杀不死的，这是古人曾说的：百足之虫，死而不僵。必须先从家里自杀自灭起来，才能一败涂地！”

东晋最混乱的战争，始终发生在王朝内部。

我虽不杀伯仁，伯仁因我而死

一

金陵新亭

［唐］李白

金陵风景好，豪士集新亭。

举目山河异，偏伤周顗情。

四坐楚囚悲，不忧社稷倾。

王公何慷慨，千载仰雄名。

翻开大唐怀古诗卷，几乎就是一部南京的风物史。可惜的是，古诗卷中就连石头城的遗址也考据颇繁，更不用说“新亭对泣”的典故究竟发生在南京哪处亭台了。

《世说新语》载，过江之初，北人心思不稳，王导遂不时借着各种名目召集大家聚宴，搞搞团建，安定人心。

这日风晴景和，莺啼燕语，众人相邀于新亭，在草地上铺设锦褥，罗列杯盘，把酒赏花，清谈吟咏。兴至酣处，名士周顗（yǐ）忽然把酒叹息：

风景不殊，正自有山河之异。

意思是风景固然美好，只恨江山换了主人。

一时之间，举座伤悲，停杯落泪。这可不是王导聚宴的初衷，当即正色道：

当共勠力王室，克服神州，何至作楚囚相对泣邪！

楚囚，原指春秋时被俘到晋国的楚大夫锺仪，后用以形容遭遇国难或者蒙冤入狱，又或是陷入其他困境中无计可施者。

王导之论，无异于当头棒喝：国难当头，我辈正当勠力同心，报效朝廷，光复故土，怎么能哭哭啼啼做此小儿女状，一如亡国的楚囚那般，只知相对哭泣而无壮志呢？毕竟，国家还没有亡，还有希望啊！

众人俱为一振，也都像喝闷酒被王导教训的司马睿一样，又是羞愧又是振奋，纷纷认错，顺带表了一波同力复国的决心。

这就是著名的“新亭会”，也就是李白诗中所说的“王公何慷慨，千载仰雄名”。

至于“偏伤周顗情”，或许不仅仅指周顗的伤叹引发了王导的新亭誓志，更因为这是个典型的悲剧人物，还曾引发了王导另一句更加伤感的名言：

我虽不杀伯仁，伯仁因我而死。

周顗（269—322），字伯仁，弱冠袭封父爵武城侯，以雅望闻诸四海。同很多洛阳名士一样，他最大的嗜好就是酗酒，所以在新亭的哭泣伤感，根本就是他的常态，九成是醉话。

周顗官居尚书左仆射，却终朝烂醉如泥，只有逢亲丧时才勉强戒酒，清醒了三天，故而人称“三日仆射”。

他和王导是好朋友，有一次两个人都喝醉了，王导甚至把头枕在周顗大腿上，摸着周顗的肚子问：“偌大皮囊，里面都装着些什么呀？”

周顗笑回：“空洞无物，不过像你这样的，可容纳数百个。”

如此狂放，是因为他确实有些才情德望，名士庾亮曾经感慨说：“周侯晚年，堪比凤德之衰！”

虽是憾叹之语，却下意识地将他比作了孔圣凤德，可见周顗名望才学之高。

魏晋玄谈之风大致可以分为三期：从汉末到魏中期何晏之死为前期，包含“建安七子”与“正始之音”；从司马家实际当权的魏中期到西晋末年为中期，包含了“竹林名士”与“中朝名士”；“衣冠南渡”之后的东晋名士则为后期，又称“江左名士”，以“兰亭雅集”为代表，“陶谢山水”为绝响。

在中前期的清谈中，涉政内容虽然婉转，却仍然立场鲜明，士大夫借清谈表明自己的政治立场，为个人选择做辩护。七贤生活的年代，正是司马氏政权取代曹魏政权的最后也是斗争最残酷的时期，所以各种辩论也就更激烈。嵇康的《与山巨源绝交书》，便是这种思潮下的特定艺术作品。

但是司马家以晋代魏之后，中朝名士的清谈渐渐远离政治，更玄更幽，更专注内心，遂有“清谈误国”之说；到了东晋，清谈更是名士身份的装饰而已。比如著名的“曲水流觞”，就是王羲之、谢安等名士在会稽兰亭的一次雅集，在当世乃至后世俱影响深远。王羲之的《兰亭集序》便是东晋玄学清谈的重要物证。

怀才不遇的知识分子们一方面放浪形骸，无视功名利禄，另一面又忧国忧民，不满社会现实，徘徊于“归去来兮”与“忧思不忘”之间，醉心清谈机辩之趣，追求玄远高洁之境，抒发曲高和寡之志，朝野上下，蔚然成风。

“新亭对泣”，可谓是这种情绪的发端，之后发展到了极致，便催生了陶渊明与谢灵运的田园山水之志。

二

王敦举兵叛乱的消息传出，刘隗奏劝司马睿立即杀尽建康的王氏诸人。王导害怕，带着众子弟来到宫门外跪宫请罪。正值周顗上殿，王导赶紧喊他求情："伯仁，以百口累卿！"意思是伯仁老友啊，你可要救我王家上下百口性命啊。

然而周顗就跟没听见一样，甩着袖子头也不回地进宫了。不过，见到晋元帝后，周顗却是没少替王导说好话，极力表明王导志诚功高，决不会与王敦同谋，当赦无罪，而晋元帝答应了。

周顗自觉不负所托，喜滋滋找同僚畅饮一番，大醉而归，出宫时，看到王导还跪在那儿。王导见他出来，便又喊他的名字。周顗仍然假装听不见，还笑嘻嘻同左右说："今年杀诸贼奴，取金印如斗大系肘。"意思是现在谁杀了这些王家匹夫，就能换个大官做做了。

要说这周伯仁实在有点儿像《射雕英雄传》里的老顽童周伯通，嬉笑怒骂没正形，只顾一时口头取乐，全不想王导心里会有多难受。一边故作冷情漠不关心，一边为老友奔走呼吁，也许这就是名士的任性吧。

周顗对王导的关切是真诚的。当晚酒醒之后，他还怕司马睿反悔，又连夜奏表，言甚恳切，再次为王导求情。

而这一切，王导完全不知道。深深刻入他脑海中的，是宫门前周𫖮冷漠的脸和讥嘲的谑语。

后来王敦攻进建康，一手遮天，专擅朝政。他将朝廷官员重新洗牌，凡与己有异心的朝廷或地方官员，或诛杀，或黜免，当真是顺我者昌，逆我者亡。

他翻检着花名册子如同签点生死簿，间或问王导："周𫖮、戴渊享有盛名，南北之望，位列三司是肯定的吧？"

王导想起周伯仁的冷漠，沉吟不语。

王敦便又问："如果不列三司，至少做个仆射没问题吧？"

王导依然不语。

王敦再说："像他这样的人，如果不能重用，就只能杀了。"

王导三度沉默。

然而沉默，亦可为杀人利器。王敦就这样下决心杀了周𫖮。

当时，王导心中甚或还有一点儿快意，想起周𫖮那句"今年杀诸贼奴，取金印如斗大系肘"，暗道：倒看看是谁杀了谁。

行刑之日，周𫖮被押解着路过太庙时，忽然大声呼喊："天地祖宗有灵：贼子王敦倾覆社稷，枉杀忠臣，上苍有灵，速杀王敦，无令纵毒，以倾王室。"

话未说完，押送兵丁用戟乱戮他的口舌，血流下来，一直流到脚背上，而周𫖮颜色不变，容止自若，看的人无不流泪。

周顗于石头南门外被斩，时年五十四岁。

周顗死后，王敦派人抄没其家，却只收得几只空篓子，里面装着旧棉絮，再就是五瓮酒，数石米，除此之外，毫无积蓄。这于奢侈挥霍的东晋朝臣几乎无法想象，于是人人感叹周顗清风，刚正廉洁。

多年之后，王导整理以前的宫中奏折，无意中翻到了周顗为自己求情的奏表。奏表言辞殷切，深情厚义，他这才知道自己误会了老友，不禁心中大痛，捧着奏折泪流满面，遂说出那句千古名言：

> 吾虽不杀伯仁，伯仁因我而死。幽冥之中，负此良友！

这真是历史上关于友情与误会的最伤痛的故事。

郭璞与葛洪，预知后事又如何

一

王敦之乱中，卷入战争而枉死的人不知凡几，最让我不忍的是两个人：一是名士周伯仁，二是高士郭景纯。

郭璞（276—324），字景纯。南渡之初原为王导参军，东晋立国后拜为著作佐郎。修撰《晋史》，是两晋著名的文学家、史学家、训诂学家，曾为《尔雅》《山海经》《穆天子传》等作注，其辞赋被誉为“中兴之冠”，同时又是“游仙诗”的鼻祖。更是精通天文、历算、卜筮、风水的奇门方士。

换言之，这是一个精通经史无所不能的神人。

为什么会这么神呢？

《晋书·郭璞传》称，郭璞受业于一位客居河东精于卜筮的郭姓老人，他以《青囊中书》九卷相赠，从此郭璞精通五行、天文、卜筮之书。后来他的门人想偷走这本书，结果还没来得及读，书就被烧了。

这故事的前半截颇像张良拜师黄石公，得其授予《太公六韬》，后半截则似梅超风偷了师父的《九阴真经》，却没等练成就瞎了眼睛。

史书上记载了许多郭璞神算的故事。比如他曾为王导卜卦，预言王导会有雷震之灾，须得向西走数十里，找到一棵柏树，截取和自己身高等长的一段，作为替身放在卧床上，可免灾祸。

王导虽然狐疑，却还是秉持“宁可信其有”的心态走了一回，果然看到一棵这样的柏树，便运了回来。

接连数日，柏树睡床，王导睡厢房，心中不无责备。这样一连过了数日，忽然一夜雷声滚滚，房摇瓦落，次日起来，竟见床上的柏树干被震得粉碎。

王导看着被雷劈成齑粉的柏树，心下栗栗，想象着自己睡在这张床上的惨状，从此彻底信了郭璞。就连南渡大事，他也要请教郭璞卜了一卦，方才一语定乾坤。

按说王导如此笃信郭璞，应当决不放他离开自己身边才对；而郭璞既然有了王导这样的东家，又何以“弃明投暗”，改做了王敦的掾属呢？

也许，这就叫人算不如天算吧。

王敦第三次发起叛乱，温峤、庾亮都是不赞成的，觉得王敦强弩之末，私下密谋投靠晋明帝。临行前让郭璞卜卦，并不说自己要走，只问王敦起事能否成功。郭璞起了一卦，沉默不语。温峤见他不肯说卦辞，便又改口说："要不你替我俩占一卦，看看我二人的吉凶吧。"

郭璞说："大吉。"

温峤大喜，同庾亮商议说："郭璞不敢明言起兵之事，想来必是凶兆，这是上天要夺王敦之魄。而我们决意效命晋帝，郭璞说大吉，想来我们的计划一定会成功。"于是下定决心投靠明帝，讨伐王敦。

过了些日子，王敦起兵在即，也找郭璞来占卜。这次郭璞反而没有沉默了，明言说："无成。"

王敦听说他此前曾见过温峤、庾亮，早就怀疑温峤背叛是受了郭璞的劝说，再听他报凶卦，当即沉下脸说："你再为我占一卦，看看我寿命长短。"

郭璞说："刚才卦象已明，若起兵，大祸临头；若驻武昌，当可长寿。"

王敦大怒说："那你再占一卦，看看你自己的寿命。"

郭璞淡然答："当死于今日正午。"

王敦冷笑："如你所言。不然怎么证明得了你是神算呢？"遂命人抓了郭璞，押至南冈处死。

郭璞不惊不惧，待至南冈头见了等候在此的刽子手，不禁一笑。

原来，此前郭璞前往越城时，途中遇到一个人，明明不认识，他却直呼对方名姓，并将自己的衣服相赠。这人自是不解，亦不受，郭璞说：“你拿去吧，将来再见，便知缘故。”

如今行刑的刽子手，正是受衣之人。

此人自也认出了郭璞，当下目瞪口呆，难辨滋味。郭璞却依然平静，笑说：“我死的地方，当在双柏树下，树上有个大鹊巢。”

行刑人与他曾有赠衣之缘，自然要满足他的临终愿望，于是四处寻找，果然见到两株并生的大柏树，却不见有鸟窝。郭璞说：“你再好好找找。”这人便又绕树找了一圈，果然看到枝间有大鹊巢，只是因为枝叶浓密才一时未能发现。

郭璞遂安然就戮，终年四十九岁。

如此神人，能算准自己的死期与死地，却仍然逃不了豪横的王敦杀手，这就叫算得妙不如逃得掉啊。

二

在传说中，神人是不死的。

郭璞最擅给人点穴看风水，甚至“风水”这个词都是从他的著作《葬书》而来：

葬者，乘生气也。气乘风则散，界水则止。古人聚之使不散，行之使有止，故谓之风水。

野史中关于郭璞堪虞的奇闻佚事颇多，想来他既然能预见自己的死地，就连行刑人都预先打点好关系，自然早有飞解之法。即便受刑，想来也不是死了，而是像庄子那样，变成蝴蝶飞走了。

很多年后，齐梁间有位很有才华的诗人江淹，因为《恨赋》《别赋》而名满天下。一夜忽然梦见有人对他说：“我的笔借给你用了这么多年，该还给我了。”说罢，从江淹口袋里拿了笔便走。从此，江淹灵感枯竭，再也写不出锦绣文章了，这就是“江郎才尽”的故事。

而那支五色笔的真正主人，据说就是郭璞。

因为，郭璞的《江赋》乃是史上第一篇关于长江的专题文章，全文一千六百八十三字，比西晋成公绥第一篇黄河专文《大河赋》长了十倍不止，当真是委委佗佗，如山如河。

不过，这篇赋中颇多生僻字，很多字电脑字库里根本找不到，我连通读一遍都做不到，便也实在欣赏不了。在我的审美概念中，写诗一定要让人看得懂，做文章一定要让人读得进去，否则便算不得好文字。

倒是《世说新语》载有郭璞佳句：“林无静树，川无停流。”阮孚评：“泓峥萧瑟，实不可言。每读此文，辄觉神超形越。”

无论原句与评语，均是清微玄远，渗透着道法自然的哲学美感，的确是妙笔生花。

郭璞留下的诗作中最重要的是十四首《游仙诗》，咏怀言志，颇为可读。此处只录第一首：

京华游侠窟，山林隐遁栖。
朱门何足荣，未若托蓬莱。
临源挹清波，陵冈掇丹荑。
灵溪可潜盘，安事登云梯。
漆园有傲吏，莱氏有逸妻。
进则保龙见，退为触藩羝。
高蹈风尘外，长揖谢夷齐。

大隐隐于市，小隐隐于野。京城中有游侠，山林中有逸士，豪门世家看上去荣耀，又怎能比得过游居蓬莱的仙客高人呢？

渴饮清涧泉水，饥采高山灵芝，灵溪美好，安居乐业，已经是神仙生活，又何必定要驾云飞升。

接下来，诗中连用了几个隐士的典故。“漆园傲吏”指的是曾为漆园小吏的庄子，后辞隐，就连楚威王聘以相位也推辞了，声称“我宁游戏污渎之中自快，无为有国者所羁”。

“莱氏逸妻”指隐士老莱子的妻子甘愿守贫，听说有王使聘请老莱子出山，非但不高兴，还反过来劝丈夫勿慕名利，不要为人所制，遂夫妻双双隐于江南。

夷齐指伯夷、叔齐，二人立志不食周粟，避居首阳山，采薇为生，直至饿死。

“进则保龙见，退为触藩羝”则见于《周易》中的两卦：

六十四卦第一卦第一爻“潜龙勿用”，是说一个人有潜在高能，但未逢其时，不易展示，唯有养精蓄锐，充实自己，等待时机。

第三十四卦大壮上六：“羝羊触藩，不能退，不能遂。”指公羊撞篱笆，角被卡住了，形容进退两难。

诗中对山水闲居生活描述一番后，明确表示：潜龙勿用才自在，羝羊触藩两为难，不如超然俗尘外，长拜夷齐首阳山。

文字清明如水晶，意趣天真似山花，写的是真好。而且题目虽为《游仙诗》，却并没有一味推广修仙求道，而是充满了个性表达，声言我虽修真，不为长生，只是向往那无拘无束的林泉自由。

只可惜，说到未做到，他始终羁恋于尘网中，触藩失羝，最终做了祭旗的羔羊。

三

相比于预知生死却在劫难逃的神算子郭璞，东晋还有一位更著名的活神仙，便是《抱朴子》的著作者葛洪。

葛洪（283—363），字稚川，丹阳郡句容人。他不但精通道论、擅长炼丹，还文采斐然。他的著述颇多，除了道教理论书籍《抱朴子》《正统道藏》《万历续道藏》外，另有医学著作《玉函方》《肘后备急方》，后者记载了世界上最早的天花疗方；更有志怪小说《神仙传》，想象丰富，气象恢宏，对于后世养生学术的研究意义重大。

杜甫曾有诗《赠李白》：

秋来相顾尚飘蓬，未就丹砂愧葛洪。

痛饮狂歌空度日，飞扬跋扈为谁雄？

为什么要“愧葛洪”？就是因为李杜二人都迷信神仙，试图修真，奈何炼丹不成，捷径难寻，唯有狂歌度日，漂泊来去。那些曾经远大的志向都被浇灭在三盏酒中了。

不过，葛洪虽然一心修真，遗世独立，却立身儒家根本。他不满于魏晋士大夫的清谈论虚，主张文章应与德行并重，立言当有助于教化，并且主张医道同修，以为“古之初为道者，莫不兼修医术，以求近祸焉”。

他不但长期医患施药，普及针灸疗法，还特地挑选价格低廉容易采集的药材，使更多的人得到救治。我国医学家屠呦呦获诺贝尔生理学或医学奖的青蒿素发现，她在获奖感言中说受到葛洪《肘后备急方》的启发。

这样一个入世的神仙，自然会得到广大百姓的推爱，因此葛洪之名愈传愈广，江湖上也就有了许多关于“小仙翁”的传说。

但是葛洪也不是一开始就立意隐居的，弱冠时也曾有过少年壮志，加入吴兴太守顾秘的军队，因功得封“伏波将军”。不过，史书诗赋乃至戏曲小说中出现的“伏波将军”多指马援，不可混淆。

东晋开国，朝廷论功封赏，念及葛洪旧功及声望，赐爵关内侯，食句容二百邑。司徒王导召其为掾，迁咨议参军。

327年，葛洪听说交趾盛产丹砂，自请为县令。途经广州，刺史邓岳表示愿意供他原料在罗浮山炼丹，葛洪大喜，遂就近取便，中止行程，隐居罗浮山，炼起丹来。

要说东晋的官员还真是任性，本是赴任途中，谁知走在半路上改了主意，说不干就不干了，反正山高皇帝远，朝廷也拿他没辙，还能贬官流放不成。说贬官，人家压根不想当官了；说流放，这都已经到了岭南了，还往哪里流？

于是，葛洪从此隐居罗浮山，在朱明洞前建南庵，修行炼丹，顺带着著书讲学，赚点儿外汇，日子过得颇为逍遥。而且因为从学者众，葛洪学堂不断扩大规模，后来又在东、西、北三面各增建了东庵九天观、西庵黄龙观、北庵酥醪观。

当真是"朱门何足荣，未若托蓬莱"，郭璞说到未做到的心愿，葛洪都为他实现了。而葛洪自己的诗，也是清真和寂，意趣翩然，此处只引一首即景：

涵 碧 亭

雨歇留蒸湿，明来得翳凉。
双嬉鱼欲动，万个竹添长。
景到烦诗答，叹多厄日忙。
兹游端胜绝，不是学高阳。

诗中充满殊胜之感，当真心满意足，别无贪求。同样是修真学道，人与人的命运差距可真大呀。

就这样，葛洪在罗浮山逍遥度过了三十多年，于东晋兴宁元年（363）卒，享年八十一岁。

六大顾命

一

晋元帝司马睿虽是绍晋之帝，在历史上的评价却不甚高，主要标签是无能。倒是他的儿子司马绍（299—325）自小聪慧伶俐，最为人称道的是司马绍给出的关于“长安与日孰远”的精彩答案。

这说的是一日有客从长安来，说到京洛消息，司马睿潸然泪下。小小的司马绍坐在父亲膝上听到这番对答，并不明白父亲在哭什么，便天真地询问。

司马睿有意培养长子，并不肯用一句“你长大就明白了”来塞责，而是认真地讲解时局，然后问：

汝意谓长安何如日远?

意思是都说太阳远，可知故乡远离，长安也是一般遥远难及。

那么，太阳和长安哪个更远呢？

这样的问题，根本就不指望有答案。可是小小的司马绍却认真地回答了："太阳远。"

司马睿一愣，自然要问为什么。

司马绍答："不闻人从日边来，居然可知。"只听说有人从长安来到，从来没人从太阳那里来，自然是太阳比长安更远了。

这聪慧的回答让司马睿引以为傲，次日宴上便转述给众人听，群臣自然都很捧场地连声夸赞。司马睿犹觉不足，特地叫来儿子当众表演，再问了一遍长安与日孰远，不料这小子不按常理出牌，却给了个反面答案："长安远。"

司马睿大惊，忙道："你昨天明明不是这么说的。"

司马绍却淡定回答："举目见日，不见长安。"我们一抬头就能看见太阳，可是伸长了脖子也看不到长安，那自然是长安更远。

众人听了，又是讶然又是感慨，俱为称绝。

司马睿原配无子，诸子俱非嫡出，司马绍能被立为太子只是因为居长。但是因其生母出身低微，司马睿一度欲废其另立，被王导等大臣坚决反对：一则他们都认为太子清聪才俊，堪承大统；二则朝基未稳，不宜动荡，太子废立这样的大事岂可轻易为之。司马睿这才作罢。

因此，司马绍一直对王导十分信任敬重。有一次，司马绍请王导讲史，想知道西晋明明一统天下，创不世之基业，何以只有五十年国运就被异族亡国。

王导便从司马懿讲起，自高平陵兵变一路说到曹髦被杀，“司马昭之心路人皆知”，夏侯色、嵇康琴，直至司马炎以晋代魏，直听得司马绍汗流浃背，掩面而叹：“我祖宗这么残暴好杀，弑君叛主，晋室的国运又怎会长久啊！”

这话真是没说错，西晋一统固然短命，东晋偏安虽然勉强支撑了一百多年，却也没有一个皇帝是长命的。

323年，司马睿在王敦之乱的余震中惊悔交加，郁郁而终，司马绍即位，史称晋明帝。

这位本应挺有作为的中兴之主登基后面临的最大矛盾就是王敦的二次举兵，他采取了和老爹完全相反的招数，以退为进，起用温峤、苏峻等人平定了叛乱，并转危为机，通过制衡之术将皇权牢牢掌握在了自己手中。

然而老天爷大概见不得司马氏独坐龙椅，早早写好了傀儡帝王的剧王，只许司马绍穿了三年龙袍便领了盒饭，年仅二十七岁。

于是，年仅五岁的小太子司马衍（321—342）即位，史称晋成帝。太后庾文君临朝听政。

从318年东晋建朝到325年幼主登基，短短七年间换了三个皇帝，而且还面临“主少国疑”的最大困局，东晋可谓时危多艰。于是，顾命大臣的选择就显得极为重要了。

遥想当年，司马家的真正崛起，是从司马懿成为曹芳的顾命大臣开始的；而如今司马衍也面临了同样的选择，历史惊人地相似，简直让人无力吐槽。

二

顾命大臣的首选自然是王导。

他是东晋朝廷的肱股之臣，被奉为“江左管夷吾”，当初司马睿可是连龙椅都打算分王导一半的，何况辅佐幼帝呢？因此由他担任顾命可谓顺理成章，众望所归。

但是辅政大臣不能只有一位，那么谁能与王导互相牵制又绝对可靠呢？

于是，庾亮闪亮登场了。

可还记得司马炎死后，司马衷即位，皇权落在了太后杨艳的父亲杨峻手中，由此引起了后面一连串的动乱？

而庾亮，就是现任太后庾文君的哥哥。

庾亮（289—340），字元规，出身于颍川名门。早年被司马睿召为西曹掾，先后任丞相参军、中书郎等职，颇受器重。

王导和司马睿是发小，而庾亮则与司马绍是“铁磁”。后来他的妹妹嫁给了司马绍，成了皇后，没几年又成了皇太后，垂帘听政。庾亮自然也跟着水涨船高，从国舅晋身为顾命大臣，拥有决断政事之权。

且说皇后庾文君（297—328），在闺中时便有仁慈之名，且姿仪端美，被选为司马绍元妃。她与司马绍生有两子，并在司马绍登基当年被立为后，两个人是天家皇廷难得的恩爱夫妻。

如果司马绍命长，东晋能由这对夫妻带领着一路向前，不难走向兴盛。无奈人生刚刚到达巅峰，就开始走下坡路了：司马绍病逝，庾文君不满三十岁就成了太后。

大臣们奏请太后临朝摄政，庾文君先后四次辞让而不得，最终只好同意；但当官员又奏请追赠庾文君的父母时，她坚决辞让了，三次奏请依然不从。

很显然，这位年轻的太后和贾南风截然不同，对皇权毫无兴趣。她在经历了丈夫的英年早逝之后，内心已经充满了悲伤与担忧，深深明白水满则溢的道理，再不愿意为自己加载任何过重的荣声与殊遇。

只是，她明知哥哥庾亮专政也无可奈何，唯有私下教育儿子司马衍，一定要尊重王导。司马衍听说父王每次见到王导都要下拜，自己便也越发礼敬。

正月初一，王导入朝，司马衍会亲自起立迎接。他去王导家做客时，就连见到王导的夫人都要下拜。这让身为国舅的庾亮更加嫉妒。然而王导辅佐司马睿开创东晋，定国安邦，功不可没，这是众所周知的事情，他纵然愤愤，也无奈何，只是瞪圆了眼睛准备随时捕捉王导的小辫子。

辅佐幼主的顾命大臣，另外还有四位，分别是郗鉴（269—339）、温峤（288—329）、卞壸（kǔn，284—330）和陆晔（261—334）。

以王导和庾亮为首，这六个人可以分为闲散派和勤政派。这种分歧，从晋成帝即位当日起就暴露出来。

王导是名士作风，为了维持初朝的内部和谐，共同御外，他主张宽和施政，抓大放小，对别人要求不严，对自己也很宽松，就连晋成帝的登基大典，也因病告假；以至卞壸在朝上当众抗议："王公，社稷之臣邪！大行在殡，嗣皇未立，宁是人臣辞疾之时！"

这是说，王导是国家栋梁，辅臣之首，怎么能在这种大事件大场合告病呢？这是生病的时候吗？只要没死，爬也应该爬过来呀！

话传到王导耳中，他果然带病爬了过来。

卞壸为人刚正，兢兢业业，勤于吏事，以匡风正俗、维护朝廷纲纪为己任，对于名士派任酒放诞、不务政事的做法极为不满，认为是"悖礼伤教，罪莫斯甚，中朝倾覆，实由于此"。

在他的坚持下，凡朝廷有命，不得以私害公，不得以任何借口推延，渐成为一条铁律。

而王导向来疏朗随意，因为与庾亮不和，经常称疾不上朝。

一日，王导告病，私下却为车骑将军郗鉴送行。卞壶得知，便参了王导一本，说他“亏法从私，无大臣之节”，要求将王导免官。

皇上当然不会为了这种小事罢命顾命大臣，但是有人竟然拿不打卡来驳当朝首辅的面子，不能不引起朝廷震动。

由于王导的纵容与不拘小节，他起用的很多官员也是公务随意，不从政令，这惹得很多重臣不满。荆州刺史陶侃一度打算起兵废掉王导，由于郗鉴不同意，只得作罢；庾亮自然是最想废黜王导的，曾写信征求郗鉴的意见，郗鉴仍不同意，可见郗鉴对王导的认可。

而陶侃和庾亮各恃兵权，却在有所动作前都会征求郗鉴的意见，显然与郗鉴的关系不错，对他非常信任尊重。

可见，这是一位东晋的山涛，和所有人都是好朋友。

而且，郗王两家是儿女亲家，还留下了“东床快婿”的典故。世家也罢，权臣也罢，结盟的最好方式就是联姻。太尉郗鉴要为女儿郗璇选婿，有意在王氏子侄中挑选。王导自是乐意，笑说：“王家后生随便挑，看中哪个便是哪个。”

两家门当户对，郗鉴是当朝顾命，其女又貌美贤淑，因此王家少年各个都很愿意。知道郗鉴来挑人，便都打扮得光鲜亮丽，罗衣小帽，举止风流，却也不免拘促慌张。

郗鉴躲在雕花屏窗后暗暗打量，简直挑花了眼。忽见东厢榻上，有一位少年敞衣高卧，泰然自若，顾自饮酒，神情态度朗然于众子弟之上，不禁一眼看中，道：“此子不俗。”便这样订了亲事。

从此，就有了一个成语叫作“东床坦腹”，“东床”亦成了“女婿”的代称。

而这位快婿，便是王导的侄子，后来的大书法家王羲之。

再来说说温峤，字太真，并州太原郡人。他原在外甥刘琨的幕府任谋主，深得倚重，因南下江东向司马睿劝进，竟被留在了建康，后虽多次请求返回幽州向刘琨复命，都未获允准。

东晋建立后，温峤以劝进之功任散骑常侍，又因平定王敦之乱升为中书令，深得明帝倚重。

他初到江东时，官位不高，常和扬州、淮中一带的商人赌博，输得回不了家。恰好看到庾亮的船从旁经过，他忙站在船头大声求救：“卿可赎我！”

庾亮二话不说，立即送去了赎金。温峤自是感激，自此与庾亮割头刎颈，视为生死之交。

且说魏晋赌博之风甚盛，尤其时兴一种从外国传入的棋类游戏，叫“樗蒲”。骰子以樗木制成，遂得名；又因掷具以五枚为一组，故称“五木之戏”。

掷具有正反两面，一黑一白，各自绘着牛犊和野鸡，掷出时可以组成卢、稚、枭、犊、塞等五种组合，五枚掷具全黑叫作“卢”，这是最高彩；四黑一白叫作“雉”，稍为次之。故而有个专门形容赌博的成语，叫作“呼卢喝雉”。

这其实就跟后世的赌徒们掷骰子不停喊“大”“小”是一样的意思。

温峤便是狂热的樗蒲爱好者，每每呼卢喝雉起来，便忘了自己斤两。被庾亮赎身后，他并没有自此痛改前非，反而发现了一条新财路，此后每每赌博失利便高呼庾亮之名，而庾亮也很是仗义，但闻所请从不推拒，几次三番出钱赎他。

债主加知己，两人的交情深厚可想而知，不夸张地说，只要庾亮需要，温峤连命都可以给他。

不过，温峤也很欣赏王导的名士派，认定他是东晋朝廷的定海神针，所以并不会帮着庾亮反王导，但也绝对不会反对庾亮就是了。

至于陆晔，则乏善可陈，只是作为江东士族吴郡陆氏的代表列身辅臣，做个摆设而已。

就这样，六位辅臣各有计较，他们的对立与平衡在王导的无为中渐渐倾斜，使得建朝初年“王与马共天下”的格局，渐渐走向了“庾与马治天下”。

三

说起来，庾亮是个相当矛盾的人。

《晋书》上说他“美姿容，善谈论，性好庄老，风格峻整，动由礼节”；然而一个性好老庄的人，应当宽和淡泊才对啊，如何是“风格峻整”呢？并且还要“动由礼节”，一举一动都拿着儒家理论说话。那么他“善谈论”的，到底是“名教”还是“自然”呢？

而且庾亮与司马绍少年相交时，曾反对司马绍读韩非，认为法家“刻薄伤化”；可是轮到自己执掌政权，却是“任法裁物”。显然站到高位上时，道家随顺柔和那一套就不能满足内心的欲望了，于是他一边拿出儒家的君臣礼仪来教导皇帝外甥，一边又将法家的峻整谨严搬出来治理朝政。

或许是为了和王导别苗头，显示自己的励精图治，王导越宽，庾亮就要越严，王导越是“政务宽恕，事从简易”，他就越要严厉任法，“网密刑峻”。

《晋书·庾亮传》称：“王导辅政，以宽和得众，亮任法裁物，颇以此失人心。”

《世说新语》记载了一个故事。某日酷暑，王导前往石头城找庾亮，正见他汗流浃背地料理公事，就劝说：“暑，可小简之。”天这么热，差不多得了。

庾亮却严正回答:“公之遗事，天下亦未以为允。”意思是您留下公事不办，天下人可就不妥当了。

乍看上去，似乎王导尸位素餐，在其位不谋其政；庾亮才是兢兢业业，恪尽职守的好领导。然而联系当时内忧外患的局面，庾亮的严峻无疑会激化贵族阶层的内部矛盾。加上顾命大臣的名单虽然很长，却没有祖约、陶侃这些平叛功臣，遂有传言是庾亮窜改遗诏，这就更加让朝廷内外谣言四起，疑云密布。

庾亮也担心要出乱子，于是一边修筑石头城以作防备，一边加大力度镇压宗室，打击异己。

东晋初年，民间有童谣:“五马浮渡江，一马化为龙。”这是说永嘉之乱中紧跟着司马睿渡江的还有四位王爷，共称五马。如今庾亮以酷烈手段加强皇权，接连诛杀南顿王司马宗、贬黜西阳王司马羕，将另外四匹马打成了死马、瘟马，这必定引发世家贵族的不满。

南顿王和西阳王固然私行有失，觊觎朝政，但他们毕竟是国朝藩王，这样轻易地被斩杀流贬，不是明摆着外戚专权，翦削宗室吗?

而且，整个过程晋成帝压根就不知道，有一天还问庾亮:“常来宫中的那个笑呵呵的白头公哪去了?”庾亮知道他说的是司马宗，就解释说司马宗因为谋反已经伏诛。

司马衍大哭:“舅舅说人是叛贼，就随随便便把人杀了，要是别人也说舅舅是叛贼，那我该怎么办呢？”

庾亮勃然变色，这才意识到自己行事太轻率了。

而由于他的轻率和酷厉，引发的最直接的恶果，就是“苏峻之乱”。

四

如果说“王敦之乱”是司马睿逼出来的，那么“苏峻之乱”，则是庾亮逼出来的。

苏峻，字子高，南渡中典型的“流民帅”，被晋元帝授以鹰扬将军。因为平定王敦之乱有功，拜将军，封邵陵郡公。

司马绍驾崩后，庾亮想征苏峻入朝，但是苏峻不愿交出兵权，只说先帝北伐心愿未了，自己不能胜任朝廷辅佐，只想在外讨伐贼寇。之后庾亮又征召他为大司农，负责农业，命他的弟弟苏逸替他领兵。

这显然是调虎离山的缓兵之策，苏峻当然不同意，心知王敦疑己，遂上表说愿补授青州境内偏远小郡，不愿入朝。

王导深觉庾亮催逼太甚，劝说：“苏峻好猜疑，必不肯奉诏，不若姑示包容，待后再议。”卞壶亦持此议，并说苏峻强兵，又近京邑，“一旦有变，朝发夕至”，而京中兵备空虚，倘若逼反苏峻，反自招乱。

但是左说右说，庾亮都听不进去，正如同被皇权冲昏头脑的司马睿一般，凭着股盲目自信，他连下征诏再三催逼。

苏峻见求一荒郡都不可得，显然庾亮这是必定要除掉自己不可了，那不趁着手中强兵先发制人，还等什么？

一个字，反！

而祖逖的弟弟祖约，想着哥哥南征北伐，军功累累，辅政大臣里却没有自己，对朝廷尤其庾亮十分不满；又因为有传言说遗诏本是八大辅臣，是庾亮删掉了自己和陶侃的名字，祖约自然对庾亮恨之入骨。

因此，当他听闻苏峻有反意，便与其一拍即合，于 327 年一同起兵反叛。

正如同从前王敦起兵时的名义是“清君侧”，讨伐奸臣刁协、刘隗，苏峻的名义亦是讨伐庾亮，所以不是造反，是勤王。

战乱当前，镇守江州的温峤立即请命领兵东下，守卫京师，庾亮却不同意。他倒不是不信任温峤，而是猜忌陶侃，因此写信给温峤说：

吾忧西陲过于历阳，足下无过雷池一步也。

意思是我担心西边的荆州刺史陶侃甚于历阳的苏峻，请你务必镇守江宁，替我把陶侃看住了，千万不要让他越过安徽雷池一步啊。

“不敢越雷池一步”的成语，就是打这儿来的。

时任徐州刺史的郗鉴听说后，打算亲自领兵营救，庾亮亦以防御北方为由加以阻止。还是那句话：究竟谁给的自信呢？

这期间，各路将领纷纷向王导进言，请求在苏峻未到之前，截断道路，把守长江。王导认为很对，庾亮却执意不从，到底任由苏峻一路进击，兵临京师，他这才大惊失色，一边将晋成帝迁到石头城，一边派兵迎击。

陶侃又对庾亮说：“石头城有重兵守卫，苏峻必不敢前来，会走小丹杨侧击，应当在某处伏兵截击。”庾亮仍是不听。果然苏峻从小丹杨前来，直扑城门。庾亮再次后悔莫及，匆匆忙忙地排兵布阵，令诸军迎战于宣阳门外。然而刚喊了一声立正稍息向右看，士兵还没站好队形，就被打得落花流水，弃甲而逃。

卞壸也在这次守卫战中以身殉国，其二子为报父仇，相随杀入敌军，力战而死。

庾亮见大势已去，只得弃城逃跑，临行前对侍中锺雅说：“我设法突围搬救兵，城里的事就交给你了。”

锺雅自知必死，望着庾亮问：“今日之祸，谁之过？”

庾亮叹息：“这时候还说这些干什么？”遂带着三个弟弟与护卫逃出建康，投奔温峤。

苏峻攻入建康后，烧杀抢掠，放火屠城。百官星散四逃，王导却急驰入宫，抱着幼帝出登太极前殿，与陆晔共登御床。将士与近侍大臣拱立两旁。

部下挑唆苏峻杀了王导以儆效尤，然而苏峻一向敬重王导，拒绝杀戮大臣，只是控制中枢，矫诏自任骠骑将军、录尚书事，以祖约为太尉、尚书令，并逼迫晋成帝及众臣迁居石头城，挟为人质。

此时，六位顾命大臣的分布是：庾亮出奔江州向温峤求援，卞壸战死，郗鉴据守京口严阵以待，王导则与陆晔在建康守护幼主。

囚禁期间，王导试图说服苏峻部下，想偷偷救出晋成帝，结果中途出了乱子，虽然自己带着儿子逃出了石头城，侍中锺雅、右卫将军刘超却在护着成帝出逃时被发现。

苏骏部下任让大怒，抽刀要斩杀锺、刘二人，成帝哭着央求：“还我侍中!”

任让拒不奉诏，到底当着晋成帝的面斩杀了锺雅和刘超。“嵇侍中血溅龙衣”的历史于东晋再次上演!

后来，温峤与陶侃、郗鉴联手平定了“苏峻之乱”。陶侃因与任让有故交，为其苦苦求情，晋成帝坚决不同意，明确地说：“让是杀我侍中者，不可宥!”到底为自己的侍中报了仇。

陶侃是平定本次叛乱的三军盟主，功劳最大，可年幼的司马衍却不给他面子，执意要杀囚禁自己的任让。我猜测，除了要为锺雅和刘超报仇外，更重要的原因史书上没有说，那就是为了母后庾文君。

年轻的太后庾文君也是这次动乱的罹难者。《晋书》上只称“及苏峻作逆，京都倾覆，后见逼辱，遂以忧崩，时年三十二”，然而“后见逼辱，遂以忧崩”八字颇多含糊，是担心受辱还是已经被逼辱，是忧郁而死还是惊惧自尽，别无旁证，实难定论。但是可想而知，任让等人绝对没有善待太后，而这才是让小皇帝绝难原谅的。只是叛乱既然平定，宫中秘事也就不足为外人道了。

庾文君生有两子一女，儿子司马衍和司马岳先后都做了皇帝，女儿司马兴男封南康公主，嫁给了权臣桓温，差点儿也成了皇后。这些后面再叙。

五

且说虽然“苏峻之乱”的根本原因在于庾亮刚愎自用，但能平定也是因为庾亮突围，联手温峤与陶侃入京救驾，因此成帝只看结果不问过程，出城之日，来到温峤的船上与庾亮相见，执手悲咽，感激涕零。毕竟只是个九岁的孩子，死里逃生，又刚刚丧母，惊慌失措中还是觉得舅舅最亲，看着最有安全感。

庾亮倒也有自知之明，上疏说：“祖约、苏峻肆行凶逆，全因罪臣引发，即便寸寸斩割，亦不足以向祖宗神明谢罪，哪里还有脸面在朝为官？陛下仁慈，留下臣的脑袋也就够宽仁的了，不可再重用罪臣，就让臣自生自灭吧，以此向天下人彰显功过，劝善罚恶。”

从这点来说，庾亮自有他的磊落。他向来坚持严刑峻法，对自己也不含糊。自己酿的祸，自己平定了，便决意隐遁山水，挂冠归去。

他并非故做姿态，因为他不只是嘴上说说而已，已经偷偷留书出行，然而晋成帝不允，下诏令人截停舟船，苦苦相留。庾亮无奈，但无论如何不肯回到朝堂，遂请求外放，出镇芜湖。

此次平乱论功行赏，无疑温峤功劳最大。众人都推举他留在朝廷辅政，但是温峤却说王导才是众望所归的首辅，有他坐镇中都足矣，自己没必要留在京中，坚持回武昌。

未能预料的是，因为来去匆匆，路途奔波，温峤一时上火，犯了牙病，竟然因为拔牙，回去不到十天就过世了。

一代名臣，竟然死在一颗牙上，真真令人扼腕。

这是第二个死于动乱余波的顾命大臣。

另一顾命大臣陆晔，亦于334年病逝，享年七十四岁，算得上寿终正寝。

之后，庾亮再次与太尉陶侃联手平定郭默内乱，立下军功，却一再拒绝朝廷封赏。连陶侃都写信劝他说:“赏罚升降，国之大信，你又何必矫情?”

庾亮回答说:“元帅指挥，武臣效命，亮何功之有!”坚辞不受赏。后来朝廷进庾亮为镇西将军，他亦推辞。

直到这时候，庾亮虽然有功有过，总算还称得上磊落豪迈，恩怨分明。但是陶侃一死，庾亮就变脸了，设计坑害打压陶氏子孙，都督江、荆、豫、益、梁、雍六州诸军事，兼领江、荆、豫三州刺史，移镇武昌，可谓全盘接管了陶侃的地盘与成果。

权力助长野心，一旦自信心爆棚，庾亮便又犯起了刚愎自用的老毛病，连出昏招儿起来。然而他终非将帅之才，虽然一心北伐，却性急冲动又不善谋略，因此屡遭败绩，忧闷成疾，一病不起。

不过，庾亮死时并无遗憾，因为他是生生熬死了自己的老对手王导后才死的。

王导死于 339 年 9 月，享年六十岁。

而他的亲家郗鉴，仅仅一个月后就紧随着老朋友去了，享年七十岁。

庾亮则一直撑到次年正月初一，硬是过了个年才驾鹤归去，享年五十二岁。朝廷追赠太尉，谥号文康。下葬之时，有大臣哭泣说:“玉树埋尘，怎不令人伤痛!”

于是，庾亮又在自己的葬礼上用生命贡献了一个成语：玉树埋尘。

对庾亮这个人，很难准确评价，史家评其志大才疏者有之，赞其金声玉润者亦有之。唐丞相房玄龄说得最切："智小谋大，昧经邦之远图；才高识寡，阙安国之长算。"

有才而不能容众，有志而不能纳谏，做多错多，不做更错，还真不如个糊涂人呢。这是庾亮不及王导处，亦不及陶侃处。

庾亮在九江时曾建有庾楼，楼下有三啸堂，楼南有古槐一株，历尽千年风雨，几度毁于兵火。后于 2007 年重建于西园旧址，为"江州十景"之一。登楼远眺，不免起古今兴废之感。

诚如白居易诗云："三百年来庾楼上，曾经多少望乡人。"

寒门郡公陶侃

一

平定“王敦之乱”的是苏峻，平“定苏峻”之乱的是陶侃。

苏峻发家于流民帅，而陶侃亦出身寒门，是魏晋时期寒族封侯的逆袭典型。

大多读者可能并不熟悉陶侃的名字，但是一定会知道他的曾孙陶渊明。

陶渊明与苏轼，是我生平最爱的两大诗人。出仕当如苏东坡，归隐须作陶渊明，拿得起，放得下，这才是落子无悔的快意人生。

所以，作为陶渊明的曾祖陶侃，必须要辟章专书。

陶侃（259—334），字士行，一作士衡。他和王谢顾陆这些名门子弟完全不同，出身贫寒，自幼丧父，与母亲相依为命。

母亲湛氏虽穷，对于儿子的教育投资绝不手软，曾留下

“陶母断发”的典故，与“孟母三迁”“欧母画荻”“岳母刺字”，并列中国古代“四大贤母”。

原来，陶侃人穷志不穷，豪爽好客。一日，同郡孝廉范逵因在赴任途中遇雪，借宿于陶家。

彼时天寒地冻，陶家堪称家徒四壁，瓮无余粮，能让客人吃饱已是竭尽所有，更何况与范逵同来的还有仆有马。但是陶母仍然乐呵呵地热情挽留，一边让儿子陪客人说话，一边自己回屋，揭了床上稻草席，剁碎了当马料；又剪下自己的一头长发，换了钱打酒买菜。这哪是待客，简直是破釜沉舟。

这份决绝，真不是一般人做得到的，更何况还是个女人。

而这么做的效果也非常明显：范逵上任后，立刻想方设法举荐了陶侃，后陶侃由县吏拜授督邮。

母亲的一头青丝，编就了儿子的进身阶。

陶侃做官后，经常有下属送东西给他。有一次送他了一坛鱼鲊，也就是腌鱼干，陶侃想到母亲爱吃，便托人带回乡下。谁知湛氏原封不动退回，附了一封信：

以官物遗我，非唯不能益吾，乃以增吾忧矣。

说你在任受贿，公器私用，这哪里是孝顺我，分明是让我烦恼啊。

陶侃愧疚万分，从此更加自律，加上屡立战功，官也越做越大。

这就是“截发留宾”“封坛退鲊”的故事。有这样明智而决绝的母亲，儿子怎么可能不成材呢？

陶侃踏实肯干又有才情，遂以县吏逐步升任郡守，直至武昌太守。

他是东晋罕有的那种清廉务实的官员，精于吏职，不饮酒，不赌博。凡下属参佐因为樗蒲谈戏、饮酒误事者，他都会严加申斥，命人将其酒器赌具全部扔到江中，小吏还要加以鞭笞。

他非常看不惯那些无所事事只以玄谈为务的名士，声言：

> 民生在勤。大禹圣人，犹惜寸阴，至于凡俗，当惜分阴。岂可游逸荒醉，生无益于时，死无闻于后，是自弃也。

> 老庄浮华，非先王之法言，不可行也。君子当正其衣冠，摄以威仪，何有乱头养望，自谓宏达邪！

意思是说，圣人大禹都要珍惜时间，何况我辈俗人？自当珍惜光阴，分秒必争，怎么能将宝贵的生命浪费在游乐纵酒上？这种人活着于人无益，死了也不会被后人记起，根本就是废物。

君子应当端庄严肃才有威仪，怎么能放浪形骸还要觉得自己风流俊才？

对于玄谈至上的魏晋士林，这段话简直是振聋发聩。这就是明明白白地对魏晋名士“越名教而任自然，非文武而薄周孔”、放诞以养望的风气大行笞挞了。如此旗帜鲜明，言辞凛冽，自然为名卿世家所不喜。

但是王敦倒是很欣赏他，还举荐他做了荆州刺史，这年陶侃五十五岁。

二

还记得原荆州刺史王澄吗？因为无所作为被罢免，并在罢职后前往建邺途中拜访王敦时被杀，时为312年；而接替他的周顗周伯仁，号称“三日仆射”，同王澄一般的名士做派，上任后同样日夜醉酒，不务正业。既然名士救不了荆州，那就换个能吏吧。于是313年，陶侃上任了。

但是随着陶侃的名声越来越大，兵力越来越强，就开始有人向王敦进谗了。王敦心生猜忌，便召陶侃相见，调他出任广州刺史，改任堂兄弟王廙守荆州。

广州在今天是一线城市，彼时可是地处南粤边陲，蛮荒不毛之地。调任广州，几乎等于流放。这引起荆州诸将的不满，众人起兵抵制。文臣上奏，是为劝谏；武将兵谏，可就是哗变啊。

王敦因此更恨陶侃，认为是陶侃指使部下造反，意欲杀陶侃以除后患。然而陶侃不是王澄，军功在身，杀了他说不定会激起更大的兵变。王敦想来想去，设下一计，假意宴请陶侃，却披甲执矛，进进出出好几回，拿不定主意。

陶侃看破王敦心思，坦然一笑说："使君之雄断，当裁天下，何此不决乎?"意思是您神思恍惚进来出去的干啥呢，有什么事决断不下，想干就干呗。说着，泰然自若地该吃吃，该喝喝。

王敦是要脸的人，大丈夫当断则断，岂能被人笑话胆怯鬼祟，不禁心下羞愧，遂弃了兵甲，真心坐下来为陶侃把酒饯行。陶侃也不敢在这是非之地多作停留，连夜起程，往广州赴任。

在广州任上时，陶侃仍是克勤克俭，事必躬亲，来往公文都要一一审过，亲笔回复，从不假手于人。

最奇的是，他有个非常特别的健身行动：只要没有公事，就每天早上搬一百块砖到书房外，晚上再一一搬回来。人们不理解，陶侃遂昂扬回答：

> 吾方致力中原，过尔优逸，恐不堪事。

意思是我致力于收复中原失地，卧薪尝胆，不敢或忘。日间无事，也不敢让自己过分安闲，唯恐疏懒筋骨，难负大任。

之后，陶侃因为勤于政绩，军功累累，一路累升平南将军，加都督交州军事。后来更因平定“王敦之乱”重新成为荆州刺史，都督荆、湘、雍、梁四州军事。荆楚百姓听闻，奔走相贺。

此前经年战乱，民不聊生，而在陶侃治理荆州时，“务勤稼穑，虽戎阵武士，皆劝励之”，于是军民皆勤于农稼，遂使荆州富庶安宁，甚至达到了“路不拾遗”的盛景。

但也正是因为这些军功与名望，才会树大招风，不但让王敦起了杀心，也令庾亮深以为忌，甚至动乱当前还拒绝温峤入京守卫，留下他严防陶侃，“不可越雷池一步”。直到大祸酿成，庾亮仓皇突围，投奔温峤，才不得不向陶侃求助。

庾亮一边请陶侃来寻阳相会，一边又害怕陶侃趁机报复，一见面便赶紧引咎自责，态度好得不得了。陶侃为人洒脱，襟怀开阔，只笑笑说:“君侯竟然对我这个寒门低头下拜！当初不是修筑石头城来防我么，如今怎么倒离了城来求我呢?”

然而，一则大事当前不计私嫌，二则陶侃的儿子陶瞻为苏峻所杀，两人本有深仇。因此，温峤稍加说合，陶侃便爽快地接受了庾温二人的邀请，愿意担任诸军盟主，一同赶赴建康。

光风霁月，英雄豪迈，恩怨分明，着实令人爽然。

328年，郗鉴率军自广陵渡江，在茄子浦与陶侃会合，两军东西呼应，合力对苏峻形成夹击之势。

咸和四年（329），“苏峻之乱”平定，祖约北逃后赵。陶侃则因功封爵长沙郡公，都督八州诸军事，故而史上又称其为“陶长沙”，陶渊明有诗赞曰：

桓桓长沙，伊勋伊德。天子畴我，专征南国。

功遂辞归，临宠不忒。孰谓斯心，而近可德？

三

咸和七年（332），陶侃精心部署，经营巴蜀，西伐樊城，收复襄阳，建功无数。朝廷下旨拜陶侃为大将军，并赐予赞拜不名、入朝不趋、剑履上殿等殊荣，这已是为人臣者的巅峰地位了。

然而陶侃坚辞不受，非但不肯居功参政，反而多次上表辞官，这就是陶渊明所说的“功遂辞归，临宠不忒”。

咸和九年（334）六月，陶侃在病中上表辞归，将官印封还朝廷，以示辞官决心。离开荆州前，他亲自典验军资、兵器等，一一记录簿册，封存仓库，亲手上锁，走得极为潇洒清白。

做好最后一件事，陶侃已是步履蹒跚，却仍勉力支持，笑向僚属道：“老夫如此辛苦狼狈，都是你们再三挽留所致啊。”之后登舟起航，挥手示意。

直到这时，陶长沙依然精神清爽，身姿挺拔。然而回到长沙次日，即安然病逝，享年七十六岁。

当真是生也精明，死也清明啊。

陶侃死后，葬于长沙南二十里。他的旧部下因怀念其功绩，又在武昌为他刊石立碑。

他出身寒门，而能一路累升，为稳定东晋政权立下赫赫战功，爵封郡公，堪称是重视门阀出身的东晋时代的一个异数。在他之后，东晋再也没有出现过像他这样干练又冷静的能臣干将。

就连毛泽东也赞扬其为“古之有行者”，将其与克伦威尔、华盛顿并论：

> 养生奚假乎是？古之人有行之音，陶侃、克林威尔、华盛顿是也。陶侃运甓习劳，克将军驱猎山林，华盛顿后园斫木。盖人之神也有止，所以瘁其神也无止，以有止御无止则殆。圣人知之，假是以复其神，使不瘁也。

俗话说“三代出一个贵族”，又有一句话是“富不过三代”。听上去似乎矛盾，但通过陶侃的故事，就很好理解了。

如果将陶侃视为第一代长沙公，他虽然煊赫一时，但并未真正进入到门阀阶层，与王谢士族还是有着天渊之别的。不管他本人多么辉煌，一旦病逝，其身后凋零便充分显现出来。

都说商场上没有永远的朋友，官场更是如此。此前庾亮对陶侃一直心怀忌惮，虽然一度化敌为友，但是人走茶凉，哪里还有情分留下？遂对陶侃后人及其旧部一再打压。

这也怪陶侃，他对子女的教育可比母亲差远了，把儿子们教得好勇斗狠，不忠不孝。尤其陶夏与陶斌，竟然为了争夺爵位而自相残杀，这就给了庾亮现成借口，将其放黜。

其余兄弟也是争斗不断，势同水火，不是被庾亮罗织罪名杀害，就是自己人打自己人，陶侃建立的那点儿家底功业也就迅速地被稀薄成烟了。

而陶侃最风光的时候甚至想过举兵废黜王导，经庾亮和郗鉴苦劝才未行动，但是仇肯定结下了，与王家的关系也就可想而知。所以当陶家二代陷于水深火热时，牵藤扯蔓的世族姻圈中根本无人援手。

陶侃共有十七个儿子，子嗣不可谓不丰，但是没一个成器。为了一个世子位争得头破血流，不想着兄弟同心，建功立业，只惦记坐享其成，独占家财，比之王谢家风，实有天壤之别。

最小的儿子陶茂，就是陶渊明的祖父，是兄弟中难得的良善者。他虽然官至武昌太守，但史上无传，想来功绩平平。陶渊明的父亲陶逸，虽然也做过小官吏，却没留下任何事迹。待至陶渊明，已是十分贫素，几乎重归寒门了。

究其根本，还是根基太浅，一浅在家底，二浅在见识。

陶侃虽然凭借一腔孤勇，十倍努力，再加上三分运气，得在乱世中迅速崛起，但毕竟不是世家子弟，再与王谢顾陆推杯换盏称兄道弟，也不能为士林圈子真正接受。如果他懂得收敛锋芒韬光养晦还好，偏偏为人又棱角分明，非常反感名士们的玄谈务虚，也就更难与他们建立亲密长久的交情。

什么是亲密长久的交情？最好的方式无过于联姻。

当然陶侃也曾想过这个问题，试图以儿女亲家织就一张坚实的人脉关系网，让自己在宦海中不要显得那么突兀、孤立。但是官员联姻首先看重的就是门第，除非陶家诸子品貌风流惊才绝艳，否则陶侃的官儿做得再大，也很难为儿子娶回一位世家女郎做媳妇；倒是女儿还容易嫁些，遂选了个名士夫婿“落帽孟嘉”。

这大概算是陶家最显贵的姻亲了，因此陶侃非常重视，紧紧抓住，接连两代联姻：孟嘉娶了陶侃的第十个女儿，而陶侃的孙子陶逸则娶了孟嘉的第四个女儿，且生下了大名鼎鼎的晋末诗人陶渊明。

不过，这样算下来，陶渊明的父母应当是近亲，未出五服的表兄妹，也就是晋朝的宝玉和黛玉。两个人结合竟能生下陶渊明这么个聪明绝顶的儿子也当真不容易。可是据说陶渊明的儿子挺傻，不知道是不是隔代遗传的缘故。

四

最后说说陶侃的老亲家孟氏，也就是陶渊明的母系家谱。

孟家世代以德行著称，最著名的故事莫过于曾祖孟宗（218—271）。孟宗少年丧父，老母病重，忽然想吃笋羹，大冬天无处买笋，他难过地跑到竹林中抱竹而泣。此举竟孝感动天，只闻得地裂之声，眼睁睁看着新笋破土而出，孟宗喜极，忙取来回家做羹汤奉母，而孟母亦得食而病愈。“孟宗哭竹”遂成二十四孝之经典。

孟宗后来官至孙吴司空，算得上江南的老牌家族。

孟嘉闲散冲淡，少有才名，但矛盾的是，他任诞风流，不问琐务，正是陶侃最反对的那种在其位不谋其政的闲官。

在他任庐陵从事时，庾亮曾召他询问郡中风俗得失，孟嘉坦然答：“嘉不知，还传当问从吏。”

身为官员，却一问三不知，还要传问从吏，这搁在今天就是明明白白的失职。但在魏晋时，却是“居官无官官之事，处事无事事之心”的名士派头。因此庾亮非但不生气，还“以麈尾掩口而笑”，并赞叹说：“孟嘉固是盛德人也。”

其后，孟嘉入桓温府为参军。某年重阳，桓温与众僚登高赏菊，于龙山设宴欢饮。

忽然一阵金风送爽，将孟嘉的帽子吹落。孟嘉正在谈笑风生之际，竟是浑然未觉，畅饮后径自起身如厕。

对于冠冕堂皇的士林来说，帽子是身份的象征，脱帽可谓非常失礼的行为，就跟今天谁上街时裤链未拉是一样的窘态。桓温为了捉弄孟嘉，故意示意众人不要提醒，等孟嘉走开，便命人将帽子捡起来，写了张嘲笑孟嘉的字条压在帽下。

过了一会儿孟嘉回来，看到帽子以及下面的短文，也不变色，只是淡定地将帽子戴正，然后请左右取纸笔来，文不加点，一挥而就，竟成一篇妙趣横生的美文《落帽赋》，满座宾客无不叹服。

从此，便留下了“孟嘉落帽”或曰“落帽孟嘉”的典故，成为名士风流才思敏捷的一个象征。

唐代元稹有诗云：

> 登楼王粲望，落帽孟嘉情。

孟嘉好酒，有宏量，且越喝越清醒。桓温问他：

> 酒有何好，而卿嗜之？

这就是明知故问，没话找话，大约想再逗出孟嘉一篇酒赋来吧。

可孟嘉正忙着喝酒，哪有空提笔，故而随口答：

明公未得酒中趣尔。

桓温大笑。

又一日，桓温又问：

听伎，丝不如竹，竹不如肉，何也？

孟嘉答曰：

渐近自然。

这段话，被梨园界奉为圭臬。

首先桓温对音乐的见识已经很高，提出了“丝不如竹，竹不如肉”的妙解，意思是丝弦乐器如琴瑟琵琶之类，其曲声亮丽婉转动人，不如管弦乐器如箫笛尺八等；但是笛箫再美，也比不过人的嗓子浑然天成，这是为什么呢？

孟嘉言简意赅，一语中的：这是因为人声才是最自然的。情动于中而有嗟叹歌咏，歌咏不足才有舞蹈奏乐，如此，音乐终是第二层的表现，又怎么可能胜过由衷而发的人声呢？

同理，笙箫取材竹管，加工较少；而琴瑟之类则有厢有板，有木有丝，斫制过程极为复杂，也就离自然之声更为疏远。

以此类推，到了钢琴之类西洋乐器，制作工艺更加精良，体制巨大，轻易不可搬动，距离天籁之声也就更远了。

元代《唱论》引此观点而述曰：

继雅乐之后，丝不如竹，竹不如肉，以其近之也。取来歌里唱，胜向笛中吹。

陶渊明对这位外祖父是极为敬仰的，曾作《孟府君传》，盛赞其“以清操知名”“温雅平旷”，“名冠州里，声流京邑”。

而孟嘉的清高隐逸，性近自然，乃至好饮酒，喜音乐，擅诗文，都被好外孙学了个十成十。

番外篇

垂帘太后褚蒜子

一

一场苏峻之乱，卞壶战死，温峤病逝，紧接着，陆晔与陶侃于334年联袂登仙。从339年7月到340年正月的短短半年间，更是接连有三位辅政大臣——王导、郗鉴、庾亮相继过世。真是兵荒马乱，祸不单行，朝野内外流传着一句话："三良既没，邦国殄瘁。"

意思是重臣死光光，东晋麻烦了。

东晋确实很麻烦，随着六大顾命的辞世，小皇帝司马衍终于实权在握，却仅仅两年便薨逝了，年仅二十二岁。此时两位皇子司马丕、司马奕尚在襁褓之中。

此时庾亮虽故，朝权却仍然控制在庾氏手中，只是最大控股人变成了庾亮的弟弟庾冰和庾翼。幼主登基，必然会诞生新的顾命大臣，分薄了自己的权势，庾氏兄弟出于私心，不愿拥立司马衍之子即位，强烈主张拥立晋成帝同母兄弟司马岳即位。

只有亲外甥司马岳做皇上，自己才能继续做国舅，“庾与马共天下”的格局才能继续成立。

于是，422年，琅琊王司马岳（322—344）登基，史称晋康帝。

不过我们本章的传主，不是康帝司马岳，而是他的皇后褚蒜子（324—384）。

褚蒜子出身名门，父亲褚裒（póu，303—350），字季野，东晋名士，曾为历史文库贡献了一个响当当的成语“皮里阳秋”。

阳秋即《春秋》。这是桓彝称赞他的话：“褚季野皮里阳秋。”意思是褚裒口头上从不轻易批评褒贬，但却心里有数，功过分明，腹中藏着一部《春秋》。

这话真是没说错，因为褚裒岂止是腹有《春秋》，根本就是生了一部《春秋》。因为女儿褚蒜子的人生经历，堪称一部东晋中期宫廷史。

据说褚裒少时曾往庾亮家中拜访，庾亮见其沉稳简贵，便让郭璞给他算一卦，看看这少年的前途如何，官至几品。卦成，郭璞大惊说：“这可不是普通的人臣之象啊，不过要到二十年后才见分晓。”

但是直到郭璞死了，褚裒也不过只是小小参军，完全看不出有什么了不起的大成就。若说有什么值得一提的事儿，便是娶了谢鲲之女谢真石为妻，做了谢安、谢尚的大舅哥。

就在郭璞被斩的这一年，褚裒与谢真石的女儿出生，这就是褚蒜子。

这一年是晋明帝太宁二年（324）。

这本来是非常值得庆贺的一年，因为王敦之乱平定，天下共贺，群臣称首，庆幸东晋曙光乍现，中兴在即。可惜的是，司马绍还来不及享受勤政成果，便于次年冬病逝，小太子司马衍（321—342）即位，太后庾文君辅政，次子司马岳封琅琊王。

自从司马睿以琅琊王绍晋之后，琅琊王的位置就具有了一种特殊的荣彩，非皇帝心腹不得封。而司马岳（322—344）正是司马衍一母同胞的嫡亲弟弟，其王妃的地位仅次于太子妃，自然也要由朝廷包办采选。

褚蒜子比司马岳小两岁，天生丽质，家学渊源，淹通经史，举止温仪。作为谢鲲的外孙女，她既有着乌衣门第的高贵血统，又并不出于权臣之家，正是皇家最理想的妃子人选。

于是，褚蒜子选角成功，拿到了琅琊王妃的剧本。本以为出道即巅峰，她会顶着这个头衔演到终场，哪想到编剧太随意，导演更任性，皇帝半路换角领盒饭，剧本的节奏忽然就被打乱了。

司马岳晋位登基，褚蒜子也跟着换装大咖秀，摇身一变，成了皇后，忽然就站到了舞台中央。

这一年，褚蒜子十九岁。

而褚裒自然也跟着水涨船高，身价百倍，接连迁任尚书、将军、刺史等高位。这时候他想起郭璞的话，这才恍然大悟：我的确不是普通人臣，我可是国丈啊！

难得的是，褚裒虽然一夜飞升，却并不肯仗着后父的身份作威作福。他素来为官清廉，生活简朴，升迁后也不改旧习，并再三请求外放，出镇京口。

真是史上最低调的国丈。

二

十九岁的皇后，而且还是元后，这牌面简直不要太好。

可惜的是，褚蒜子的命当真说不上是太好还是不好，因为晋康帝司马岳也只做了两年皇帝，便追着哥哥去了，年仅二十三岁。

晋康帝也是有儿子的，但是庾冰仍然反对幼主继位，便又翻回头从叔叔辈里扒拉出一个司马昱推至前台。

这已经不是司马昱第一次问鼎皇位了。

他是东晋开国皇帝司马睿最小的儿子，也最受父皇喜爱。很早以前，郭璞见到幼童司马昱，就曾评价说：“兴晋祚者，必此人也。”因此司马睿几次想废掉鲜卑侍妾所生的长子司马绍，改立司马昱为太子，却因为王导等人的坚决反对而未能成功。

如今司马昱若是在庾冰的拥立下坐上皇位，自然会对当年阻碍他登基之路的那些世家不满，这便是庾冰打的如意算盘。

但是司马昱是司马衍和司马岳的叔叔，原没有理由承继皇位，这种乱了辈分的事，只在从前“八王之乱”中才屡见不鲜，如今重新被搬上朝廷，实为大忌。因此以宰相何充为代表的世族大臣强烈反对，又抬出司马岳的遗诏来，力拥皇长子顺位晋级。

褚蒜子刚刚将“本宫”两个字念顺溜了，立刻又要改口“哀家”，真真儿的想罢演。这时候导演却跑来说，剧本又改了，你的戏份大大增加，可不能辞演啊。

原来，庾冰这次未能说服反对派，拦住了司马衍的遗孤，却未拦住司马岳的幼子，到底让两岁的司马聃登了基。大臣们一致投票表决，请褚蒜子效法庾文君，以太后的身份临朝称制。

这是东晋的第二位垂帘太后。

于是，褚蒜子稀里糊涂地成了皇后，又干脆利落地成了太后，赶场一般超速完成了王妃、皇后、太后的三级跳。接下来她更是一发不可收拾，乘风破浪，披荆斩棘，在太后宝座上连坐五庄，临朝称制四十年，成了历史上空前绝后的一位辅六朝、立五帝的实力派大女主。

这戏码的精彩程度与荒诞指数，连网剧都不敢这么拍。

且说庾冰输了这场拥帝大战，从此威望与势力大减，不久就病逝了。

晋明帝的驸马桓温在何充的推荐下，于 345 年接任荆州刺史，取代了庾翼在长江中游的兵权。庾家兄弟对于朝廷的主导地位就此倒塌。

346 年，何充去世，桓温完全掌握了何充集团，形成新的势力核心。于是，又一个乱世枭雄诞生了，东晋的朝政格局将被再次改写。

褚蒜子觉得心累，但是母亲的角色不能罢演，为了儿子的江山，她只能坐在珠帘后一天天地照本宣科，充当领衔花瓶。

或许正是因为这样的缘故，和秦国的芈八子、西汉的吕后、唐朝的武则天、北宋的刘娥、清末的慈禧都不同，褚蒜子虽然垂帘听政，却毫不恋栈皇权，坚持到儿子司马聃十五岁便早早还政于帝。

无奈的是，司马家的基因实在不好，褚蒜子辛辛苦苦将司马聃拉扯大，这小皇帝却亲政不足四年便病逝了，连孙子都没给自己生一个。时为 361 年。

于是，司马衍的儿子司马丕（341—365）重新有了机会，到底拿回了早在二十年前就应该属于自己的帝位。

但是司马丕此前大概因为错失皇冠而不满，无心政事，只沉迷于修仙长生，炼丹服药，不等龙椅坐热，就自己下药把自已给毒死了。

365年，褚蒜子再一次被朝臣们从后宫请到前殿，商议立储大事。于是太后下诏，由司马丕的弟弟司马奕（342—386）即位。

太后的身份依然不变，皇上却是换了一茬又一茬。

至此，司马衍与司马岳的儿子们已经轮流将皇位坐了一遍，前朝的权柄也被桓温实实在在地操控手中，剧本想怎么改就怎么改，演员想怎么换就怎么换。

而桓温接下来要导的，乃是一场废立大戏。他给司马奕安的是耻辱至极而无法验证的罪名：阳痿，同性恋，秽乱后宫，指其所生三位皇子实则均为嫔妃与宠臣所生。奏议废帝，改立元帝之子司马昱为帝。

褚蒜子收到桓温送来的剧本，又是叹气又是无奈，但是桓温亲自率军还都，并且替太后写好诏书送达，就算她不愿意又能如何？晋室兴废，尽在权臣，反正司马奕也不是她生的，老公死了，儿子也死了，谁来当皇帝又和她有什么关系呢？

半世以来，褚蒜子一直是个尽职尽责的好演员，从来都是照着台本唱作念打，从不干涉编剧，自行发挥。

接到急报时，她正在佛堂，见人送上大司马急奏，起身倚着佛堂门随便看了几眼，没看完便答应签了，于是提笔在诏草上写下："未亡人罹此百忧，感念存没，心焉如割。"

简单说就是俩字：同意。

三

371 年，一再与帝位错过的皇叔司马昱，终于在桓温的操纵下登上了銮椅。

话说“事不过三”，司马昱第三次问鼎皇权，已经是五十“高龄”，知天命之年。

尴尬的是褚蒜子。莫名从母后变成婶娘，但好歹也可以被称一声太后而名实相符，如今却辈分颠倒，皇位从孙辈传给了爷爷辈，自己这个太后倒成了侄媳妇，这成什么事儿了？难不成自己从此要管新帝叫皇叔？怎么喊得出口？但是作为叔叔，也不好再管侄媳妇叫太后啊，见了面，谁给谁行礼，该怎么行？

西晋的“八王之乱”，司马伦篡位，以司马衷为太上皇，可谓“孙子管爷爷喊爹”；如今司马昱上位，这是将西晋剧本完完整整地重演了。

也不知皇亲宗室一家子关起门来是怎么商量的，好在司马昱是成年人，不再需要太后垂帘，所以褚蒜子干脆避入后宫离朝堂远远的，与新皇两不相见，打死不演对手戏。

但是那张龙椅九成是被下了诅咒，谁坐谁死。

司马昱本来好端端地活到了知天之年，一成了皇帝，却仅仅活了八个月就死了，遗诏儿子司马曜继位。

郁闷的是褚蒜子，刚在后宫念了几天佛，又第三次被迫上线营业了，出演的仍是垂帘听政的老戏码。

其实，司马曜和褚蒜子可以说已经毫无关系了，而且论辈分是远房叔嫂，演对手戏实在有点儿牵强。

褚蒜子也想推辞来着：珠帘都老了，我也老了，换年轻人来吧。

但是老臣们不干：别介，这戏您熟啊，救场如救火啊！

没说的，实在是褚太后经验丰富，这种改朝换代兵荒马乱的大场面唯有老戏骨才能压得住台。一客不烦二主，做生不如做熟，关键是司马曜生母的身份实在太低，与其另外建组重新设计念白身段，不如请出太后专业户褚蒜子本色出演，票房保障不说，还省时省力省宣传，剧本和道具都是现成的。

于是，褚蒜子只得重新穿戴了凤冠行头，自备珠帘走着台步上朝听政，一边走一边小声碎碎念：真是活久见啊！

四

正如同西晋末年五废六立的皇后羊献容，褚蒜子迄今亲手送走了五位皇帝，也早已麻木了，下诏都不需要动脑费心背剧本，直接翻出旧作业来抄抄改改就算交功课。

铁打的太后，流水的皇帝，手眼身法步全是做惯的套路，驾轻就熟，有板有眼，可她真是厌倦啊。

这是蒜子的最后一次垂帘。毕竟，她已经年近半百，有些演不动了，坐在珠帘后常常恍神儿，朦胧间想不起帘前面坐的到底是谁。偶尔同宫中嫔妃叙起话来，六位皇帝的谥讳常常打结乱串，说着说着就不想说了。

好容易挨到司马曜成年，褚蒜子毫不留恋地宣布撤帘，再次回到后廷去吃斋念佛，安静地等待收工。

或许，她也想过，说不定导演的疯劲儿还没过去，不一定什么时候又会喊自己上台唱念做打，但总算她听到了屏后轻轻的一声“咔”，终于杀青了。

时为384年，太后专业户褚蒜子病逝于显阳殿，享年六十一岁，谥号康献皇后。

估计读者们早已看得眼花，记得头昏了，所以为了让大家查看方便，我还是在本文最后给东晋皇帝们列个简表吧，如下：

晋元帝司马睿（276—323），东晋开国皇帝，司马懿曾孙，在位六年。

晋明帝司马绍（299—326），元帝长子，在位两年。

晋成帝司马衍（321—342），明帝长子，在位十七年。

（以上这三代是一路父子相承的，到司马岳变成了兄终弟及。）

晋康帝司马岳（322—344），明帝次子，在位两年。

晋穆帝司马聃（343—361），康帝长子，褚蒜子独子，在位十七年（病死）。

晋哀帝司马丕（341—365），成帝长子，在位四年（服丹而死）。

晋废帝司马弈（342—386），成帝次子，在位七年（被桓温废掉）。

（后面这三位都是同辈，太后褚蒜子总算做得不亏心。之后就乱了。）

晋简文帝司马昱（320—372），元帝司马睿幼子，明帝司马绍之弟，在位八个月（抑郁而死）。

晋孝武帝司马曜（362—396），简文帝六子，在位二十四年。

宋祎，乱世佳人和六个男人的故事

一

春秋时，曾经出现过一位美艳风流的夏姬，史称“杀三夫一君一子，亡一国两卿”，简直沾着谁，谁就死，偏偏每个得到他的男人都还死得无怨无悔，因此留下了“娶夏姬者不祥”的谶言。

东晋时候，也有这样的一个女子，前后辗转于五个男人之手，每一个的名字提起来都是如雷贯耳，至少我们的读者都是熟悉的。

真不能理解，这样一个传奇美艳的名字在历史上为何不显，就连最喜怀古的唐代诗人都集体缄默，倒是明清文人时有吟咏：

金 谷 聚

［明］彭孙贻

月上绿珠井，花落珊瑚枝。

殷勤故弦索，入宫啼宋祎。

同厉云官李宗沆许鲲东园看梅还道谒史阁部墓

（节选）

［清］姚燮

新靡一剪如湘绿，贴水楼台气华缛。

翾风含媚宋祎舞，麝幛珠尘压金谷。

沈约《俗说》称："宋祎，石崇妾绿珠弟子，有国色，善吹笛。"

这两首诗说的都是宋祎的来历，乃是金谷园走出的女子。她第一个可考据的主人是巨富石崇。她师承绿珠，不但貌美，且擅吹笛，虽然身份卑微，却见惯繁华，绝对具有红颜祸水的资质。

绿珠坠楼，石崇问斩之后，宋祎辗转归许了我们的第二个老熟人——王敦。她是怎么落入王敦手中的，史书没有说。但也不难猜，无非三个可能：

一是金谷园诸仆婢籍没被卖，王敦本来就是园中常客，或许此前便认得宋祎，于是买下她来；

二是宋祎卖入了别家，在南渡大迁徙中，因依附王敦大军而行，被王敦认出，主家自是颠颠儿地将她当礼物送给了王敦。那么在石崇与王敦之间，宋祎大约还经历过别的主人，但是不重要；

三是南渡之后，宋祎以色艺闻名，被王敦遇上，遂被纳为妾。

从后来的故事得知，宋祎对王敦并没有什么感恩之情，反而颇为怨念。

有一种说法是，王敦有意将宋祎训练为间谍，想来自然没有多么怜惜，倒是让她吃了不少苦头的。

再后来，宋祎入了宫，这第三个男人自然更加威名赫赫，贵不可言，直接通了天——乃是少年天子司马绍。

宋祎是怎么入宫的，史上仍然没有说。我们仍然可以有三种猜测：

一是王敦此前献给皇上的；

二是王敦起兵失败后，宋祎等婢妾被抄没入宫，因色艺出众，得蒙帝宠；

三是据史书说王敦曾因荒淫无度而搞坏了身体，左右随从劝谏他节欲养生，王敦说，这个容易。当下打开阁楼后门，将几十位婢妾尽皆放出。大约宋祎也在此际流出，后因色艺出众被网罗入宫。

总之，晋明帝颇为宠爱宋祎，几乎专宠于椒房。以至于他病重之际，臣子们都认为是宋祎害的，要求将她赶出宫中。

更有一种说法是，臣工们怀疑宋祎进宫乃由王敦一手设计，是来暗害天子的——即便如此，也只道“请出宋祎”而非“请斩”。自然不是大臣们有多么心慈手软，而是皇上实在眷爱宋祎，他们在没有确凿证据之下不敢轻易言杀。

奇的是，虽然宋祎生卒年月不详，但是既为绿珠徒弟，想来离开金谷园时，最少也有十几岁了。

石崇斩首于公元300年，而司马绍出生于299年，少说也比宋祎小十岁，竟然对她如此迷恋，堪称异事。

这年的宋祎总有四十岁上下了，再天姿国色，也称不上俏丽佳人。此时哀哀泣哭于明帝榻前，那一种凄婉哀艳弱不胜衣的情状让司马绍的心都碎了。他不好拒绝臣工们的请求，却也不忍心就这样赶出宋祎，让她流落民间，谁知道离宫后会不会被人追杀呢？于是环视群臣道：“卿诸人谁欲得之？”

这是亲自在替宋祎找下家呢，说你们谁愿意，就把她领走吧。宋祎有了新主，自然就不会被轻易谋害了。

众人皆不敢言。开玩笑，这可是皇上的女人，谁好意思开口说要？

但是名士任诞，自有痴人，宋祎命中注定的第四个男人闪亮登场——便是我们早已熟悉的竹林二代、阮咸之子、中朝名士、“黄须儿”阮孚。

二

阮孚，字遥集，就是阮咸冒天下之大不韪驰驴载归的鲜卑女所生的“人种”。他虽然相貌不似汉人，性情爱好倒是继承了老爹十足十，为人“爽朗多所遗”，终日酣纵，“蓬发饮酒，不以王务婴心”。

渡江后，晋元帝命其为安东参军。然而阮孚每天从早喝到晚，只拿薪水不做事，没钱时甚至用官帽上的貂饰换酒喝，遂遭人弹劾。要命的是，这样的耽酒误事，竟也被后人称为名士风流，还留下了“金貂换酒”的美名。

钱花光了，貂也没了，他却仍然毫不在意地每天背着个青布袋优游会稽。有客人问他：“您整天背着只布袋子干吗啊，里面有好多钱吗？”

阮孚翻开布袋子说：“还是有一枚小钱看家的，若不然，我怕袋子会害羞。”

众人绝倒。

从此，留下了一个成语，叫作“阮囊羞涩”。

奇怪的是，正如同司马昭之善待阮籍，司马睿也极其纵容阮孚。不论他犯了多少错也不加惩罚，只是不停给他换岗改职称。有司奏他终日酣纵，不务公事，司马睿也不加申责，只要有人告状，就帮他调个工种，只是偶尔也劝两句：“卿既统军府，郊垒多事，宜节饮也。”

然而阮孚答：“陛下不介意臣之无能，委以重任，臣也只能不负圣恩，勉强就任。但是陛下圣德，天下太平，臣只要躺平不惹事就可以安闲度日了，又何必故作勤恳给陛下抹黑？所以不是臣懒散，而是陛下太圣明啊。”

这样油嘴滑舌，砌辞狡辩，清新脱俗的拍马，竟让司马睿也没话好说，只好任由他“端拱啸咏，以乐当年”了。如果有人实在抱怨得太过，就再给他换一个工位便是。

除了酒之外，阮孚最大的爱好是收藏鞋子，没事儿就把众多鞋子取出来摆成一排，挨个儿刷洗涂蜡。

晋代的鞋子主要以高齿木屐为主，木制的鞋子，鞋底有前后两排木齿，不畏践泥；其中有一种昂贵的舄（xì），木制双底，注蜡以防潮，以五彩带子缚系。舄履很重，通常只限于朝觐、祭祀之时穿用。

众多大臣足登木屐走在朝堂上，嘎哒嘎哒地很不庄重，而且木齿容易溅泥，一堂朝会下来，不免满地狼藉，所以古代臣子们上朝是要脱鞋的，只着足袜进殿。也正因此，“剑履上殿”才会成为重臣的殊遇。

履，又叫布履，但是材料并不限于粗布，而包括丝、麻、绫、绸等所有织物。如汉乐府《孔雀东南飞》所咏：“足下蹑丝履，头上玳瑁光。”通常鞋头上翘，故而又称“翘头履”。履面织锦回纹，璎珞装饰，翘头可以做成凤头、虎头等各种样式，精致俏皮。根据细节的不同，还有重台履、高墙履、勾履、芴头履等，五花八门。

想来这几种鞋子，阮孚都是要收藏齐全的，高高低低，五颜六色，看起来那叫一个赏心悦目，心满意足。

一日有客来访，正看到阮孚在给鞋子打蜡，神色闲畅惬意，仿佛看着绝世美人一般，口里还念念有词：“未知一生当著几量屐！”意思是鞋子啊鞋子啊，你们这么漂亮，可惜我一辈子能穿几双呢？

后来，人们就用“蜡屐”或“阮屐”来泛指木屐了。

阮孚虽然终日酣饮，“不以王务婴心”，却是仕途畅通，一路升迁；更因为在平定王敦之乱中站队正确，赐爵南安县侯，转吏部尚书，领东海王师。

但他最怕公务烦心，更没有领兵之好，遂称疾不拜。此时任吏部尚书之职，乃为司马绍近臣，听到司马绍询以宋祎之事，当即挺身而出，答曰：“愿以赐臣。”

司马绍也很欣悦。他与阮孚都有着“黄须儿”的鲜卑体征，看待阮孚自较别人亲切，心中有一种莫名的感觉，似乎阮孚是自己的另一个分身，阮孚带走了宋祎，就相当于她仍在自己身边。

宋祎死里逃生，也是暗呼侥幸，于是对着司马绍含泪再拜，一步三回头地跟着阮孚去了。

宋祎去了，司马绍也未见病瘳，反而益发沉重，于是顾命大臣的人选便成了当下最热门的话题。

这日宫中忽然传诏诸位大臣入禁听旨，温峤心知必为裁度顾命人选，因前往禁苑途中经过阮孚家，顺道邀他一同前行。待阮孚上了车，温峤便对他说：

> 主上遂大渐，江左危弱，实资群贤，共康世务。卿时望所归，今欲屈卿同受顾托。

“大渐”是对皇帝病危的一种婉转说法。温峤猜测明帝非常信任阮孚，连自己的女人都可以送给他，儿子当然也愿意托付他，所以劝阮孚和自己一起争取顾命的资格。

然而阮孚听了，非但不应，反而立刻要求下车。温峤不答应，拉着他的衣襟苦劝不已。车子行至台门前，阮孚声称内急，得先去茅房解决下再来陛见，温峤只得同意他下车。谁知阮孚转身便跑，连辆快车也不约，就这么一路步行回家了。

这份决绝，当真无敌。

后来，六位顾命大臣名单落停，太后临朝，而国舅庾亮则成为实际操盘手。阮孚私下对亲友说：

> 今江东虽累世，而年数实浅。主幼时艰，运终百六，而庾亮年少，德信未孚，以吾观之，将兆乱矣。

意思是，虽然我们已经在江东安身，然而东晋朝廷根基实浅。如今皇帝年幼，时局危艰，庾亮年纪轻轻地手握重权，性情不稳，德望不足，这是天下大乱之兆啊。

这种不利于安定团结的话倘若传出，必定招灾。更何况，阮孚还借天象说话，说什么“运终百六”，就更加神叨叨了。

佛家素有“阳九百六”之说，比如汉成帝元延元年，灾祸异象颇多，太守谷永便上书说：“陛下承八世之功业，当阳数之标季，涉三七之节纪，遭《无妄》之卦运，直百六之灾厄。三难异科，杂焉同会。”意思是这年正值百六灾厄之期。

西汉大儒刘歆曾编写过“阳九百六”的推算之法，声言：“朔不得中，是为闰月，言阴阳虽交，不得中不生，故日法乘闰法，是为统岁。三统，是为元岁。元岁之闰，阴阳灾，三弦闰法。”

而司马绍驾崩，小皇帝即位，正是在太宁三年闰八月（325年10月18日），恰合了“百六之灾”的推算。

阮孚的卜算能力虽然比不上郭璞，行动力却强。既然预言大乱将至，便立即决定远避，于是苦求广州刺史一职。

王导本来就觉得阮孚疏放任性，不务正业，非京尹之才，便痛快地答应了。

于是，阮孚带着宋祎，宋祎带着笛子，就这样匆匆忙忙地携手上路了。然而，路途险峻，还未等抵达目的地，阮孚就病逝在赴广途中了，成为死在宋祎身边的第四个男人。

不久，苏峻之乱暴发，听说过阮孚“百六劫”理论的人都觉得他真是明智。可惜，他算得出大乱将起，却算不出红颜祸水，因为实在是宋祎的命太硬了。

石崇卒年五十二岁，王敦终于五十九岁，司马绍最惨，薨时年仅二十七岁，阮孚逝于四十九岁。

如果故事停在这里，已经足够传奇：豪富，枭雄，帝王，名士，嫁与其中任何一个都堪称人生巅峰了。

然而宋祎的故事仍然没有结束，她又遇到了生命中的第五个男人：谢尚。

三

《世说新语·品藻》：

> 宋祎曾为王大将军妾，后属谢镇西。镇西问祎：“我何如王?”答曰：“王比使君，田舍、贵人耳。”镇

西妖冶故也。

谢尚（308—357），字仁祖，乃谢安从兄，太后褚蒜子的舅舅。他才智超群，精通音律，善舞蹈，工书法，与谢奕、谢安并称“三谢之盛”，雅好清谈，且为人风流，富有声誉。以司徒掾属起家，累官江州刺史、尚书仆射等职，进号镇西将军，故而又称“谢镇西”。

宋祎是怎么会跟了谢尚的，实在不好猜。

事实上，除了阮孚之外，宋祎走马灯一样旋转到不同的男人面前，每一次都出现得莫名其妙而恰到好处，简直给小说家们留下了无限的想象空间。

倘若我要写小说或者剧本的话，一定会为宋祎编撰一部极为曲折离奇的传记。然而本书重在史实，不好杜撰，但我搜遍史料也没发现宋祎“后属谢镇西”的来龙去脉，反正就这么忽然易主了。

不过也还可以理解，因为她与谢尚，正如绿珠与石崇，乃是“知音”。

谢尚“善音乐，博综众艺”，而且阮孚曾评价他“高尚通达，类似旷达”，想来彼此是相熟的。或许阮孚死前留书将宋祎托付给了谢尚吧，又或者宋祎凭着一把笛子自己找上门去，更或者谢尚听说了宋祎“男神收割机”的美名，便忍不住要一识庐山真面目，要不怎么称得上“妖冶”呢？

宋祎至少比谢尚大出二十岁，居然仍能与之琴瑟和谐，你侬我侬，实属不易。甚至，谢尚还有心思同宋祎早已死透了的前任吃醋，正如同前赵刘曜问羊献容：“我比司马衷何如？”谢尚也曾经问过宋祎：“我比王敦何如？”

当时羊献容婉媚作答：“胡可并言？陛下开基之圣主，彼亡国之暗夫。”喜得胡儿抓耳挠腮，更加宠爱。

标准答案在前，宋祎当下毫不犹豫，立即给予格式化回答：“他怎能跟您比？他粗鄙如田舍汉，您高贵似云中君。”

虽然书中未写谢尚的反应，想来自然也是心满意足的吧。奇怪的是他为什么要跟王敦比，而不是跟石崇、阮孚甚至明帝司马绍比呢？这个心理也是挺奇怪的。

谢尚生平最大的功业是在北伐中寻回了当年与司马炽一同陷落的传国玉玺，结束了东晋“白板王朝”的局面。另则，他镇守牛渚冲时，曾采石制为石磬，乃为江表钟石之始。

一夜，月色皎洁，谢尚兴起，泛舟游江，忽听到附近船上有人高声吟咏，音调深沉，词语超逸，抑扬顿挫，节拍俨然。谢尚驻听良久，逸兴遄飞，当即拿出笛子吹奏起来，宛如替吟诗人伴奏一般，谐美异常。

后世有对韵歌云：

牛渚矶头，谢尚细吹玉笛；含章殿下，寿阳初试梅妆。

竟将谢尚的清吹与公主的妆容相并论，可知其美。

一曲罢，谢将军请过舟中人来饮酒清谈，方知此人名叫袁宏，虽熟谙经史，因出身寒族，故未得官。

谢尚非常欣赏袁宏，遂辟他入府，后又荐入桓温大司马府任记室，这才有了大文学家袁宏的发迹，也才有了《后汉纪》与《名士传》。

迄今安徽采石矶犹留存“怀谢亭”，相传便中谢尚遇袁宏处。李白游历至此，想起这段典故，十分艳羡，不禁委屈地仰天高呼，我也会吟诗啊，怎么不见从天而降一位谢将军下来，赏识提拔，助我飞升？遂吟成五律一首，祈望自己也会有这样的好运气。

夜泊牛渚怀古

牛渚西江夜，青天无片云。
登舟望秋月，空忆谢将军。
余亦能高咏，斯人不可闻。
明朝挂帆席，枫叶落纷纷。

四

这一回，宋祎终于没有熬过年轻妖冶的谢尚，死在了主公前头。

谢尚算是宋祎的男人中结局较好的一个，但也只活了五十岁，而且和石崇、王敦、阮孚一样，虽有风流之名，却都没有儿子，只得过继了谢奕之子谢康为嗣。

然而，谢康亦早亡，于是再过继了弟弟谢静之子谢肃。

奈何谢肃仍然无子，复又过继侄子谢灵佑为第四代。但这转了一道又一道弯，除了姓谢之外，谢灵佑与谢尚早已没什么关系了。

人死如灯灭，你以为这次故事总该完了吧？

并没有。

还是沈约说的：

> 袁山松为琅邪太守，每醉，辄乘舆上宋祎冢，作《行路难》歌。

原来，宋祎死后，谢尚将其葬于建康城南，对着琅邪郡门。孰料美人便死了也是艳鬼，竟又魂交了琅琊太守袁山松。

魏晋名士任诞天真，追求个性，醉生梦死，从精神到物质都洋溢着一种浮华的气息，有石崇的一掷千金，也有阮孚的恋鞋成癖，有王敦的轻言生死，也有谢尚的妖冶风流，难为宋袆都能俯仰承欢。

然而她真正的精神伴侣，却是素昧平生的袁山松。

袁山松，很多史书误作袁崧，字桥孙，博学能文，善音乐。《晋书》云：

> 羊昙善唱乐，桓伊能挽歌，及山松《行路难》继之，时人谓之“三绝”。

《续晋阳秋》则道：

> 袁山松善音乐，北人旧歌有《行路难》曲，辞颇疏质，山松好之，乃为文其章句，婉其节制。每因酒酣从而歌之，听者莫不流涕。

《行路难》为乐府旧题，曲调虽妙，文采不佳。袁山松因为特别喜欢这支曲子，遂为其重新填词度曲，每每酒酣之际，击节而歌，听者无不感伤落泪。

但他仍不满足，觉得这些人没一个人真正懂他，不配欣赏妙曲，于是特地拎着酒跑到宋袆坟上去，边哭边唱，比阮籍的穷途而哭还伤心。

或许，他觉得只有惯见风雨历尽坎坷的宋祎，才真正懂得人生如旅，行路艰难吧。虽然他不是宋祎的男人，却愿意视宋祎为世间最特别的女人，虽幽明异路，愿同歌同哭。

可叹的是，宋祎的名字代表了动乱，从石崇到谢尚，一路走过“八王之乱”“王敦之乱”“苏峻之乱”，就连袁山松只是为她哭一哭也不得安宁。隆安五年，袁山松因镇守扈渎，遭逢“孙恩之乱”，城陷被害。

虽然这笔账不好记到宋祎头上，但也堪称余韵了。

袁山松《行路难》歌词不传，倒是稍晚于他的鲍照曾为《拟行路难》十八首，其中第十五首字字句句，若合符契，权为宋祎之歌吧：

君不见柏梁台，今日丘墟生草莱。
君不见阿房宫，寒云泽雉栖其中。
歌妓舞女今谁在，高坟垒垒满山隅。
长袖纷纷徙竞世，非我昔时千金躯。
随酒逐乐任意去，莫令含叹下黄垆。

王谢世家

王羲之，兰亭雅集

一

如果说琅琊王氏在王戎、王衍、王导、王敦、王澄这一代英才辈出，难分轩轾的话，那么渡江后的第二代虽然人才济济，却是头角分明，其代表人物毋庸置疑，只能是王羲之。

王羲之（303—361），字逸少，永嘉元年（307）随父亲王旷南渡时，只有五岁。他的成长，主要发生在江左；而在他的人生中，为他带来声名的主要成就是书法。

东晋文人素重书法，史上有“唐诗”“宋词”“汉赋”“晋字”之说。世家子弟中不出现几个书法大家，都不好意思说自己是士族。

唐代窦息在《述书赋》中就曾提及东晋书法巅峰的四大家族：“博哉四庾，茂矣六郗，三谢之盛，八王之奇。”

“四庾”指以庾亮为首的颍川庾氏四杰，“六郗”是以郗鉴为首的高平郗氏，“三谢”指陈郡谢氏的谢尚、谢奕、谢安，“八王”则是王导为首的琅琊王氏。

王羲之家学渊源，幼承庭训，其父王旷善行、隶二书，叔父王廙擅长书画，还教导过晋明帝。王羲之生性聪颖，又得天独厚，七岁善书，十二岁从父亲枕中窃读前代《笔论》，早年从卫夫人学得锺繇书法，姿媚别生。

卫夫人（272—349），名卫铄，字茂漪，廷尉卫展之女。师承锺繇，妙传其法，一手簪花小楷娴雅婉丽，《唐人书评》曰：“卫夫人书如插花舞女，低昂美容。又如美女登台，仙娥弄影，红莲映水，碧沼浮霞。”她与王羲之母亲为中表亲戚，因此成为少年王羲之的书法老师。

所以，自从蔡伦造纸以来，史上最著名的书法大家蔡邕、蔡文姬、锺繇、卫夫人、王羲之乃是一脉相承，谱系清楚。

随着王羲之渐渐长大，簪花小楷的婉媚已经不能回应他内心的豪放需求，加上他博览秦汉以来篆隶遗迹，愈发好古，遂融姿媚与古朴于一体，“兼撮众法，备成一家。”终于成为东晋最著名的书法家，后世称之为“书圣”。

关于王羲之，留下了很多脍炙人口的小故事，其中犹为人津津乐道的是他的婚恋故事“东床快婿”。不过故事只是故事，更可能的是，早在来王家前，郗鉴就已经选中了王羲之。

郗鉴本人亦是大书法家，女儿郗璇聪慧过人，幼承家训，有“女中仙笔”之称，因此夫婿当然更要写得一笔好字。而当世年轻才俊中，书法最好的就是王羲之，郗太尉大概早就看在眼里了吧。

大婚那年，王羲之只有十六岁。出身乌衣门第，又有位顾命大臣做岳父，再加上自身条件优越，自然在青年才俊中卓然拔群，在朝野内外也有了声名。

325年，晋明帝司马绍逝。年轻的王羲之承担了抄录祭文祷词的重任，铁划银钩，一字一句写在木版上，字字千钧。

后来司马衍登基，有人提出文中个别字句应当更改。通常这种情况只要将字刮了重写就是，然而羲之笔力遒劲，笔墨已经渗入木版三分之深，无法削抹。

这就是“入木三分”的来历。

未及弱冠就有这样的笔力，王羲之的天赋令人惊叹。到了353年兰亭会的时候，王羲之已经人过中年，德望远扬，成为名副其实的江左领袖了。

二

魏晋名士崇尚自然，这个自然既是“自然而然”“无为无造”的宇宙之道，也是天地寒暑，江河草木的山水之情。

爱自然者，必爱山水，东晋名士追求山川之美，渴望归隐林泉的思想蔚然成风。就连傀儡皇帝司马昱也曾在游赏华林时顾左右而叹：

会心处不必在远，翳然林水，便自有濠濮间想也，觉鸟兽禽鱼自来亲人。

“濠濮间想”指的是庄子与惠子一起游于濠水桥上，望桥下游鱼悠然来去，遂引发了一番关于“子非鱼，安知鱼之乐”的畅聊。

王羲之是个非常在意天然情趣也非常懂得欣赏自然之美的人，他曾说过：

从山阴道上行，如在镜中游！

每有闲时，便喜欢游名山，泛沧海，每每流连忘返，叹曰：

我卒当以乐死。

意思是我平生游笔翰墨，纵情山水，便死于此间，亦是最快乐的死法啊。

在他的影响下，儿子王献之也是痴迷书法，雅好山水，曾道：

从山阴道上行，山川自相映发，使人应接不暇。若秋冬之际，尤难为怀！

比父亲犹多一份不忍之情。

山阴，浙江绍兴古县名，秦朝始设，因位于会稽山北而得名。

史载夏禹曾经会聚诸侯于江南，计功封赏，遂得名，“会稽者，会计也。”后来大禹崩逝，便葬在这里。

会稽郡随着朝代不同而所辖范围几度缩张，郡名也先后更为吴郡、吴州、越州等。

当年士族南渡，求田问舍，为了避免与太湖流域的江东世族争抢土地而发生冲突，他们除了在京城建康拥有小片住宅外，主要在浙东一带垦荒圈地，率领宗族、部曲对那里进行开发，建设庄园。

而这当中最受欢迎的就是山水秀美的会稽郡。这里不仅有会稽山，还有四明山、富春江、浦阳江、曹娥江等，峰峦秀丽，洞幽水碧，深得中原士族青睐，一时间各辟蹊径，大兴土木，建造了无数巧夺天工的园林。山居水榭，亭台楼阁，小桥流水，曲径通幽，几成了士大夫隐居的后花园。

秦汉以来层楼叠苑溢彩流朱的富丽宫苑风，渐渐转变为依山傍水，心有丘壑，鸟兽相亲的清新自然风。诚如名士孙绰

《遂初赋》所言：

> 余少慕老庄之道，仰其风流久矣。却感于陵贤妻之言，怅然悟之。乃经始东山，建五亩之宅，带长阜，依茂林，孰与坐华幕、击钟鼓者同年而语其乐哉！

西晋的园林唯有石崇、王恺之豪富方能营造，东晋别墅却是稍有积蓄的士族便可拥有。比如“少无适俗韵，性本爱丘山”的陶渊明常在诗中哭穷，却也有“方宅十余亩，草屋八九间。榆柳荫后檐，桃李罗堂前”。

这种“刻意”与“天然”的分别，通过石崇的《金谷园序》与王羲之的《兰亭集序》可以更加清楚地感受。

还记得“鲁公二十四友”穷奢极欲的金谷园会吗，那数不清的珍馐美味琼浆玉液，“客不饮，杀美人”的残忍劝酒，就连如厕都有美女手捧新衣香囊罗列服侍的暧昧旖旎，无不散发着金钱的味道。

金谷之友左思有诗云：“非必丝与竹，山水有清音。”

然而金谷园却是丝竹无歇，琴瑟笙簧，鼓吹递奏，求的就是一个热闹、炫富；直到五十年后的东晋兰亭会，才是真正依山傍水、自然和谐的清谈雅集。

因此王羲之在《兰亭诗》中借引前辈诗句并进一步阐发：

虽无丝与竹，玄泉有清声。

虽无啸与歌，咏言有余馨。

这次玄泉咏言，发生在晋穆帝永和九年（353）三月初三上巳节。

前面说过，这是古代的大节日，要行修禊（xì）之礼。当然，这也只是换个名目饮酒赋诗而已，而王谢子弟更是玩儿出了新花样：大家坐在河渠两岸，将酒杯置于上流处，任其顺流而下，停在谁的面前，谁就取杯饮酒，当亭赋诗，做不出者罚酒三觥，这就是“曲水流觞”。

其实这也不是王羲之的新发明，最早可以追溯到西周初年，《续齐谐记》载：

昔周公卜城洛邑，因流水以泛酒，故逸诗云：羽觞随流波。

不知道王谢子弟用的是不是羽觞，但能浮于水上，想来要么是特制的杯子，要么就以托盘承载。而且水上漂载的也不只是酒，还可以有各色干果，“百戏俱临水，千钟共逐流”本就是上巳节的保留节目。

王羲之组织的这次兰亭会之所以会成为史上最轰动的士林雅集，关键在于参与的人。此时王羲之刚刚归隐会稽，而谢安尚未出东山，宴中除了王谢两家子侄外，另有名士孙绰、许珣、支遁共四十二人，王、庾、桓、谢、郗、羊各大家族俱有客来，人才济济，比宫筵还要齐全。

当日天气晴朗，花溪清澈，羽觞轻盈，众名士宽袍大袖，分坐于曲水之畔，飞花斗酒，吟诗弄墨，共得诗三十七首，汇集成编，并公推王羲之撰写诗序。

羲之酒兴方酣，灵机勃发，当下铺开蚕茧纸，提起鼠须笔，饱蘸浓墨，挥毫作序，字字珠玑，惊艳绝伦，就此诞生了“天下第一行书”《兰亭集序》。

因其文采斐然，情致高远，现将全文录之于下。

永和九年，岁在癸丑，暮春之初，会于会稽山阴之兰亭，修禊事也。群贤毕至，少长咸集。此地有崇山峻岭，茂林修竹，又有清流激湍，映带左右，引以为流觞曲水，列坐其次。虽无丝竹管弦之盛，一觞一咏，亦足以畅叙幽情。

是日也，天朗气清，惠风和畅。仰观宇宙之大，俯察品类之盛，所以游目骋怀，足以极视听之娱，信可乐也。

夫人之相与，俯仰一世。或取诸怀抱，悟言一室之内；或因寄所托，放浪形骸之外。虽趣舍万殊，静躁不同，当其欣于所遇，暂得于己，快然自足，不知老之将至；及其所之既倦，情随事迁，感慨系之矣。向之所欣，俯仰之间，已为陈迹，犹不能不以之兴怀，况修短随化，终期于尽。古人云：死生亦大矣。则不痛哉！

每览昔人兴感之由，若合一契，未尝不临文嗟悼，不能喻之于怀。固知一死生为虚诞，齐彭觞为妄作。后之视今，亦犹今之视昔，悲夫！故列叙时人，录其所述，虽世殊事异，所以兴怀，其致一也。后之览者，亦将有感于斯文。

《兰亭集序》全文三百二十四字，矫若游龙，翩若惊鸿，其中有二十一个“之”字，写法各个不同，令人叹为观止。

据说王羲之次日酒醒，推敲后想修改几字，重新抄写，然而气韵布局、笔画章法都不如草稿，力所不逮，终是难及。

盛会与灵感都是刹那芳华，无法重复。

中国园林史上素有“南兰亭，北金谷”之说，王羲之亦自比于石崇，又将《兰亭集序》与《金谷诗序》相比，颇为得意。然而石崇之名岂可与王羲之的影响力并论？兰亭雅集，又岂是金谷诸友能比？

如果一定要比，那唯一可与“曲水流觞”相并论的，只能是“竹林七贤”。这两幅画面绝对可以并列魏晋风流最美定格之榜首，诗酒纵情之余，也反映了魏晋名士对于山水审美的重视。

二

兰亭雅集的两年后，又到三月，王羲之大概想起了曾经的曲水流觞，再看看这两年间的人事沉浮，忽然觉得身在官场实在不耐烦，于是称病辞官，带着儿子王操之从无锡徙居金庭。“建书楼，植桑果，教子弟，赋诗文，作书画，以放鹅弋钓为娱。”与诗朋酒友遍游剡地山水。

书楼植桑都可理解，为什么要放鹅为乐呢？

据说王羲之很喜欢鹅，认为养鹅不仅能陶冶情操，还能从观察鹅的动作形态中悟到一些书法理论。鹅态雍容，行走、静卧、游弋、腾跃，皆有风姿，他将这些化入到书法之中，执笔时食指如鹅头之微昂，运笔时则似鹅掌之拨水，俯仰有道，舒弛有度。《兰亭集序》中的二十一个“之”字，就是活脱脱二十一只形态各异的鹅。

后来王羲之的这个爱好传开，有位道士想请他抄写一部《黄庭经》作为道观镇观之宝，又拿不出丰厚的酬金，就赶了一群漂亮的大白鹅来相送，王羲之果然欣然应允。

唐朝大诗人贺知章告老还乡回绍兴镜湖时，李白奉承其书法成就极高，归老之处又与王羲之毗邻，便题诗相赠：

送贺宾客归越

镜湖流水漾清波，狂客归舟逸兴多。

山阴道士如相见，应写黄庭换白鹅。

“狂客”指的是贺知章的别号“四明狂客”，黄庭换白鹅，则是恭维其书法精湛，可与王羲之媲美了。

王羲之“每游山水，往辄忘归”，因晚年时不能再远行，便将自己平生去过的山水绘作丹青，悬挂壁上，每每“抚琴动操，欲令众山皆响”。

想来那必是一个月夜，而他定是坐于室外庭中的。他曾走过许多的青山俊水，看过无数激荡人心的峰峦挺秀、碧波浩瀚，如今月下独吟，往事悉上心头。那从雁背上掠过的风，幽娴山谷里流出的泉，那开在高山之巅的一树桃花，还有流水尽处的一道彩虹，都化作一行行音符流荡。心与天地，指随宫商，情动于衷，招引得群山呼应。

抚琴动群山的王羲之，与绝响《广陵散》的嵇康、抚动无弦琴的陶渊明，俱为我心目中的琴仙形象。

可惜诗画有流传，琴声无痕迹，唯有心向往之了。

361 年，王羲之卒于会稽，葬于嵊州市城东金庭瀑布山（又称紫藤山）。该景点今为重点文物保护单位，附近犹有书圣殿、金庭观、王羲之故居等。

金庭镇因为逸少遗风而成了名闻遐迩的书画村，人称“华院画堂”，村名亦因此改为“华堂”，沿称至今。村人王姓都以王羲之后代为荣，齐心协力保护着村中绵延温柔的九曲圳，王羲之喜爱的曲水流觞活动，足足延承了八百余年。

另外，绍兴亦有书圣故居与兰亭风景区。故居已经改为戒珠寺，墙上还刻着书圣的“黑历史”，大意是王羲之喜爱宝珠，一日有僧人来访，离开后，王羲之发现自己放在桌上的宝珠不见了，便疑是僧人所窃，从此待其冷淡起来。僧人知道后，心中悲愤，竟然自尽了。

过了几天，王羲之养的鹅忽然病死，剖开肚子来，赫然便是丢失的宝珠。王羲之想到自己冤枉了僧人，又悔又痛，遂从此戒绝玩珠之癖，且“舍宅为寺”，把自己的大宅子捐出来建了戒珠寺。

这故事非但假，而且不厚道，饶是书圣捐了宅子，还要说人家因为多疑害死和尚。出家人四大皆空，这僧人为了一点儿不畅就要自尽，是不是太执念了？僧人自杀可是犯了大戒的，同时又害王羲之也犯了误杀大罪，简直罪上加罪。

一个故事塑造了两个小人，真的好吗？

还有“题扇桥”的故事，流传更广，也更假。

据说王羲之曾在蕺山桥头见一老妪卖六角扇，苦于卖不出，王羲之热心赞助，说："我帮你在扇上题几个字吧。"

老妪不识货："我干干净净的扇子都卖不动，你胡乱涂鸦，不是更要滞销?"

书圣答："你同人说是王右军书，一百钱也卖了，不信你试试。"

老妪虽不信，然而试试就试试，果然人相争购。

这下子老妪可高兴了，于是改天又抱了一堆扇子来找王羲之题写。书圣不过是一时兴起的艺术行为，可没打算一直帮人家卖扇子，于是将笔抛进巷中便跑。

从此，便有了"笔飞弄"和"躲婆弄"的地名，沿用至今。

另则，兰亭景区相传便是从前王谢子弟曲水流觞之处，园中有座"鹅池碑"，据说是王家父子手迹。

王羲之题碑时，刚写好"鹅"字，有人报圣旨到，只得搁笔出迎。而王献之在一旁看得手痒，索性拾起笔来续一"池"字。

两个字的风格虽近，然而鹅瘦池肥，相得益彰，成为书法史上"二王"合璧的绝品。

虽然有碑有字，但这故事听上去也实在太像故事了，也就难辨真伪。

王羲之的书法在当世已享有盛誉，到了南朝时，更借梁武帝之语登上巅峰：

> 羲之书字势雄逸，如龙跳天门，虎卧凤阙，故历代宝之，永以为训。

《兰亭集序》的墨帖乃是王氏传家宝，一直传到王羲之七世孙智永。

智永是和尚，无子，因此在死后将宝物传给徒弟辩才。唐太宗极爱王羲之的书法，几次派人索取未果。无奈之余，御史萧翼索性使计将墨宝骗到手，辩才也因此惊郁而死——这和尚念了一辈子经，终究看不开。

太宗极得了至宝，爱不释手，常常半夜爬起来，秉烛摩写，曾声称：

> 详察古今，研精篆素，尽善尽美，其惟王逸少乎！观其点曳之工，裁成之妙，烟霞露结，状若断而还连，凤翥龙蟠，势如斜而反正，玩之不觉为倦，览之莫识其端，心摹手追，此人而已，其余区区之类，何足论哉。

简单说，就是王羲之的字空前绝后，凡是写字的人都不要与之相比，因为不配！

说是不配，他却还是想着模仿，不但自己临摹，还让当世书法大家冯承素、欧阳询、虞世南、褚遂良等人临摹，要求连涂改之处都要模仿得一模一样才行。

于是，《兰亭集序》就有了五个临摹本：冯承素摹本又称神龙本，褚遂良临本又称米芾题诗本，这两本与虞世南临本现在俱收藏于故宫博物院；黄绢本，褚遂良所摹，现藏湖南省博物馆；定武本，为欧阳询手摹并石刻，为诸刻之冠，故宫藏有宋代拓本。

唐太宗喜爱王羲之到什么程度呢？房玄龄编撰《晋书》，唐太宗特地叮嘱：有四个人的史官评你给朕空着，朕亲自题写。这四个人分别是司马懿、司马炎、陆机、王羲之。

甚至，唐太宗驾崩，都要带着王羲之的《兰亭序》真迹到地下去继续摩写。书法瑰宝，就此尘埋，不见于人间。

也许，有一天它还会重新出土，照亮所有期待的眼睛吧？也许吧。

桓温北伐

一

壮志饥餐胡虏肉，笑谈渴饮匈奴血。待从头、收拾旧山河，朝天阙。

这是南宋抗金将领岳飞《满江红》中的句子，放在东晋桓温身上也一样适用。

对于所有失去半壁江山的偏安国家来说，北伐都是不可言喻的痛。没有人成功过。岳飞是这样，刘琨、祖逖是这样，殷浩、谢尚是这样，桓温也是这样。

以桓温比岳飞，也许很多黑白分明的人会不同意，因为历史上对桓温的评价不高，甚至认为他的北伐只是喊喊口号，做做样子，项庄舞剑，意在沛公，真实目的是为了给司马朝廷施加压力，是为了谋朝篡位。

但是不论怎么说，桓温的三次北伐的确给了北方胡虏以沉重的打击，一度让东晋臣民看到了光复的希望。甚至可以说，如果朝廷够给力的话，也许桓温就成功了。

从这一点来说，他的确有资格与岳飞相比，但二者最不同的是结局。

桓温（312—373），字元子，名士团“江左八达”之一桓彝之子。

据说这娃生下来就和旁人不一样。温峤有一次来桓家做客，见了襁褓婴儿，奇道：“此儿有奇骨，可试使啼。”

小娃儿大眼睛骨碌碌，玩儿得好好的，无端把人家弄哭算是什么事？可温公是名人，温公说想听听小娃哭，那娃娃就必须得哭。于是，桓家大人连掐带拧，硬是惹得婴儿大哭起来。温公满意了，摇着手中麈尾道：“真英物也！”

这是个“一经品题身价百倍”的时代，能得名士温公一赞，桓彝惊喜不已，当下决定：以后就给这娃儿取名“温”，让世人都听听温公对咱娃儿的夸奖。

后来桓温长大了，果然豪爽有风概，姿貌甚伟，且面有七星，就是脸上有七颗痣，看上去就觉得很是不凡。

可惜桓彝没有来得及看到儿子长成一代枭雄，便在“苏峻之乱”中守城而死。如果单纯是战死倒也与人无尤，关键是桓彝乃为叛将所杀，由泾阳县令江播参与谋划，这就有了阴谋的意味。

杀父之仇，不共戴天。桓温打听清楚仇人的名字，怒发冲冠，指天誓日，必报此仇。他这年只有十五岁，还是个身量未成的青葱少年，哪有什么力量复仇？只得一边守制，一边枕戈泣血，勤练功夫，耐心地等待机会。

可是一等三年，江播竟然死了。这真让桓温郁闷：我还没报仇呢，仇人怎么就死了呢？说好的手刃父仇怎么办？

当下再不忍耐，径自藏了武器往江播丧庐而来。江播有三个儿子，兄弟三人倒也防着桓温有此一举，还特地在灵堂备了兵器，以为桓温必定呼朋结队而来，留了家丁在门前守望报信。

谁想桓温竟是孤身前来，假扮吊客混进庐中，认准孝子三人后，一言不发，对着长子便刺了过来，一刀毙命。登时灵堂大乱，江家另外二子转身便跑，两股战战，连兵器藏在哪里都忘了，更别提抵抗了，遂被桓温追上，一刀一个，当场让江播绝了户。

如此一日连杀三人，本当大罪。然而那是乱世，桓彝既是名士，又是烈士，江播却不过小小县令，如今父子共赴黄泉，还有谁肯替他追究是非？

更重要的是，晋朝以孝治天下，凡是打着“孝道”旗号的行为都是正义之举仿如手持尚方宝剑。因为，这是孔老夫子倡导的行为准则。

《礼记·檀弓》：

子夏问于孔子曰:“居父母之仇，如之何?”

夫子曰:“寝苫，枕干，不仕，弗与共天下也。遇诸市朝，不反兵而斗。”

孔子曰：父母之仇，不共戴天。应当时刻铭记于心，睡草席，枕盾牌，大仇一天未报，就一天不去做官，为了报仇而时刻准备着，不管朝堂还是街市，只要遇到仇人，抽刀就上，哪怕手里没兵器，赤手空拳也要上，打死他是唯一目的!

所以桓温为报父仇而杀人，非但无罪，反为世人称许。

于是，从十八岁这年起，桓温就算是开了金手指，自此顺风顺水，大杀四方，一骑绝尘，无往不利。

二

开了金手指的桓温名闻朝堂，很快得到晋明帝司马绍的赏识，并将南康公主司马兴男下嫁与她，遂拜驸马都尉，并袭父爵万宁县男。继而任琅琊太守，累迁徐州刺史，之后更如同从天上掉馅饼一般地接手了庾翼与何充的两股势力，出镇荆州。

桓温也知道自己升得太快了，非得有点儿军功才好服众，于是，他瞄上了氐人李特在巴蜀建立的成汉国。

帝王群起，最先称帝的就是在中原建立汉赵（前赵）的刘渊和在巴蜀建立成国（成汉）的李雄。

当年巴氐流民领袖李特在朝廷的认可下入蜀就食，看到剑阁形胜之地，叹道：“刘禅据此而束手就擒，真乃庸才！”可谓当下已有割据野心。

其后八王混战，李特趁机崛起，据蜀自立。304年底，其子李雄自称成都王，次年称帝，国号大成，自此割据巴蜀四十余年，“时海内大乱，而蜀独无事”。

但是如今皇位传到了李势手中，李势荒淫无道，民怨沸腾。347年，桓温上疏朝廷，请求伐蜀。他知道朝廷肯定不会答应，所以也不等诏书回复，便率军出发了。结果自是没有辜负他的金手指，他一战成名，一飞冲天。

战事经过我们就不去细说了，倒是其间发生了不少传奇插曲，最使我动容的，是关于一个老猿的故事。

桓温的战船行经三峡时，岸边忽然有一只老猿窜出，一路追着船凄声哀号狂奔。这样子跟了足有一百多里，终于觑着一处峡间窄流，老猿自山壁一跃而入船中，倒地气绝。

士兵看到猎物自己送上门来，哪肯客气，当下剥皮剖腹，准备来一番烹煮。孰料破开腹来，竟见老猿的肝肠断成一截一截，显然是因为追船狂奔百里，再加上高空跃下，震碎了心脉。

众将士当作奇事议论纷纷，桓温听说后，细究原因，才知是有个将士捉了只小猿玩耍，遂引得老猿发狂哀哭，追奔百里，心碎力竭而死，“破视其腹中，肠皆寸寸断”。

这个绝望的母亲，虽然无力保护自己的孩子，却是用尽气力也要死在它身旁。

桓温闻知前情，登时大怒，遂将捉猿人罢免。

惜母猿而黜兵将，枭雄桓温的心底，自有一份体物之情。

桓温大捷，朝野振奋。偏安臣民需要一场胜仗来鼓舞人心，哪怕远在巴蜀的成汉对于江东百姓来说遥远而陌生，但是胜了就是好事。

京城人奔走相告：“桓将军打胜仗了！”

“桓将军灭掉了成汉国，桓将军真是威武啊！”

“桓将军带着战利品回来了！还掳了成汉皇帝的妹子做小妾。”

“成汉公主长得可真美呀！”

比起战事细节，绯色八卦总是更容易吸引民众眼球。这消息飞快地传入大街小巷，传进了南康公主司马兴男耳中。

南康公主气坏了，操起刀带着悍奴便往李氏住处奔来，心道你一个败军之囚，还想跟我抢老公？杀了也就杀了，看谁敢说一个不字。

及至进了院子，正见那李氏在临窗梳头，发光鉴人，长可委地。她一手挽发，一手执梳，体态袅娜，举止静雅，当真是天姿国色，不可方物。她看到南康公主手中的刀子也毫无惧意，只是站起身敛手行礼，含悲带怯，颤巍巍地道："我本是亡国之人，风萍浪迹至此，今日若这般死了，倒也合了我的心愿。"

司马兴男见了她的花容玉貌，泪光盈盈，早就软了心肠，再见她莺声燕语地凄然一拜，不禁丢下刀子，上前一步亲自扶起，发出句千古之叹：

> 我见汝亦怜，何况老奴！

于是，又一个痴情的成语"我见犹怜"闪亮登场！

美姿容真是魏晋时代最有力的武器，连妇人的嫉妒心都可以轻易破防。

三

平巴蜀，灭成汉，桓温从此擦亮招牌，声名大振，威望与势力都渐渐抬到了升无可升的地步。朝廷渐生忌惮，却已无奈其何，即便想要征调，亦不能任意。

驸马刘惔眼睁睁看着这位连襟没几年就成了朝中兵强势广的实权派，私下里酸溜溜地说：

> 温眼如紫石棱，须作猥毛磔，孙仲谋、晋宣王之流亚也。

孙仲谋就是孙权，晋宣王指司马懿，这话就差没明着说桓温有毒，谋夺帝位，不如快快弄死以绝后患吧。

刘惔，字真长，心性高傲，有任诞之风，袁弘《名士传》以其为“永和名士”之首。有一次桓温问他：“听说会稽王司马昱擅清谈，语奇进，是这样吗？”

刘惔答：“的确是这样，但他不过也就是个二流中人罢了。”

桓温接着问：“那谁才算是一流人物啊？”

刘惔傲然答：“正是我辈耳！”

然而，刘惔虽自谓一流，名气却远不如扬州刺史殷浩。

殷浩，字深源，虽有美名，却隐居十年不肯出仕。后被司马昱征为建武将军，希望以其名望与桓温相抗。

殷浩以清谈闻名，曾与刘惔辩难，问：

自然无心于禀受，何以正善人少，恶人多？

意思是自然之气弥漫世间，人各禀其气而生，本是无心体受，为什么却是坏人多，好人少呢？

众人都觉角度刁钻，无言以对。刘惔答：

譬如写水著地，正自纵横流漫，略无正方圆者。

这就像是打翻水盆，水自流淌，其形各异，除非流入型器中，否则哪会刚好淌成个四方形或是正圆的呢？

众人皆绝倒。清谈之士，终日热衷的便都是这些似是而非的理论。

又曾有人以《周公解梦》询之于殷浩，说：

> 将莅官而梦棺，将得财而梦粪，何也？

这事儿大概很多人都有过疑问吧，据说梦见棺材意为升官发财，梦见大粪就会黄金万两。但是在清谈名士的圈子里，谐音梗是要罚钱的，殷浩这样的高手怎么可能玩这种破梗呢，因此真名士自有妙解：

> 官本臭腐，故将得官而梦尸。钱本粪土，故将得钱而梦秽。

不但见解与众不同，且顺便表现了一下视金钱如粪土的名士清操，旁座之人听了，自然又是一番赞叹称绝。

但桓温和陶侃一样，最看不上这些玄言虚务，只是碍着殷浩声盖当时，不便与之硬杠。此前他曾向殷浩挑衅，问："卿何如我？"你自己觉得跟我相比如何？

殷浩淡然一笑，麈尾轻挥，又轻轻吐出一句名言来：

我与我周旋久，宁作我。

这话的意思是，我和我自己相亲相伴，周旋数十年，早就习惯了这个“我”，觉得没啥不好，就还是做我自己好了。跟你有啥好比？

显然，打嘴炮，桓温是干不过殷浩的。好在，他也知道殷浩不过纸上谈兵，不必在意，便也相安。

349年，后赵石虎病死，境中大乱。此时桓温治下有八州之地，他自行招募军卒，调配物资，俨然已独立一隅，于是上书请求北伐。

朝廷不愿让他再立功勋，害怕更加无法压制，因此再三拒其所请；但是北伐是“主旋律”，不可不行，遂任命不争不抢的国丈褚裒以征讨大都督率军北伐。

无奈褚裒实在没有领兵之才，大败而还。如果只是败军也罢了，关键是此前他派将军往中原接应归附民众渡河南迁，因为他的撤军缺乏接应，二十多万汉人百姓全部被胡人追杀殆尽。

褚裒谦逊辞让了一辈子，就高调这一回，却闯下如此弥天大祸，害死几十万条人命，不禁愧悔难当，惭恨而亡，时年四十七岁。

事已至此，朝廷仍然不愿意任用桓温，便又改任殷浩率军。

谁想到殷浩出发时，还没等上马就摔了一跤，军中皆以为不吉之兆。桓温在私下评议说："浩有德有言，向使作令仆，足以仪刑百揆，朝廷用违其才耳。"

果然，殷浩能说不能打，僵持了四年，折兵损将，屡战屡败，连手下将卒都叛降了，简直不知该如何下台。

354 年，桓温上奏朝廷，历数殷浩罪状，废其为庶人。

殷浩倒不至于像褚裒那样一愧而亡，他仍然保持着名士范儿，口无怨言，面无戚色，吟咏清谈，夷然自得；然而时常于空中比比画画，手书四字"咄咄怪事"，不知是在骂天还是怼地。

至此，朝中再也无人可与桓温抗衡，朝局正式进入了桓温的时代。

四

桓温三次率军北伐，一伐前秦，二伐姚襄，三伐前燕，胜负参半。

第一次北伐在永和十年（354）三月。晋军势如破竹，一路攻至陕西灞上，距长安都城仅一水之隔。倘若一鼓作气，未尝不能灭了前秦，收复长安。

然而不知道为什么，桓温就在这里停住了，希望城里有人响应，可以不战而屈人之兵，结果坐失良机，被前秦施以坚壁清野之计，致有断粮之忧。晋军失利，前秦各军纷纷反攻，两军在白鹿原两次展开大战，最后以桓温败归告终。

第二次北伐在356年。桓温一路攻占洛阳，登上城头，慨然长叹：

> 遂使神州陆沉，百年丘墟，王夷甫诸人不得不任其责。

他之所以对清谈如此厌恶，是对殷浩衔恨所致。

这也是东晋建国后，晋军第一次回到故都，极大地振奋了人心。当桓温的军队进城时，父老感泣，夹道相迎，纷纷道：“没想到今生还有机会再见王军。”

此后，桓温特地拜谒了先皇陵墓。行至金城时，看到自己从前任琅琊内史时所植柳树已绿树成荫，干有十围之粗，不禁攀条执枝，泫然泣叹：

> 木犹如此，人何以堪！

攀枝泣柳与怜惜老猿，都是战将桓温心底的温柔情怀，亦是魏晋风情的独特细节。

南朝文人庾信有《枯树赋》，末尾便是引用桓温此语，敷衍成诗：

> 昔年种柳，依依汉南；
> 今逢摇落，凄怆江潭；
> 树犹如此，人何以堪？

第二次北伐成功为桓温赢得了极大的名声，封南郡公、都督中外军事。他正式掌握朝政，集东晋军政大权于一身，一如当年的王敦。也有人形容他是王敦与苏峻的合体，而将时局称为“桓与马共天下”。

此前桓温经过王敦墓时，曾叹曰：“可儿！可儿！”他很欣赏王敦的狠决雄强，但是心下却并不喜别人将自己与这位乱臣相提并论。他心目中的偶像是白袍退敌的刘琨。

北伐中，有位从前刘琨府上的家伎前来投奔，一见桓温，便潸然泪下，道：“公甚似刘司空。”

桓温听说自己竟与偶像相似，非常高兴，忙重整衣冠，做出个自以为最帅的表情，追着问：“你再细说说，哪里像？”

这老婢也是太不会说话，当真定睛看了一回，一一点评说：

> 面甚似，恨薄；眼甚似，恨小；须甚似，恨赤；形甚似，恨短；声甚似，恨雌。

桓温大为扫兴，解了冠袍闷闷睡去，而且为这事一连生了好几天闷气。别的也都好忍，说自己眼小腿短也罢了，竟然说自己声音尖细有女腔，真真不能忍。

故事没有结尾，不知道那位老婢后来怎么样了。估计桓温不至于为这几句话杀了她，但是也绝对不会善待就是了。

自从东晋偏安，王导提出“克复神州”的口号以来，洛阳被收复是最大的一次成功，桓温风头一时无两，桓氏一族皆掌重镇要职。

次年，小皇帝司马聃亲政。倘若这皇上能够多活几年，或许大晋的局势便能多安稳几年，偏偏，小皇帝年仅十九便病逝了。

晋穆帝司马聃、晋哀帝司马丕、晋废帝司马弈，走马灯一样地更换，换得人眼花缭乱，心也跟着乱了起来。如果此前桓温还没有争位的心，此时看着皇帝们一个接一个奔赴黄泉，不能不起了“皇帝轮流做，明年到我家”的心思。一日他枕臂卧床，与左右议事，忽然用一种闲谈的口吻道：

为尔寂寂，将为文景所笑。

很显然，他这时候的偶像已经从刘琨改成司马懿了，谋位之心，昭然若揭。众僚听了，一时惊掉下巴，莫敢应对。

桓温笑了笑坐起，索性抚枕道出志向，语不惊人死不休：

“既不能流芳后世，不足复遗臭万载邪！”

五

桓温因有篡晋之意，在历史上的评价一直很低，这让我多少有些为他抱不平。

就从他成名的平蜀之战说起吧。

对于魏晋来说，蜀国真是个敏感的话题。当年诸葛亮病逝五丈原后，司马懿乘胜出击，魏强蜀弱的格局渐渐明朗。“死诸葛惊走生仲达”一幕，让世人清楚地看到，诸葛亮是输给了命运，而不是司马懿。如果他还活着，曹魏绝不会那样容易吞并蜀汉。

在诸葛亮生前，司马懿一次都没有真正战胜过蜀军。当然，诸葛亮也始终没占到司马懿的便宜。这两位势均力敌的对手，为后世留下了无数棋逢对手的战神传说。我最爱的，还是“空城计”。

不过，本章要感慨的，不是战争，而是政治。

刘备于白帝城托孤时曾对诸葛亮说：

君才十倍曹丕，必能安国，终定大事。若嗣子可辅，辅之；如其不才，君可自取。

此时的诸葛亮距离皇位已只有一步之遥，但他谨守本分，不逾雷池，视阿斗如君亦如子，呕心沥血，死而后已。

这不仅仅是诸葛亮忠于刘备，更重要的是，刘备再不济也姓刘，生拉硬拽地掰扯自己是汉室血脉，所以有个“兴复汉室”的名号。倘若诸葛亮废刘禅而自立，那就是名不正言不顺，就是狼子野心，就不是鞠躬尽瘁的诸葛亮了。

乱臣贼子，这个罪名太重，别说诸葛亮担不起，连曹操、司马懿都担不起！

曹操挟天子以令诸侯，玩弄汉献帝于股掌之间，可是终究不敢废而代之，至死为汉臣。以魏代汉的，是他的儿子曹丕。

在诸葛亮死后，司马懿完美复制了他的命运，先后接受了魏文帝曹丕与魏明帝曹叡的托孤，在发动“高平陵兵变”后，已经完全把曹魏政权掌握在自己手里了，却也没敢把曹芳怎么样，还是迎他回来继续做皇帝。

而司马昭废了曹芳，也只是另立曹髦，还是没敢以身相代。甚至，在他杀了曹髦之后，都要假借太后之手为自己洗白，决不担弑君的恶名。

这倒也让人感慨，再嗜杀的豺狼，也还是有羞耻之心的。哪怕是张遮羞布吧，好歹也知道遮一遮。

如今，同样的命运，轮转到了桓温手上。他要怎样选？

虽然他声称不能流芳千古，也要遗臭万年，却仍然是要脸的，并不想真实上演弑君篡位这种大反派戏码。想要皇位也不能明抢，得按剧本套路一步步来，这点和王敦还真是像。

桓温为自己写好的剧本是屡建军功，封侯拜相，得封九锡，一步步走上权力巅峰，然后才在德高望重之际做出百般不得已的样子，从逊帝手中接过御玺，完成禅让大戏。

为了敲山震虎，他在北伐取得初步成功后，立即上书建议晋帝还都洛阳。

这下子可让朝廷上下全都慌了手脚，一则如今北伐只是开端，胡虏并未被彻底赶出中原；二则东晋君臣偏安已久，早已在江东建下大片家业，广占山泽，对于复国的热情远不如前，口号可以多喊喊无防，实则早已没了北归的心。

面对桓温的一再施压，朝廷一边答应迁都，却推说待中原彻底平定后再行；一边优诏厚封，加桓温大司马殊礼，位在诸侯王之上。

桓温也知时机未到，如此造作不过是逼朝廷表态，如今双方有了台阶，也就不再提迁都之事了，却开始实行第二步：再次请求北伐。

在桓温想来，此时自己距离龙椅只是一步之遥，但是让皇帝禅位还得加把火，需要一个强有力的契机和理由。若能收复中原，必定天下归心，彼时登基可就是众望所归了。

只是，桓温的金手指忽然折了。

369年，桓温率步骑五万自姑孰出发，第三次北上，却先胜后败，渐落下风。论其败因，前秦大臣申胤说得最好：

> 晋室衰弱，温专制其国，晋之朝臣未必皆与之同心。故温之得志，众所不愿也，必将乘阻以败其事。又，温骄而恃众，怯于应变，大众深入，值可乘之会，反更逍遥中流，不出赴利，欲望持久，坐取全胜。若粮廪愆悬，情见势屈，必不战自败。

可见，最了解自己的往往是敌人。申胤预言桓温必败，乃有内外两大原因：一是东晋朝廷嫉贤妒能，并不期待桓温成功，所以必有掣肘之举；二是桓温虽然勇猛，却往往在临门一脚时缺乏决断，第一次北伐据灞上而坐失军机，这次也会一样，只要遇到断粮之类的变故，立刻就会自乱阵脚。

事实果然被他说中。桓温败还，威望大失，篡位谋划也跟着流产了。

不过因为军权在手，晋廷也不敢问罪于他，照样派人犒军慰问，并遣会稽王司马昱于途中迎接桓温。

也不知道是不是在这次接应中让两人对接了眼神，桓温决定一不做，二不休，实施谋位第三步：废立。

这是谋士郗超为他出的主意：

明公既居重任，天下之责将归于公矣。若不能行废立大事、为伊霍之举者，不足镇压四海，震服宇内，岂可不深思哉！

所谓伊霍之举，意思是重臣兴政，废无道立有道。“伊”指商初大臣伊尹，因皇帝荒淫，将其禁闭宫中，自己代行政务，直到皇帝改悔才肯政；“霍”指汉朝辅政大臣霍光，执掌朝政二十年，自行废立皇帝。

郗超以为主公北伐失败，威望受损，非大事不足以振雄风。桓温欣然采纳，遂上书太后，要求废黜司马奕，理由当真令人瞠目结舌——竟然说皇帝阳痿，不能生育，皇子非皇上所出。

一个大将军要举兵造反，理由竟是皇帝内帏不举，这借口也算得上前无古人后无来者了。就连前秦皇帝苻坚都看不惯，撇着嘴评价说：“桓温此前北伐失败，两次使国家军队遭受重大打击。不思反省，向百姓谢罪，竟还废黜君主。六十岁老翁如此举动，岂不伤天害理，如何自容于天下？”

更荒诞的是，褚太后居然接受了，还正儿八经地集百官于朝堂，公开下诏废司马奕为东海王，后来又贬为海西公。

到底是枪杆子里面出政权啊！

六

371 年，司马奕被废，司马昱登基，史称简文帝。这是东晋的第八位皇帝，也是东晋创立后第一次由长辈接了晚辈的班，注定“德不配位”，皇气难久。

桓温拥立简文帝，难道真是因为认定司马昱才是当世明主吗？当然不是。

当初桓温建组时就想好了，简文帝不过是个过渡情节的大配角，拥他上位，是为了找个合适的时机让他禅位给自己。

简文帝也知道逃不过这一幕，只是不知道究竟发生在第几集。桓温废黜他后又会不会赶尽杀绝，因此他每天担惊受怕，卧不安枕，惶惶不可终日。就连桓温多看他一眼，他都惧怕到涕泪交流，不到一年就自己把自己吓死了。

真不知道，如果司马昱一直不当皇帝，是不是能多活几年。

简文帝临终前诏桓温回朝议政，一昼夜内连发四道诏书，桓温却推辞不应。文帝原诏太子即位，桓温摄政，效仿周公，太子如果不值得辅助，可取而代之，自行称帝。但是由于侍中王坦之据理力争，遂改为桓温辅政，遵循诸葛亮、王导旧例。

372 年，太子司马曜即位，是为孝武帝。

桓温功败垂成，大失所望。他的剧本明明不是这样写的，故事线发展到这里，本该由简文帝禅位给自己，至不济也要临终托孤，让自己成为摄政大臣。如今竟只是个辅政之臣，这不是原地踏步吗？

倘若此时桓温以奔丧之名直接带兵逼宫，帝位说拿也就拿了，可是正如申胤所说，他一面野心大志，一面又遇事不决。每每到了关键时刻他就犹豫怯战，“欲望持久，坐取全胜”，老想只靠屯兵把别人恫吓一番，不战而胜。

伐秦是这样，夺位也是这样，简文帝召他入宫议政时，他不理，自认为已经为谋朝篡位铺好道路，就坐在家中等着黄袍加身便好。待至遗诏颁下，他虽大怒，却仍然不能立下决心夺宫；踌躇许久，方于宁康元年（373）三月提兵入建康“朝觐”，似乎真要干一番大事了。

当时，人们都传言桓温此番无诏进京，将要“诛王谢，移晋鼎”，改朝篡位。不料他仍然只是持重观望，与谢安来了番名士之谈后，踌躇了半个月，到底还是撤还了。

当然，他还是得到了一些口头应诺的，比如朝廷将为他加封九锡云云。

然而，随着桓温撤兵，剧本竟然走上了王敦的戏路。回到姑孰后，桓温病势日益沉重，虽然死盯着龙椅，却到死也没能等到朝廷的九锡之礼。

坏他好事的，乃是谢安与王坦之。而谢安的复出与崛起，正是由他一手提拔！

权臣的接力棒，从桓温传到了谢安手上。

373 年 7 月，桓温病逝姑孰，终年六十二岁。

桓温虽有谋朝之意，但是毕竟未行，而其北伐之功倒是明明白白的，因此仍保全名声，得到了死后哀荣。

朝廷以霍光之礼葬之，追赠丞相，将其兵权交付其弟桓冲，南郡公爵位则由其幼子桓玄袭封。

桓玄（369—404），字敬道，又名灵宝。据说桓夫人半夜见到有流星飞坠，直接落进她家的铜盆中，变成一个晶莹剔透的小火珠。这桓夫人胆子也大，抓过来就扔进嘴里，伸伸脖子咽了下去，后来便怀孕生下了桓玄，所以断定此子是天星下凡，未来不可限量。

后来，桓玄果然篡晋称帝，建立桓楚，并追尊桓温为宣武皇帝，庙号太祖。

桓温的皇帝梦终于在死后实现了。当然，这已经是三十年后的事情了。

千古功过说王猛

一

桓温第一次北伐时，驻军灞上，遥望长安，坐等芝麻开门，奇迹发生。

隐居华阴的名士王猛听说了，特地前来拜访，“披褐而谒之，一面谈当世之事，扪虱而言，旁若无人。”

“扪虱而谈”，就是一边捺虱子一面聊天。这种现代人看来难以忍受的行为，在魏晋却是令人称道的名士范儿，说明人家王猛虽然布衣短褐，却也是有资格服食五石散的，乃方外超逸之人，从容自在，深不可测，随时都会羽化而飞仙。

更何况，王猛还自称隐居西岳华山，这就更加显得高渺不可及了。

桓温遂向他虚心请教：“我奉晋天子之命，率师十万北伐讨逆，却不见三秦豪杰前来归附，这是为什么?”

王猛侃侃而谈，一言中的：

公不远数千里，深入寇境，长安咫尺而不渡灞水，百姓未见公心故也，所以不至。

意思是您千里而来，深入腹地，如今距长安一水之隔，直接打过去就是了。您赢了，三秦父老自然相从，可您却突然停了下来，这不进不退的，大家伙儿也不知道是啥主意啊。咱也不敢说，咱也不敢问，可不就观望着了吗？

话已经说得这样明了，桓温却不肯正面回答，只顾左右而言他，又赏赐王猛车马，邀其同回江南。

王猛未置可否，却回到山中请教自己的老师，这老师自然也是个博古通今的神算子，遂说：

卿与桓温岂并世哉！在此自可富贵，何为远乎！

你和桓温都是谋臣，一山不容二虎，哪好合作。若求富贵，桓温自己也只是人臣，又能给你什么？只要守在这里，不必远行，将来自有你的大得意之处。

于是，王猛决意留在华山，不肯随桓温归晋，却在多年后归附了氐人苻坚（338—385），助其尽收三秦之地。

桓温北伐的大方向大格局是没有错的，他完全有机会像司马懿那样发动一场高平陵之变，在死之前替子孙铲平道路，但却终究没有“诛王谢，移晋鼎”。他自称“当为文景所笑”，然而这正是他的可敬之处。与王猛之流相比较，高下如云壤。

二

王猛（325—375），字景略，青州北海郡剧县（今山东寿光）人。

也许怪不得王猛没有家国之念，早在王猛出生两年前，青州就归了石勒的后赵。也就是说，王猛生下来就是亡国奴了。后来他随家人漂泊迁徙了很多地方，始终都是在异族的土地上。

因此，王猛打小就不觉得自己是晋人，长江那边的晋室，对他来说只不过是一个国号而已。拒绝桓温而投奔苻坚，在王猛看来只是押了一个赢面更大的博主，根本没有敌我之分。

据说苻坚祖上本来姓蒲，因为爷爷苻洪得到了“草付应王”的谶文，而苻坚一生下来背上就有“草付”两字，于是一家子决定改姓，苻洪称王，建立前秦。

但是对于这个说法我表示怀疑，因为第三代前秦皇帝苻生是个出了名的暴君，残忍酷虐，专以杀人为乐。若是苻坚天生异象，那么皇长子早丧后，其祖其父岂会不应天命而早早立他为嗣，反而立了瞎眼的苻生？而苻生即位后，又怎么可能不早早杀了天生异象的他以绝后患？

要说是苻生顾念手足之情，那是坚决不可能的。

独眼皇帝苻生自幼暴力倔强，力举千钧，擅骑射，能徒手格击猛兽。

臣子们上书奏谏，称天象示警，国有大丧，大臣戮死，希望皇帝修德乐道，以安百姓。苻生笑嘻嘻地说，既然天象示警，那就应了天象便是，遂下令将皇后和几位辅政大臣一起杀掉，这不就是有国丧，戮大臣了吗？后因丞相反对，便又灭了丞相一家三代。

即位之初，他曾梦见大鱼吃蒲叶，醒来后便令人杀掉所有姓鱼或名字中有鱼的大臣。

一日长安飓风，宫人惊慌奔跑，苻生觉得失了体统，竟命人抓住那些宫人，直接活剖剜心。他的亲舅舅强平实在看不过眼，上谏劝其仁爱，苻生竟用凿子穿其头颅，把自己的母亲皇太后也“顺便”活活气死了。

苻生好酒，曾于咸阳故城大宴群臣，迟到的人直接被拖下去斩首。

当年石崇在金谷园以美人劝酒，客不饮，杀美人。苻生也学会了这一招，不过杀的不是美人，而是典劝官。

皇宫夜宴，钟乐齐鸣，他自己纵酒高歌，看到有大臣不喝酒，直接引弓射杀典劝官，吓得众臣慌忙举杯，胡饮烂醉，呕吐一地，腥臭熏天。苻生却在乌烟瘴气中看着群臣的丑态哈哈大笑。

待苻生自己醉了，便问左右：“你们觉得我是个什么样的帝王？”

惜命者颤颤栗栗，赶紧拍马：“陛下圣明，太平天子。”

苻生怒，一看你就不诚实，只会谄媚讨好，佞臣可杀。于是一边命侍卫将此人便拖下殿砍头，一边随手一指：“你来说。”

吓得那人赶紧上前：“陛下峻刑，失于残暴。”

苻生更怒：“你这是诽谤，竟敢诋毁朕！杀！”

更为变态的是，一日苻生去阿房游幸，见道上有兄妹偕行，竟然强逼二人乱伦以取乐。二人不从，均被杀。

他又喜欢将死囚面皮剥掉，让他们血淋淋地于殿中载歌载舞，召集大臣们欣赏。

平时身边妻妾略有不如意者，立即杀掉抛入渭河。

又因为他只有一只眼，平生最恨别人影射，臣子上书言事有一堆忌读，什么“不足、不具、少、无、缺、伤、残、毁、偏”之类的字眼通通不能出现，犯忌者杀，锯颈、刳心、截肢、腰斩，杀人的法子层出不穷。

秦岭绵延千里，时有野兽逃出山林吃人的。有臣子劝苻生戒杀，说这样杀下去，国中还有人在吗？苻生道：“野兽饿了才会吃人，饱了自然就会停止。大街上走着那么多人，我才杀了几个，哪里算得上严酷？离餍足远远不够呢。我不杀，野兽也会吃掉。”

然而这样多疑好杀的苻生，居然一直留着苻坚不杀，还给他机会杀了自己，实在不科学！

这让人不能不怀疑，关于苻生的种种残暴，都是苻坚登基后操纵水军传播出去的。而给他出主意的人，应该就是王猛。

三

苻坚虽是氐人，却倾慕汉族文化，八岁时主动向爷爷提出请个汉人家教，老皇帝十分诧异：咱们这个民族世世代代都只喜欢喝酒吃肉，你这小子居然想着学文化，这可太奇怪了。当下广延名师，对乖孙悉心教导。

于是，苻坚年纪轻轻已是熟读经史典籍，也如汉人一般崇尚山中高士。他听闻王猛才名，便派人恳请王猛出山。

王猛便又如当年见桓温一般，来了番扪虱而谈，说南北，议兴废，句句投机。苻坚喜不自胜，离席再拜。而王猛也暗自再起了一卦，算出苻坚有帝运，自己跟着他自会水涨船高，遂依附于他，甘为谋臣。

357 年，苻坚趁苻生醉酒将其诛杀，自立大秦天王。王猛拜中书侍郎，职掌军国机密。之后他一路迁升，甚至在三十六岁那年连升五级，权倾内外，如愿以偿，坐上了“一人之下万人之上”的首辅之位。

桓温的第三次北伐，就是因为王猛劝说苻坚相助前燕，才让慕容氏逃过一劫并反击成功的。而王猛却趁着慕容家内乱，转过头亲自率军平了前燕，立下大功。

之后，苻坚在王猛辅助下，开疆拓土，兴法治国，到王猛死前，前秦已经基本统一北方，十据七八。君臣相得，自谓千载一时。

苻坚对王猛信任有加，倚若长城，情同鱼水，从不吝赞美之词：

> 朕之于卿，义则君臣，亲逾骨肉，虽复桓、昭有管、乐，玄德之有孔明，自谓逾之。
>
> 卿夙夜匪懈，忧勤万机，若文王得太公，吾将优游以卒岁。

这两段话的意思是，我是风儿你是沙，我是大树你是花，我是周文王，你就是姜太公，我是齐桓公、燕昭王，你就是管仲、乐毅，我是刘备，你就是诸葛，你比孔明更聪明！有了你，我再不用费心费力，袖起手来吃着火锅唱着歌儿，你就能替我把国家治理得妥妥的。

苻坚是这么说的，也是这么做的，不动脑不用心，言听计从，垂衣而治。甚至令子女事王猛如事己，表示君臣一体，如臂使指。

这让很多氐族臣帅不满，觉得皇上信重汉臣，有损氐族贵戚的颜面。老侯爷樊世仗着自己的从龙之功，当众羞辱王猛说："我们与先帝共兴大业，辛辛苦苦打下这片江山，你却来捡现成儿的。这不是我们种庄稼，你白收粮食吗?"

王猛却冷笑说："不光是你种我收，我还要让你做好饭再端至我面前呢。"

樊世气得发疯，指天誓地："我早晚要砍了王猛的头，悬挂于长安城门之上。"

这事儿被苻坚听说了，他的反应比王猛还激烈："那不行，不能等樊世动手，与其防备，不如进攻，就让朕杀了这个老氐来整肃群臣。"

于是，苻坚设下一场鸿门宴，故意在席间激怒樊世，然后再治其目无君上之罪拉下去砍头，杀了这只鸡，警告一群猴。

如此这般，再没有人敢对王猛的一人之下万人之上指手画脚了。

王猛病重之时，苻坚亲自为其祈祷，又派侍臣遍祷于名山大川。王猛病情一度好转，苻坚欣喜不已，大赦天下。

王猛感激涕零，留下遗言：

晋虽僻陋吴越，乃正朔相承，亲仁善邻，国之宝也。臣没之后，愿不以晋为图。

王猛还记得自己是汉人，东晋乃华夏正朔，寄言氐主勿翦勿伐。

如果说王猛最大的功业是什么，在我看来就是推广汉学。在王猛的领导下，前秦恢复太学，各郡县广修学宫，并强制公卿以下子孙入学。苻坚每月亲临太学一次，考问经义，品评优劣，这使得中原大地虽然陷入异族统治，但是华夏文明却未因此断绝，儒学的存续和推广得到了保障。

最重要的是，王猛完善了考试制度，在某种程度上，这可以视为隋朝科举制的前身。

因此，若视王猛为英雄，我坚决反对，但若称其为名士，则毋庸置疑。

四

有人说，如果王猛多活几年，可能不等隋朝的杨坚出世，氐族的苻坚提早五百年就会一统天下了。

但从王猛的遗言来看，他的愿望是与晋朝划江而治，南北守望，亲仁善邻，建立友好邦交。

只是，苻坚起初还记得王猛的心愿。待灭了前凉、代国，击溃西域三十六国之后，前秦之势臻于极盛，南北统一宛在眼前，触手可及，苻坚便再也不愿意持守承诺了，以为时移势易，只要打过江取了东晋，便可成就周武霸业，一统天下。

这个大一统的梦境实在太诱人了，于是，苻坚终于在383年全秦总动员，集结步兵六十万，骑兵二十万，号称百万，御驾亲征。

当时，也曾有大臣提起王猛的临终遗言，提醒皇上小心晋朝长江天险。苻坚很霸气地说：

以吾之众旅，投鞭于江，足断其流。

意思是我兵强马壮，人人把马鞭投入江中，都能把江水阻断。这场仗不用打，吓都吓死晋朝军队了。

这便是“投鞭断江”的来历。

此外，这场著名的淝水之战，还为后代留下了诸如“草木皆兵”“风声鹤唳”等一系列成语。

十月，秦军攻占寿阳，屯驻洛涧。苻坚自恃兵多将广，可是登上城头，遥望王师，却看见晋军步阵齐整，将士精锐；又北望八公山上草木森森，皆类人形，竟然分不清哪是人，哪是树，不禁相顾失色说：“此亦劲敌也，何谓少乎？”

他们哪里知道，那只是对方在林中装饰的无数假人，是“草木皆兵”的障眼法罢了。

前秦军队人数虽众，却是由鲜卑、羯、羌等各族兵丁临时拼凑起来的，他们未经训练，毫无默契，一点点风吹草动都能让他们腿肚子朝后；而谢玄率领的“北府兵”，却多为从北来侨民中征募的强壮男丁，他们饱受异族欺压，身负国恨家仇，壮怀激烈，悍不畏死。

在双方兵力悬殊的前提下，北府悍将刘牢之率五千人发动奇袭，首战告捷。而秦军一旦失了先机，立即溃不成军，被晋军连打带吓，稍经挫折就惊惶溃逃，途中丢盔弃甲，一片混乱。甚至听到呼呼的风声和鹤鸣声，都慌张地大叫晋军来了，不顾白天黑夜地拼命奔逃，一直逃到了淝水右岸。

这场以北府军八万逼退前秦军八十万的千古大战，就这样以不可思议的方式结束了。

诚可谓“一子错，满盘皆落索”。

据说大战爆发时，东晋的主帅谢安正在帐中下棋。军报送达，谢安看了一眼便放在一边，不动声色地继续下棋。客人忍不住问:“军报说什么?”

谢安淡淡道:“小儿辈遂已破贼。”意思是没什么大不了的，不过是孩子们打了个胜仗罢了。

然而便是这一场仗，这一局棋，让威威赫赫的前秦分崩离析，统一大业一朝尽丧。苻坚亦在不久后为降将姚苌勒毙于新平佛寺，终年四十八岁，庙号秦世祖。

次年，姚苌进驻长安，正式称帝。历史进入后秦时代。

我佛慈悲，怜悯地看着众生在殿前厮杀流血，露出一抹拈花的微笑。

谢安，东山再起

一

谢安是唯一能与王导相并论的东晋名相，提起他，人们最熟悉的典故莫过于“东山再起”。

谢安（320—385），字安石，出身于陈郡谢家。乌衣门第，家学渊源，善行书，通音乐，很得王导的器重，功名于他，如拾草芥。

然而他偏偏无心仕途，几度征辟，都被他婉言谢绝，只喜欢优游东山，逍遥自在，常怀采薇之志。曾往临安山中，坐石室，临峻谷，悠然长叹：

> 此去伯夷何远！

然而名士圈的生存法则是，越是隐居不仕，就越是德名高涨，这叫“养望”。

后来，王羲之辞官回到会稽，常邀集谢安、许珣、支道林等人一同游山玩水，啸歌云霞。他们组成名士沙龙，玩法相当文雅高深，“出则渔弋山水，入则言咏属文”，真不是一般人能够参与的。

著名的“曲水流觞”，便发生在这期间。

一日，谢安诸人又相聚于“水厄之父”王濛家清谈，拿起一本《庄子》来，说：“翻到哪一章，便以何章为题，口头作文。”

于是翻开，乃是《杂篇·渔父》，支道林先讲，口吐莲花，即兴七百多字小作文，“叙致精丽，才藻奇拔，众咸称善”。

支道林（314—366），本名支遁，著名僧人。好谈玄理，曾注《逍遥游》，又作《即色游玄论》，宣扬“即色本空”；释道兼修，清通广博，二十五岁出家，讲学江南，交游名士，声名鹊起。

通过一件小事就可以看出其风神：

支道林好鹤，有人送了他一对仙鹤。凡是养过鸽子的人都知道，想把鸟养熟就要先剪短翅羽，让鸟儿飞不起来，如家鸡般每天由主人喂食，待到羽翼渐成，便不会飞走了。

支道林自然也是这般操作，剪掉了鹤羽。然而喂食之际，常见那只鸟儿看着天空发呆，又或是顾翅垂头，十分自卑懊丧的样子，为了不能上天而难过。支道林大有所感，叹道：

既有凌霄之姿，何肯为人作耳目近玩。

人心放旷爱山水，鸟儿自然也向往着自由天地。于是待鹤羽长成，支道林便不再圈养，令其归于长空。

这才是万物各适其性的逍遥之理，自然之境。

这样的支道林谈起《庄子》来，自然畅达无滞，清新脱俗。言毕，众人皆道珠玉在前，难以超越。

谢安却麈尾一拂，自述己见，洋洋万言，如泻江河，文才高超，意气洒脱，萧然自得，直把小伙伴们惊得掉得了下巴。

支道林亦自叹弗如，笑道：

“君一往奔诣，故复自佳耳。”

于是，谢安声望愈高，以清谈闻名于世。从前殷浩隐居不出时，世人相谓：“深源不起，当如苍生何？”仿佛殷浩不做官，天下就群龙无首一般。

后来殷浩起了，也败了，健忘的世人便又很快将目光转向谢安，再次呼吁：“安石不出，当如苍生何？”

似乎诸葛亮也罢，王猛也罢，殷浩也罢，谢安也罢，谁能在山里一住十年，谁就被加持了看不见的光环，不出则已，一鸣惊人。

而另一群士大夫则气愤谢安的不识抬举，上疏要求将谢安禁锢终身，既然屡辞征召，那就一辈子不要出山好了。

琅琊王司马昱听闻，却断言：

安石既与人同乐，必不得不与人同忧，召之必至。

意思是谢安终非方外之人，不能无悲无喜无欲无求。若真耐得住寂寞，哪会携妓游山，啸聚谈玄，闹出这许多动静来呢？他既然心系红尘，与人同乐，必然挂碍良多，与人同忧，又怎么可能真做到遗世独立？

其实不必司马昱预言，从谢安与王羲之的对话就可以看出他对于隐居这件事已在摇摆中了。

谢安小王羲之十七岁，却与之相交甚密，曾对着这位忘年交感慨说：

中年伤于哀乐，与亲友别，辄作数日恶。

比他多吃了十七年盐的王羲之早已经过了这个阶段，安慰说：

年在桑榆，自然至此，正赖丝竹陶写。恒恐儿辈觉损欣乐之趣。

王羲之过世时也只有五十八岁，虽称“桑榆晚景”，也只是年过半百而已。

从两人的对话来看，很可能是谢安感慨兄弟子女俱在外在官，留下自己这个空巢老人，未免寂寞，遂跑去向老友诉苦，说人越老感情越重，每每告别亲友，就会抑郁数日不能自愈。

王羲之却笑着说，越是人生无常，越要丝竹陶情，放开怀抱。我还怕儿女们过于关心，老是粘在我身边，打扰我的清欢呢。你就踏踏实实享受一下闲居生涯，种种花养养鸟得了，何必叹气？

王羲之逝于361年，谢安东山再起于360年，所以这番对话只能发生在他复出之前。

显然，隐居东山的谢安年近不惑却困惑陡生，感受到了一丝中年危机，对于年华飞逝颇不甘心，早存着出山之念了。

只差一个理由。

而谢家这几年颇不安生。先是357年，堂兄镇西将军谢尚去世；次年，亲哥哥豫州刺史谢奕病逝；又次年，亲弟弟谢万又因北伐前燕失败，不但在战略上连连出错，还单骑逃跑，险些被盛怒的军士斩杀，后被朝廷下旨贬为庶人。

这件事对谢氏家族的打击太大了。魏晋最重门阀，一个家族的名望盛衰，往往系于一人之身。再大的家族，如果长久没有一个出色人物出现，便会不可避免地走向灭亡。而陈郡谢氏这一代本不乏人，偏偏接连出事，尤其谢万被废，声名大挫，倘无人为继，谢家便只能面临没落的命运了。

家族存亡之际，再由不得谢安高卧东山。于是，他带着一丝不得已的微笑，“与人同忧”，于不惑之年毅然出山，应桓温之邀担任帐下司马。

百官为谢安于新亭设宴饯行，无非干果热汤，美酒炙肉，再说些祝君发达之类的寒暄套话。本来气氛挺好的，偏偏有人不肯放过谢安，重提他当年拒仕一节，讽道：

> 卿累违朝旨，高卧东山，诸人每相与言，安石不肯出，将如苍生何！苍生今亦将如卿何！

其实谢家大难，谁人不知，此人含锋带刺，分明是嫉妒谢安名气忒大，心中含酸，借机刁难罢了。谢安亦不解释，唯愧然一笑。

及至到了桓温帐中，不免又是一番接风宴请，欢笑终日。自然又有人妒忌心起，每每暗刺他食言而肥。

一日，谢安在桓温帐中议事，正值有人给桓温送草药，中有一味远志。桓温随口问：“我记得这种药又称小草，为什么有两种称呼呢？”

谢安未及回答，坐在旁边的一位名士郝隆应声道：“这有什么难解的？山中叫远志，出山叫小草。”

意思讽刺谢安高卧山中自称志向高远，如今出山却不过做个小小司马。后来，便有了“小草远志”的说法，代指隐居与出仕或自谦居官低微。

从这些传说可见，谢安刚出山时是不被时人理解的，甚至颇受揶揄。但不管怎么说，谢安出山了，他的人生将从此不同。

既然提到郝隆，就顺便多说几句。这也是东晋一位特立独行的名士，其放诞乖张与阮咸有一拼。阮咸曾在晒衣日高挑竹竿晾出一条犊鼻裤，郝隆更绝，晾晒的直接是自己的肚皮，声称：“晒书！”

这个“仰卧曝日”的行为艺术为他收获了很好的广告效果，但他是否真有满腹诗书，却颇让人怀疑。

某年三月三日上巳节，桓温也想效仿王谢子弟的兰亭雅集，便命属下作诗，做不上来便罚酒。轮到郝隆这个自视颇高的晒书人，又想出新又无才思，翻了半天白眼也翻不出什么典故，只挤出一句俗语来：“娵隅跃清池。”

众人皆不解，说这个词我们还真是不知道呢，不知出自何典。郝隆道：“娵隅就是鱼，这是少数民族的方言俚语。”

人们都不干了：“蛮语也能入诗？”

郝隆辩驳说：“某不远千里而来，投奔桓公，才得了蛮府参军一职，不会说蛮语怎么成呢？”

显然，郝隆这是对职位不满，借诗发牢骚。但是这种阴阳怪气的调调着实让人不喜，难怪谢安不理他。不如我替谢安回他一首酸诗罢：

小草何曾识远志，娵隅枉自羡飞鸿。
东山既出耀千古，更有谁人知郝隆。

二

谢安出山后打的第一份工是任桓温帐下司马。桓温对谢安非常重视，犹以其风神为赞，时常对左右说："颇尝见我有如此客不?"咱这西府客如云来，颠不剌的见了万千，似这般俊俏的人儿可曾见?

可惜的是，我本将心向明月，奈何明月照沟渠。

或许是谢安早早看出了桓温的野心，在桓温北伐前，便借着兄弟谢万病逝，以奔丧为名离开了桓温。后来销假也没有再回桓府，而是受任吴兴太守，再之后征召入朝，三年内从八品军司马一路跃升至四品御史中丞，循至吏部尚书。

谢安虽然早与桓温异心，面子上的关系却维持得极好。桓温行废立之事后，谢安远远见到桓温便倒身下拜，桓温大惊："安石，你怎么向我行如此大礼?"

谢安答："未有君拜于前，臣揖于后。"竟是视桓温如皇帝。

因此，桓温更以谢安为心腹，简文帝病危之际，还上疏举荐谢安接受遗诏。他怎么也没有想到，有一天挡住自己上位之路的最大绊脚石，正是自己亲手推上高位的谢丞相。

司马昱原本遗诏令桓温摄政，谢安却与王坦之、王彪之等人联手劝说简文帝修改遗诏，将政权传给司马曜，只令桓温辅政。

王坦之为太原王氏，王彪之为琅琊王氏，虽非同宗，却是同祖。显然王家势力虽不如前，却还是会对朝局起到不小的导引作用。

桓温见旨大怒，于373年提兵入建康“朝觐”，当时人们都传说桓温此行定会大开杀戒，屠戮王谢两门。偏偏太后褚蒜子又命谢安与王坦之出城迎接，王坦之非常害怕，谢安却说：“晋祚存亡，在此一行。”毅然前往。

又是在新亭，这个安石下山的出发之地，在“新亭对泣”“新亭送别”的折子戏之后，同一个舞台又演出了一场更为轰动的历史大剧“新亭风波”。

新亭相会后，桓温部署重兵，刀甲环侍，还在周围拉起帐幔，不用多么细心就能发现，那帐后密密排列的，都是手握兵器的刀斧手。

百官栗栗，跪拜两旁，皆是两股颤颤，汗流浃背。王坦之吓得手版都拿倒了，谢安却从容就座，笑说：“我听说诸侯有道，守在四邻，不知道明公为什么要在墙壁后安插这么些人呢?”

桓温自命英雄，听了这话顿觉不好意思起来，笑着说:“排场如此，习惯了。”遂命兵士撤下，且置酒席，与谢安高谈阔论，饮宴终宵。

桓温到底是欣赏谢安的，也许两个人喝爽了，又或是谈判条件虽然未决但却气氛和谐，竟是终日欢饮，盘桓半月之久。然后什么也没谈明白，桓温便因身体抱恙而撤回了姑孰，终究没对王谢二人下手，也没有进一步责难朝臣。

这之前，王坦之一直与谢安齐名，无论朝廷地位还是民间声望都不分轩轾，至此则分出了上下优劣，人人皆道王坦之不如谢安。

三

桓温抱病而还，留下一堆叮嘱，让谢安向朝廷请加九锡，谢安自是满口答应。

这个锡文的撰写，便交给了《名士传》的作者袁宏操刀。袁宏此前也曾做过桓温掾属，感念旧恩，担当此任十分合适，当下笔走龙蛇，不几日便完成了锡文。谢安盛赞其文采，却道:“卿固大才，安可以此示人。”

袁宏改了一次又一次，谢安始终横挑鼻子竖挑眼，硬是说他写的不好，发回重写。终于袁宏也明白了，谢安这就是在借口拖延，不想让桓温得享九锡之礼。

既然注定是写不好的，那还费什么劲呢？袁宏便故作绞尽脑汁状，隔段日子就随意修改几个字交一遍锡文，如此一直拖到盛夏，终于等来桓温的死讯，锡文也就不用写了。

就这样，谢安生生熬死了桓温，除去了东晋朝廷最大的威胁，使东晋进入难得的政治平稳时期。

谢安人如其名，凭着从容与潇洒为自己和东晋赢得了一片安宁，从此声名更盛。

司马曜的帝位是谢安拥立的，也是谢安巩固的，因此桓温死后，谢安便顺理成章地出任宰相。但是直到376年正月初一，孝武帝加元服，太后褚蒜子归政，谢安才算是成了名副其实的宰相。

他的政治方略同王导相似，以儒、道互补，劝导百官，广行德政，疏中有密。在他执政期间，曾有士兵和奴仆因为不堪压迫而逃亡，躲在南塘船中。官府要大行搜捕，谢安却阻止说，这些人如此奔波流离，已经很艰难了，何必再加惩处？如果连这些人都不能容让，京都还能称之为京都吗？

这就是"宰相肚里能撑船"的实例写照了。

时人比谢安于王导，以为"文雅过之"，就连王家后人王俭亦说：

江左风流宰相，唯谢安一人而已。

也就是说，若论风度容止，谢安认第二，就没人敢认第一。

有才有貌还有权，谢安自是不折不扣的全民偶像，一举一动都有人模仿。百姓觉得谢丞相一回头一抬手都是最美的，走路时先迈左脚还是先迈右脚亦有方寸。

谢安虽然生长于江左，却与家人学得一口地道的洛阳话，吟咏时声调顿挫，非常好听，获得一片点赞之声。这也罢了，关键是谢安有鼻炎，吟诗的时候会有浓重的鼻音，时人竟连这一点都要争相效仿，各个书生说话时都要故意掩着鼻子发声，称之为“洛下书生咏”。

但是真正让谢安名垂千古的，还是“淝水之战”。这也是中国古代军事史上以少胜多的经典案例。

彼时，北方的前秦在苻坚的治理下日益强盛，晋军在与前秦的交战中处于劣势。谢安极力举贤不避亲，力荐侄子谢玄镇守广陵，负责长江下游江北一线的军事防守，自己则都督扬州、豫州、徐州、兖州、青州军事。

383年，苻坚倾全国之力，亲率百万大军南下，志在吞灭东晋，统一天下。

建康陷入一片恐慌之中，唯有谢安依旧镇定自若，以征讨大都督的身份负责军事，令谢石、谢琰、谢玄等率兵抵御。

出发前，谢玄特地到谢安家告别，请示这场实力悬殊的仗应该怎么打。谢安淡然说：“不必慌张，朝廷自有安排。”

谢玄不敢再问，却让与自己并称“南北二玄”的好友张玄之前来打探。未料谢安不提战事，却要与张玄之赌棋，而且以两家的庄园为彩头——这可真是一场豪赌啊。

张玄之的棋艺本来高于谢安，但因为心中紧张，一子错，满盘输。谢安淡然对外甥羊昙说：“别墅归你啦。”似乎全不把战局放在心上。

大战爆发，谢安于帐中“指授将帅，各当其任”。帐外千军万马，杀声震天，帐内却是波澜不惊，花香酒暖。当晋军大败前秦的捷报送到时，谢安又在与客人下棋，淡淡称：“小儿辈遂已破贼。”

其实谢安口中的“小儿辈”谢玄，这时候早已是胡子一把，就连孙子谢瑍都已经娶妻生子，娶的乃是王羲之的外孙女儿，两年后还为他生了个聪明绝顶的曾孙，就是谢灵运。这个故事，我们后面再讲。

且说自从兄长过世，谢安就代为抚养兄长的一对儿女，如今子侄辈终于成才，技惊天下，平定江山，当叔父的怎能不激动呢？

淝水之战，八万对八十万，晋朔存亡，在此一役，竟然就这样神奇地胜了。这岂是儿辈破贼的小事？这必将载入史册千古流芳啊。但是谢安硬是镇定地放下捷报，依旧凝神下棋，坚持到一局终了，才淡然起身离座，然而仓促的脚步到底出卖了他狂喜的心态——在过门槛的时候一个踉跄，竟然折断了屐齿。

自此，谢安的谋略与棋技一同名闻天下，只是，他赢得的不只是一座庄园、一次战事，更还有一片豪情、一世英名。

如果说王导劝说司马睿衣冠南渡有着绍晋之功，那么由谢安指挥的这场以少胜多的大战则有着定鼎之力。“兴灭国，继绝世”，这是决定晋室生死存亡的背水一战，保全了汉室江山没有全部落入异族之手。

李清照残诗：

南渡衣冠少王导，北来消息欠刘琨

我再续上两句：

若无安石战淝水，那得隋唐风雅存。

苻坚一败涂地，谢安一战封神。

奇巧的是，他们两人竟然死于同年同月。

385 年 10 月，一南一北两位大神先后闭上了眼睛，永辞红尘。不知道他们会不会在天河相遇，重开棋局，再决黑白。

受到九品官人法的影响，东晋乃至南朝人物什么事都喜欢拿来品一品，分出等级高下，于是《棋品》《画品》《诗品》《乐品》应运而生。魏国邯郸淳《艺经》云：

夫围棋之品有九：一曰入神，二曰坐照，三曰具体，四曰通幽，五曰用智，六曰小巧，七曰斗力，八曰若愚，九曰守拙。

谢安的棋品，自是入神坐照，臻于上品。

四

李白一生犷放恣傲，最崇拜的人就是谢安，吟咏之际，时不时地就要敲一下东山谢安石：

小隐慕安石，远游学屈平。

安石泛溟渤，独啸长空还。

东山高卧时起来，欲济苍生未为晚。

谢公东山三十春，傲然携妓出风尘。

……

李白最羡慕谢安的有两件事：一是谢先生懒洋洋地高卧东山就能名满天下，自然有人捧着高薪三番五次请他出来做官，他逍遥到四十岁才出山，还能一鸣惊人，指点江山，这种在隐居与出仕间游刃有余的潇洒，真让李白向往得两眼闪星星；再有一点，便是谢安的风流，“安虽放情丘壑，然每游赏，必以妓女从。”好诗好酒，美景美人，谁不羡慕？

事实上，退则啸吟烟霞，进则建功立业，唱一段首阳采薇的抑扬顿挫，演一出痛快淋漓的运筹帷幄，谈笑间强虏灰飞烟灭，然后再来个“功成拂衣去，归入武陵源”的漂亮收场——这是所有文人名士的理想人生。

山中养望，由仕而隐，后来在唐朝成了曲线升官的敲门砖。唐朝皇室因为以老子为祖先，道教盛行，对隐士高人非常尊重。有位举子卢藏用，由于中了进士却未授官，便跑到长安郊区终南山隐居，并且写了篇《芳草赋》印成“小广告”到处派发，被朝廷知晓，便授了他左拾遗的职位。

于是从此有了一个词叫作“终南捷径”。之后不得志的才子纷纷来到终南山高调隐居，希望以此谋得名声，养望得官。李白、王维、孟浩然都是个中实践者。

李白自认为文韬武略，只是没有机会施展。安史之乱爆发时，因为得到永王李璘的邀请，他脑子一热，便抱着安石出山的壮志从庐山上冲了下来，为李璘高唱赞歌，与新即位的肃宗李亨分庭抗礼，并且自称：

若用东山谢安石，为君谈笑净胡沙。

只可惜，他是中国最伟大的诗人，却完全没有政治头脑和军事谋略，站错队，念错经，还给自己混了个谋反的罪名，差点儿被斩。他的性格压根就不适合从政，更不适合做官。他太浮躁了，稍不满意就要大喊大叫，像个得不到糖果的孩子般任性，完全没有谢安的隐忍与城府。

于是李白只好自我安慰地认为，自己也还是有比谢安强的地方：至少，谢安死了，自己活着。

携妓东土山，怅然悲谢安。

我妓今朝如花月，他妓古墓荒草寒。

——居然拿生死这件事跟早已作古的人炫耀，李白也是有够无聊的。

宋朝名相王安石的字与谢安相同，也曾多次拒仕不出，甚至为了躲避皇帝征召逃进了茅房。时人便以谢安相比，争相传说其“不起则已，起则太平可令致，生民咸被其泽矣”。

王安石亦颇以与谢安同字而荣幸，后来便于谢安旧居建半山园归隐。半山园距离建康城七里，距离钟山主峰亦是七里，正好在中间，所以叫作“半山园”。园北有一小土堆，称谢安墩，相传为谢公遗址。王安石遂写下一首《争墩》：

我名公字偶相同，我屋公墩在眼中。
公去我来墩属我，不应墩姓尚属公。

李白向谢安夸耀自带的妓女鲜活艳丽，王安石却与谢公争起了土墩子的产权归属，当真令人莞尔。

再后来，蒋介石奉王安石为先师，取“介石”为笔名，便是从王安石字介甫而来的。

蒋介石的中华民国南京国民政府，也是中国历史上的最后一次金陵建都。

司马家的糟心婚事

一

东晋的皇权更迭真是令人眼花缭乱，最后，我们再从头捋一下东晋的九位皇帝：

318 年，司马睿在王导的辅助下创建东晋，他在位六年，终年四十七岁，史称晋元帝。这段时期的政治，被称为“王与马治天下”。

323 年，司马睿过世，其子司马绍即位，史称晋明帝，在位三年，平定王敦之乱，不久过世，终年二十七岁。

325 年，五岁的司马衍即位，太后庾文君辅政，真正的控权人则是国舅庾氏兄弟。司马衍在位时间虽长达十八年，他死得却早，二十二岁便逝世了，史称晋成帝。

342 年，晋明帝之子、晋成帝之弟司马岳即位，在位仅两年，二十三岁病逝，史称晋康帝。此时主权仍在庾氏兄弟手中。

344 年，晋康帝两岁的长子司马聃即位，太后褚蒜子辅政。

司马聃十五岁亲政，十九岁病逝，史称晋穆帝。此间，桓温因灭成汉而声名大振，日益权重。

361年，晋穆帝无子，晋成帝之子、晋穆弟堂兄司马丕立为皇帝，在位四年，沉迷丹药而死，终年二十五岁，史称晋哀帝。

365年，晋哀帝无子，同母弟司马奕即位，后被桓温所废，贬为海西公。

371年，晋元帝之子司马昱第三次问鼎皇位，史称简文帝，他在位仅八个月，就被桓温活活吓死了。

372年，简文帝之子司马曜即位，史称孝武帝。

这走马灯一样的年表，谁能记得住？真真难为了历史系的学生。

或许，东晋朝政的实权门阀倒是更容易记清，乃是琅琊王氏、颍川庾氏、龙亢桓氏、陈郡谢氏，并列四大家族，铁打的司马皇权搭配着流水的丞相世家，真是乱哄哄你方唱罢我登场。

东晋皇帝“虽有南面之尊，无总御之实，宰辅执政，政出多门，权去公家”，一直都活在战战兢兢颤颤巍巍之中，时刻面临着退位与灭国的威胁。

“淝水之战”的胜利延续了东晋王朝的命脉，司马曜也因为执政期内的这场胜仗而得名“孝武”，成为东晋史上在位最久的皇帝。

司马曜（362—396），只是看到这个名字我就想吐槽，可还记得前赵皇帝刘曜？

要知道，刘曜可是接连攻陷洛阳与长安，还娶了西晋皇后羊献容的人啊，司马家的后代难道对这个名字就没点儿忌讳吗？

对于君主来说，楚虽三户，亡秦必楚，亡国之恨是哪怕家族只剩下最后一滴血脉也当铭记的；对于平民百姓来说，深仇大恨莫过于杀父之仇，夺妻之恨。而刘曜，亡了西晋的国，还娶了西晋的皇后，这是什么仇什么怨？司马家的后人，不应该卧薪尝胆，世世代代对着司马曜的名字扎小人儿吗？怎么还能取个跟亡国仇人一样的名字？这得是心多大呀？

《晋书》载，当时民间曾有谶语说：“昌明之后有二帝。”

“昌明”是司马曜的字，意思是司马曜之后，还有两位皇帝打卡，东晋就该结束了。可见东晋百姓对这个曜字有多生气。

建朝之初，晋元帝司马睿就曾经因为司马绍生母为鲜卑妾而想要废太子，而司马曜的血统更是不纯，其母李陵容乃是中国历史上第一位黑人皇后。

说到这位皇后的来历还真是神奇。

原来，司马昱（320—372）虽然有五个儿子，但是四子夭折，一子遭废，之后连续十年，诸妃妾再未有孕。眼看着司马昱年逾不惑，再无子可就绝嗣了，不能不为之焦躁，于是请了一位名头很大的相面师来到府上为他相看众妾。但是相面师看过所有妃侍的面相，都说不能为他产子。

司马昱更急了，索性将府中所有婢女一并叫了来相看。结果相师走到粗使婢李陵容面前时，大惊说："便是此人！"

司马昱定睛一看，几乎捂脸，只见此女身材高大，面皮黧黑，竟是个昆仑奴！不禁再三问相师："你可是看错了？"

相面师掐指一算："绝无错谬，此婢便是承汝子嗣者，大富大贵！"

没办法，为了子嗣，司马昱只得命人将李陵容带下去安排侍寝。

事实证明，相面师的话还真没说错，李陵容果然在一年后为他生了个儿子。怀孕期间，李陵容自称梦见双龙枕膝，日月入怀，还有神仙托梦说："汝成男，以昌明为字。"

于是司马曜（362—396）出生后便取字昌明。

李陵容一举得男，司马昱自是大喜过望，也还是觉得耕耘有收获，遂对其接连宠幸。李陵容后又生下了一子一女，子为司马道子，女为鄱阳公主。

咸安元年（371），司马昱登基，却没有立这位唯一为他留下子嗣的妃子为后，只册为淑妃。实在是李陵容出身太低了，长得也太丑，纵然为司马昱产下二子一女，却仍然为他所不喜。

次年，简文帝病死，十一岁的司马曜即位，史称晋孝武帝。

李陵容母以子贵，位份一再高升，但因为有褚太后垂帘听政，只封为皇太妃。直到二十年后，才由次子司马道子上书，将李陵容尊为皇太后。

司马曜崩后，其子司马德宗继位，李陵容再长一辈，封为太皇太后。

一个貌丑位卑的异族婢女，硬是求得锦鲤，咸鱼翻身成为天下最尊贵的女子，也真是够传奇的了。

二

司马曜即位之初，由褚太后辅政，他满十五岁才亲政。

作为成人礼，司马曜于375年8月举行大婚，迎娶王濛之女王法慧为后。其弟司马道子则迎娶了王坦之的从侄女为王妃。这不仅使得太原王氏的力量日渐取代琅琊王氏，也为孝武帝后期“主相相持”的政局埋下了伏笔。

顺便说一句，王濛的长女王穆之也是皇后，嫁的乃是服丹而死的哀帝司马丕，不知道为什么竟会与司马丕同年而逝，难不成是一道修仙去了？更不知道，司马家是不是为了补偿王家，才又立了其次女王法慧为皇后。

总之，少帝大婚，宣告亲政。褚太后搂着念珠回后宫躺平了。宰相谢安又是深宏雅量之人，无心权力，虽然身居高位，却并不争权霸势。东晋开国以来主弱臣强的局势，在司马曜当政时终于得到改善，日渐将朝政掌握在了自己手中。

可是这位君王白白握了一手好牌，偏偏不争气，耽于享乐，沉湎酒色，常为“长夜之饮”，又与其弟司马道子争权，“主相相持”，造成朝政的日趋昏暗。最令人扼腕的，是他对陈郡谢氏在“淝水之战”的杰出表现非但无赏，反而担心谢氏会功高盖主，因此百般压制。

有多事的君主就有多事的臣子。太原王氏亦趁机离间孝武帝与谢安的关系，加上谢安自诩名士，不愿争竞，遂主动让权，出居广陵，不久便过世了。于是，司马道子顺理成章地接了谢安的权位，进一步排挤谢玄等人。

此时谢玄正乘胜北伐，一举收复了山东、河南等地，其前锋大将刘牢之更是打到了邺城。然而司马道子却担心谢氏会成为下一个桓温，硬是“以征役既久，宜置戍而还”为由，下令谢玄回镇淮阴，于是东晋最有希望成功的一次北伐就此落幕。

这手法和步骤我们并不陌生，七百多年后，宋高宗赵构按照同一剧本对岳飞发出了十二道金牌。岳飞于撤兵次年冤死风波亭，而谢玄亦在不久因心灰意冷而解兵退位，郁郁病逝于387年。

谢安、谢玄的相继辞世，标志着门阀政治解体，东晋皇帝终于可以自己当家做主了，司马曜成为东晋开国以来最有权力的君王。

王、庾、桓、谢先后掌权，家族间的关系是互相提防又彼此牵连。

渡江之初，谢鲲与桓彝同列“江左八达”，诗酒唱和，交情颇笃；第二代的谢安出山，便是应桓温之邀；到了第三代，谢家子侄中最出色的是谢玄，桓温的爵位继承人则是最小的儿子桓玄，索性连名字都一样了。

桓玄（369—404），字敬道，一名灵宝。他虽是含着金钥匙出生的世家子，但是成长之路并非一帆风顺。

因为父亲桓温过世时，他才只有五岁，没爹的孩子再富贵也还是可怜；更何况因为桓温的缘故，朝廷对他一直深怀戒心，不敢重用。桓玄直到二十三岁才出仕，浮宦多年也只做到义兴太守，不禁深自感汉：“父为九州伯，儿为五湖长。”觉得官职实在太小，一生气索性辞了官，回到封地南郡。

途经建康时，桓玄拜见执政宰相司马道子。宴席中，司马道子当着众人的面道：“听说你爹曾经想谋反，有这回事吧？”

满座愕然，桓玄也吓得立即翻身跪倒，叩头不起。为他求情的，正是谢安的从孙谢重，时为司马道子骠骑长史，忙起座躬身回禀：“昔日宣武公废昏立明，拥戴简文帝，功劳犹胜于伊尹、霍光。众议纷纭，难免讹传，还望太傅英明裁鉴。”

这话里的意思是，要不是桓温霸道，拥举你爹司马昱坐上皇位，如今还有你司马道子什么事儿？

司马道子也听明白了，天下人人都可以说桓温错，唯独他们父子兄弟不可，否则，不等于说自己老爹是乱臣推出来的昏君吗？当下忙改口道："我当然明白，就是逗你玩儿的。来，桓义兴，咱们喝一杯！"

且说这位谢家第四代谢重，字景重，虽明秀有才名，却没留下什么了不起的功业。曾与司马道子于月夜共坐，玉宇无尘，银河泻影，月色横空，花荫满庭，道子以为绝佳，谢重却道："意谓乃不如微云点缀。"

意思是月光皎洁固然美，然而万里无云未免单调，不如略点缀几丝微云更有意趣。此所谓"山抹微云""云破月来花弄影"，方有烘托之美。

司马道子笑道："卿居心不净，乃复强欲滓秽太清邪！"说这是你心不净，还想给月亮抹黑呢。

然而，东晋的天空却实在称不上澄净。非但不净，根本是乌烟瘴气。

司马家族终于不用跟门阀世家争权了，便自己内讧起来。在孝武帝与司马道子"酣歌为务"醉生梦死的表面下，兄弟匿墙的矛盾越来越深，搞得朝廷内外昏暗不堪。

一夜，司马曜又于华林园夜饮，因见彗星划空，心中厌恶。因为时人迷信，视彗星出现为不吉之兆，预示兵灾或帝王将殁。然而司马曜转而自我安慰道：

长星，劝尔一杯酒，自古何时有万岁天子。

这话说得倒也通透，却实在辜负了上天的示警。

396 年，孝武帝又在后宫与张贵人饮酒，醉后戏言说：“汝以年当废，吾已属诸姝少矣。”意思是你都快三十岁了，人老珠黄，又无生育，白占着贵人的名份。我明天就废了你，另立美色。

张贵人也是够奇葩的，闻言大怒，看着烂醉酣眠的孝武帝，竟召来心腹宫女，用被子生生将睡梦中的皇帝给捂死了，过后则对外宣称在睡梦中“魇崩”。

这位皇帝到底把自己作死了，终年三十五岁。太子司马德宗（382—419）即位，史称晋安帝。但是实权，则掌握在了司马道子手中。

四

本着“王与马共天下”的家训，司马家的儿子往往娶琅琊王氏的女儿为妻；而为了平衡，司马家的女儿又常常嫁入太原王氏为妇。

司马昱的四个女儿，三位的驸马都姓王。皇长女鄱阳公主的驸马王熙，寻阳公主的附马王祎之，都出自太原王氏。

最奇葩的还要属新安公主司马道福，她的第一任驸马本来是桓温的次子桓济，显然也是政治联姻，朝廷拉拢权臣的手段，是恩遇也是监视。然而桓温死后，桓济争权失败，获罪流放。司马道福和离归家，梅开二度，竟向皇兄要求，这第二次婚姻要自己做主，并自称看中了王羲之的小儿子王献之。

这对王家来说，可真是飞来横祸！

王献之（344—386），字子敬，小名官奴。自幼随父亲练习书法，少有才名。

有一天，王羲之看到儿子正聚精会神地悬腕练字，便悄悄走到身后，忽然将笔一抽，竟然未能抽动。七八岁的孩子，握笔之牢如斯，王羲之大喜赞道："此儿后当复有大名。"自此更加重点培养。

十几岁时，王献之自觉书法已成，问父亲："我的字练好了没？"王羲之答："远着呢。你看看窗前那口大缸，等你写完十八缸水，再来问我练好了没。"

又数年，王献之捧着自认为最得意的一篇书法给父亲看。王羲之看到其中有个"大"字架构略松，便提笔加了个点，改成"太"字。

王献之便又将功课捧与母亲看。还记得"坦腹东床"的故事吗？独具慧眼的顾命大臣郗鉴看中了狂放不羁的王羲之，便是替女儿郗璿（亦作郗璇）选婿。郗璇自是才女，对书法有极高的赏鉴能力，看到儿子的作业，指着"太"字的一点道："我儿学书十数载，唯有一点像乃父。”

王献之大惭，益发勤学苦练，终成一代大家，与王羲之并称“二王”。他以行书和草书闻名，在楷书和隶书上亦有造诣，传世名作《洛神赋十三行》又被称为“玉版十三行”。

虽然名成业就，但是王献之的一生却并不快乐，因为婚姻。

360年，王献之成婚，娶的是郗鉴第二子郗昙的女儿，也就是母亲郗璇的侄女儿。堂姐弟两小无猜，青梅竹马，堪称天造地设的一对璧人。

婚后不到一年，王羲之与郗昙相继病逝，这里我猜测，或许正因为两家老人自知年岁不久，才催促小儿女早早成婚，否则错过吉时就可能耽误三年。

守制期间，小夫妻相互慰藉，宛如两条涸泽之鱼相濡以沫，感情因此而更加亲密。无数个清风习习的静夜，他们推窗见月，琴瑟和谐，日子过得富足而静美。

可惜，天妒有情，一朵莫名其妙的恶桃花从天而降——司马道福归家后，在一众年轻名士中独独看上了气度不凡又年少成名的王献之，哭着闹着非要嫁给他。于是昏庸的司马曜当真下了圣旨，逼迫王献之与郗道茂离婚。

这无异于一道惊雷，简直将王献之夫妻炸晕了。

王献之是不愿意的，再三求恕：公主看上了我哪一点，我改还不行吗？

为了避娶公主，可怜的帅哥居然用艾灸炙伤双足，好端端从一个全乎人儿变成了瘸子。

然而这样也未能改变帝心，他到底一瘸一拐地与司马道福成了婚。

从这个例子，也可以侧面看出司马曜当政时有多么强势，就连琅琊王氏也难逆其意。

郗家此时也早已没落，郗道茂更是父母双亡，被休后无家可归，只能投奔伯父，寄人篱下，其惨淡凄凉可想而知。不过数年她便抑郁而终，犹自捧着王献之写给她的书信：

> 虽奉对积年，可以为尽日之欢。常苦不尽触类之畅。方欲与姊极当年之足，以之偕老，岂谓乖别至此！诸怀怅塞实深，当复何由日夕见姊耶？俯仰悲咽，实无已已，惟当绝气耳！

王献之后来得谢安看重，任其长史，后授职建威将军、吴兴太守，征拜入朝任中书令。太元十一年（386）病逝，年仅四十三岁。

临终前，家人为其延请道士作法。道长问："由来有何异同得失？"王献之默了默，想起平生沉浮，俱化云烟，唯手执一缕，固结不破，半晌，喟然长叹：

不觉有余事，唯忆与郗家离婚。

回首一生，王献之痴迷书法，人品高洁，并无愧对天地之事，唯有割离发妻郗道茂，致其郁郁而终一事，令他耿耿于怀，至死犹愧。“鸟之将死，其鸣也哀。”更何况，这宗婚变中，王献之也是身不由己呢！

不知道司马道福对于自己一手缔造的悲剧结局，是否满意？

也许她也是悔过的，最悲惨的婚姻，不是没有深爱或是反目成仇，而是你用一生来的爱，去换他一生的恨。

或许正是因为这样，霸道的新安公主才会大度地允许王献之纳妾。

《乐府诗集》中有一首《桃叶歌》，郭茂倩称：“晋王子敬所作也。桃叶，子敬妾名，缘于笃爱，所以歌之。”

桃叶映红花，无风自婀娜。春花映何限，感郎独采我。

桃叶复桃叶，桃树连桃根。相怜两乐事，独使我殷勤。

桃叶复桃叶，渡江不用楫。但渡无所苦，我自迎接汝。

“桃叶”一语双关，既说的是自然界的桃树叶子，亦说的是他的妾侍桃叶。

王献之不擅作诗，当年“兰亭雅集”中，他亦在座，却被罚酒，可见拙于此道。但他竟为侍妾作歌，确实称得上“笃爱”了。

这首《桃叶歌》流传极广，直到南朝陈时犹盛于江南。且因诗中有“桃叶复桃叶，桃树连桃根”之句，相传桃叶有个妹妹名叫桃根，亦嫁王献之，后世遂以“桃叶桃根”借指爱妾或歌妓。

李商隐有诗：“当时欢向掌中销，桃叶桃根双姊妹。”说的就是这个典故了。

虽然娶了两妻两妾，然而王献之命中无子，只与郗道茂和司马道福各育一女。长女早夭，次女王神爱，后来嫁给了太子司马德宗，也是一段不幸的婚姻。

《晋书·安帝纪》称：“帝不惠，自少及长，口不能言，虽寒暑之变，无以辩也。凡所动止，皆非己出。”

也就是说，这位晋安帝司马德宗的弱智程度比西晋那位“何不食肉糜”的晋惠帝司马衷尤甚，年纪老大不小了，话还说不利索，就连冬夏冷热都无法区别，一举一动都要别人指点，完全是司马道子的傀儡。

这样的太子，却仍然能娶王家女为妃，自然是因为朝廷与世家的“精诚合作”。

也正因为太子痴傻，所以父皇司马曜被张贵人闷死，他也不懂得追究死因，只是在叔父的操控下浑浑噩噩地完成登基；而司马道子巴不得皇兄早卒，忙着夺权，更没有精力追责张贵人。

于是，张贵人竟然顺利地逃离皇宫，从此无闻。

一位九五之尊，就这样无声无息地死在了枕头下，连个定论都没有，真是够荒诞的了。

而“昌明之后有二帝”的谶语不胫而走，东晋的故事，进入了倒计时。

王子猷雪夜访戴

一

王羲之子嗣众多，一共有七个儿子——王玄之、王凝之、王涣之、王肃之、王徽之、王操之、王献之，整个儿一串葫芦娃。

兄弟多了本来就难以记忆，偏偏父子的名字还十分相似。最要命的是，就连孙子的名字也类似——王桢之、王静之、王靖之等等，简直就是考记性。

古人取名最重家讳，而王、顾大家之所以不避祖讳，据说与信仰天师道有关。“之”字乃是信徒暗号，家族徽章，有点儿相当于佛门子弟俱以“释”姓。所以，不但天师道教徒取名喜用“之”字，且在记录时可以省略。

比如谢安赌墅的故事里，张玄之的名字就被写作张玄，导致很多人以为有一个叫作张玄的名士。

不仅是“之”字，还有“道”“玄”“元”，也是信徒们取名常用字，比如谢玄、张玄、桓玄，檀道济、郦道元、谢道韫、王献之的两任妻子郗道茂与司马道福等等。

天师道始创于东汉张道陵，最初在四川大邑鹤鸣山区传播，主要信众为农民，没什么钱，入道者每人上交五斗米供奉张天师，故而又名“五斗米道”。

天师道奉老子为教祖，以《道德经》为主要经义，并将老子尊为太上老君，是由道家走向道教的分水岭。

自此而始，道教具有完备的教派体系，初入道者名“鬼卒”，骨干称“祭酒”，以“治”为传教单位。

天师会写符书，治符水，招神驱鬼，化金销玉，行气导引，消灾灭祸，说得神乎其神。到了张道陵的孙子张鲁时，更是渐渐掌握了兵权，实行政教合一，还和曹操结成儿女亲家，将女儿嫁给了曹操的儿子燕王曹宇。随着张鲁东迁，天师道更广泛地流传在江东一带，渐渐流入到上层社会，为士大夫所接受。

比如赵王司马伦及其心腹孙秀、王羲之等世家大族，都是狂热的天师道徒。

《晋书》载，王氏家族“世事张氏五斗米道，又精通书道”。

陶渊明曾有一句名言叫作“不为五斗米折腰”，后人多以为“五斗米”指的是县令薪水。然而一个月只拿五斗米俸禄，未免太低了，哪里够一家老小吃穿用度？难怪没有人愿意做县官了。

所以，这句话的本意，是陶渊明素来不喜天师道，不愿意向一个五斗米教徒上司折腰礼敬。

且说王羲之诸子中，五子王徽之与七弟王献之的感情最好，也是唯一在才名上能与弟弟抗衡的。

然而有一夜，兄弟共处一室，忽然发生了火灾。王徽之惊惶逃跑，连鞋子都来不及穿；王献之却神色恬然，淡定地吩咐左右，扶持而出，态度行止与寻常无异。

自此，世人均道徽之不如献之。

但这丝毫不影响哥儿俩的感情。王献之病逝，还来不及通知诸兄弟，王徽之却已经心灵感应到了，对侍者说："怎么许久没听到子敬的音讯，一定是出事了。"说罢不顾自己也正病重，立即要了车一路狂奔。

来到王献之家，果然见到其家人刚刚起了灵堂，白烛摇曳，纸灰点点。王徽之也并没有哭泣流泪，只是木然地一直走进去，径坐在灵位前，拿过王献之最心爱的瑶琴来弹奏，可是弦音不准，调了半晌弦柱，仍然无法弹奏曲调。

历朝历代都不乏著名琴师与名琴的典故，但是没有任何一个时期像魏晋那样，琴人与琴有着更加紧密的灵犀相通。每一床名琴中都藏着一个琴灵，它陪伴琴的主人度过蹉跎年华，看遍星辰大海，寄托了多少情感，"山月不知心底事，水风空落眼前花"，只有琴声琴韵，才是最知主人心意者。而当主人离去，琴魂也会随之离去，琴便从此哑了声音。

没有了灵魂的琴和没有了生气的人一样，都只是无情之物体罢了。

王徽之想到这点，顿时心痛如绞，猛然起身，用力掷琴于地，叹道：“子敬，子敬，人与琴俱亡！”说罢喷出一口血，向后仰倒，昏死过去。

王徽之原有背疮，这样猛然摔倒，伤口崩裂，竟然不治而亡，时年四十九岁。

兄弟俩年龄相差六岁，却死于同年，令人扼腕。

二

王献之是情种，王徽之亦是。

只是王献之人物潇洒，王徽之却不修边幅，每日蓬头散发，衣冠不整，正是陶侃所批评的“乱头养望，自谓宏达”做派。

王徽之（338—386），字子猷，是王羲之第五子。他曾经做过桓温的参军，但无心公务，时常东游西逛，但桓温对他十分宽容，并不苛责。

后来，他又去了桓温的弟弟桓冲将军手下任骑曹参军。桓冲有一次问他：“王参军，你在军中负责的是哪个部门？”

王徽之想了想说：“不知道，反正经常看到人把马牵进牵出，我想大概不是骑曹，就是马曹吧！”

桓冲再问：“那你管理的马匹有多少呢？”

王徽之更答不出来了，但也丝毫不以为耻，淡淡地说：“这得问我手下喂马的人，我怎么会知道呢？”

桓冲发出灵魂三连问：“最近马匹得病的很多，那你知不知道死了多少马？”

王徽之自然更不知道，不仅不以为耻，反比上司先不耐烦了，索性掉书袋引经据典：“未知生，焉知死？”

这句话见于《论语·先进》：

> 季路问事鬼神，子曰：“未能事人，焉能事鬼？”
>
> 曰：“敢问死。”
>
> 曰：“未知生，焉知死？”

这是孔子与弟子仲由（字子路）的对话。孔夫子虽然钟爱祭祀礼仪，却对于服侍鬼神很不以为然。因为生死固然是大事，但是对于有限的生命，穷尽一生也不可能获取一个答案。对于没有答案的事，又何必长篇大论地讨论？

孔子认为，人生才是头等大事，不懂得侍奉活人，如何懂得侍奉鬼神？不懂得生之真谛，何必问死之深意？所以弟子们不应该把时间浪费在这些虚无的理论上面，不如多学一点儿实在的知识，多做一些仁善的人事，先把活着这件事儿弄明白，再去想那些死后的鬼神之事吧。

李商隐曾有诗讽喻汉文帝夜诏贾谊谈玄说虚：“宣室求贤访

逐臣，贾生才调更无伦。可怜夜半虚前席，不问苍生问鬼神。”便是秉承了孔子精神。

但是王徽之回答桓冲的这番话，却偏偏以脑筋急转弯的方式强词夺理，用典语打岔说玄，不论实事，只作清虚。

然而这便是所谓的名士风流，桓冲也拿他没有办法，只得无奈地说：“你既然挂职，总得帮我料理些实事。”

王徽之左耳进右耳出，丝毫不想改变，看也不看老板一眼，只望着空中说：

西山朝来，致有爽气。

他爽了，桓冲气了。

后来，王徽之干脆辞了官，长住山阴——这倒也好，免得尸位素餐。

离京途中，泊舟江边，王徽之看到岸上有车马在打尖儿，听船上有人说便那是桓伊的车驾。他早就听说桓伊善笛，当下令人拜请：“闻君善吹笛，试为我一奏。”

桓伊，字子野，曾任豫州刺史，是晋朝著名音乐家，与没事就去给宋袆哭坟的袁崧以及擅歌的羊昙并称“三绝”。

《晋书》说他：“善音乐，尽一时之妙，为江左第一。”桓伊犹擅吹笛，有“笛圣”之称。据说他使用的竹笛，是东汉大儒蔡邕亲手制作的“柯亭笛”，与同样出于蔡邕之手的“焦尾琴”齐名。

桓伊自然也听说过王徽之的大名，闻其所请，并不觉得轻慢了自己，但也未想趁机结交，只是下车来，命人掇了条胡床，从容坐定，调稳声息，举笛吹奏，为作三调，悠扬入云。曲罢，登车离去。

自始至终，主客未交一言，不卑不亢，君子之交，行云流水。

而桓伊吹奏的这支曲子，就是著名的《梅花三弄》。后世人根据桓伊的笛谱改编了同名琴曲，清泠飘逸，有如天外来香。

史说桓伊多情，最是个不折不扣的曲痴，每闻清歌，便连呼“奈何”，觉得此曲只应天上有，人间何得有清歌。谢安赞他说：“子野可谓一往有深情。”

就此，留下了“一往情深”的成语。也因此，桓伊视谢安为知己。

陈郡谢氏主导了淝水之战的胜利，延续了东晋王朝的命脉，却遭遇功高不赏的窘境，着实令人不平。一日宫中设宴，孝武帝命桓伊吹笛助兴。一曲罢，四座绝倒，还来不及赞叹，桓伊忽然放下笛子，击节高歌，唱的乃是曹植的《怨诗》：

为君既不易，为臣良独难。忠信事不显，乃有见疑患……

这是曹植因为见疑于而发出的悲呼，桓伊显然是借歌吹为谢安抱不平。当下谢安忍不住泣下沾襟，而孝武帝则甚有愧色。

当然，司马曜和司马道子兄弟对谢安的排挤打压并没有因此减轻半分。

而“三绝”的最后一位羊昙，则是谢安的外甥，谢安与张玄之“赌墅”赢来的张氏庄园便是送给了他，可见爱重。

谢安过世后，羊昙绝弦，经年不歌。唯有一日大醉，扶路唱乐，不知不觉来至西门，恍惚间只觉熟悉得心痛，忙问左右此为何处。左右道：“此西州门。”羊昙想起当年谢安还京时经过此门的情形，大放悲声，以马鞭叩门，诵曹植诗曰：“生存华屋处，零落归山丘。”恸哭而去。

这便是“西门洒泪”的由来，又称“羊昙挥泪”。

巧合的是，桓伊在殿上为谢安抱不平，和羊昙挥泪于西门，所唱的竟然都是曹植的诗，可见子建才高八斗，真没给后人留下多少余料。

三

我对王徽之大书特书，自然不是因为他一如祖辈名士王衍、王澄的散淡宽疏，而是除了做官不咋样之外，行止排调都是极有腔调，堪称东晋风流的另类特写。

王徽之爱竹成痴，所住之处必植竹林。有一次暂时借住别人的空房，特地令下人过来种竹子。

有人问他：“不过是暂住几天，何必这样麻烦？”

王徽之却兴高采烈地啸咏一番，兴尽之后才微笑答道：“何可一日无此君？”

那样子，就像一个戒酒多日的酒鬼终于得到了酒一般，畅饮之后方才回魂。当真是以竹为友，以竹为神。

苏东坡有诗说：“宁可食无肉，不可居无竹。无肉令人瘦，无竹令人俗。”便是受到王子猷的影响。

当然，苏东坡是不能忍受食无肉的，不然世上哪有“东坡肉”“东坡肘子”流传呢？

王徽之爱竹之名极盛，一次远游经过吴中，听说有位士大夫家中有好竹林，便欲前往赏玩。

那位竹园主人听说大名士王徽之要来，倒也高兴，于是洒扫铺陈，专等贵客上门。谁知道一等不至，二等不来，命人问时，才知道王徽之竟是坐车直奔竹林，吟咏讽啸，徘徊良久，已然兴尽，正打算离开了。

竹园主人又失望又生气，你来我家赏竹，竟然过门不入，简直不把主人放在眼里。一怒之下，索性令人关上大门，不放王徽之出去。

王徽之听说这主人如此任性使气，倒觉得投了自己脾气，哈哈大笑着上门，尽情谈笑而散。

关于王徽之的“任性”，最让我感动的是“雪夜访戴”的故事。

王徽之闲居山阴时，一日大雪，至夜方停，雪霁云开，冰轮浣影，天地茫茫，触目皆白。当此清景，最宜与好友煮雪对饮，一时想起友人戴安道来，只觉想念得紧，竟是片刻不能等待，便如吕安之于嵇康，“每一相思，千里命驾”。当即命人订船，径往戴安道所住的剡县涉江而来。

寒冬夜雪，逆风行船，足足走了一夜，临天明才到剡县，船家叫醒王徽之，他揉着眼醒来，站在船头远远望了一眼岸上，却说：“回去吧。”

童子不解，问他：“您这么辛苦地赶了一夜的路，不就是为见戴先生的吗，怎么没见到人就要回呢？”

王徽之说：“我乘兴而来，兴尽而返，为什么一定要见到戴安道呢？”

这份豁达，这份通透，着实令人爽快。

每每想到天地之间白茫茫一片，而王子猷一夜轻舟，披蓑戴笠而往，便觉得悠然神往，遂题诗一首致敬：

雪落山阴豪兴生，轻舟载酒过江城。
垂纶钓得满船月，访客归来两袖风。

咏絮才女谢道韫

一

又是一个大雪纷飞的日子，花开六出，抛珠溅玉，银光耀眼，天宇一色，把整个世界装点得如同琉璃水晶宫一般。

一位宽袍大袖姿容俊逸的中年文士身边，围坐着一群玉雪可爱的公子淑媛，各个容颜上乘，举止优雅，便如画中人一般，都敬慕地听文士说教。

这便是东晋风雅第一人谢安与他的子侄们在东山居止的常态。

《南史》说：“谢氏自晋以降，雅道相传。”

“雅”是谢家的标签。谢氏注重门风，更重子女教育，而因为谢安闲居东山，这教育晚辈的大事，便由他负责。也就是说，谢尚、谢万、谢奕轮流做大将军的时候，谢安则忙着在家带孩子，乃是“东山谢氏幼儿园园长”。

谢安讲完了这一日的功课，望着门外大雪，一时兴起，随机命题，考问儿辈：

大雪纷纷何所似？

侄子谢朗率先答：

撒盐空中差可拟。

谢安抚须不语。侄女谢道韫接着说：

未若柳絮因风起。

谢安抚掌大笑，盛赞谢道韫的比喻更加神似。

从此，便有了一个美丽的词语叫作“咏絮之才”，专以形容天姿不凡的才女。比如《红楼梦》中关于宝钗之德与黛玉之才的命运对比，便判曰：“可叹停机德，应怜咏絮才。”

魏晋士族，家学渊源，并非没有才女，比如前面提过的夏侯徽、王惠风、王羲之的夫人郗璇、王献之的前妻郗道茂等等，也都颇有才名，但是她们的名气都远不能与谢道韫相提并论。

可以说，谢道韫的名字根本就是才女的代名词。

谢道韫，字令姜，又名韬元，父亲是安西将军谢奕，母亲为阮籍族人阮容。因为父亲早丧，她与弟弟谢玄一起跟着谢安生活，这养成了她早熟而敏感、聪慧而优雅的个性。

胞弟谢玄（343—388），字幼度，文武双全，聪慧过人。

一日，谢安考较诸儿辈：

> 子弟亦何豫人事，而正欲使其佳？

意思是我家儿郎衣食不缺，并非只有入仕方得出身，为什么还要发奋读书，各有才能呢？

众人一时弄不懂语意所在，均沉默不答，唯谢玄答曰：

> 譬如芝兰玉树，欲使其生于庭阶耳。

意思是生于名门，自当如芝兰玉树立于高堂之前，方不堕祖宗清名。

谢安大喜，望一望门庭廊柱，一时竟有潸然之意。此时南渡已近百年，谢家廊苑非但不显陈旧，反而更孕育出一种新楼华阁无可比拟的古雅底蕴来，有一种绸缎般的温柔泽美，而这些少年儿郎，便是这名贵古绸上绣出的新鲜花样儿。

从此，世人便以“芝兰玉树”来形容出色的年轻子弟，正所谓：“人间富贵荣华尽，膝下芝兰玉树齐。”

又有一日，谢安问众人最喜欢《诗经》中的哪句诗文，谢玄答："昔我往矣，杨柳依依；今我来思，雨雪霏霏。"

谢安点头，接着说："我最喜欢的一句，却是'讦谟定命，远猷辰告'，偏有雅人深致。"

谢玄所念的诗句出自《小雅·采薇》，是一首著名的征人诗，表现战士对抗外敌的过程。这四句是诗中最经典的，相当于今天的孩子们念诵"床前明月光"或是"鹅鹅鹅，曲项向天歌"，不是不好，只是太熟套，失于人云亦云，因此这样的答案很可能是不动脑的随口回答。而谢安所念的句子则出自《大雅·抑》，相对冷僻，《诗经原始》评其为"此一篇座右铭也"，可知其严肃冈约。

比如全诗起首第一句云："抑抑威仪，维德之隅。人亦有言，靡哲不愚。"最后一段则道："於乎小子，告尔旧止。听用我谋，庶无大悔。"分明是长辈对晚辈的殷切寄望。

谢安不喜欢讲大道理，也未必真心喜欢这样冷门严肃的一首诗，所以这样说大概是希望侄子能因此起了好奇心，主动将这首诗认真揣摩背诵，当真用心良苦，"雅人深致"啊。

也许从那时候起，谢安已经预感到这个侄子有一天会走上战场，并且必将凯旋吧？

不过，这个聪明的侄子却有个特别的嗜好，就是喜欢艳丽服饰，还经常佩戴一个紫罗香囊，显得阳刚之气不足。谢安看着不顺眼，却并不出声制止，而是找谢玄做游戏，赌注就是那个香囊。

结果当然是老牌赌王谢安赢了。只见他接过香囊，看也不看，随手便丢进火堆中烧了。谢玄看着心爱的香囊在火中化为灰烬，一时蒙圈，想了好一会儿才明白叔父的深意所在，从此便改正陋习，观察叔父兄弟们的佩饰习惯，重新塑造自己的男儿形象了。

非如此，后来如何能成为指挥“淝水之战”的大英雄呢？

要说谢安这位“幼儿园园长”真的很合格，不但辅导功课，还非常注重言传身教，并且很懂得在引导子女时保护他们的自尊心。像这种进能宰执天下、退能齐家育儿的好男子，真是举世罕有，人间理想。就冲这一点，谢安也合该成为东晋名士之首。

二

王导和谢安，并称东晋时期最伟大的两位丞相，而这两家在建康城时都住在乌衣巷，在会稽也是各有庄园，毗邻而居，世代交好。

谢道韫才名远播，王羲之当然要为儿子求娶。值得商榷的是究竟哪个儿子最适合抱得美人归，于是王羲之轮流打发他们去给谢叔叔请安。

一日，王凝之、王操之、王献之三兄弟同来拜访，席间两位哥哥侃侃而谈，小七却端坐不语。三人走后，谢家人自然要讨论一番这王家儿郎哪个最有出息，谢安道：“小者佳。”

众皆不解。谢安微笑定评：

吉人之辞寡，躁人之辞多，由此推知。

可惜的是，谢安虽然看重王献之，奈何其年龄太小，与二哥相差整整十岁，陪哥哥前来不过是做个添头，免得相看的痕迹太重罢了。

于是，谢安看来看去，最终将侄女许配给了王凝之——事实证明，这位英明宰相，在为侄女选婿这件事上，眼光实在不怎么样。

谢道韫婚后并不幸福，每次回娘家都闷闷不乐——好在娘家也不远，抬抬脚就回来了。所以谢安很快就听说了侄女的心事，便问：

王郎，逸少之子，人才亦不恶，汝何以恨乃尔。

意思是王羲之的儿子，自非庸才，人长得也不错，怎么会让你不满意呢？

谢道韫没有正面回答，却低垂臻首，轻轻叹息：

一门叔父有阿大（谢尚）、中郎（谢据）；群从兄弟复有封胡羯末，不意天壤之中乃有王郎！

王谢世家，乌衣门第，琅琊王氏固然是“满目琳琅”，陈郡谢家亦是“芝兰玉树”，代不乏人。

老一辈谢氏四杰：谢尚、谢奕、谢安、谢万；年轻一辈的也是人才济济，有谢韶、谢朗、谢玄、谢川，小字分别是阿封、阿胡、阿羯、阿末，俱为人中龙凤，麒麟之才。

谢道韫自小看惯英豪俊杰，名士风流，本身又聪识有才辩，自是眼高于顶，一心要嫁给天下最优秀出色的才子，方才不枉平生。然而过门之后，发现王凝之碌碌无为，一味崇信天师道，空有虚名，实则无能，不禁大有明珠蒙尘之叹。

这一叹，就叹出了两个成语：一是“封胡羯末”，二是“天壤王郎”。

但是叹又如何？嫁出去的女儿泼出去的水，又是这样的世家联姻，再优秀的女子也终究是女子，逃不过柳絮随风的命运。

不过，谢道韫抱怨归抱怨，作为大家闺秀，她颇识大体，与夫家的关系还是很和睦的。

有一次，她听说小叔王献之与客清谈，渐渐落了下风，理屈词穷，便命婢女对献之说：“欲为小郎解围。”

王献之知道嫂子博学善辩，闻言大喜，立即命人张起青绫屏障，请谢道韫坐于屏后，与客对谈。道韫坐定，仍以王献之的观点为论，重新阐述，妙语如珠，客不能敌，甘拜下风。

晋人什么都喜欢拿来比较一番，男人要比，女人也要比。

当时能与谢道韫比肩的女子只有张玄之的妹妹张彤云。

张玄之就是和谢安“赌墅”的那位，与谢玄并称“南北二玄”。妹妹张彤云则嫁入了顾家为妇，便是吴郡四姓“顾陆朱张”的顾家。

谢玄绝重其姐，张玄常称其妹。两位才女俱出身名门，在闺中时就是春花秋月，各擅胜场；待到嫁了人，又一边是王谢联珠，一边是顾张合璧，旗鼓相当，不分轩轾，自然更要被人比较。

有位济尼常常出入王、顾两家，便有人向她打听：“你和谢张两位才女最熟，倒是说说看，她二人究竟谁更有风采？”

这济尼也是妙人，自不肯轻易得罪人，遂笑道：

> 王夫人神清散朗，故有林下风致；顾家妇清心玉映，自有闺房之秀。

虽然不肯比较，然而一个女子有“闺房之秀”原是本分，而如同竹林名士般有“林下风致”，却无疑是揄扬。显然，在济尼心中，谢道韫还是更胜一筹。从此，“林下风致”便成了才女“腹有诗书气自华”的终极追求。

晋人爱品目，亦爱妙赏，最喜用风度、风神、风骨、风致等语。什么是风致？除了形容萧散之外，更须淡定从容，临危不惧。平时还不显扬，真到了大事临头，才更见清华。夏侯色，嵇康琴，莫不如此。即使女子之身，亦不例外。

谢道蕴在“孙恩之乱”中的表现，真正称得上魏晋仕女的典范。

三

正如同西晋傻儿皇帝司马衷即位引发了“八王之乱”，东晋傻皇帝司马德宗的登基，也让“有志之士”看到了取而代之的希望，纷纷问鼎銮座，大战一触即发。

司马德宗（382—419）乃是皇后李陵容为司马曜生的长子，396年即位，次年改元隆安，立妃子王神爱（384—412）为皇后，就是王羲之的孙女儿、王献之与司马道福的女儿。

王神爱立后时只有十四岁，既美且慧，工于书法，却嫁给了一个傻子，这显然是一场政治联姻。

司马德宗口吃又木讷，连冷热饥饱都没有感觉，能否人事也不知道，王神爱无子，二十九岁便抑郁而亡，这一生着实不幸。谢道韫若是看到这位嫁入皇室的晚辈，大概就不会抱怨自己的婚姻了。

王家嫁女于傻儿皇帝，大概有分权之意。果然如此也罢了，偏偏又没有一个王导这样的能人。王献之连自己的婚姻都不能自主，又遑论女儿的处境呢？以至朝政大权完全落到了会稽王司马道子及其子司马元显手中。

这必然引发朝臣矛盾，于是四方暴乱不断，兖州刺史王恭、豫州刺史庾楷、荆州刺史殷仲堪、广州刺史桓玄先后起兵，就连天师道民众亦在教首孙恩的带领下聚众造反，一路攻进会稽、广陵，直逼建康。

孙恩，字灵秀，生年不详，出身琅琊孙氏，其祖上乃是“八王之乱”肇始者司马伦的心腹谋臣孙秀，也就是向石崇索要绿珠的那个奸人。所以造反，可谓孙家本事。

同样是道教中人，有被功名耽误了的郭璞，有所求皆如意的葛洪，也有野心比道心更胜的孙秀与孙恩，还当真是同道不同门，同理不同志。

孙家世奉天师道，孙恩从叔叔手中接掌教主之位，教徒广布南方，因此为司马道子所倚重。

尤其淝水之战中，司马道子在八公山上拜神施法，用草及纸板扎成无数人偶和仪仗，制造了“草木皆兵”的假象，取得战事大捷，自此更加笃信道法之功，而天师道亦于江南更昌。

399年，孙恩与妹夫卢循一同聚众反叛，攻进会稽。这是东晋末年规模最大的一次民变，史称“孙恩、卢循之乱”。

可笑的是，时任会稽内史的王凝之亦是虔诚的天师教徒，面对强敌来犯，不思备战，只是闭门祈祷，起坛摆阵，指望道祖显灵，让反贼自动退兵。他盲目地相信自己和孙恩同样侍奉天师，祖师爷一定不会看到他的信徒们自相残杀。

谢道韫几度劝谏丈夫组织军马，修筑工事。王凝之只管求神问道，置之不理，被自己的一片赤诚感动得痛哭流涕，丝毫不做任何防范。“天壤王郎”的昏愦本质在大战面前暴露无遗。谢道韫面对这个蠢材丈夫也实在无语，索性亲自招募数百家丁，天天苦训。

孙恩大军攻入会稽时，王凝之才意识到战争真的来了，却仍然对手下说：“我已经请来鬼兵把守各处要道，尔等不必慌张。”结果大军入城，一路烧杀抢掠，会稽顿成炼狱。

王凝之这才匆忙撤逃，却被敌人追上杀害。可怜他所有儿孙，一个都未能逃脱被杀的噩运。

谢道韫听闻夫死子丧，伤心欲绝，却全无惧色，亲执兵器带着家丁女眷奋起杀贼，接连劈杀数人后才被擒，手中犹抱着三岁的外孙刘涛，厉声高喝：

事在王门，何关他族？必其如此，宁先见杀！

这个柔弱的女子，在血腥与刀斧之间视死如归，毫无惧色地做最后声辩：你们要杀的只是王家人，无辜稚子何干？这孩子姓刘不姓王，不当株连。若杀他，先杀我！

孙恩久闻谢道韫才名，今日看到这位女诗人如此刚烈，那凛然不可犯的气度如霜如雪，令人心折，不禁顿生感佩，这才是真正的世家名媛啊，岂忍加害？遂勒令众兵士，非但不许人加害谢道韫，还派人将她与外孙好好地送回会稽。

不过，据史料记载，谢道韫只有一个女儿，嫁给了庾家，所以她的外孙应该姓庾才对。倒是王凝之的妹妹王孟姜嫁与南阳刘氏，所以这个孩子应该是王凝之的外甥或者外孙，而夫妻一体，当然也可以称为谢道韫的外孙。另外，谢安之妻便是名士刘惔的妹妹，所以谢家的刘姓亲戚颇多，随便哪个孙辈都可以模糊称之。

总之，谢道韫在这一战中子孙俱丧，却保住了亲戚的血脉，从此寡居会稽，孤独终老，翰墨相亲。

不过，她也许并不寂寞。因为会稽文风鼎盛，时有学子前来请教学问。道韫每每于屏后端坐，侃侃而答，言之有物，书理清通，并留下不少诗文，汇编成集，流传后世。

曾拜访过谢道韫的太守刘柳逢人便夸：

内史夫人风致高远，词理无滞，诚挚感人，一席谈论，受惠无穷。

这是世间关于谢道韫最后的消息。

这次“孙恩之乱”中，战死的不只有王家子孙，还有谢琰及其二子。

众多的世家子弟在接下来连绵不断的战乱与后来的朝廷变革中或死或伤，人丁凋零，演绎了“旧时王谢堂前燕，飞入寻常百姓家”的零落尾声。

而孙恩则在朝廷的攻伐下退守海岛，盘踞多年。

直到402年，大约是天师祖也看不上孙恩的滥杀无辜了，竟然“让”军队发生了瘟疫，加上东晋朝廷加强沿海防阻，断绝了孙恩的补给，逼得他孤注一掷进攻临海，大败，遂投海自尽。

让人啼笑皆非的是，这支由天师教徒为主要组成的叛乱力量，在海上横行多年，积累了相当的海战经验，竟被后世奉为“中原海寇之始”，也就是海盗的祖师爷。

真个是“盗亦有道”。

四

优秀的灵魂是相通的，身赴刑场却仍然从容弹奏《广陵散》

的嵇康，与面对刀斧环侍而凛然无惧的谢道韫，虽然男女有殊，相隔百年，却有着同样的铮铮傲骨，凛然不可犯。

嵇康松风玉貌，曾有《游仙诗》："遥望山上松，隆谷郁清葱。自遇一何高，独立迥无穷……"

谢道韫致敬先贤，写下《拟嵇中散咏松诗》：

遥望山上松，隆冬不能凋。
愿想游不憩，瞻彼万仞条。
腾跃未能升，顿足俟王乔。
时哉不我与，大运所飘遥。

这首诗文风清冽，志节高况，迥无脂粉之气。

前两句取意于孔子语"岁寒然后知松柏之后凋也"，开篇明志，吟咏高洁。

三、四句铺陈，描写松树高大丰茂状，让人不由想起庄子《逍遥游》中那棵立于"无何有之乡、广漠之野"的参天巨树，岂不正宜于"彷徨乎无为其侧，逍遥乎寝卧之下"？

一个"游"字，再一个"瞻"字，写尽逍遥无极之感，表现出作者虽为闺中女子，偏有凌云之志，渴望挣脱束缚，自由飞翔，果能如此，当不知疲倦，无须休息，游于万仞，穷极天宇。然而，现实何其拘碍，灵魂焉得自由？

起承转合，重在一转。作者五、六句用典，转得优雅而有力，可谓四两拨千斤的神来之笔。

王乔，传说中的仙人，常与赤松子并称“松乔”，能“蹑虚轻举，乘云游雾”。本诗咏松，但不提赤松子，偏说王乔，是为了叶韵，也是绕了一道弯的意趣之笔。说我用力腾跃亦不起飞升，只好顿足叹息，等待王乔度引。

灵魂是轻盈的，身体是狼犺的，万般无奈，一声叹息。

于是结尾两句直抒胸臆，点明时不我与，世道飘摇。

此为高节不可屈，亦是壮志不能酬。拟借嵇康之名，是因为闺中身份，不便高调抒志，遂托古以婉转，表现出诗人不合俗流，抒高怀远之志。

再看一首《泰山吟》：

峨峨东岳高，秀极冲青天。
岩中间虚宇，寂寞幽以玄。
非工复非匠，云构发自然。
器象尔何物？遂令我屡迁。
逝将宅斯宇，可以尽天年。

这首诗与咏松一样开篇点题，感慨泰山的巍峨高大，直耸入云；接着铺陈敷衍，进一步写出山之高峻，连天空都被山峰割裂，刺进幽远静穆的空冥。

高潮部分将山拟人化，竟与他对起话来：山石如此俏丽峻拔，却并非巧匠雕琢，而是大自然的鬼斧神工。造物主啊，你到底是怎样的用意，如此神通广大，却令我屡遭颠沛流离之苦，天地之大，难道没有我谢道韫一分立足之地么？

最后感叹：罢了，不管怎样，我已决意从此生活在这泰山下，终享天年。

这里有对命运的控诉，也有坚定的意志和空明的心态，充分显示了一位历尽沧桑的女诗人清冷沉静的精神状态，果真是“林下风致”！

这两首诗的写作年代与背景不详，但是诗如其人，正因为谢道韫风华俊逸，才会有此风骨凛然之诗。

谢道韫生卒年不详，生平是否去过泰山亦不确知，想来不太可能北行，大约“泰山”只是象征手法，实际指的是会稽东山吧。

大雪纷纷扬扬，遮蔽了天地山川和过去未来的路，曾经有一位风雅卓绝的名士拈须笑问：“尔等形容一下这雪吧。”

一个面目稚嫩眼神清朗的小女娘应声回答：“恰若柳絮因风起。”

山水清音

真名士顾恺之

一

唯大英雄能本色，是真名士始风流。

魏晋名士最讲求一个“真”字，任真自然，率乎本性。

而最配得上这个“真”字的人，莫过于大画家顾恺之。

顾恺之（348—409），字长康，小字虎头，晋陵无锡人。今天的人说起他来只知是一代画圣，但在当时，他的造诣不仅止于绘画，而有“三绝”之称：画绝、文绝和痴绝。

魏晋六朝是中国绘画的第一次大爆发，人物画排山倒海，山水画铺天盖地，花鸟画一枝独秀，小品画初见端倪，彩绘、白描、壁画、绢画，乃至各种画论专著也都纷纷登场，当真是百花齐放。而顾恺之，便是中国画史上有据可查、有作品可考的第一位画家，谢安赞之曰“苍生以来未之有也”。

既然“空前”，自是“画祖”。其代表作《女史箴图》《洛神赋图》，几乎凡是需要装饰古代仕女的名胜景区都会看到，前者根据西晋张华《女史箴》而得，描绘古代贤妃的故事；后者据曹植《洛神赋》而得。从曹植驻车于洛水之滨，看到凌波微步的洛神，到洛神与众仙舞动风云，鸣鼓荡波，再一直到洛神离去，曹植溯流寻找、人神相隔的落寞孤清，画风绮丽飘逸，情意殷殷，破纸而出。

而我最爱的，还是他的《斫琴图》。

因为顾恺之的图画，让我们看到古琴在东晋时期的斫制流程。从琴面和底板的全箱构造，到龙池、凤沼、额、颈、肩的形制，从断板、挖刨、制弦、上弦，直到试琴听音的全过程，都与今天一般无二，这也就使我的穿越更加轻松。

图上共有十四人，他们宽袍大袖，长眉修目，衣带飘风，气度娴雅，有的专心制弦，有的从旁指导，有的凝神听琴，还有侍者执扇伫立，所以这描绘的不是匠人做工，而是文士制琴，充分显示出文人琴的特质。

自古以来，琴面多以桐木或杉木为材料，蚕丝为琴弦，故而琴又称“丝桐”。上古为五弦，后渐发展为七弦。

嵇康曾有诗“手挥五弦，目送归鸿”，堪称操缦的绝美定格。顾恺之深爱此句，大约不知道将这种形象涂画了多少次，叹道：

手挥五弦易，目送归鸿难。

这可真是一语破天机。

为何“目送归鸿难”呢？

因为，对于成熟画家而言，描绘人的形象动作并不难，难的是画眼睛。画皮难画骨，形全神不全，美丑胖瘦对于整幅画作来说并不能分出高下，真正的关键在于传神写照。

诚如顾恺之画论：“四体妍媸本无关于妙处，传神写照，正在阿堵中。”

比如《斫琴图》有一位文士独坐于长方席上，右手食指正在轻轻拨弦，目光下垂而不凝注一处，分明在凝神静听，调定音律，情态极为传神，仿佛能从画面听到拨弦之声。

顾恺之作画曾数年不画眼睛，人问何故，便道：“哪可点睛，点睛便语。”

自信如斯。

顾恺之画人物，点睛之笔往往不在形态逼真，而在“迁想妙得”，韵味横生。

比如画裴楷像时，他在完稿后端详再三，忽然提起笔来，于颊上别添三毫，画像顿时神明殊胜，遂留下“颊上三毫”的典故。

苏东坡《赠李道士》诗云：“腰间大羽何足道，颊上三毫自有神。”

晋明帝司马绍还是东宫太子时，曾问谢鲲：“你比庾亮如何？”谢鲲回答：“如果坐于庙堂，为百官之首，我自愧弗及；若论纵意山水，我心中自有丘壑，当胜他一筹。”

后来顾恺之画谢鲲像，便特地在人物画的背景上铺染了层层叠叠的山岩林木，问其缘故，答曰：

此子宜置丘壑中。

想来谢鲲若是地下有知，当引虎头为知音。

人物画在南朝备受推崇，除了写真留影之外，主要是因为佛寺的发展。所谓“南朝四百八十寺，多少楼台烟雨中”。

佛寺的发展，推进了佛教美术包括佛教建筑、佛像雕塑与寺窟壁画的发展。顾恺之无疑是佛教壁画艺术的先驱者，其传世作品中，最著名的要属瓦官寺的维摩诘像。

晋哀帝时，京师营造瓦官寺，住持慧方和尚为寺院募捐，士大夫签名捐钱，没有超过十万钱的。顾恺之不算巨富，却随手写了愿助百万钱。

人们都觉诧异，顾恺之却“心中自有丘壑”，请慧方在寺中留出一间大殿，自己关在其中作维摩诘像，不许人旁观。

月余画成，只需点睛。他让慧方对外说，本殿开放，第一天来看点睛的要布施十万，第二天五万，第三天随意认捐。

虽然早晚都能看到，可是喜欢炫富的晋朝贵族都想着先睹为快，自是争相捐助。等到了吉日吉时，打开门来，光照一寺，只见壁上维摩诘像栩栩如生，“目若将视，眉如忽颦，口无言而似言，鬓不动而疑动”。当下，众人都被这栩栩如生的画像震慑了，不禁双掌合十，口念佛号，叹为观止，没两日便集齐了百万钱。

直到唐朝时，杜甫还曾往寺中瞻拜，徘徊赞叹：“虎头金粟影，神妙独难忘。”

顾恺之被后世奉为“画祖”，在绘画理论方面，撰写了《魏晋胜流画赞》《画云台山记》《画论》三部绘画理论著作，并提出了“传神写照”“以形写神”等观点，务求做到形神兼备。他的笔触周密连绵，线条空灵，如春蚕吐丝，春云浮空，故被美术史称为“春蚕吐丝描”。

后人将顾恺之与南朝陆探微、张僧繇并称“六朝三杰”，称“张僧繇得其肉，陆探微得其骨，顾恺之得其神”。

张僧繇为梁朝画家，曾为金陵安乐寺画壁，画四龙而不点睛，声称“点之即飞去”。有人不信，偷偷替他点上一笔，果然雷电交加，有飞龙破壁飞去，余未点睛者皆在。

这个“画龙点睛”的故事显然是顾恺之画壁的加强版，只能说后世之人撰写文案的能力越来越强了。

二

顾恺之不但画艺绝伦，而且文采斐然。锺嵘《诗品》中称恺之善诗，“文虽不多，气调警拔”。他曾经作过一篇《筝赋》，自认为与嵇康的《琴赋》有一比，平时说话也很注重措辞。

他曾为桓温参军，桓温在湖北江陵修筑城墙，营建官署，竣工后与宾客僚属一同登城远眺，环视左右说：“谁能形容出这座城的情景，有重赏。”

顾恺之想也不想地接口道出：“遥望层城，丹楼如霞。”短短八字，便将眼前层台累榭与天相接的情形说尽，举座叹服。

还记得王羲之王献之父子对会稽“山阴道上行，如在镜中游”的美妙形容吗？有一次，顾恺之从会稽归来，人们便让他也形容一下彼处山川风景，顾恺之随口锦绣，字字珠玑：

> 千岩竞秀，万壑争流。草木蒙笼其上，若云兴霞蔚。

一句话发明了四个成语，而且比喻绝佳，令人拍案。

顾恺之吃甘蔗，每次要从梢部吃起，最后吃到最甜的根部。这种“先苦后甜”的人生选择让很多人嗔怪：“吃甘蔗不是应该先吃甜的部分，吃到没味了就扔掉吗，为什么从梢部吃起？”

顾恺之淡淡回答了四个字：“渐入佳境。”

得，又一个清新脱俗的成被语发明了！

爱作诗，自然也爱吟咏。彼时谢安渐渐取代了桓温成为江左第一俊，“洛下书生咏”也自然更加流行，顾恺之却很不喜欢这种腔调，有人问他何不学洛下咏，他一扭脖子：“何至作老婢声？”

但是谢家人似乎并未因此而对他疏冷，顾恺之做散骑常侍时，曾与谢瞻邻院而居。有一天月色极好，顾恺之来了兴致，徘徊院中，步月长吟，谢瞻听了，不时隔墙赞叹一声。

顾恺之喜欢听夸奖，越发兴致盎然，吟了一首又一首，不知疲倦。眼见月上中天，谢瞻困得直打呵欠，闻得顾虎头仍在墙那边吟咏不绝，也不声张，却让仆人代替自己站在院里，学着自己的腔调隔一会儿便击掌称好，自己却早早回房睡觉了。

顾恺之浑然不知，还以为谢瞻对自己的诗赞赏有加，欲将平生酬知己，不惮风露立中宵，便这样一直激情吟咏到天明，嗓子哑了仍不知停止。

想想那个情形，莞尔之余，更觉可爱，天真浪漫得让人心软。

真与美，是顾恺之一生所求。自由与率性、高才与痴愚，更在他身上得到了集中而极致的体现。他性如孩童，举止常常令人发噱，桓温为其解围说：

> 恺之体中痴黠各半，合而论之，正得平耳。

这评价中充满了揄扬与宠溺，真可谓人生得一知己足矣。

桓温死时，很多大臣名士都因为忌惮朝廷舆论不敢致奠，顾恺之不但临坟哭祭，而且赋诗说：

> 山崩溟海竭，鱼鸟将何依。

意思是桓公之死，好比山崩地裂，海枯石烂，鱼鸟再也无处可栖了，毫不掩饰对桓温的推崇与感戴之情。

便又有人逗他说："你这样推重桓温，可以形容下为其哭悼之状吗？"

顾恺之道：

> 鼻如广莫长风，眼如悬河决溜。声如震雷破山，泪如倾河注海。

夸张至斯，人们反倒不好逗弄他了。

不论世人对桓温的评价如何，对顾恺之来说，桓温是一位对他有赏识之明和知遇之恩的幕主，于是国士待之，国士报之，这就是顾恺之的风骨。

三

顾恺之才华横溢，却心性痴顽，遂有“痴绝”之号。他比桓温小三十多岁，却比桓温之子桓玄大二十多岁，与父子两代都有交情，但是桓玄却常常捉弄这位亦叔亦兄的痴人。

有一次，桓玄煞有介事地送给顾恺之一片柳叶，声称“蝉翳叶”，就是灵蝉用来蔽身的神叶，蔽之可以隐身。

顾恺之也是天师道成员，本来就痴，又信道，自然更对那些玄远高妙的方术毫不怀疑。这么粗劣的谎言，他竟然真的信了，举着叶子遮在自己额前走来走去。桓玄早已暗中叮嘱众人，都装作看不见他的样子径直走过，自己更是对着他解衣小便。顾恺之低估了桓玄的不要脸，只当自己真的隐身了，于是小心地将这片叶子珍藏了起来，视如瑰宝。

这是个“一叶障目”的故事。这个故事后来被编入动画片里，说小偷用叶子遮着自己去偷窃，被人捉住了胖揍一顿，那个肯定不是顾恺之大画家干的。不过顾恺之后来有没有顶着这叶子做出些放浪形骸的傻事儿可就没人知道了。

顾恺之曾经专门打了一个书橱，将自己满意的画作封在橱内，外面贴了封条，寄存在桓玄处。

桓玄本身也是书画俱佳，且酷爱收藏，凡见到好书画，必要想方设法弄到手，弄不来，就明抢。《晋书》称其“性贪鄙，好奇异，尤爱宝物，珠玉不离于手。人士有法书好画及佳园宅者，悉欲归己”。

然而这样危险的一个人，顾恺之不说退避三舍，竟还请他帮自己保管书画，这不就是请老鼠守仓库，让猫儿看鱼塘吗？

于是，桓老鼠心花怒放地看着这只装满珍品的橱柜，从顾恺之离开第一刻就决定将其据为己有。但是因为不想明着得罪朋友，他前前后后左左右右地打量了半日，终于想到一个好办法：请工匠小心地撬开橱柜后壁，将其中书画全部掏空，然后再将橱壁原样装上。如此，则前面的封条丝毫未动。

等到顾恺之来取画时，亲手揭开封条开了柜门，却发现空空里面如也。桓玄假装吃惊，瞪着无辜的大眼睛问：天哪，太神奇了，怎么会这样呢？

顾恺之也是震惊不已，可是看到桓玄的难过，不禁忘了责问，反而想理由去安慰朋友。他认真地想了想，居然真的找到理由自己把自己说服了：“妙画神品，皆有灵性，大概它们都变成蝴蝶飞走了吧。”

于是，如此明目张胆的盗画事故，竟然就这样被顾恺之非常镇定地接受下来，而且十分自洽。

这固然是因为恺之痴，更是因为他自信甚至自恋。天才般慧黠，童子般天真。他从前画人不画眼时，便理所当然地说："怎么能随意点睛呢？活过来怎么办？"那么如今画作不翼而飞，也是不难理解的吧。

魏晋名士重性情，好风雅，喜怒哀乐都表现得极为率真。喜则扬声长啸，悲则高歌当哭，兴至吟咏终宵，兴尽回舟而返，干净纯粹得就像无污染的天空一般明澈。

正因如此，无论东晋的政治有多么混乱，门阀有多么奢腐，但其在精神领域的拓展是极为炫丽张扬的。魏晋名士追求思想自由，个性解放，这极大推进了艺术与哲学的创造发展，顾恺之的画、王羲之和王献之的书法、桓伊和羊昙的歌声、谢安赌墅的棋局，无不为这个时代添上了一抹浓丽鲜明的色彩，让我们在千年之后，依然可以透过风沙星辰窥见偏安江左的魏晋风流。

因为有诗画横空，这个时代，总不算太坏！

且以一首《读斫琴图》以纪顾虎头：

昨夜梦魂到广陵，龙吟细细竹林青。
拈来混沌心中事，诉与瑶琴弦上听。
情寄三春蚕已死，桐生百载木方灵。
七弦本是相思重，从此相思无缩萦。

陶渊明，不为五斗米折腰

一

古往今来的诗人中，我最爱的有两位，一是陶渊明，一是苏东坡。

爱陶渊明，是因为他放得下；

爱苏东坡，是因为他拿得起。

而苏东坡则最爱陶渊明，甚至自认先生转世："梦中了了醉中醒，只渊明，是前生。"他用整个后半生作了《和陶诗》一百二十四首，将陶渊明的诗一首首细读、沉吟、步韵赋和，视为圭臬，却始终身不由己，未能完成归耕之梦。

但也没关系，苏东坡的最伟大之处，就在于他不论走到哪里都能随遇而安，苦中作乐，关键是还能逆境重生，有所作为，造福于民。哪怕流放到海外之地儋州，也能劝农办学，挖井施药，培养出了海南历史上第一位举人、第一个进士。

这才是为官者的榜样。

当官不为民做主，不如回家种红薯。而陶渊明，则是回家种地的榜样。因为混乱破碎的南朝，完全不是有志之士修齐治平的好时代。

陶渊明，又名陶潜，字元亮，自号五柳先生，浔阳柴桑人，就是今天的江西九江，他生于斯，葬于斯。

关于他的生卒年月，《晋书》《宋书》《南史》都有记载，却版本不同。通行的说法是他生于公元365年东晋哀帝年间，卒于428年刘宋王朝。

本来就是南北割裂、战事频仍的时代，更何况还要跨越晋、宋两代，可想而知陶渊明所处时代的政局动荡。他是长沙郡公陶侃的曾孙，却没有享受过半点儿公爵之后的荣光，套句阿Q的话就是：我祖上也曾阔过的。

就连《世说新语》里都没有任何关于陶渊明事迹的记载，却有晚于他出生的谢灵运的故事。可见陶氏式微，在晋末几乎已被踢出士人的圈层，陶渊明再有才，声望亦不能与王谢子弟相比，这终究是由于门阀与寒族的隔绝。

他在《自祭文》中声称："自余为人，逢运之贫，箪瓢屡罄，絺绤冬陈。"他从生下来就已是家境困窘了，更何况八岁丧父，更是凄凉。同时，形容贫窘而以"箪瓢"自喻，也是暗示"一箪食，一瓢饮，在陋巷，人不堪其忧，回也不改其乐"的孔颜之德。

不过，这可能多少有些夸张，因为毕竟是公侯之后，少年陶渊明仍然有能力接受“士”的教育，并且也是有过建功立业的雄心壮志的：

忆我少壮时，无乐自欣豫。猛志逸四海，骞翮思远翥。

少年罕人事，游好在六经。行行向不惑，淹留遂无成。

他很希望能像曾祖父陶侃那样“业融长沙”，使陶家“历世重光”，但因为分枝渐远，不得重视。他在《赠长沙公》诗前有序：“长沙公于余为族，祖同大司马，昭穆既远，以为路人。”

“昭穆”，古代宗法制度，宗庙次序，始祖居中，以下父子递为昭穆，左为昭，右为穆，父曰昭，子曰穆。

这一代长沙公是陶侃的五世孙陶延寿，虽与陶渊明同祖，然而关系疏远，形同陌路。他比陶渊明还晚一辈，但因是嫡系长孙，得以袭爵，其荣光尊贵自不必言，因而陶渊明在序中略有酸意，但正文还是端起了长辈架子，劝勉长沙公进德修业，再创辉煌。

当然，他是白说了，因为陶延寿不但没有什么机会建功立业，反而在刘宋新朝降为吴昌侯，陶家亦发式微了。

陶渊明的第一次出仕是在近而立之年，十三年后他在《归去来兮辞并序》中给出的理由是：

> 亲故多劝余为长吏，脱然有怀，求之靡途。会有四方之事，诸侯以惠爱为德，家叔以余贫苦，遂见用于小邑。

所谓“四方之事”，指的便是司马曜死后，群雄争霸，天下动荡，烽烟四起，造成士族的大量死伤。此时有着家世背景却无荫袭头衔的寒士就成了征召入幕的主要人力资源。

陶渊明得到叔父的举荐，得以在一个小乡镇里做公务员，但是他实在厌烦那没完没了的琐碎小事，觉得纯粹浪费时间，没做多久便辞职了。

虽然时间短，但是他大约能力不错，算是在官府中挂了号。不久，州府又召他为主簿，也就是主管文书的文员。但陶渊明又是很快请辞。

之后，陶渊明又断断续续地数次出仕，都是很短的时间便辞职请归，可见没有世家背景并不妨碍他有名士的脾气。唯在桓玄幕中做了两年僚属，算是他较长的就职经历。

二

桓玄的出身背景与陶渊明颇有相似之处，他自小聪颖，袭爵时只有五岁。他形貌奇伟，风神疏朗，琴棋书画无所不通，又写得一手好文章，完全符合当朝名士的一切条件，却因为朝廷的猜忌与打压，久久不得志。直到司马曜死后，他才有机会以军功翻盘，步步为营，屡立战功，终于一步步登上权势最高层。

这样的成长背景与经历，如果小说家以他为第一主角来写历史的话，绝对是一部非常励志的天才少年长成记。

晋安帝隆安四年（400），桓玄克荆州、雍州后，督八郡军事，领荆州、江州刺史，招陶渊明入幕。同年，桓玄上书皇帝，自请带兵讨平孙恩叛乱，赴京上表的人就是陶渊明。

后世每每说起陶渊明的挂冠归隐，都认为他是怀才不遇，不合时宜，不擅逢迎，也就是一个运气不好的社交恐惧症患者。然而，在最重容止的东晋，一个能被桓玄派遣为使者去建康觐见皇帝的人，其相貌口才举止风仪，必然都是上佳之选，所以“不合时宜、不善言辞”之类的评语是不可能戴到陶渊明头上的。

不知道这次进京发生了些什么，让陶渊明看清了桓玄的野心或是感到了朝廷的猜忌，总之就在这次办完差事回家的途中，写下了《庚子岁五月中从都还阻风于规林二首》。这是陶渊明诗文中难得有着明确时间和事件背景的诗作，对于研究作者真实心意有着极为重要的作用。且见规林诗之二：

自古叹行役，我今始知之。
山川一何旷，巽坎难与期。
崩浪聒天响，长风无息时。
久游恋所生，如何淹在兹。
静念园林好，人间良可辞。
当年讵有几，纵心复何疑？

《诗经》有语："嗟！予子行役，夙夜无已。"行役，指因公务而跋涉在外，就是出远差。

通常小职员出差去远疆考察固然是苦差事，但是代表公司老板去首都开会则是件可喜可夸的美差。而且能够入京面圣，对于任何人来说都应该是职场生涯中的小高潮。然而，陶渊明心中没有半点儿得意之色，反说行役之苦，我今天算是明白了，并借途中遇到风浪受阻而感发世事多舛，潮起云涌，重起了归田之念。

"我今始知之"的仅仅是风阻规林吗？"巽坎难与期"的只是风浪突起吗？

巽（xùn）和坎，八卦之二，巽代表风，坎代表水，这里指风浪。山川多险，巨浪滔天，响声聒（guó）耳，风起云涌，似乎永无停歇。世事变幻莫测，前途不可预期。显然，京城见闻让陶渊明敏感地察觉到了时政的复杂危险，遂生归乡之念。

于是接下来便说，我已经出门很久了，不禁想念生我养我的母亲与故乡，不明白自己为什么还要淹留于此。想到园林的美好，真心觉得官场无可留恋，是该辞去的时候了。

正值壮年，还有多少时光可以浪掷？不能再犹疑了，何不放开怀抱，奔向自由，快快远离这一切，回到田园。

陶渊明的诗中极少触及现实背景，所以我们也无法窥测他在京都的具体经历，但他显然是嗅到了不寻常的空气，感到将有大事发生，仿佛听到山涛在耳畔叮咛："石生无事马蹄间邪！"又像是受到了张季鹰的劝诫："人生在世，贵得适意尔！何能羁宦数千里以要名爵？"

401 年 7 月，陶渊明以母病为由请长假回乡侍药，途中写下《辛丑岁七月赴假还江陵夜行涂口》：

> 投冠旋旧墟，不为好爵萦。
>
> 养真衡茅下，庶以善自名。

当年冬天，陶母病逝，陶渊明遂守制辞官，就此名正言顺地离开了桓玄幕府。

这一幕何其熟悉，当年谢安出山后供职桓府，也是借着谢万病重离开了桓温。陶渊明有样学样，莫不是如谢安一般，预见大乱，所以及时规避？

果然次年开春，司马元显便称诏举兵讨伐桓玄，却被桓玄反制。之后，桓玄杀掉司马道子、司马元显父子，自号楚王，并给自己加以剑履上殿、入朝不趋、赞奏不名的殊礼。看看时机差不多了，他便干脆于 403 年 12 月逼晋安帝司马德宗禅位给自己，改国号楚，降傻子皇帝为平固王，并大封桓氏子弟为王，文武加官晋爵。

通常新帝即位，不管是打下来的也好，装模作样禅让即位的也好，执政之初总得励精图治，勤勉几年。比如曹丕创魏，司马炎创晋，最初都是克勤克俭，认认真真当了几年好皇帝的。桓玄却不同，大约此前压抑得太久，他甫一登基便忙不迭地迁居建康宫，大兴土木，穷奢极欲，朝令夕改，弄得百姓疲弊，朝野不安。

于是，坐上龙后仅仅扑腾了两个月，他就因为刘裕起兵讨伐而被斩于江陵。从称帝到被杀，共经八十天，死时年仅三十六岁，子孙尽殁。

此时，陶渊明已经辞官两年，故而并未卷入政治漩涡，真是万幸。

三

史书总是以成功者的立场来褒贬时事，成王败寇，桓玄既然做了短命皇帝，自然就被钉在了乱臣贼子的耻辱柱上。陶渊明曾为其慕僚，虽抽身得早，但也多少有些尴尬，这也就使得他的再次出仕显得身不由己。

因为桓玄这样的逆贼都可以召你入幕，刘裕这样拨乱反正的大忠臣，难道还不能招聘你吗？于是，陶渊明在404年仲春除服后，便再受征辟，成了刘裕帐下的一名参军。

刘裕（363—422），小名寄奴，就是辛弃疾《永遇乐·京口北固亭怀古》词中所说的那位：

> 千古江山，英雄无觅，孙仲谋处。斜阳草树，寻常巷陌，人道寄奴曾住。想当年，金戈铁马，气吞万里如虎。

能与孙权并论，可见刘裕的英勇俊拔。

他出身贫寒，一生下来母亲就死了，幸得从母自愿喂乳，方捡了一条命。因为自小寄养，故名“寄奴”。即便是这样，也没耽误了他长成七尺六寸、风骨奇伟的大高个儿。七尺六寸是多高？两米二八，刚好与姚明等高，这在东晋，在江南，可实在太罕见了，故而史书称其“雄杰”。

刘裕小时候吃过很多苦，什么砍柴、种地、打鱼、卖草鞋全都做过，但也有个坏习惯，就是沉迷赌博，嗜好樗蒲，遭乡里鄙薄。大概越是穷，就越是横，越是好赌斗勇，梦想着一夜暴富吧。

长大后，刘裕投身了谢玄的北府军，每次打仗都冲锋在前，悍不畏死。凭着屡立战功，他很快升至参军，之后先平孙恩，后平桓玄，一路飞升，位极人臣，权势滔天，掌管八州军事。

而陶渊明则转入建威将军刘敬宣帐下任参军。这次转工的原因不得而知，但工作内容大抵未变，他仍然是做信差，曾为刘敬宣出使建康，还在途经钱溪时自问自答：

伊余何为者？勉励从兹役？

田园日梦想，安得久离析。

陶渊明真的很讨厌跑长途，每次出差都会心生厌工情绪，引发归隐之念，对官场经营完全没有兴趣。他“终怀在壑舟”的心性从未改变，越是接近权力中心，越是决意远离官场，“目倦川途异，心念山泽居。”

不久，刘敬宣为避刘裕之忌自请解职，陶渊明也就跟着回家了。

但也没闲多久，八月里他再次出仕，任彭泽县令。又是只做两个多月便辞了官，并且赋诗高调声明，这次真不玩了，以后都再不做官了。

这一年，陶渊明四十一岁。

谢安四十一岁东山再起，陶渊明却在四十一岁决意归隐。真是有人星夜赶科场，有人挂冠绝红尘。

这是他最后一次出仕，故而后世又称其为“彭泽先生”。

编过《昭明文选》的梁太子萧统，是第一个大声疾呼“我爱陶渊明”并自任粉丝会群主的人，声称“余爱嗜其文，不能释手，尚想其德，恨不同时。故更加搜求，粗为区目”。

萧统曾为陶渊明作传，称其辞官的理由是因为这年冬天有位督邮下访考察，县吏叮嘱陶县令好生接待，不能再如往常那般随意，要穿正装：“应束带见之。”陶渊明一听，顿时满心腻烦，脾气上来，叹道：

“我岂能为五斗米，折腰向乡里小儿！”

在此之前，陶渊明就曾拒绝过狂热的五斗米教徒王凝之的征聘，显然对教徒没有好感。所谓道不同不相为谋，或许是此番听说这下沉的新督邮又是一位虔诚道徒，又或许是县吏提醒他注意言辞，要附和这位督邮的宗教信仰，触发了他的逆反机制，总之陶渊明突然就烦了，不愿向一个五斗米道徒折腰礼敬，索性挂冠离去，就此永诀官场，做个不合格的田舍翁去了。

于是，他即日解绶去职，为后世留下了一个成语叫作“不为五斗米折腰”。

四

当年“王敦之乱”，苏峻讨之；“苏峻之乱”，陶侃讨之；如今天下大乱，来讨伐的先有桓玄，后有刘裕。这两人都是在立功平叛后便想着成为下一个乱臣新君，又都做过陶渊明的上司，简直无法想象陶渊明的复杂心理。

刘裕无疑是个英雄，也是继祖逖、桓温之后，在北伐上取得最大成功的功臣。410 年兴师北上，攻灭南燕，尽杀南燕鲜卑王族，并将燕帝慕容超押送回京师，斩首于建康街头，极大地鼓舞了晋人。

此后，刘裕取岭南，并荆江，灭谯蜀，据后秦，一路加官晋爵，封侯拜相。待到升无可升的时候，他便走上了桓温、桓玄父子的老路，剑履上殿，赞拜不名，受封宋公，得授九锡，直到问鼎皇位。

他很想直接称帝，但是碍着“昌明之后有二帝”的谶语，心生忌惮，再想想桓玄的下场，便觉得宁可信其有，不能轻易冒险。可是他也没有耐心慢慢等司马德宗寿终正寝，于是干脆指使中书侍郎王韶之偷进宫中，将晋安帝活活勒死。晋安帝时年三十七岁。

之后，刘裕扶皇弟司马德文即位，史称晋恭帝，以此圆了“二帝”之数。转过年便逼着司马德文禅位给自己，自立代晋。

420 年 6 月，刘裕正式登基，改国号“宋”。史上为了与后来赵匡胤陈桥兵变创建的大宋相区分，将刘裕创建的宋朝称之为“刘宋”或是“南朝宋”。

这是南朝的开始。东晋正式灭亡。

称帝前与称帝后，刘裕都曾多次下诏征聘陶渊明，然而陶渊明坚定地拒绝了。所以时人常常称其为“陶征士”，就是他虽然不肯做官，但却是被皇上几度征聘为官的，资格证书还是有的。

也因此，“怀才不遇”这个君子不仕的常见理由，在陶渊明这儿是用不上的。因为人家不是没有展才的机会，也不是嫌工钱少，而是见识了太多的尘网污垢，对官场彻底寒心了，是坚决肯定地不想做官。

想象一下，陶征士这样心志高洁的人，竟然两次效命于弑君逆臣，这是多大的刺激？经历了如此的人事沉浮大起大落，面对了各种政治肮脏人心叵测，看过了太多的凶险暴力辜恩负义，他是何等地失望、厌恶，怎么还会流连官场呢？

归田之后，他曾写下《饮酒》组诗，多次引用伯夷、叔齐典故，写道“饥食首阳薇，渴饮易水流”“积善云有报，夷叔在西山”，显然是以“不食周粟”为道德规范的，那又怎能面对“以臣弑君”的桓玄、刘裕而屈节相侍呢？

同时，伯夷、叔齐也是历史上最早因为避政而隐居山中的人，开创了名士归隐的历史。而陶渊明，则是这种传统精神的践行者，遂成为文士名流“由仕而隐”的典范。

做官，就要像苏东坡那样，哪怕位卑境困，也要造福百姓；归隐，就应当学陶渊明，躬耕田垄，甘于寂寞。

关于陶渊明的归田之志，在赋作《归去来兮辞》与《归园田居》等诗中，表现得最为明晓：

> 归去来兮，田园将芜胡不归！既自以心为形役，奚惆怅而独悲！悟已往之不谏，知来者之可追；实迷途其未远，觉今是而昨非。舟遥遥以轻飏，风飘飘而吹衣。问征夫以前路，恨晨光之熹微……

这篇赋句句经典，字字珠玑，我最喜欢的一句是“云无心以出岫，鸟倦飞而知还”。李清照最喜欢的大约是“倚南窗以寄傲，审容膝之易安”吧，她随夫君回青州宅居的时候，就将自己的住处取名“归来堂”，且自号“易安居士”。

“归去来兮”的呼唤，亦是所有知识分子深藏于内心的集体呼声，更成了后世文人辞官归隐的行为标签。每每有人由仕而隐，便忍不住高呼“归去来兮”，却不是人人都能耐得住归园的寂寞，体味田居的美好。

归园田居

少无适俗韵，性本爱丘山。
误落尘网中，一去三十年。
羁鸟恋旧林，池鱼思故渊。
开荒南野际，守拙归田园。
方宅十余亩，草屋八九间。
榆柳荫后檐，桃李罗堂前。
暧暧远人村，依依墟里烟。
狗吠深巷中，鸡鸣桑村颠。
户庭无尘杂，虚室有余闲。
久在樊笼里，复得返自然。

陶渊明的心，一天都没有生活在尘俗里。他是误落凡间的仙童，自小就清高不染，天真自然。虽然或被动或主动地尝试着踏入官场，但是他的心皎洁如故，从不曾被玷污。

没有杨朱的临歧而泣，没有墨子的悲丝恨染，陶渊明始终清楚地知道自己是什么样的人。他渴望过建功立业，但那不是对功名利禄的渴望，而是出自赤诚的报国之心。但是看尽了政权颠覆，霸权争竞，你方唱罢我登场，也就对现实彻底撒手了。

这个朝廷不值得效忠，那就守我清贫，回家种地吧。

“误落尘网中，一去三十年。”有诗家怀疑应为“一去十三年”。因为陶渊明自二十九岁第一次出仕，到四十二岁写作此诗，刚好十三年。

他在诗中清楚地表明，他的辞官还耕，并不是怀才不遇的被迫抽身甚或以退为进，而只是返璞归真，复我本来面目而已。就像鸟儿留恋林间，鱼儿思念故水一般，从起飞的那一天就没想过久别，如今终于是回来了。

于南坡开荒，在宅前种树，听着鸡鸣狗吠，乘着榆柳荫凉，生活本来就不需要很多，只要室有余闲，心无尘垢，就已经很满足了。

《庄子·养生主》中说：“泽雉十步一啄，百步一饮，不蕲畜乎樊中。”山林中的野鸡求食艰难，往往走上十步才能得到一点儿食物，走上百步才能找到一口水。但即使这样，它也不愿意被关在笼中圈养。陶渊明将官场比作困缚泽雉的樊笼，如今挣脱囚锁，回归自然了，这是多么可贵的自由啊！

陶诗清幽澹永，隽秀有致，沁人肺腑，苏东坡在病困中时，甚至将读陶和陶当作灵药：“每体中不佳，辄取读，不过一篇，唯恐读尽后，无以自遣耳。”

流放儋州的日子里，苏东坡每每身心不畅，便翻开陶诗吟哦感念，步韵唱和。而且他还舍不得多读，每次只读一篇，生怕一次读完了，以后就没药自救了。

千古痴心，俊杰如一，陶诗也好，苏词也罢，能写出这样的文字，不只是风采，更是气度！

无弦琴、葛巾酒与桃花源

一

晋人好饮酒，若是列个酒鬼排行榜，那么出门时鹿车荷锸声言“死便埋我”的刘伶，连醉三个月的阮籍，与猪同瓮而饮的阮咸，金貂换酒的阮孚，越墙到邻人家盗酒的毕卓，还有三日仆射的周顗，真不知如何排列座次。然而论及酒文化翘楚，则非陶渊明莫属。

对于喝酒这件事，陶渊时是认真的，也是洒脱的，不但有代表作《饮酒》组诗，就连《拟挽歌辞》中都要说：

千秋万岁后，谁知荣与辱。
但恨在世时，饮酒不得足。

虽然陶渊明的事迹未见于《世说新语》，然而关于他名士风度的典故却不少，这要感谢昭明太子的《陶渊明传》。

传中写的最出彩的就是关于陶渊明嗜酒的几个小段子：

一日陶渊明正在家中酿酒，郡将来访，恰其时酒糟熟热，陶渊明急于滤酒，竟然随手解下头上葛巾筛漉，筛完之后，又若无其事地将葛巾扎回头上，这才从容地与候在一旁的郡将寒暄。

从此，便留下了一个“葛巾漉酒”的典故，头系葛巾成为魏晋风度的经典造型。

陶渊明的朋友不多，比较著名的有一位叫作颜延之，他做江州刺史时与陶渊明来往颇多，后迁为始安郡守。每每经过浔阳，他还是会特地找陶渊明饮酒，每次都喝得酩酊大醉。因怜恤陶家贫窘，走前给陶渊明留了两万钱。陶渊明倒也大方接受，转手就送进了酒家，先充值，后记账。

颜延之在陶渊明过世后，为其写下《陶征士诔》，记下了他临终的情形：

> 视死如归，临凶若吉；药剂弗尝，祷祀非恤。傃幽吉终，怀和长毕。

江州刺史的官儿经常换，在陶渊明的人生履历表中，我们知道有许多人都先后坐过这把交椅：王凝之，桓玄，刘裕，刘敬宣，颜延之，王弘，檀道济。

这些人几乎都曾招募过他。不知道陶渊明最初出于什么心理拒绝了王凝之，后来却接受了桓玄的聘请。到他四十岁后归园隐居的时候，新任刺史王弘又来招募，陶渊明却再也不肯出仕了。

王弘不死心，即使不能招陶渊明为僚，也希望能够结识他。但是陶渊明托疾不见，自称“性不狎世，因疾守闲，幸非洁志慕声，岂敢以王公纡轸为荣邪！”意思是我这人脾气不好，性子又懒，就不劳王公瞎耽误工夫了。

越是这样，王弘越是想认识他。有一次听说陶渊明要去庐山游玩，王弘便在半路设下酒席，转托陶的朋友庞通相邀，等两人喝到半酣时自己才现身。这时候，陶渊明当然不能再避而不见或翻脸离席，也就大大方方地与之共饮。畅谈之下，倒也投契。从此，两人成了好朋友，之后也常相往来。可是陶渊明也仍是不肯登堂相见，每次相约都在山林中。

这年九月九日重阳节，陶渊明出门归来，坐在屋边菊丛中久久沉吟。正好王弘来了，当然没忘了带着好酒。陶渊明大喜，便拉着王弘坐下来开喝，一醉方休。

王弘身为王导曾孙，当时第一流门阀名士，门第官阶都比陶渊明要高得多，名声也清正。即便如此，陶渊明也不肯轻易攀附；但是王弘真心结交，他也不会惺惺作态故意疏离，王弘时常接济他米肉，他也大方接受，诗酒言欢。

所谓心志真洁，不卑不亢，莫过于此。

王弘离任后，新任江州刺史檀道济亦来拜访过陶渊明。此时陶家每况愈下，陶渊明更是贫病交加。

檀道济趁机劝他出来做官，且说："子曰：'天下有道则见，无道则隐。''用之则行，舍之则藏。'如今大局已定，新君即位，天下太平，正是你应该出来做事的时候，又何必自惜羽毛甘于贫穷?"

陶渊明自是不从，淡然回答："潜也何敢望贤，志不及也。"意思是我归田农耕并非图隐士之名，只是志不在官场罢了。

关于这次见面的结果，《陶渊明传》记之曰："道济馈以粱肉，麾而去之。"

本是很简单的结尾，却酿出了两种截然不同的解释：一是说檀道济来访时，送了许多食物，陶渊明却拒绝了；二是说陶渊明对檀道济带来的酒肉大方收下，征聘却是不从。

我认为答案应是后者，因为对饮酒吃肉这件事，陶渊明是认真的，也没必要拒绝。颜延之和王弘的酒肉能收，檀道济的当然也能收。

更何况，陶渊明一日不能无酒，无论贵贱，凡来访者，只要有酒，便摆开共饮。有时候陪客人喝酒，自己先醉了，也不留客，大咧咧说："我醉欲眠，卿可去!"

檀道济大约也是这样"麾而去之"的，但是酒肉嘛，自然是留下了。

二

《陶渊明传》中，最令我感动的是“无弦琴”的典故，

> 渊明不解音律，而蓄无弦琴一张，每酒适，辄抚弄以寄其意。

这段文字使得许多古今学者都认定渊明不懂音律，更不会弹琴，却偏偏喜欢“手挥五弦”的风雅，便弄了块长条木头做做样子，无弦无徽，没事就横木膝上，猱吟绰注，自得其乐。

这就跟今天的朋克少年们，未必真会弹吉他，甚至平生都没拥有过一把吉他，但是只要想大声嘶吼了，就会弯起身子，狂摇脑袋，双手虚抱着不存在的乐器，来一个煞有介事的无实物表演。

如果这样理解，陶渊明倒也是很呆萌可爱的。不过，萧统写活了陶渊明，却也冤枉了陶渊明。

事实上，陶渊明不但会弹琴，而且应该弹得很好。

证据在他的诗文自述中：

> 弱龄寄事外，委怀在琴书。

息交游闲业，卧起弄书琴。

悦亲戚之情话，乐琴书以消忧。

欣以素牍，和以七弦。

有了这么多的自述，还需要怀疑陶渊明不会弹琴吗？

他的琴不但有弦，而且左琴右书，片刻不离身，诚如《礼》之所云：“君子无故不撤琴瑟。”

那么陶渊明又是因为何故而撤琴，要弄块无弦木板来空气弹奏呢？

原来，陶家曾两次遭火，家产尽毁，一度只能全家人搬到船上暂住。

大火中，心爱的瑶琴自然也付之一炬。

在古代，琴是非常珍贵的物事。一床琴如用新材，从斫木到制成，琴材浸水三年，流水冲洗三年，阴干三年，以此保证木质的稳定性；斫成之后再层层上胎上漆，大约需要十一二年时间，即使使用陈材也至少需要一两年，而且需要非常精湛的技术。以陶渊明之贫，晚年大约是再无能力重新置办一床新琴了，只得用一条木板聊以自慰。

月光流泻船头，江涛呜咽拍岸，陶渊明独坐船头，横木膝上，手挥目送，怡然自得。木头上无徽无弦，但是心中有曲有韵，指随心动，心随意走，依着记忆里的曲谱轻轻拨动，便在月光水声中听到熟悉而悠扬的琴音。

这是我心目中魏晋风骨最美的画面！

即使在今天，很多高手也是可以“盲弹”的，就是在无琴的情况下以手应心，默背曲谱弹完全曲，以此作为练习指法的高难度挑战。当然，只有曲谱弹得非常熟练的人，才能无弦而弹。而这门“默弹功夫”的祖师爷，就是陶渊明了。

要有多么皎洁宽旷的胸襟，才会对着一床无弦琴亦能领会曲韵，悟道自然啊。大凡普通人，家徒四壁到连一床心爱的琴都保不住，要抱着块木头假装抚弦，难免不会满心悒郁自怨自艾。陶渊明却浑若无事，依然能沉浸在琴声中悠然自得，这是怎样的情操风范！

不过，也许正如我在前面所说，晋代琴人与琴的关系灵犀相通，紧密非常。当琴人仙逝，琴灵亦往往随之离去；然而琴体被焚，琴灵却可以独立飘摇，或许此刻陪伴陶氏月夜清弹的，便是那位失去了桐梓宿处的琴灵吧？

明朝绍兴派琴人张岱有《夜航船·虫豸》，声称有种罕异之虫名“鞠通”，喜食古墨，藏于琴中，可使琴自鸣。

陶渊明幼好琴书，想来家中自有古墨，说不定琴中便藏了一只“鞠通”呢。倘如此，有琴自鸣，又何须丝弦呢？

三

有人称赞陶渊明是屈原之后中国文学史上第二个最伟大的诗人。

陶渊明自己也屡屡在诗中暗示屈子之志。《饮酒其九》中说，有朋友一大早晨送酒给他，对他辞官归农之举深为劝诫："一世皆尚同，愿君汩其泥。"这话显然引自《渔父》中"举世混浊，何不汩其泥而扬其波"，屈原面对渔父之劝，终不改其志，遂投汨罗自沉；陶渊明却不会这样钻牛角尖，他只是淡然回答朋友：

深感父老言，禀气寡所谐。
纡辔诚可学，违己讵非迷。
且共欢此饮，吾驾不可回。

如果说面对"举世混浊我独清"的社会现状，屈原举身赴清流的选择奠定了中国诗人宁折不弯的风骨，那么陶渊明的"守拙归田园"便是开启了文人"由仕而隐"的耕读传统。

初归田园时，他的家境还是略有闲裕的，"方宅十余亩，草屋八九间。"门前还有五棵大柳树，因此自名"五柳先生"。

五十岁那年，他在《与子俨等疏》中写道：

少学琴书，偶爱闲静，开卷有得，便欣然忘食，见树木交荫，时鸟变声，亦复欢然有喜。常言五六月中，北窗下卧，遇凉风暂至，自谓是羲皇上人。

谈玄不在远，只在北窗凉风间，树下荫，林中鸟，抚琴读书，便是神仙生涯。陶渊明对于大自然的温柔给予有着最亲切的感知，最真诚的感恩，这种发自内心的清高淡泊，喜悦欢欣，岂足为外人道也？

这段时间是他创作的丰收期，除了《归园田居五首》，还有《读山海经十三首》。可见他在田园生涯中重新找回了读书的乐趣，而且颇有童心，读起传奇志异来。但是陶渊明纵然无书不览，博古通今，却不为用世，就只是单纯地“好读书，不求甚解，每有会意，便欣然忘食”。

这种为读书而读书，为快乐而快乐的童真心境，无论清流浊流，都难比拟。

《饮酒》组诗中说：

觉悟当念还，鸟尽废良弓。

有时不肯言，岂不在伐国？

诗书复何罪，一朝成灰尘。

如何绝世下，六籍无一亲。

……

那些仁义忠孝的儒家思想，在弑君篡位的新政面前，尽成飞灰。读书人空怀理想，却不知道该报效何人？那些教导忠义的诗书，都成空话，说来何益？

而这顶象征儒生的儒巾，也只好用来漉酒罢了。“若复不快饮，空负头上巾。”

这便是陶渊明将组诗命名为《饮酒》的真意了。

所以组诗最后一首最后一句说：“但恨多谬误，君当恕醉人。”

我所有读过的书，说过的话，写过的诗，都是误会，都是醉语，如果说错了什么，你也只当我是醉酒之人的呓语罢了。

四

陶渊明是魏晋风骨的代表人物之一，却跳出了魏晋名士的圈子和行为模式，不注经，不谈玄，不讽世，也不用世，不参政，也不议政。

他虽如嵇康般厌恶政治，但不会洋洋洒洒写一篇《与山巨源绝交书》高调明志，而只有一床无弦琴相伴；他也和刘伶般好酒，且默默留下《饮酒》诗二十首，但不会纵酒佯狂，裸衣奔走，让阮籍为之弹奏《酒狂》；他亦是儒道兼修，但不炼丹，不谈玄，虽与慧远法师相投，却未加入声名赫赫的白莲社，只天地独行，田园躬耕，把自己活成了一个庄稼人。

他也是魏晋时期乃至千古隐士诗人中我最敬重钦佩的一位。因为他的淡泊是骨子里的宁静清灵，与世无争。

陶渊明诗文俱佳，辛弃疾评价："千载下，百篇存，更无一字不清真。"

元好问亦有诗赞曰："一语天然万古新，豪华落尽见真淳。"

两人不约而同，都以一个"真"字来赞美陶渊明。

然而他最脍炙人口影响深远的作品，却偏偏是一篇想象之作《桃花源记》：

晋太元中，武陵人捕鱼为业。缘溪行，忘路之远近。忽逢桃花林，夹岸数百步，中无杂树，芳草鲜美，落英缤纷。渔人甚异之，复前行，欲穷其林。

林尽水源，便得一山，山有小口，仿佛若有光。便舍船，从口入。初极狭，才通人。复行数十步，豁然开朗。土地平旷，屋舍俨然，有良田美池桑竹之属。阡陌交通，鸡犬相闻。其中往来种作，男女衣着，悉如外人。黄发垂髫，并怡然自乐……

《桃花源记》虽不是诗，却诗意盎然，美不胜收。

甚至有人说，东晋无文，唯一篇《桃花源记》而已。

虽然陶渊明不参加玄谈，却不可能不受到黄老学说的影响。

老子在《道德经》中描写他的理想世界："小国寡民……甘其食，美其服，安其居，乐其俗。邻国相望，鸡犬之声相闻，民至老死不相往来。"

这理想在陶渊明的笔下变成了实境：桃源中人使用古老的俎豆之法，穿着古老样式的服装，依据四季的变化过好每一天，连历法都没有，更无需心机智巧。这显然是受到老庄思想"绝圣弃智"的影响，追求葛天氏之民的任真自然。

他历经乱世，渴望逃避，没有像李白那样充满热情地渴望在危难时平地崛起，做帝师、做宰相，指点江山；也没有像杜甫那样一支笔写尽春恨秋悲，家国流离。只想在心中建筑一座与世隔绝的桃花源，避居其间，"乃不知有汉，无论魏晋"。

桃花源不是神的世界，而是人的世界。陶渊明虽然发挥了极致想象塑造一座世外仙乡，但这里没有《读山海经》的上天入地，没有王母娘娘和精卫，没有夸父和刑天，有的只是日出而耕日落而还的农户，过着平安自足的生活。这是陶渊明返朴归真的至高理想，又何尝不是乱世中百姓们共同的心愿？

这里只有春种秋收，没有徭役赋税；只有父子天伦，没有君臣倾轧；只有男耕女织，没有硝烟战火；只有桃红柳绿，没有功名利禄，这是诗人自己理想的世外仙山，也成了后世文人集体追求的精神家园。

正因为桃源文字的清新可喜，亲切如实，才会让人们相信真有这么一座桃花源，才会有人再三去寻觅，去慨叹，去吟咏。

直到今天，都还有人为了“桃花源”究竟在哪里而争论不休，缘木求鱼。每当来到一处纤尘不染安详幽美的清净地，就会有人由衷赞叹，好一座世外桃源！

然而心有桃花，世为净土，何必定要寻踪？又如何寻得到呢？桃花源虽然子虚乌有，但陶渊明高洁隐逸的精神，却在世间永远流传！

正如苏东坡题画诗所云：

桃花流水在人世，武陵岂必皆神仙？
江山清空我尘土，虽有去路寻无缘。

无弦琴，葛巾酒，桃花源记，这是陶渊明的三个侧影，然而说的又是一回事——桃源中人的魏晋风度。

九江洵阳柴桑有陶渊明纪念馆，是片占地不足三亩的园林，森森竹林、田田荷叶包围着陶公的墓地，碑上写着“晋徵士陶公靖节先生之墓”，细思真是令人感动。

陶渊明过世时已经是刘宋新朝，然而武陵人不知魏晋，陶渊明亦不问晋宋变迁，仍将自己视为晋人。

他虽然几次被征，但因未再出仕，也就没有朝廷谥号。“靖节”，是朋友们给他的私谥。

馆园中还有一座“陶靖节祠”，祠前有大石，上书“田园诗祖”，祠中供着塑像，匾上则是“羲皇上人”。

五柳先生与靖节先生，羲皇上人与田园诗祖，一是夫子自道，一是后人公认，不管哪一个，陶渊明都值得！

山水诗人谢灵运

一

东晋各大门阀世家间最紧密的结盟方式就是联姻，王谢两家更是亲上加亲。比如谢安最看重的侄女儿谢道韫，便是嫁给了王羲之的次子王凝之，而王羲之最宠爱的孙女儿，则嫁给了谢安的侄孙，也就是谢玄的儿子谢瑍。

前面说过，王羲之有七个儿子，却只有一个女儿王孟姜，可以想象是如何地视若掌珠，疼爱非常。王孟姜后来嫁与南阳世家刘畅，生有一子一女，女儿名唤刘淑珍，长大后嫁给了谢玄的独生儿子谢瑍。

谢瑍二十五岁青春早逝，留下四子，分别取名“忠、孝、仁、义”，其中最小的谢公义（385—433），字灵运，便是大名鼎鼎的山水诗派鼻祖谢灵运。

谢安去世那年，谢灵运出生，这第五代芝兰玉树不仅承继了“雅道相传”的谢氏家风，亦遗传了“琳琅珠玉”的王家韵致，堪称王谢世代联姻的最优结晶。她自小聪慧过人，深得祖父谢玄看重。

谢玄甚至曾经半开玩笑地对人说：“我生了谢瑍这么个傻儿子，哪里想到他倒有出息，生得出灵运这么聪明的孙子呢？”

谢灵运自幼寄养于钱塘杜明师的道馆，十五岁才回到建康，十八岁继承爵位，被封康乐公，享受两千户的税收待遇。

为什么身为四子却能荫袭封爵，谢灵运的三个哥哥哪里去了？史料上未查到相关记载。我怀疑他们如父亲谢瑍般早逝，不然谢灵运也不会小小年纪就被送去道观寄养，小名客儿，显然是听了哪位道士的警告，客居保命的意思。

不知道是不是因为少年时期在道观里拘束得紧了，有种补偿心理，十八岁的小公爷谢灵运，没有了祖父和父亲的约束管教，颇有点儿一朝得志飞扬跋扈的意味。他酷爱奢华挥霍，住的用的都要极尽精巧，衣着穿戴立异标新，车子的装潢鲜艳美丽，引得世人争相效仿，一时人们都喊他“谢康乐”。

李白是谢家的团粉，谢安、谢朓、谢灵运都是他经常致敬的偶像。他曾在《梦游天姥吟留别》中自述：

湖月照我影，送我至剡溪。

谢公宿处今尚在，渌水荡漾清猿啼。

脚着谢公屐，身登青云梯。

这里说的谢公屐，可谓是东晋时最流行的登山运动鞋了，同样是高齿木屐，但是前后齿可装卸，上山时便去掉前面的鞋齿，下山时则去掉后面的鞋齿，正是谢灵运发明，所以又称“灵运屐”。

谢灵运不仅有登山屐，还爱戴曲柄笠。

隐士孔淳之便问他：“卿欲希心高远，何不能遗曲盖之貌?”

这是因为曲柄斗笠的样子有点儿像帝王仪仗的华盖，所以孔隐士说，您是这样清高志远的人，却又为什么不能舍弃曲盖之望，怀念官位呢?

谢灵运答：“将不畏影者，未能忘怀。”

这是用了《庄子》典故，有人因为害怕自己的影子而狂奔，却越跑越甩不开，累到气绝。

谢灵运说，只有畏影者才急慌慌舍弃一切形似官盖的东西，而不害怕影子的人，又何必事事紧张呢?正如佛法所云，没有粘着的念头，也就没有粘着的花瓣。心中无碍，意得自由。

但是孔隐士会这样打趣，也不是空穴来风，实在是谢灵运的心理性格太过矛盾，有点儿贪多嚼不烂的感觉，绝非像他自己标榜的那样心无挂碍。他的性情比李白还要狂傲，曾有名言：

> 天下才共一石，曹子建独得八斗，我得一斗，自古及今共分一斗。

将曹植推为第一，自认第二，这已经是他谦虚的底线了。

谢灵运的确是个才子，天赋异禀，博闻强记。可惜的是，他和李白一样头脑发热，自视不清，明明可以靠才华吃饭，却偏要拼心机，玩政治，想做指点江山惊天动地的大事，结果弄得左右支绌，里外不是人；加上天性偏激，我行我素，常有触犯礼法的行为，自是不得朝廷重用。因而每每抱怨时不我与，牢骚大得吓人，也得罪了不少人。故而孔隐士才会笑他“不能遗曲盖”。

420 年 6 月，刘裕称帝，以宋代晋。许多旧封爵被取消，谢灵运也被降为康乐县侯，俸禄由食邑两千户降为五百户，任命散骑常侍，旋转太子左卫率。

谢灵运自恃门第高贵，才华盖世，自以为“宜参权要”，但是刘宋王朝对他始终怀有疑忌。宋少帝永初三年（422），谢灵运更是被排挤出京，外放永嘉太守。

这其实是件好事，因为谢灵运本来就喜欢游历，如今寄情山水，经常十数天不归，什么治民、决讼、劝农，一概公务俱束之高阁，不闻不问，只管寻诗作赋，吟风弄月。

永嘉，就是今天的浙江温州，山川峻美，峰峦秀丽，极大地激发了谢灵运的写作灵感。这是谢灵运诗歌创作的高峰期，在他传世的近百首诗中，山水诗占了三分之一，其中许多优秀诗作如《过始宁墅》《富春渚》《晚出西射堂》《登永嘉绿嶂山》等，都是永嘉时期的产物。

同时，这期间他与一大批有名的僧人如法勖、僧维、慧琳、法纲等常相往来，邀游山水，共探佛理。其著名的《辨宗论》就是在和这些名僧反复问答的基础上写成的，将名士的辩难与释子的辩经相结合，是佛学的一大创进。

身体和灵魂，永远有一方或者同时在路上。

二

在永嘉游荡了一年，没什么新鲜游乐了，谢灵运便称病离职，返乡隐居。

在建康有宅子，在山阴有庄园，这是江东名流世家的标配。而会稽更是南朝士大夫的后花园，谢灵运这么懂得享乐的人当然不会错过，于是自行把籍贯改成会稽郡，来到始宁曹娥江畔圈田买地，修建庄园。他的庄园面临秀水，背倚青山，是真正的风水佳园。

他还写了篇《山居赋》来夸耀自己的美好生活，一时传遍大江南北：

览明达之抚运，乘机缄而理默。指岁暮而归休，咏宏徽于刊勒。狭三闾之丧江，矜望诸之去国。选自然之神丽，尽高栖之意得……

如果谢灵运就这样一辈子恬然山水，未尝不是完美人生，然而南朝的局面太动荡了。

刘裕以宋代晋后，只做了两年皇帝就驾崩了，太子刘义符即位成为宋少帝，但并没有得到兄弟们的支持拥戴。新朝初立，皇帝登基未久便驾崩，新帝若无明相辅佐，几乎是一定会大乱的。

尤其和王羲之一样，刘家也是葫芦娃七兄弟，大家都是葫芦，谁比谁差多少？总不能因为你先结瓜就真的美得跟朵花儿似的吧。因此，六个葫芦弟弟瞅着皇位蠢蠢欲动，在风中使劲招摇。众多的将相士族也都纷纷押宝在不同的皇子王爷身上，各有心思。

谢灵运押的是二皇子刘义真。史实证明，这一宝押错了。宋少帝刘义符与庐陵王刘义真先后被杀，三皇子刘义隆得了个大满贯，史称宋文帝。

这期间翻云覆雨的政治沉浮我们就不多去讲它了，总之一眨眼晋朝变成了宋朝，又一眨眼新宋已经换了三位皇帝。眼花缭乱之余，谢灵运的确想过像陶渊明那样隐居不出，实际上也这样做了，只是做得不坚定。

424年，刘义隆登基，几度征召谢灵运。谢灵运起先是拒绝的，后来禁不住皇帝再三征召，到底应召就任，出任侍中，成为皇帝的近臣。

谢灵运的文章、书法都独步当时，每次作文必亲笔抄录，深得宋文帝赏识，极口称赞他的文章和墨迹为“二宝”。

这是谢灵运与宋文帝的蜜月期。看到皇帝这样赏识自己，谢灵运又不甘闲散起来，便自荐参政，说到底，还是惦记着“曲盖之貌”。

这也难怪，有着“东山再起”的曾祖谢安，“淝水之战”的祖父谢玄，自小备受瞩目的谢灵运又怎会甘心只做个闲散诗人呢？这东晋的江山是他谢家先贤辅佐巩固的，现在轮到他接过祖辈的大旗重振家声了。

然而，宋文帝虽然欣赏谢灵运的诗与字，却并不认同他的政治抱负，更何况谢灵运此前辅佐刘义真，自然不可能视为心腹让他染指朝政，只把他当成文人，闲来谈论诗文而已。

谢灵运心生不满，便时常推病不上朝，只管修筑池塘、抚花弄竹且利用职务之便让衙门为他个人服务。虽然在京都，亦如在永嘉，动辄出城游玩十几天，连张假条都没有。

宋文帝想将他免职，又想维护他的面子，便暗示他辞官。谢灵运倒也识趣，便称病回乡休养，临行前上了北伐奏折，继续表白自己的从政之心，当然没有得到回应。

这个过程，特别像后来李白的“赐金还山”。李白跑了半辈子官，四十多岁才终于借助道友的举荐得蒙圣召，于是高喊着谢安再世的口号兴冲冲进京了，在翰林院做了个挂名学士。这和他宰执天下的梦想距离太远，于是他天天旷工酗酒，“长安市上酒家眠，天子呼来不上船。”而且不停地写酸诗发牢骚，到底把皇帝念得没脾气了，只得给他一大笔钱买断工龄，早早打发他退休了。他的整个仕宦生涯，掐头去尾统共一年多。

谢灵运也罢，李白也罢，都是不世出的才子诗人，却实在不适合做政客。

三

元嘉五年（428），谢灵运称病回到家乡后，和同族兄弟谢惠连、东海人何长瑜、颍川人荀雍、泰山人羊璿之因为相互欣赏对方的文章而结好。他们同游山水，当地的人称他们为“四友”。

依靠着祖、父辈丰富的家底和深厚的人脉，谢灵运在会稽过得如土皇帝一般，生活富足，奴仆众多，有上百名先人的门生故吏和他往来唱酬。他热爱户外运动，曾为了游山而大兴劳役，从始宁南山到临海一路伐木开道，弄得阵仗极大。而且他每次出行往往劳师动众，有上百人相随，这让会稽太守孟颛十分不满，孟觊觉得他招摇放肆，目中无人，分明是拿太守不当干部，因此与他结了仇隙。

谢灵运和孟觊俱好佛事，然而谢灵运却轻慢地说："得道应需慧业，丈人升天当在灵运前，成佛必在灵运后。"这是说孟太守愚笨无慧根，所以无缘得道，却会短命早死。如此逞口舌之快，孟觊岂能不衔恨于心？

从这个细节看，两个人的事佛向道都只是一种外化的形式，内心毫无平和宽容，既没有"口业"的避忌，也没有谦卑的操守。喧嚣浮华的佛号之下，掩盖的却是最世俗功利的欲望和嗔心。

会稽城东有片回踵湖，谢灵运想将湖填平改为良田，孟太守自是不许，认为此湖离城最近，水物所出为百姓共有，不能为私田。谢灵运便又将主意打到了始宁坯嶂湖，想要扩建谢家祖辈留下的始宁庄园，孟太守依然不许。

一日，谢灵运和名士王弘之等人在会稽千秋亭喝酒，一时酒酣纵兴，便显出浊流本色来，脱了衣裳，光着身子大呼小叫。孟觊认为有违礼教，派人前去劝止，谢灵运怒斥道："身自大呼，何关痴人事！"

就这样，两个人的仇怨越结越深。孟觊也知道自己将谢灵运得罪得狠了，索性先下手为强，一纸奏疏将谢灵运告到了御前，举奏谢灵运放荡不羁、侵扰百姓，并诬告他私自调用本郡军队防守自卫，意图谋反。

这可是大罪，吓得谢灵运忙飞骑进京上书：“我归家养病三年，远离城郭，闲居山野，不问世事。望皇上明鉴！”

宋文帝了解谢灵运的性情，也并不认为他真会谋反，但也不想再放他回会稽为所欲为，遂命他做了临川内史，增加俸禄到两千石。

从此，谢灵运再也没有回过始宁山居。那精心修设的庄园雅墅，就这样白白还给了明月清风。此前种种造作，终究有何意义呢？

按说谢灵运死里逃生，理当从此自警，引以为戒。可是他枉自熟读佛经，却仍然看不破，仗着皇帝的信任，赴任后依旧我行我素，和做永嘉太守时没有两样，所以很快再次被人弹劾。

这也罢了，他得罪人的毛病也半点儿不改，后来更与临川王起了冲突。朝廷派人前往逮捕他，谢灵运反而抓了特使，起兵叛逃，并写诗说：

> 韩亡子房奋，秦帝鲁连耻。本自江海人，忠义感君子。

这分明是将刘宋王朝比作了暴秦政权，并以韩信、张良、鲁仲连自比，表示要像他们那样为国复仇。这莫名其妙的宣言坐实了他的谋反罪名，遂在被捕后，被判决流放广州。

这个命运模本也被李白照抄了。他因为押错宝，加入了永王李璘的队伍与新帝作对，结果锒铛入狱，幸有大臣们为他求情，改判流放夜郎。走在流放途中，他又蒙大赦被放还，开心地一路唱着“朝辞白帝彩云间，千里江陵一日还”跑回江南了。

谢灵运却没有这运气。皇帝本来只想免去他的官职，判个流放便好，但是在彭城王刘义康的坚持下，到底改为斩首。于是，谢灵运刚到广州，朝廷的公文也到了，诏令就地正法。

至死，谢灵运犹不能相信一直纵容他的皇帝真的会下诏杀他，却已悔之晚矣。时为元嘉十年（433）十月，谢灵运以叛逆罪当街问斩，终年四十九岁。

临刑前，他作《临终诗》以明志：

龚胜无余生，季业有终尽。
嵇公理既迫，霍生命亦殒。
凄凄后霜柏，纳纳冲风菌。
邂逅竟几时，修短非所愍。
恨我君子志，不获岩下泯。
送心正觉前，斯痛久已忍。
唯愿乘来生，怨亲同心朕。

谢灵运的死是一个符号，标志着魏晋之风的熄灭。

这真是个双重的悲剧。

四

谢灵运不仅是浪漫诗人、旅行家，同时还是著名的佛学家。

西汉末年，佛教传入中土，迅速与黄老学说融合。玄学风起后，魏晋名士更是把佛学当作“道”的学问来发挥与延伸，士子与高僧的交往遂多，逐渐合流。佛教传入中国后兴起的第一个高潮在南北朝，这个时期也是玄学与佛学合流的完成时期，在学术上称之为“佛玄”时期。

在这种思潮的影响下，谢灵运的山水诗充满了老庄道学与佛家禅理，如《登池上楼》“池塘生春草，园柳变鸣禽”、《晚登三山还忘京邑》“余霞散成绮，澄江静如练”等句，都意境深远，富含禅意。

可惜的是，一个喜爱佛法醉心山水的诗人，应该有志向决定什么时候积极进取，更应当有勇气懂得什么时候抽身放下。然而谢灵运却悟得做不到，他笃信佛教，广结高僧，却终生徘徊于出仕与隐居两选之中，不能脱离尘网羁绊，到底落得个广州斩首的悲剧命运，难怪慧远大师拒绝他加入白莲社。

慧远（334—416），俗家姓贾，儒道兼修。二十一岁闻释道安讲《般若经》，醍醐灌顶，发心出家，后为净土宗始祖。

他于386年来到庐山，结白莲社宣传佛法。参社的不仅有出家人，更有很多文士诗人，还留下一部《莲社高贤传》，专门记载当时与慧远交往的名士故事。

从书中得知，大书法家王羲之和儿子王凝之都是社中骨干。谢灵运很想加入“白莲社”，还给东林寺捐了许多白莲花，可是慧远法师说他的心不清静，不肯接受他。不知道是不是早已预见了他的结局，不愿和“谋反”罪臣扯上关系。

慧远对于社员的选择如此挑剔，使得白莲社的名望更高了。而这样一个影响士林的人物，却看上了田园诗人陶渊明。

《莲社高贤传》说，慧远住在东林寺时，从不出山，但是有一次送陶渊明时，却因为与对方谈得投机，竟然越走越远，一直走过了山下的虎溪桥。这幅情景就连山上的老虎看见了都觉得奇怪，于是咆哮一声，慧远这才发现自己破例走了这么远，不禁笑了起来。

李白曾有《别东林寺》诗：

东林送客处，月出白猿啼。
笑别庐山远，何烦过虎溪。

我在讲述谢灵运的故事，却引了很多李白的诗，没有对谢诗做具体分析，这实在是因为谢灵运的诗有句秀而无篇秀，而且拗口得很，读起来都很不畅快，遑论背诵。

后人常以陶谢并称，我却认为谢之文字失于富丽纤巧，远不如陶之清淡自然，或许这便是世家子弟沉浮宦海的身世经历所限吧。正所谓“诗言志”，心不清静，诗怎尽情？

谢灵运的山水诗对仗工谨，炼字精辟，已经初步具有了格律诗的雏形，直接影响了之后的齐梁文学，促进了永明体的出现，更为初盛唐山水诗走向格律化起了决定作用。

历史的真相遮蔽在云烟雾霾后，当史籍和考据都不足以为凭时，只有诗歌，能让我们能够最近地聆听诗人的心。

“池塘生春草，园柳变鸣禽。”那才是最清切唯美的天籁之声！

有趣的是，陶渊明之浑然天成，谢灵运之细丽精工，使山水田园诗达到了前所未有的高度，堪称东晋诗坛的两座高峰，但两个人却毫无交集。

这很像是唐朝的李白和王维：明明生活于同一个时代，同是光彩夺目的名人，彼此又有着许多共同的朋友，可是两个人却偏偏不投契。

李白最爱谢灵运，王维钟情陶渊明，曾将整篇《桃花源记》改成了一首长诗。

清代第一词人纳兰性德在《原诗》中评价：

人必有好奇缒险、伐山通道之事，而后有谢诗；人必有北窗高卧、不肯折腰乡里小儿之意，而后有陶诗；人必有流离道路、每饭不忘君之心，而后有杜诗；人必有放浪江湖、骑鲸捉月之气，而后有李诗。

这段话中将魏晋之陶渊明、谢灵运与盛唐之李白、杜甫相提并论，堪为诗法古风的一个侧面论证。

综上所述，汉魏六朝虽然是中国政治史上非常混乱痛苦的一个时代，但同时也是精神解放、观点频出的一个时代。魏晋名士思想大胆，个性自由，作品率真自然，如出水芙蓉，诗文一反骈文措彩镂金之风，书法远离隶书厚重涩滞之气，“竹林七贤”的艺术与成就、“二王”书法、“三杰”画作、谢灵运之山水诗、陶渊明之田园诗，都对后世文学艺术起了极大的引领作用，可谓人文自觉之肇始，思想解放之发端。

魏晋风流，流芳千古。

跋：魏晋的遗风

中国四大古都，除了年代较近的北京之外，其余三座：西安、南京、洛阳，都在魏晋时期极度辉煌。

六朝古都南京也就是建康，前面已经专门讲过了；洛阳古称洛邑，西安古称长安，都先后经历了十三朝。

其中洛阳是资历最老的都城，因地处洛水之阳而得名。中国第一个朝代夏朝便在此定都，彼时称为“斟鄩”（zhēnxún）。也就是说，这是个四千岁的老牌都城，堪称古都本都。

之后，商朝、东周、东汉、魏、西晋，也都定都洛阳。

南北朝时期，鲜卑族拓跋氏为加速融入中原文化圈，将北魏都城迁至洛阳，连姓氏都改成了元，可谓无限汉化。

然而《洛阳伽蓝记》中有记载说，当时南朝人到北魏都城洛阳时，不吃羊肉喝羊奶，天天吃炖鲫鱼喝清茶。可见南北饮食习惯不同，鲜卑族再汉化，在生活起居上还是保留了许多胡地传统，这也促进了南北民族大融合。

至于长安，名为“长治久安”，实则多灾多难。

长安第一次建都是在西周王朝，随着镐京被西戎攻破，遂迁都洛阳，开启了东周时代。

经历了春秋战国的乱世后，秦始皇一统天下，再次定都长安，可是没多久就被项羽一把大火烧了个精光，传说中的“阿房宫，三百里”是否真实存在都成了一个谜。

刘邦称帝后，先是建都洛阳，仅三个月后便迁都长安。王莽篡汉，将千里金城变成一片废墟，刘秀遂又将都城迁回了洛阳，开启东汉。

也就是说，历史上的西周、东周，西汉、东汉，一直都是在西安和洛阳之间来回接力。直到洛阳陷落，晋臣还拥着晋愍帝逃到了长安，改元建兴。

可惜的是，这一次长安终究未能延续汉祚，只坚持了四年，便被刘曜攻破，西晋灭亡。

同年，司马睿在建康称帝，东晋开始。

但是长安的尊贵身份不改，只是换了主人，成为前赵的帝都，之后又经历了苻坚的前秦、姚苌的后秦、宇文家族的西魏、北周，直到隋朝重新统一天下。

隋朝只经历了两朝皇帝，隋文帝杨坚定都长安，隋炀帝杨广迁都洛阳，两大古都再次携手高歌，并在唐朝同时达到了鼎盛。

虽然我们说起大唐盛世，第一个想到的都城总是长安，但是洛阳在唐朝时也一直被称为东都，武则天听政时更是改洛阳为神都，地位犹在长安之上。

唐朝末年黄巢起义，唐昭宗在朱温的胁迫下迁都洛阳。长安从此告别辉煌，再也没有机会成为帝都。不过没关系，尽管关于中国四大古都的争议颇多，长安建都不是最早，朝代未必最多，历史也并非最长，却仍是我国最著名的古都，与罗马、雅典、开罗并称世界四大古都。

我在西安住了近三十年，生平第一部图文书就是《缘分的西安》，薄薄的一本小书却写了整整一年，带着摄影师拍摄西安的四季，考据每一条古老的街道。

了解一座有故事的古城，最好的方式就是住在它的芯子里，让历史的空气浸润了自己。

洛阳和南京虽没有这种便利，但好在洛阳紧邻西安，可以“每一相思，千里命驾”；而南京则因为剧组拍摄或是受邀讲座等缘故，每年都会过去小住。穿行在秦淮河畔，徜徉于乌衣巷中，枕水听风，捕捉六朝金粉的余香。

还有古代隐士们最爱的终南山，桓温伐秦的白鹿原，诸葛亮躬耕南阳的卧龙岗武侯祠，魏蜀对峙的剑门关，洛阳古城的佛窟、城垣，王羲之曲水流觞的书圣故里，陶渊明在江西九江和安徽潜口的故里，谢灵运的永嘉山水……我都曾一一走过，循一缕缥缈的风，感受魏晋芳华。

其实，魏晋距今相隔一千六百多年，早已留不下多少痕迹，即便故地重游，也只是看到一些人工的造景。然而站在故事发生地去缅怀历史，想到脚下的土地曾是故事主人公踩过的地方，总是会有种不一样的感受。

周伯仁曾有新亭之叹："风景不殊，正自有山河之异。"

如今却是，风景虽殊，而江山大河依然是华夏传承，炎黄遗风，这就够了。

每每走在那些历史悠久的名胜古迹中，我都忍不住由衷地为自己生为是国人而骄傲。那古老的华夏传承，那强大的文化基因，从《诗经》到《楚辞》，从汉赋到晋诗，都静静流淌在我的血液中，无须时时想起，却从来不曾忘记，任意一个点亮的瞬间，那些记忆就会被激活，那些故事就会被读取。竹林里的风，秦淮河的水，会自然流注到我的笔下，写下一本又一本的西岭雪读《诗经》、读《孔子》、读《庄子》、诗说唐朝、词说宋朝、苏东坡传、李清照传、茶圣陆羽传……

今年，我要完成的则是这部魏晋芳华，希望我的读者们和喜欢我之前所有的书一样，也会喜欢它，与书中的他们！

初稿于2020年4月1日西安大唐西市

定稿于2022年8月25日绍兴兰亭驿事